高等学校应用型本科创新人才培养计划指定教材

高等学校网络商务与现代物流管理外包专业"十三五"课改规划教材

电子商务与现代仓储管理

（第二版）

青岛英谷教育科技股份有限公司

编著

吉林工商学院

西安电子科技大学出版社

内 容 简 介

本书以培养应用型本科人才为指导思想，注重理论与实践相结合，对电子商务与现代仓储管理的主干知识体系进行了全面深入的讲解。

针对电子商务与现代仓储管理的特点，本书每章内容分为理论与应用两部分：理论部分力求平实易懂，并包含了"经典案例""知识拓展""微视频""微经验""微思考"等拓展模块，其中"微经验"和"微思考"的内容多源于工作中经常遇到的问题，以实现对理论知识的灵活掌握与融会贯通，同时锻炼发现问题、分析问题、解决问题的能力；每一章的"微应用"部分，则帮助读者提升对理论知识的理解与应用水平，加强实践技能。另外，本书还配有各章节内容的同步讲解视频，以方便读者在线学习。

本书可作为高等院校电子商务专业、物流管理专业以及相关专业的教材，也可作为企事业单位相关人员自学和培训的参考用书。本书内容对相关专业的研究生也有一定的参考价值。

图书在版编目(CIP)数据

电子商务与现代仓储管理 / 青岛英谷教育科技股份有限公司，吉林工商学院编著. —2 版
. —西安：西安电子科技大学出版社，2018.8
ISBN 978-7-5606-5014-2

Ⅰ. ① 电… Ⅱ. ① 青… ② 吉… Ⅲ. ① 电子商务—高等学校—教材 ② 仓库管理—高等学校—教材 Ⅳ. ① F713.36 ② F253.4

中国版本图书馆 CIP 数据核字(2018)第 166274 号

策划编辑 毛红兵
责任编辑 明政珠 毛红兵
出版发行 西安电子科技大学出版社(西安市太白南路 2 号)
电 话 (029)88242885 88201467 邮 编 710071
网 址 www.xduph.com 电子邮箱 xdupfxb001@163.com
经 销 新华书店
印刷单位 陕西天意印务有限责任公司
版 次 2018 年 8 月第 2 版 2018 年 8 月第 3 次印刷
开 本 787 毫米×1092 毫米 1/16 印 张 20.875
字 数 493 千字
印 数 4001~7000 册
定 价 59.00 元
ISBN 978-7-5606-5014-2/F
XDUP 5316002-3
如有印装问题可调换

高等学校网络商务与现代物流管理外包专业"十三五"课改规划教材编委会

❖❖❖ 前　言 ❖❖❖

近年来，迅速发展的电子商务不断改变着传统行业的生产结构和经营模式，物流业也不可避免地受到了影响。仓储是物流系统的重要环节，而现代仓储以擅长实现"小批量、多批次"的物资流动为显著特点，在电子商务企业的运营中占有举足轻重的地位。

本书作者以"121 工程"创新人才培养理念为引导，根据多年的仓储物流管理实战经验，结合现代教学理念，在参考了大量文献、考察了众多知名企业并与诸多业内人士深入沟通的基础上编著了本书，旨在使读者通过对本书的学习，系统掌握现代仓储管理的基本知识与技能，并能利用所学知识解决仓储管理工作中的实际问题，同时收获有益启发，形成解决问题的可行性思路，提升创新能力。

为了更加适应专业教学的要求，本书在结构编排上进行了精心设计。全书共分为 10 章：第 1 章主要介绍了电子商务与现代仓储管理的基本概念、仓储管理的主要内容、电子商务与仓储管理的关系、电商仓储模式的发展及仓储领域的创新等知识；第 2 章介绍了仓库选择与布局的相关知识，包括仓库的功能与分类、选址、规模与数量选择、内部布局与网点布局等；第 3 章介绍了常用的仓储设备；第 4 章介绍了仓储作业管理的相关知识，包括作业流程、入库管理、存货管理、出库管理、作业绩效考核指标等；第 5 章介绍了仓储现场管理的相关知识，包括 5S 管理、目视化管理与现场作业管理；第 6 章介绍了库存管理相关知识，包括库存和库存管理概述、库存管理方法等；第 7 章介绍了仓储组织与员工管理的相关知识；第 8 章介绍了仓储安全管理的相关知识，包括合同安全管理、消防安全管理、治安管理和作业安全管理等；第 9 章介绍了现代信息技术在仓储管理中的应用，包括条形码技术、射频识别技术、语音拣选技术、机器人技术、仓库管理信息系统等；第 10 章介绍了集装箱堆场与保税仓库管理的相关知识，包括集装箱的基本知识、堆场管理的主要内容、保税仓库的类型、保税仓库管理中的常见问题与对策、跨境电商与保税仓库等。此外，在每一章的最后都设置了根据实际作业场景拟定的"微应用"习题，帮助读者系统地梳理和深化所学知识。

本书的核心特色如下：

(1) 注重传统经典理论与电子商务背景下仓储管理特点的结合。传统的仓储管理、电子商务环境下的仓储管理及电子商务企业的仓储管理三者既有区别，又有联系。本书在编写过程中，非常注重对现代仓储管理基本理论的介绍与基本思路的引导，以及这些知识在现实中的应用。

(2) 结构新颖，内容表现形式多样。本书结构编排新颖，每章开头设有本章目标，帮助读者在学习过程中有的放矢。理论部分语言简洁平实，紧密联系现实，并穿插安排了"经典案例""知识拓展""微视频""微经验""微思考"等多个拓展模块。其中，"微思考"是在基本知识点的基础上对所描述问题的引申理解，以启发读者思路；"微经验"是对实际工作中所总结经验的分享；"微视频"用视频的方式帮助读者直观地理解知识点；"知识拓展"是对教材部分知识点的进一步延伸，以拓展读者的知识面；"经典案例"是对业界一些新实例和新观点的介绍。应用部分包含"微应用"，帮助读者梳理和深化本章内容。

(3) 注重系统性。一方面，本书组织充分考虑知识的系统性，较全面涵盖了仓储管理的要点内容，有助于读者从整体上把握所学知识；另一方面，本书强调系统性思维和工作方法在仓储管理中的应用，从多个维度锻炼读者分析和解决问题的能力。

(4) 突出"121 工程"人才培养理念。本书以培养能胜任电商仓储管理工作的应用型本科人才为目标，以仓储管理的基本理论知识为主线，以现代信息技术及管理方法在仓储管理中的应用为特色，注重理论与实践相结合的"121 工程"人才培养理念，具备较强的系统性、时效性和实用性。

(5) 配套资料齐全。除配套的课程 PPT、考试习题、教学指导等教辅资料外，本书还提供作者对本书各章节要点内容的同步讲解视频，方便读者在线学习。

本书由青岛英谷教育科技股份有限公司编写，参与编写工作的有于志军、于扬、杜继仕、耿卓、刘娅琼、杨宏德、石鑫、梁妍、黄丽艳、孟洁、金成学、王燕等。本书在编写期间得到了各合作院校专家及一线教师的大力支持与协作。在此，衷心感谢每一位老师为本书出版所付出的努力。

本书在编写过程中，参考了大量的书籍和资料，在此向其作者表示衷心的感谢。有些资料由于疏忽可能未注明出处，作者如有发现请联系我们，我们将予以补充。另外，十分感谢诸多企业管理人员和专家对本书提出的建议和意见。

由于编者水平有限，书中难免有不足之处，欢迎大家批评指正。读者在阅读过程中如发现问题，可通过邮箱(yinggu@121ugrow.com)联系我们，或扫描右侧二维码进行反馈，以期不断完善。

教材问题反馈

本书编委会
2018 年 3 月

❖❖❖ 目　　录 ❖❖❖

第1章　电子商务与现代仓储管理概述

本章目标

- 了解广义和狭义的电子商务概念
- 了解电子商务的分类
- 了解仓储与仓储管理的概念
- 熟悉仓储管理的主要内容
- 熟悉电子商务与仓储管理的关系
- 了解仓储领域的主要创新

学习导航

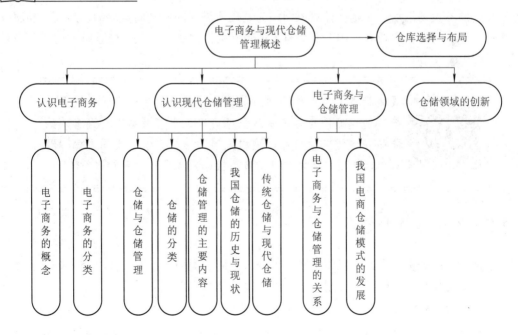

电子商务的飞速发展给社会经济带来了巨大的变革，也推动了物流行业的进步。而仓储作为物流行业的重要组成部分，在电子商务的发展过程中扮演着关键的角色。近年来，现代化设备、现代信息技术、新的管理理念和方法等在仓储管理中的应用，使仓储管理具备了新的内涵。本章将从电子商务与现代仓储管理的概念、电子商务与仓储管理的关系、仓储领域的创新等方面入手，对电子商务与现代仓储管理的现状作一简要介绍。

1.1　认识电子商务

电子商务主要是依靠电子设备和网络技术进行的商业活动。随着电子商务的高速发展，它不仅仅包括网上购物，还涉及电子货币交换、供应链管理、电子交易市场、网络营销、在线事务处理、物流配送服务、存货管理和数据自动收集等多方面的内容。

1.1.1　电子商务的概念

电子商务是指在互联网(Internet)、企业内部网(Intranet)和增值网(Value Added Network，VAN)上以电子方式进行交易和相关服务的活动，是传统商业活动各环节的电子化、网络化。电子商务的概念有广义和狭义之分，简述如下：

(1) 广义的电子商务(Electronic Business，EB)：通过使用互联网等电子工具，使公司内部、供应商、客户和合作伙伴之间共享信息，实现企业间业务流程的电子化，配合企业内部的电子化生产管理系统，提高企业的生产、库存、流通和资金等各环节的效率。

(2) 狭义的电子商务(Electronic Commerce，EC)：使用互联网等电子工具在全球范围内进行的商务贸易活动。它是以计算机网络为基础所进行的各种商务活动，是商品和服务的提供者、广告商、消费者、中介商等有关各方行为的总和。人们一般理解的电子商务是指狭义的电子商务。

扫一扫

【微思考】超市购物通过收银台付款、使用停车计时收费系统、通过邮件与客户确认业务订单、在某网站上看到喜欢的商品并通过电话订购、通过微信为手机充值、使用滴滴 APP 打车、使用火车站的自动售票机买票等都属于电子商务吗？

1.1.2　电子商务的分类

依据不同的分类标准，可以将电子商务分为不同的类型。下面分别以交易对象、商务活动形式和交易关境为标准，介绍电子商务的三种分类。

1. 按交易对象分类

电子商务的交易对象主要有：企业(Business)、个人消费者(Consumer)、政府(Government)，在这三个交易对象之间开展的电子商务活动主要分为六类：B2B、B2C、

C2C、G2B、C2G 和 G2G。

(1) B2B(Business to Business)。企业与企业之间通过互联网进行产品、服务和信息的交换。简单理解就是进行电子商务交易的供需双方都是企业，相互之间使用电子技术在网络商务平台完成交易。这一过程包括发布产品信息、订货、支付、接收发票及产品配送等，如阿里巴巴网、慧聪网、中国纺织网、中国石油网等。其中阿里巴巴网站主页的部分内容如图 1-1 所示。

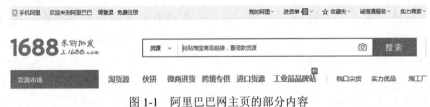

图 1-1　阿里巴巴网主页的部分内容

(2) B2C(Business to Consumer)。企业与消费者之间通过互联网进行产品、服务和信息的交换。简单理解就是企业通过网上商店直接销售产品或服务给消费者。这种形式的电子商务一般以网络零售业为主，旨在为消费者提供一个新型的购物环境，消费者通过网络就能完成购物与支付，如天猫商城、京东商城、当当网等。其中京东商城网站主页的部分内容如图 1-2 所示。

图 1-2　京东商城网站主页的部分内容

(3) C2C(Consumer to Consumer)。消费者与消费者之间通过互联网进行产品、服务和信息的交换。这种形式的电子商务交易双方均为个人，通过在线交易平台，卖家可以发布出售物品的信息，买家则可以选择并购买自己需要的物品，如淘宝网、eBay 网等。其中淘宝网主页的部分内容如图 1-3 所示。

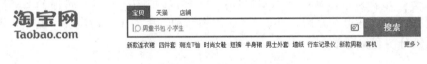

图 1-3　淘宝网主页的部分内容

在 C2C 模式中，电子商务交易平台扮演着重要的角色：首先，平台为买卖双方提供技术支持服务，包括建立个人店铺、发布产品信息、提供支付手段等；其次，平台提供商汇集了大量商务信息，吸引众多的买家和卖家在平台上聚集；再次，平台提供商还需要担负交易监督和管理的职责，对交易行为、买卖双方的诚信进行监督和管理。

(4) G2B(Government to Business)。政府通过电子网络系统进行电子采购与招标，精简管理业务流程，快捷迅速地为企业提供各种信息服务。G2B 目前主要运用于电子采购与招标、电子化报税、电子证照办理与审批、相关政策发布、咨询服务提供等方面。

(5) C2G(Consumer to Government)。个人与政府之间的电子商务。公众通过政府网站查询信息、领取社会福利、缴纳个人所得税等都属于 C2G 应用。

(6) G2G(Government to Government)。政府与政府之间的电子商务。政府机关内部的资源共享、办公自动化、文件交换等都属于 G2G 应用。

2．按商务活动形式分类

按照商务活动的形式不同，可以将电子商务分为直接电子商务、间接电子商务与 O2O 电子商务。

(1) 直接电子商务。直接电子商务主要是数字产品和服务的网上交易，包括娱乐视频、计算机软件、信息文献、旅游产品的交易等。直接电子商务不涉及物流配送，是纯粹的电子商务。

(2) 间接电子商务。间接电子商务主要应用于有形实体物品的网上交易，一般采用网上订购、物流配送的模式，仍然需要利用传统渠道(如快递)送货上门。

(3) O2O 电子商务。O2O(Online to Offline)的概念比较宽泛，目前业界还没有达成统一共识，习惯上只要交易链中既涉及到线上又涉及到线下，即可通称为 O2O。比如，消费者在美团网上订餐、在微信"钱包"提供的第三方服务中订电影票等行为都属于 O2O 电子商务。这种电子商务形式的核心是线上与线下互动，多表现为在线上完成支付。

3．按交易关境分类

按照消费者与商家产生交易的关境不同，可以将电子商务分为国内电子商务和跨境电子商务两类。

(1) 国内电子商务。国内电子商务是指发生在一国关境内的电子商务活动。商务活动的交易主体都在一国关境内，供需双方通过网上商品展示、网上下单、物流配送等活动完成交易。如京东商城、苏宁易购等网站都属于国内电子商务网站。

(2) 跨境电子商务。跨境电子商务(Cross Border E-Commerce)简称跨境电商。广义的跨境电商，指分属不同关境的交易主体，通过电子商务平台将传统进出口贸易中的展示、洽谈和成交环节电子化，并通过跨境物流及异地仓储送达商品、完成交易的一种国际商业活动；狭义的跨境电商指的是跨境零售模式，即分属不同关境的交易主体通过线上交易平台达成交易、完成支付结算，并采用快件、小包等跨境物流方式，将商品送达的交易过程。如消费者在亚马逊的官网、eBay 网的购物活动，都属于跨境电商。其中，亚马逊官网主页的部分内容如图1-4 所示。

图 1-4　美国亚马逊官网主页的部分内容

1.2　认识现代仓储管理

现代仓储管理研究动态仓储的一系列管理活动，从而达成加快仓储业现代化进程的目标。本书主要对仓储管理中机械化设备的使用、软件系统的应用、作业方式的创新、管理方法的改进、管理理念与模式的创新等方面的内容进行重点阐述。

1.2.1　仓储与仓储管理

很多企业在生产经营中都会产生仓储活动，需要根据仓储活动的规模、目的、仓储物性状等的不同，对应采取不同的仓储管理行为。产生仓储管理行为的企业主要分为仓储企业与企业仓储两类。

1. 仓储

"仓"的本义是指收藏谷物的建筑物，"库"是指储存东西的建筑物，"仓库"即是存放、保管、储存物品的建筑物和场地的总称，可以是房屋建筑、洞穴、大型容器或特定场地等。"储"是储存、储备、积蓄的意思，表示收存以备使用，具有收存、保管、交付使用的意思。"仓储"就是通过仓库对物品进行储存与保管。

现代商品社会，物品由供应方到需求方，在时间上或需求量上经常会出现不统一的情况，为了防止物品损耗、变质或丢失，调节生产、销售和消费活动，确保社会生产、生活的连续性，提高生产流通的效率和效益，而在仓库内对原材料、产成品等进行的储存、保管、养护和供给等一系列的作业活动，就称为仓储活动。在生产型企业中有原材料仓储、辅助材料仓储、半成品仓储、成品仓储、零配件仓储等；在商贸流通企业中则有商品仓储、残品仓储、待处理品仓储等。

【微思考】请读者结合日常生活中的行为进行理解。比如，秋去冬来，有些过季不穿的衣服，暂时存放在衣橱里是否也是一种仓储行为(仓储物是过季不穿的衣服，仓储媒介是衣橱)？

扫一扫

2. 仓储管理

仓储管理是指对仓库及仓库内储存的物品所进行的管理，是企业为了充分利用仓储资源提供高效的仓储服务而进行的计划、组织、控制和协调过程。仓储管理包括仓储设备管理、流程管理、作业管理、人员管理、组织管理、物品保管养护管理、安全管理、现场管理等多种管理工作及相关的业务操作。

3. 仓储企业与企业仓储

仓储企业与企业仓储存在较大区别，但又具有一定的联系。

1) 仓储企业

仓储企业是指具有法人资格和仓储资源，具备独立核算能力，可以对外提供仓储服务的企业。仓储企业除仓储部门外，还有财务部门、安全部门、人事行政部门等，如果企业具有配送或运输职能，则通常还设有储运部。所以要从现代企业的基本特征和治理结构等方面来理解仓储企业。

具有竞争力的仓储企业主要具备以下几个特征：

(1) 主要从事仓储业务，为客户提供货物储存、分拣、中转等服务，有一定规模，专业化作业能力强。

(2) 具备一定的物流职能，为客户提供配送、商品经销、流通加工等其他服务。

(3) 拥有一定规模的符合标准的仓储设施、设备，自有或租用必要的货运车辆。

(4) 具备网络化信息服务功能，应用信息系统可以对货物进行状态查询、监控，并实时调取所需要的信息。

(5) 实行现代化的企业管理制度与运作模式，具备超前的服务理念。

2) 企业仓储

企业仓储是一个独立经营的企业下设的仓储职能，一般以仓储物流部门的形式存在。企业仓储部门附属于经营企业，是一个组织机构，与企业的采购部、人事行政部、财务部等并列存在，具有管理物品进销存的职能。

3) 两者的关系

(1) 管理进销存方面。仓储企业与企业仓储采用的具体作业方式可能不同，但职能相同，都需要进行盘点、验收商品、根据订单配货等作业。不同的是，前者作业对象的所有权多属于客户，后者作业对象的所有权多属于企业。

(2) 价值方面。仓储企业通过仓储行为创造利润，是企业赖以生存的源泉；企业仓储通过仓储行为消耗企业资源，属于成本因素，使得企业费用支出增加，盈利率下降。但如果没有仓储，企业难以正常运营。

(3) 专业性方面。仓储企业与企业仓储在仓库形式上区别不大，但在仓库的规模大小、设计合理性、设施专业性、设备自动化程度等方面可能区别较大。通常而言，仓储企业更加专业，但有些大型企业的仓储部门其专业化、现代化程度也比较高，如京东商城位于上海嘉定的"亚洲一号"仓储物流中心(如图 1-5 所示)。

图 1-5 京东上海嘉定"亚洲一号"仓储物流中心

【微思考】前面简要介绍了电子商务相关的知识，请读者参考本节中对仓储企业和企业仓储的对比辨析，试着总结一下电子商务企业与企业电子商务的区别与联系。为方便分析，此处的电子商务范围限定为网络零售，如京东商城。

扫一扫

1.2.2　仓储的分类

按照不同的分类方式，可以将仓储分为不同的类型。以下分别从仓储经营主体、仓储功能、仓储保管条件、仓储物的处理方式四种角度介绍仓储的分类。

1. 按仓储经营主体分类

按仓储经营主体分类，可以将仓储分为自营仓储、营业仓储、第三方仓储和战略储备仓储。

(1) 自营仓储。自营仓储是自己经营，自己管理的仓储，主要指生产企业和流通企业的仓储。生产企业的仓储主要是为了保障原材料的供应、半成品与成品的保管，以满足生产需要为基本原则，储存的对象一般仅限于与本企业生产经营相关的生产资料。流通企业的仓储主要是为了支持企业正常销售而对企业所经营商品进行的仓储。

自营仓储的优点是企业管控力度强，给人以稳定经营的良好形象，并且长期仓储成本低，但有占用企业的大量资金，专业化程度较低，灵活性较差等缺点。

(2) 营业仓储。针对仓储企业而言，营业仓储是指仓储经营人以其拥有的仓储设施向社会提供仓储服务的一种仓储形式。仓储提供方与存货方通过合同的方式，约定彼此的义务和责任。营业仓储以赢利为目的，有利于仓储资源的充分利用。

(3) 第三方仓储。第三方仓储从营业仓储的基础上发展而来，是指企业将仓储等物流活动转包给外部公司，由外部公司为企业提供综合物流服务的仓储方式。第三方仓储能够为企业提供专业、高效、经济和准确的服务，包括存储、装卸、拼箱、存货控制、运输安排等企业需要的一整套物流解决方案。有些第三方仓储还可以为企业提供个性化的服务。但是，企业应用第三方仓储有时可能会失去对物流活动的直接控制。

(4) 战略储备仓储。战略储备仓储是国家根据国防安全、社会稳定的需要，对战略物资进行储备的一种仓储形式。战略物资仓储特别重视储备品的安全性，且储备时间较长，储备的物资主要有粮食、油料、有色金属等。

2. 按仓储功能分类

按照仓储功能分类，可以将仓储分为生产仓储、流通仓储、中转仓储、保税仓储和加工型仓储。

(1) 生产仓储。生产仓储服务于生产制造领域，主要用来存储和保管与企业生产相关的原材料、辅料、配套物品、在制品和待销售的产成品等，如原材料仓储、在制品仓储、成品仓储等。

(2) 流通仓储。流通仓储服务于流通领域，主要是用来存储和保管流通企业的待售商品，如批发仓储、零售仓储等。

(3) 中转仓储。中转仓储主要用以衔接不同的运输方式，中转物品。中转仓储一般设在交通枢纽地，例如港口、车站等，用以调节货物大批量的出和入，货物周转速度快，储存时间短。

(4) 保税仓储。保税仓储是指使用海关核准的保税仓库存放保税货物的仓储行为。保税仓储储存的对象是保税物品或未办结海关手续的物品，其全程受海关监管，存储的货物既要对存货人负责，又要对海关负责，货物出入库手续的办理必须经海关许可。

(5) 加工型仓储。加工型仓储既有储存保管职能，又具有流通加工职能，但仅限于简单加工。加工型仓储的主要功能是根据市场需要对商品进行选择、分类、整理、更换包装等。例如为了方便运输，会先把整批的方钢运到库内，出库时再根据客户的需要按要求切割成需要的尺寸。

3. 按仓储保管条件分类

按照仓储保管条件分类，可以将仓储分为普通物品仓储、特殊物品仓储和专用仓储。

(1) 普通物品仓储。普通物品仓储主要用于存储对保管条件没有特殊要求的物品，在日常的自然条件下即可满足保管要求。这类仓库的结构一般比较简单，设备常见，使用范围广。

(2) 特殊物品仓储。特殊物品仓储主要用于存储对保管条件有特殊要求的物品，仓库必须具有特殊的构造或者满足特别的保管条件。例如存放冷冻食品的仓库必须有符合条件的冷库，且具备相应的作业条件。

(3) 专用仓储。专用仓储主要用来存储某一类物品，专库专用。这类仓库有的投资比较大，有的则仅需一般投资，取决于所保管物品的品种和特性。例如存储有毒气体，就需要专用的仓库。

4. 按仓储物的处理方式分类

按照仓储物的处理方式分类，可以将仓储分为保管式仓储和消费式仓储。

(1) 保管式仓储。保管式仓储主要体现仓库的储存功能，即存货人将特定物品交由保管人保管，约定提货期，到期后保管人将物品原封不动地交给存货人，但保管物的自然损耗不属于保管失当行为。

(2) 消费式仓储。保管人接收委托人的保管物，同时接收保管物的所有权，保管人在仓储期间有权对保管物行使所有权。仓储期满后，保管人将相同种类和数量的替代物交还给委托人。消费式仓储适合于存放保管期较短和市场价格变化较大的商品。

1.2.3 仓储管理的主要内容

仓储管理的主要内容体现在以下几个方面，如图 1-6 所示。

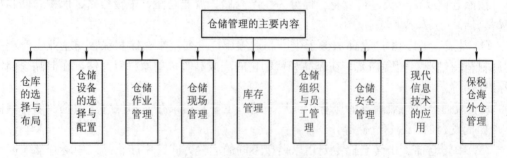

图 1-6　仓储管理的主要内容

1. 仓库的选择与布局

仓库的选择与布局包括仓库类型的选择、仓库规模与数量的选择、仓库选址、仓库网络的布局、仓库内部布局等方面的内容。

例如仓库的选址与网络布局问题。仓储管理者不仅要考虑单个仓库的选址问题，还要考虑多个仓库之间的网络布局问题。以京东为例，截止到 2017 年 6 月 30 日，京东商城在全国运营 335 个大型仓库，总面积约 710 万平方米。如此多的仓库，选址与布局要考虑很多问题：如各仓库覆盖的配送半径是多少，如何实现运营效率最高而总费用最低，现有仓库与后续增加的仓库之间应该形成何种关联等。

再如仓库内部布局问题，其中包括仓库库内货架的布局、通道的布局、不同作业区的布局等内容。仓库库内布局直接影响到货物的流动路径和工作效率。

2．仓储设备的选择与配置

仓储管理者需要根据待储存商品的种类和特点、研究仓储作业采用的方式、仓储作业设备的购置或租赁、作业设备如何使用和管理等问题。例如，使用电动叉车运输货物效率高，但需要配备专门的司机，当存储的商品以零散货为主时，就不如购买便宜的手动叉车更合适。

3．仓储作业管理

仓库的进出库作业效率、库存准确率、商品残损率、作业成本、商品养护水平等都与作业管理直接相关。从一定程度讲，一个企业仓储作业的水平代表了企业的仓储管理水平，历来被管理者重点对待。

4．仓储现场管理

仓储现场管理主要包括 5S 管理的实施方法、推行中的问题及解决思路，目视化管理的实施要领，现场作业管理的实施等内容。

5．库存管理

库存管理一方面包括保持库存成本合理化、选择合适的订货方法、制定合理的库存周转天数等内容；另一方面还包括确定物品管理方法、保证先进先出、管控商品保质期、组织商品盘点、分析盘点结果、管理残次品等内容。

6．仓储组织与员工管理

仓储组织管理主要包括科学地组织仓储活动、建立高效率的组织结构、明确岗位职责、确定各岗位间的协调机制等内容。仓储员工管理主要包括人才的招聘、选拔、任用、培养、激励及考核等内容。

7．仓储安全管理

仓储安全管理主要包括仓储合同的订立、变更与解除，合同的违约责任，消防安全的基本措施，仓库财产、人员的安全管理，仓储作业安全管理等内容。

8．现代信息技术的应用

现代信息技术在仓储管理中的应用大大提高了仓储作业的水平，有力地推进了电子商务的快速发展。仓储管理中应用的信息技术主要包括条形码技术、射频识别技术、语音拣选技术、机器人技术、仓库管理信息系统、运输管理信息系统等。

9．保税仓海外仓管理

对于有国际贸易或者跨境电子商务业务的企业，仓储管理还可能会涉及集装箱堆场管理、保税仓库管理、海外仓管理等内容。

【微经验】仓储管理的内容比较多，仓储管理者也需要掌握多个领域的专业知识，承担的责任越大，越需要扩展自己的知识领域，在"人、货、流程、标准、系统、供应链"等的管理上不断精进，领先业界步伐。

1.2.4 我国仓储的历史与现状

我国仓储的发展历史悠久，与社会经济等情况相适应，在不同时期呈现出不同的特点。当前，我国仓储亦存在明显的特点，包括许多需要改进的地方。

1. 我国仓储的发展史

自从人类出现储存行为，就产生了仓储，有了专门存放物品的仓库。我国的仓储历史可以追溯到 5000 多年前的原始母系氏族社会，那时储存物品的场所被称为"窖穴"；西汉时，出现了我国历史上最早的由国家经营的仓储"常平仓"；而在古代战争中，经常出现火烧对方军粮的场景，存放军粮的地方就是临时搭建的"粮仓"。

中华人民共和国成立后，受到计划经济体制的影响，仓储业形成了以部门为主的管理体制。各部门或地方出于自身利益与方便的考虑，各自建库，如"工业仓库""农业仓库""交通仓库""铁路仓库""外贸仓库"等。这些仓库以存为主，"各自为政"，导致了仓库重复建设、社会化程度低、管理落后、设备陈旧、资金投入大、利用率低等问题。

随着社会的进步，物流业得到了飞速的发展，现代意义上的仓库内涵已经发生了深刻的改变。起初，人们主要依靠人工和辅助机械实现物品的运输、仓储和管理控制；后来，随着计算机技术的发展与各种先进设备的应用，人们开始不断地将现代高科技应用于仓储领域，积极探索仓储的自动化、信息化、智能化建设；而电子商务的爆炸式发展，对仓储及仓储配套设施提出了更高的要求，进一步推动了我国仓储业的发展。

2. 我国仓储的现状

1) 仓储资源条块分割，具有明显的行业特征

这是计划经济时代的遗留问题，在当时确实发挥了一定的作用，但诸多仓库之间缺少统一的协调管理机制，经常导致一部分地区仓储资源有剩余，另一部分地区却不足。如何有效地整合仓储资源，是我国经济发展中需要积极面对的问题。另外，原有仓库的设计多以"存"为主导因素，若要适应现代社会对仓储功能多样化的需求，对原有仓库的改造也是一个亟待解决的难题。

2) 现代物流服务业的发展推进了仓储业的发展

人们对现代物流服务水平的要求越来越高。多式联运、冷链物流、小批量多批次的配送、"最后一公里"配送、跨境电商配送等专业化的服务方式和全球化的服务空间，都要求现代物流服务体系中的仓储服务业不仅要具备传统的库存与保管功能，更要适应现代物流的高效流动性，与物流系统实现无缝链接。

3) 仓储现代化水平快速提升，但不均衡

20 世纪 80 年代以来，我国的仓储现代化水平发生了显著改变，在软硬件、人才培养、国家政策等方面都有了较大的提升：

(1) 硬件方面。立体货架、自动化装卸搬运设备、自动化立体库等被广泛应用。

(2) 软件方面。众多公司在仓储管理中应用了 WMS(仓储管理系统)软件、实时生产控制 ERP(企业资源计划)软件、进销存管理软件等。在这些软件系统的配合下，各种新技术越来越多地被企业采用，如条形码技术、RFID(射频识别)技术等。

(3) 人才培养方面。已有众多国内知名高校开设了物流管理专业，着力培养具备现代仓储物流专业知识的管理人才。

(4) 国家政策方面。中央一直强调物流业发展在国民经济中的重要作用，并推行一系列的政策，鼓励仓储物流的发展。如政府积极支持合理仓储用地的审批，给予仓储物流企业优惠的税收政策等。

尽管我国仓储现代化的发展速度较快，但水平并不均衡。如仓储作业的机械设备投入不足；仓储运营成本中人力成本仍占较大比重；经济发达地区与欠发达地区仓储物流效率差别较大；很多仓库改造不到位、使用率低等。这种先进与落后并存、地区之间发展不平衡的情况还会持续较长一段时间。

4) 仓储方面的法律、法规不健全

我国虽已经建立了许多仓储方面的规章制度，但尚未出台一部完整的《仓库法》。而且，仓储管理人员的法制观念不强，依法管理的水平较低，仓储企业运用法律手段来维护企业的利益也比较困难。

5) 仓储人才缺乏

近些年物流产业的蓬勃发展，使得对仓储物流人才的需求量越来越大，"人才荒"现象比较普遍。一方面，缺乏从事基础工作的搬运、分拣等操作型人员；另一方面，也缺乏具有丰富专业知识和管理经验的中高层管理人员。

【微经验】目前，仓储一线作业存在以下现状：一线作业员工的流动率偏高，较难招聘；基层管理人员专业知识储备不足、综合素质有待进一步提升；中高层管理人员中缺乏复合型人才，如懂供应链管理、项目管理、财务、数据挖掘与分析、信息系统、互联网等多领域的知识的人才；在仓储物流软件方面缺乏高端的系统规划设计人员等。

1.2.5　传统仓储与现代仓储

不管在仓储企业还是企业仓储领域，传统仓储与现代仓储都有较大的区别，相应地，二者的管理方式、方法、内容等也有所不同，下面从几个角度对二者进行对比。

1. 仓储硬件

仓储硬件主要包括仓储设备和仓库本身。传统仓储的设备比较简单，以人力操作为主，仅能适应少量、低频次的作业，作业效率低、成本高；现代仓储的设备自动化程度高，简单易操作，能承担大量、高频次的作业要求，作业效率高、成本低。传统仓储与现代仓储对仓库本身的硬件要求也不同，现代仓库需要更多类型的货架，更高的消防要求，更强的地面承重能力以及更完备的设施等。

2. 仓储软件

仓储软件主要包括仓储信息化和仓储经营管理。传统仓储的信息化水平低，以手工记账为主，主要依靠人的经验和工作技能，订单处理能力有限，账务处理复杂且效率低；而现代仓储的信息化水平高，以软件系统驱动业务为主，对工人经验要求不高，订单处理能力强。现代仓储的经营管理水平也较高，一些电商企业的仓储经营管理水平已位于世界前列，在作业方式、作业方法、业务处理能力、业务创新等方面都取得了很大进步。

3. 仓储功能

传统仓储的功能以存货为主，重点在商品的储存与保养，服务水平和能力较低；现代仓储的功能以商品的流通、加工、提供增值服务等为主，重点在商品周转，是供应链管理中的重要节点，服务水平与能力较高。

4. 资源利用率

传统仓储的资源利用率低，区域内、行业内仓储资源的整合能力差，存在不同程度的资源浪费情况；现代仓储的资源利用率较高，不同的仓储资源通过系统整合，能够发挥比较好的经济和社会效益。例如通过网络供求信息的连接，可以及时发现包括仓储空间、设备、人员等在内的闲置资源，实现一定程度的共享和合理利用。

总之，现在的仓库已不再是单纯储存物品的场所，仓储管理也不再是单一地对仓库和物品的管理。仓库正逐渐形成供应链管理中的关键节点，成为社会资源合理配置的重要手段，成为物品供应的协调中心。

【经典案例】面向商家的现代仓储服务

心怡科技股份有限公司(简称心怡科技)成立于 2004 年，是阿里巴巴集团旗下天猫商超的核心仓储管理服务提供商，也是天猫国际的跨境运营主体。心怡科技依托电商物流和大数据等核心优势，为商家提供国内领先的供应链系统全面解决方案以及一站式跨境电商管理服务。

(1) 专业的电商仓储服务。目前，心怡科技在我国已设立 12 个一级自动化智能电商运营中心，位于广州、上海、天津、苏州、成都、济南等经济发展核心腹地，未来还计划在更多重点城市设立智能化仓储中心。这些仓储中心日订单总量高达 100 万，订单拣选准确率为 99%。

(2) 综合仓储服务。心怡科技自创立以来就提供综合仓储服务，主要为世界五百强企业提供仓储、配送、供应链方案设计、信息数据收集以及其他附加服务。目前，心怡科技综合仓储服务横跨化工、快销品、医药、美容化妆品等多个行业领域，可以为每一位客户提供专业化、个性化、精细化的仓配服务。

(3) 运输配送。心怡科技利用自主研发的物流信息系统和覆盖全国的服务网络，为企业提供配送运输服务。目前已在全国一、二、三线城市共设立 1000 余个服务网点，为客户提供灵活个性化的配送服务。

(4) 定制服务。心怡科技还可以根据客户的不同需求，提供定制化的信息系统服务及仓储服务，如图 1-7 所示。

图 1-7　心怡科技的定制化服务项目

(资料来源: 心怡科技官网)

思考题　根据上述案例, 总结一下现代仓储管理的主要特征(不少于 5 个)。

1.3　电子商务与仓储管理

消费者通过网站订购的商品, 需要经过仓储和配送环节, 才能最终到达消费者手中。因此, 现代仓储管理与电子商务不断融合, 日益密不可分。我国的电商企业正在发展过程中, 其仓储模式也得到了较快的发展。

1.3.1　电子商务与仓储管理的关系

从不同的角度来看, 电子商务与仓储管理有着不同的关系。下面分别从电子商务的狭义和广义角度介绍二者之间的关系。

1. 狭义角度

狭义的电子商务实际上是通过网络进行的一种商品买卖行为。在买卖过程中, 仓储起到承上启下的作用, 仓储管理则是确保交易顺利进行的重要手段。

以消费者从某网站购买商品的一般流程为例: 消费者在网站选好物品下单→网站的后台系统处理订单, 并将订单信息转到仓储中心→订单中的商品在仓储中心完成分拣、复核、打包等作业后形成快件包裹→包裹离开仓储中心后, 随物流配送车辆经过周转抵达消费者所在区域的配送站点→配送站点的快递员将商品送达消费者→消费者签收商品, 本次购物过程结束, 如图 1-8 所示。

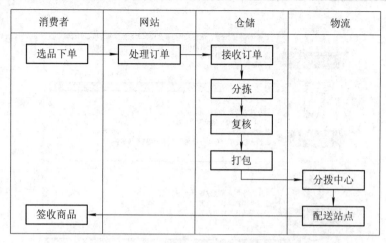

图 1-8　网站购物的一般流程

可见，消费者在网上完成下单并付款相当于合同意向达成阶段，而从仓储中心发货到货物抵达消费者手中相当于合同执行阶段，缺少其中的任何一个环节，都不能达成一个完整的电子商务交易。

【微经验】网上购物提供了一种通过虚拟展示商品，使不同的消费者分别在网上下单，然后由仓储中心分别发货，再由快递送货到门的模式；而人们熟悉的超市购物方式，是一种由仓储中心批量发货到超市，由超市批量展示，再由不同消费者分别现场购买、现场取货的模式。可见，网上购物给消费者带来了便利，却也给仓储物流管理带来了压力。

2. 广义角度

广义的电子商务通过电子手段实现信息的交流与共享。现代企业的运营离不开电子手段，与仓储相关的企业或业务也与电子手段密不可分。企业通过电子手段进行仓储资源营销，仓储企业通过电子手段与客户进行费用结算，仓储作业中使用软件系统进行作业管理，这些实例都说明了仓储管理对电子商务的依存关系。

综上所述，电子商务的发展对仓储管理提出了新的要求，也提供了新的思路与方法，从而提升了仓储管理的水平；同时，仓储管理的发展也促进了电子商务的进步，是电子商务快速发展的重要保障。

1.3.2　我国电商仓储模式的发展

我国电商仓储模式的发展主要经历了三个阶段：传统仓储模式阶段、总仓与分仓模式阶段、网状模式阶段。

1. 传统仓储模式阶段

在我国电子商务的起步阶段，电商企业一般会在公司附近租赁或自建一个仓库来满足所有订单的发货需求。这个阶段基本上采用传统的仓储管理方式，比较粗放，因而存在一定的弊端，如库存结构不合理，经常性出现多发、漏发、错发商品现象，订单太多时发货周期过长等。例如，现在还有很多淘宝卖家的办公地点设在仓库内，采用比较初级的商品管理方式。

2．总仓与分仓模式阶段

随着电子商务的发展，客户对送货效率的要求越来越高，于是一些经营比较好的电商企业在一个总仓库的基础上设立多个分仓库。比如把全国划分成几个片区，根据订单情况及仓库辐射的范围设立不同的分仓库，以满足不同地区客户的需求。同时总仓库可以向分仓库调拨商品，分仓库之间也可以调拨商品。这种方式提高了订单响应速度，优化了库存总量，但各种费用也随之增加。

3．网状模式阶段

网状模式是电商企业在分仓库的基础上继续细分，将分仓库延伸到三四线城市，形成多点布局的网状结构。每一个仓库覆盖一片配送区域，从而提高了商品的送达速度，改善了消费者的购买体验，但这种模式存在运营成本较高的缺点。例如，根据中国电子商务研究中心监测数据显示，截至 2017 年 11 月，京东在全国大中小城市共运营了 405 个仓库，总面积约 900 万平方米。

【经典案例】"亚马逊物流+"的仓储运营方案

亚马逊是全球知名的电子商务公司，拥有 20 年电商物流运营的经验。亚马逊拥有一套成熟的智能仓储系统，可以通过分类系统快速定位商品存放位置，并根据最优拣货路径完成高效拣货，而精细到经纬度的运输路径优化，能够在保障时效的前提下实现尽量低成本的运输。

亚马逊的仓储物流服务除了满足本公司业务所需之外，还对外提供多款产品，包括仓储运营方案、仓储物流整合方案、运输配送方案、跨境物流服务方案、营运支持及客户服务方案等。下面简要介绍亚马逊的仓储运营方案。

亚马逊的仓储运营方案主要包括以下几方面内容：

(1) 普通商品存储服务。为客户提供一流的仓储管理服务，提供实时库存数据更新，并依靠独特的随机存储模式和强大的数据管理系统确保商品存储的准确性。

(2) 拣货包装服务。利用后台大数据分析优化最佳拣货路径，提高拣货效率，缩短客户订单处理时间，确保及时配货；同时根据客户的具体发货信息，提供专业化的物流包装与防护，确保商品完好无损。如图 1-9 所示。

图 1-9　亚马逊的分拣现场一角

(3) 发货服务。亚马逊提供快速高效的商品发货服务，同时遵循标准化操作流程，整合上下游运输配送环节，即使在最繁忙的促销高峰期也可以确保及时发货。

(4) 库房代运营服务。亚马逊依托自身的全球运营经验与中国本土精英管理团队，面向高中低各层次客户提供代运营服务的全方位解决方案，涵盖软硬件搭建及日常管理等一整套服务项目。

(5) 特殊商品存储服务。亚马逊可提供特殊商品的专业存储服务，提升存储服务品质。例如对于鞋服类商品，可以根据客户的需求提供商品的质检、垂直悬挂、整理、修复、防潮防霉等专业服务，如图 1-10 所示；对于有保质期的商品(食品、酒类、化妆品等)，可以提供单独的恒温存储环境以保护商品品质，并利用强大系统后台监控商品保质期，为商家提供保质期预警数据，便于客户及时管理库龄时间长的商品。

图 1-10　亚马逊特殊品仓储的一角

(6) 其他增值服务。亚马逊还可以提供一些其他增值服务，如新产品信息采集、外观检验、称重、拍照等服务，确保产品信息正确且能被实时上传到库存管理系统进行管理，保障客户的产品能够尽快进行销售。

(资料来源："亚马逊物流+"官方网站)

思考题　请根据"亚马逊物流+"的仓储运营情况，进一步思考电子商务与仓储管理的关系。

【微视频】亚马逊某仓储中心的运作场景

1.4　仓储领域的创新

随着时代的进步与行业的发展，近年来仓储领域不断涌现出多种多样的创新，主要体现在以下六个方面。

1. 个性化服务

针对客户多样化的服务需求，越来越多的仓储企业致力于开发个性化的服务项目。例如一些仓储企业除提供常规的出入库服务外，还承担一部分客户的客服职能，使客户能够集中精力开拓业务，同时增加了企业的服务收入；还有一些仓储企业在建库之前，会按照客户的需要进行硬件设施的个性化定制；许多仓储企业还对库区内的各类产品实行分区管理，区分出专门的化妆品专区、日用百货区、家居区、鞋类区、奢侈品专区等。能否提供个性化的服务，已经成为衡量仓储企业综合竞争力的一个重要因素。例如，京东就可以为入驻其仓储平台的客户提供上门取货、代贴条码、质检加工、提供多种耗材等多样化的服务。

2．全方位服务

有些仓储企业提供类似于"一站式"的全方位服务，以满足客户的不同需求，通过多种服务的组合减少客户的运作成本。比如除了提供商品仓储服务外，还提供文件储存、代收货款、包装设计、商品配送、物流咨询等服务。

目前，电商行业中比较常见的是仓配一体化服务。所谓仓配一体化服务，是指物流企业为客户提供一站式仓储配送服务，既可以解决客户货物的存储、加工、分拣、包装等问题，又可以解决对消费者的配送、退换货等问题，大大降低了客户的仓储物流成本。例如，顺丰已于 2016 年 12 月 16 日启用了位于武汉市东西湖区走马岭街道青松村盈石物流园的冷运物流中心，该物流中心启用后将全面实现冷链仓储、配送一体化服务。

3．云仓储

云仓储是一种以云计算为基础，基于大数据平台、整合诸多仓储资源的全新仓储模式。比如云仓储企业在全国区域内设立分仓，由总部通过一体化的信息系统将全国的各分仓实现联网，形成一个仓储平台。客户可以就近选择仓储地点，实现物流系统的快速反应。例如，截至 2017 年 9 月，百世公司已在全国 170 个重点城市部署了 320 个云仓，可以为客户提供快捷的仓储和配送外包服务。

4．金融仓储

金融仓储主要是指为银行信贷提供第三方动产抵押、质押管理的专业仓储服务。融资企业以存货或仓储公司出具的存货证明为质押标的，从金融机构取得融资，仓储公司则对质押期间的质押物进行监管。金融仓储的出现，为银行开展动产抵押、质押贷款业务提供了保障，降低了银行信贷风险，也为中小企业融资开辟了新的方式，在盘活中小企业存货、避免关联担保风险、拓宽融资渠道等方面发挥了积极的作用。例如，目前京东物流已经与数万品牌供应商、商家、第三方优质仓储资源方开展深入合作，除了提供物流服务外，还可以为合作方提供融资租赁、仓单质押等金融服务。

5．无人仓

无人仓尚处于发展的初级阶段，还未形成统一的概念。业界通常认为，无人仓主要是指在仓储的分拣、存储等环节，实现分拣设备、机器人等的全程自动化无人作业。目前，仓储作业单个环节的无人作业模式已逐渐成熟，全流程无人模式尚在探索当中。例如，京东于 2017 年 8 月 1 日在昆山启用"物流无人分拣中心"，称其是"全球首个"正式落成并运营成功的全程无人分拣中心，能够实现从供包(将包裹放入自动分拣设备台上)到装车的全流程无人操作。阿里巴巴旗下的菜鸟网络也于 2017 年 8 月 2 日在广东惠阳启用"智能机器人仓库"。目前，库内有上百台机器人协同或独立作业，智能实现整体任务的效率最优。

6. 电商的"前店后仓"模式

"前店后仓"模式既是电商零售模式的创新,也是仓储模式的创新。在该模式中,店面前端以商品展示和体验为主,后端则以商品仓储为主。该模式是电商企业运用大数据进行选品、服务本地消费者、优化仓储布局与功能、提升物流效率的有益尝试,有效提升了消费者的购物体验。

【经典案例】京东本地仓的"前店后仓"模式探索

本地仓是京东物流在区域仓和城市仓两级库存部署上的延伸,它是京东物流针对三四线城市用户对商品和购物时效的需求而进行的仓储布局与建设,主要涉及食品饮料、个护化妆、家居家装等快速消费品。对于吸引新用户从线下走到线上,提升服务体验起到了很好的效果。

2017年8月19日,全国首个"前店后仓"模式的线下体验中心正式落地京东唐山本地仓。该体验中心的投入使用,标志着京东物流在本地仓的布局与功能设置方面又迈出了探索性的一步。

此次启用的体验中心近1000平方米,包含体验区、销售区两大功能区。体验区用于展示商品,销售区用于举办各类销售活动。体验中心的商品全部是京东物流运用大数据技术分析出的当地热销商品。

京东物流"前店后仓"的体验中心集商品展示、商品体验、仓卖活动、B2C、B2B功能于一体,给本地消费者提供最佳的体验式购物场景。据体验中心的某工作人员介绍:"在这里,客户可以近距离体验线上屏幕中的商品,部分商品可以做到仓内自提,顾客下单后只需要等10~15分钟,即可将在线上采购的商品带回家,或者选择由京东配送到家。"

此次京东唐山本地仓启用的"前店后仓"的仓储部分拥有近2万个商品品类,涵盖了唐山地区所有的热销商品,可满足唐山市民基本的日常生活所需。该仓投入使用后,当地的配送时效有了大幅度的提升。当地市民可享受上午11点前下单、当日送达,晚上11点前下单,次日下午3点前送达的极致购物体验。

京东本次"前店后仓"模式的启用,也是京东对未来三四线城市运营模式的一次探索。通过将商品前置在离消费者最近的地方,京东可以给当地消费者提供与一线城市相同的物流体验。未来,京东物流会继续深入下去,通过持续优化仓储布局与配送环节,为消费者提供国内最极致便捷的网络购物体验。

(资料来源:微信公众号·京东黑板报)

思考题 京东"前店后仓"模式的优势有哪些?

【知识拓展】物流地产

受我国电子商务快速发展、国内外资本注入、政策支持等因素的影响,"物流地产"的概念日益受到人们关注。

1. 概念

物流地产是指物流地产投资商根据社会发展的需求,在全球范围内选择合适的地点，投资建设高效、优质、完善的物流相关设施，然后将此设施转租给制造商、零售商、物流公司等有物流业务需求的客户，并由专业管理队伍提供相关物业管理服务的一种产业形式。典型的物流地产项目包括各类仓库、码头、物流园区和配送中心等。

物流地产的出现，使租赁企业与投资商在利益和风险方面可以达到共赢：一方面，租赁企业能够减轻庞大的物流设施负担，更加专注于企业本身的核心业务；另一方面，物流地产的投资商也可以获得稳定的出租收益。

2. 发展

物流地产发端于 20 世纪 80 年代，由美国的普洛斯公司率先提出并实践。目前，物流地产发达的国家以欧洲和美国为主。在我国，随着住宅地产因宏观环境的影响而导致利润增速放缓，房地产商们纷纷转向其他地产领域，物流地产开始得到房地产企业的重视。

物流设施的供不应求亦是各开发主体跃跃欲试的原动力。据专家预测，未来几年我国的物流市场将保持年均 20%的增速。而物流地产作为物流产业价值链上的重要一环，其未来的发展空间十分巨大。据世邦魏理仕预测，未来我国物流地产的价值将继续攀升，其租赁价格或可提高 20%。

政策的优惠也在一定程度上刺激了物流地产的发展。2012 年 2 月份，财政部、国家税务总局联合发布《关于物流企业大宗商品仓储设施用地城镇土地使用税政策的通知》，对物流企业自有的(包括自用和出租)大宗商品仓储设施用地，按所属土地等级适用税额标准的 50%计征城镇土地使用税。

现阶段，土地供应量的稀缺是我国物流地产发展的主要制约因素。根据世邦魏理仕公司公布的数据，2016 年，北上广深四个一线城市的一手物流用地供应总计仅为 32 万平方米。此外，政府在一手用地出让时更多地瞄准终端企业，也导致 2016 年物流开发商获得的一手物流用地仅占一线城市土地供应总量的 22.3%。在建设用地日益稀缺的背景下，一线城市物流用地供应荒的情况无疑将在 2017 年延续。

3. 主要运营模式

按照投资和管理主体的不同，物流地产的运营模式主要分为以下四种：

(1) 地产商主导。地产商是投资主体。地产商建成物流设施后，再转租给物流企业。物流企业进行日常业务操作，地产商提供物业管理。

(2) 物流商主导。物流商是投资主体。物流商建成物流设施后，自己经营，自己管理。

(3) 地产商与物流商合作。地产商和物流商通过成立项目公司或订立协议、合同等形式，共同出资，合作经营，各自发挥优势，并按照协议分享利益、共担风险。

(4) 第三方主导。专业的第三方组织将地产商和物流商的资源进行整合，对双方的资质进行审查，确保强强联合。建成物流设施后，由第三方组织负责对物流管理企业进行招标，而该企业的收益也由第三方代为审查并根据协议分配。

4. 盈利模式

物流地产的盈利主要来自五个方面：土地(资产)增值、租金收入、服务收入、投资收益和其他收益。其中，土地(资产)产生的增值可能较大；租金收入包括仓库租赁费、设备租赁费、停车场收费等；服务收入包括信息服务费、培训服务费、融资中介费等；投资收益包括经由配送服务的投资等方式获得的收益；其他收益包括经由增资扩股、上市等方式获得的收益。

(资料来源: http://info.10000link.com/newsdetail.aspx?doc=201312139005

https://baike.baidu.com/item/物流地产/7620083?fr=aladdin)

本 章 小 结

◇　电子商务是指在互联网(Internet)、企业内部网(Intranet)和增值网(Value Added Network，VAN)上以电子方式进行交易和相关服务的活动，是传统商业活动各环节的电子化、网络化。电子商务的概念有广义和狭义之分。

◇　按照交易对象的不同，可以将电子商务分为六类：B2B、B2C、C2C、G2B、C2G 和 G2G；按照商务活动的形式不同，可以将电子商务分为直接电子商务、间接电子商务与 O2O 电子商务三类；按照消费者与商家产生交易的关境不同，可以将电子商务分为国内电子商务和跨境电子商务两类。

◇　仓储管理是指对仓库及仓库内储存的物品所进行的管理，是企业为充分利用仓储资源提供高效的仓储服务而进行的计划、组织、控制和协调过程。仓储管理包括仓储设备管理、流程管理、作业管理、人员管理、组织管理、物品保管养护管理、安全管理、现场管理等多种管理工作及相关的业务操作。

◇　电子商务的发展对仓储管理提出了新的要求，也提供了新的思路与方法，提升了仓储管理的水平；同时，仓储管理的发展也推动了电子商务的进步，是电子商务快速发展的重要保障。

◇　我国电商仓储模式的发展主要经历了三个阶段：传统仓储模式阶段、总仓与分仓模式阶段、网状模式阶段。

◇　近年来，仓储领域不断涌现出多种多样的创新，主要体现在以下六个方面：个性化服务、全方位服务、云仓储、金融仓储、无人仓、电商"前店后仓"模式。

微应用

应用 1　网购流程梳理

请读者记录一次网上购物的经历，把从产生购买想法到签收商品的整个过程制成流程图。流程图中要尽量细化购物过程中的事件节点，体现出购物过程中涉及到的选品、下单、处理订单、运输包裹等环节。并根据这份流程图，思考电子商务、仓储、物流三者间的关系。

应用 2　企业仓储调研

为了能对现代仓储管理形成初步认知，给本书后面内容的学习打下良好基础，请读者选择生产制造型企业、仓储企业、电子商务企业各一家，分别对这些企业的仓储状况进行调研。调研的主要内容包括：地理位置、运营情况、业务流程、现场环境等，并在调研完成后撰写书面的调研报告。

第2章 仓库选择与布局

本章目标

- 了解仓库的功能与分类

- 熟悉仓库选址需要考虑的因素

- 熟悉仓库选址的步骤

- 掌握仓库选址的方法

- 熟悉仓库规模与数量选择的影响因素

- 熟悉仓库网点布局的类型

- 掌握仓库库内布局需考虑的因素

学习导航

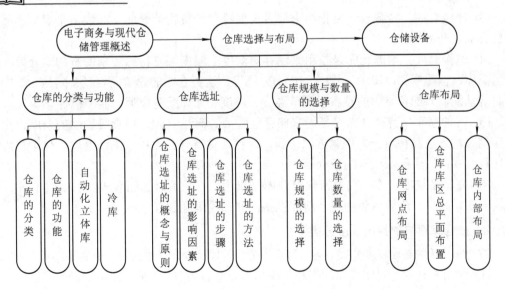

选择合适的位置建造或者租赁仓库,并做好物流园区、仓库网点及仓库内部的布局,是支持企业高效且低成本运营的重要条件。本章将首先介绍仓库的分类与功能,着重介绍两种特殊仓库——自动化立体库和冷库;然后分别从仓库选址、仓库规模与数量的选择、仓库网点布局、仓库布局等几个方面,讲解如何选择或规划合适的仓库。

2.1 仓库的分类与功能

仓库是保管、存储物品的建筑物和场所的总称。仓库是物流服务的基础,具有储存、保管、拣选、配货、分类等功能,在物流作业中发挥着重要作用。仓库可以分为多种类型,而随着经济、行业、设备、技术等的发展,自动化立体库和冷库这两种仓库备受重视,因此本书将这两种仓库单独列出,进行重点介绍。

2.1.1 仓库的分类

按不同的分类标准,可以将仓库分成不同的类型。在此分别以所保管货物的特性、仓库建筑的封闭程度、仓库的库内形态为分类标准,介绍几种主要的仓库分类。

1. 按所保管货物的特性分类

按所保管货物的特性分类,可以将仓库分为原材料仓库、产成品仓库、冷藏仓库、恒温仓库、特种仓库、高精密仪器仓库等。

(1) 原材料仓库。原材料仓库是指用来储存生产所用原材料的仓库。这类仓库一般面积比较大。

(2) 产成品仓库。产成品仓库是指用来储存尚未进入流通领域的产成品的仓库。这类仓库一般附属于产品生产工厂。

(3) 冷藏仓库。冷藏仓库是指用来储存需要冷藏的货物的仓库。一般多是农副产品、生鲜食品、药品等。

(4) 恒温仓库。恒温仓库是指用来储存对湿度、温度等有特殊要求的货物的仓库,包括恒温库、恒湿库和冷藏库(一般在 10℃以下)等。这类仓库的建筑需要具备隔热、防寒和密封等功能,并配备专门的设备以调节温度、湿度,比如配备空调、制冷机等。

(5) 特种仓库。特种仓库是指用来储存危险品、高压气体、粮食等物品的仓库,这类仓库储藏物一般品种单一,保管方法一致,保管条件特殊。比如成品油仓库、化学危险品仓库以及专门用于储藏粮食的粮仓等。

(6) 高精密仪器仓库。高精密仪器仓库是指用于存放高级精密仪器、仪表的仓库,库房内需要有防尘、防震、防静电、防潮设备,并加设恒温装置。

2. 按仓库建筑的封闭程度分类

按仓库建筑的封闭程度分类,可以将仓库分为封闭式仓库、半封闭式仓库、露天式仓库。

(1) 封闭式仓库。封闭式仓库俗称"库房",通常所说的仓库大都属于封闭式仓库。

(2) 半封闭式仓库。半封闭式仓库俗称"货棚",保管条件不如库房,但出入库作业比较方便,建造成本较低,适宜存放对温、湿度要求不高且出入频繁的物品。

(3) 露天式仓库。露天式仓库俗称"货场"，其最大优点是装卸作业极其方便，适宜存放较大型、对保管条件要求不高的货物。

3. 按仓库的库内形态分类

按仓库的库内形态分类，可将仓库分为地面型仓库、货架型仓库、自动化立体仓库。

(1) 地面型仓库。地面型仓库一般指单层地面库，多使用非货架型的保管设备。

(2) 货架型仓库。货架型仓库是指采用多层货架保管的仓库，货物或托盘存放于货架之上。货架可分为固定货架和移动货架。

(3) 自动化立体仓库。自动化立体仓库是指物品出入库时使用运送机械进行存取，并采用堆垛机等设备进行机械化、自动化作业的高层货架仓库。自动化立体仓库的入库、检验、分类整理、上货入架、出库等仓储作业均由计算机管理控制的机械化、自动化设备来完成。

【微视频】认识不同类型的仓库

2.1.2 仓库的功能

仓库的功能包括基本功能、增值功能以及社会功能三个方面。

1. 基本功能

仓库的基本功能主要有储存功能、保管功能、拼装功能、分类功能。

(1) 储存功能。仓库提供空间并配备相应的设备，用来储存物品并保持其完好性。由于现代生产以专业化、规模化为主要特征，大量的产品不能被及时消费，因此必须经过储存阶段。生产过程中原材料、半成品的适当储存，可以防止意外因素导致的生产停顿；生产完成后产成品的适当储存，可以使产品从车间顺畅流通到仓库，保持生产的持续性；销售过程中产成品的储存，可以确保企业营销手段组合与执行的顺畅，为企业的销售提供缓冲和支持。

(2) 保管功能。产品从产出到消费需要经过多个物流环节，所需时间较长，在此期间为保持其使用价值不变，需要通过仓储对产品进行必要的养护与管理，防止产品出现价值损耗。

(3) 拼装功能。以生产企业为例，拼装就是把不同的零件、配件进行拼接组装，为仓储作业的下一个环节(如生产、配送等)做好准备。比如，仓库接收来自不同制造工厂的配件或零件，把它们拼装成单独的一批货，送往某一特定客户，这样既可以降低运输费用，又能够减轻顾客的收货压力。仓库可以单独为一个实体提供拼装服务，也可以同时为几个不同的实体提供拼装服务。

(4) 分类功能。以某快递公司的快件分拨为例，按快件的送达地点逐级分拨(如由省级分拨中心到区域分拨中心，区域分拨中心到各区配送站点，各区配送站点到客户手中)，每经过一个分拨中心仓库就是一次分类，分类的依据是不同目的地，目的是实现高效的派件作业。

【微经验】仓库的拼装功能是同质化、规模化运作思想的一种体现。仓库的分类功能是精准化运作思想的一种体现。请读者结合日常生活中的事例，仔细体会这些理念。后面学到仓储作业管理章节时，思考可以把它们用在作业管理的哪些方面。

2. 增值功能

仓库的增值功能是指通过高质量的仓储作业和服务，使经营方或需求方获取除基本价值以外的利益，是提升仓储服务价值及竞争力的主要发展方向。仓库增值功能的典型表现形式主要有以下几个方面：

(1) 满足订单需求。从获取订单到组织出库，通过高效率的仓储作业，满足客户的需求，提升客户的服务体验，为销售提供有力支持。

(2) 传递信息。对于企业自有仓库，通过企业内部的软件系统，可以实现仓库与采购、销售、财务等部门的信息共享；对于仓储企业，经营方与需求方通过计算机、互联网、视频等现代化的交流手段，可以及时了解仓库利用水平、软硬件设置、作业情况等信息。具体到仓库内部，通过实施条形码技术、EDI 技术、电子分拣技术等，可以提高仓库货物进出库的信息传递速度及准确性，加强对仓储物品和仓储作业的管理。

(3) 提供多种服务。现代仓库的功能已由保管型向流通型转变，即仓库由储存和保管中心向流通和销售中心转变。因而现代仓库除需具备基本的存储和保管设施外，还要增设分拣、包装、流通加工等设施。这样既扩大了仓库的服务范围，又提高了资源的综合利用率，同时还提高了客户满意度，从而增强了企业的竞争力。

(4) 延迟生产。仓库可以添加一些设备来承担产品加工任务，或者参与少量产品的制造工作，从而实现产品的延期或延迟生产。延迟生产能够在满足客户需求的前提下，有效降低企业的库存风险。

【微思考】假设某家从事 OEM 生产(代加工生产)的工厂的产品由两家公司销售，两家公司销售相同的产品 A，但分别使用品牌 C 和品牌 D 的商标。请读者运用延迟生产的思路，构想一下该工厂应如何生产产品 A？

扫一扫

3. 社会功能

仓库的社会功能范围比较广，主要表现在以下几个方面：

(1) 调节供需平衡，调整商品价格。商品大量上市时易造成供过于求的情况，此时可以通过仓储把商品暂时存储起来，调节商品在市场供给中失衡的现象，促使供需平衡。鉴于商品的供求关系会对价格产生影响，因此通过仓储也可以达成调整价格的目的，比如国家现行的储备菜、储备肉、储备粮政策等。

(2) 创造时间价值。某些商品会随存储时间增加而增值，比如白酒经过长时间的良好存储后，其价值就会不断上升。

(3) 衔接商品流通。现实中很难实现商品的持续流通，必须通过仓储来衔接。比如消费者在网上购买某商品 A，如果卖家仓库中备有足量的商品 A，就可以第一时间发出商品。

(4) 调节运输能力，降低运输成本。目前的运输方式主要有五种：水路运输、铁路运输、公路运输、航空运输和管道运输。每一种方式都有各自的特点，在运输能力、运输费用、方便程度上都有较大的区别。单独采用一种运输方式可能不够经济，也可能无法实现运输，此时就可以通过仓库的调节功能开展多式联运。另外，通过仓库的集散作用可以优化运输量和运输路线，均摊运输成本，使运输成本和运输能力达到理想效果。

(5) 支持产品生命周期。如果商品从工厂生产出来到送达消费者手中的这个过程称为"正向物流"，那么不合格品、废旧物品从消费者手中返回到生产工厂的过程就称为"逆向物流"。在逆向物流的过程中，仓库担负着退货管理中心的职能，负责处理问题商品，发现问题商品的潜在价值，改善退货处理过程等。仓库为商品从"产生"到"灭失"的整个生产、流通和回收的生命周期提供支持。

2.1.3　自动化立体库

自动化立体仓库代表着未来仓储业发展的一个重要方向。下面分别从概念、优缺点、适用条件三个方面，对自动化立体库进行介绍。

1. 概念

自动化立体仓库又称自动化高架仓库/自动存储系统(Automatic Storage and Retrieval System，AS/RS)，是由高层货架、巷道堆垛起重机(有轨堆垛机)、入出库输送机系统、自动化控制系统、计算机仓库管理系统及其周边设备组成的，可对集装单元货物实现机械化自动存取和控制作业的仓库。

自动化立体仓库有两个主要特征：一是自动化。在集成化物流理念的指导下，采用先进的信息技术和设备，通过整个系统软硬件的整合运作，实现自动、有序、快速、准确的货物仓储作业。二是立体性。一般都采用几层、十几层甚至几十层高的货架储存单元，以充分利用垂直方向的空间，并使用特殊搬运设备完成出入库作业。例如，某公司自动化立体库的部分样式如图 2-1 所示。

图 2-1　某公司自动化立体库的部分样式

2. 优缺点

自动化立体库有明显的优点，同时也存在着一定的缺点，分别表现在以下方面：

1) 主要优点

(1) 能够充分利用仓库垂直方向的空间，大大提高单位面积存储量。

(2) 能更好地适应黑暗、低温、有毒等特殊环境。

(3) 仓储作业机械化及自动化水平高，能大量节省人力，降低员工的劳动强度，同时还提高了作业的效率和准确率。

(4) 采用计算机系统等对货物进行管理，加强了对货物及相关作业的管控程度，降低了货物损耗。

(5) 计算机系统能够有效地控制库存量，并做到先进先出，从多个角度整体优化各作业环节，从而达到系统内最优，提高仓储管理水平。

2) 主要缺点

(1) 结构复杂，配套设备多，对基建和设备的一次性投资较大。

(2) 货架安装精度要求高，施工比较困难，工期较长。

(3) 仓库的高架吊车、自动控制系统等设备的技术含量高，在设备出现故障时必须依赖供应商的技术援助。

(4) 对可存储的货物品种有一定限制，存储弹性小，难以应付货物进出库波动量大的需求。

(5) 应变性差。控制系统一旦发生故障，整个仓库将处于瘫痪状态。

3. 适用条件

自动化立体库是社会生产力和科学技术发展到一定阶段出现的产物，需要具备特定的条件才能发挥作用。总的来说，建立和使用自动化立体库，需要具备以下主要条件：

(1) 资金持续投入能力强。自动化立体库的建筑投资、设备投资、系统软件投资、配套设施投资，以及后期的维护费用等，都需要大量资金的支持。如果企业不具备持续的资金投入能力，就需要谨慎应用。

(2) 货物出入库频率高，且货流量较稳定。要充分发挥自动化立体库的优势，就要有较大的仓储量和频繁、稳定的出入库作业，否则可能出现性价比不高的情况。

(3) 货物性状符合要求。自动化立体库采用的设备对货物的形状和包装有严格要求，必须满足要求才能够正常作业。

(4) 仓库地面承重能力强。自动化立体库的单位面积利用率高，要求仓库单位面积的承载能力必须大于普通仓库要求的承载能力。

(5) 专业人才储备充足。自动化立体库从规划到实际运营，需要专业化人才的全程参与。虽然仓库规划设计可以依靠专业的第三方，但实际运营中，企业仍然需要配置一批具有较高专业技术素质的作业人员，才能独立完成作业操作。

【微视频】京东商城的无人仓

【经典案例】　海尔自动化立体库的成功应用

海尔集团在经过分析后发现，整个生产过程中最受制约的就是原材料和零部件的仓储与配送，因此海尔集团选择以建设自动化立体库作为突破口。

海尔建设的首个全自动立体库位于青岛开发区。该立体库长 120 米、宽 60 米，仓储面积 5400 平方米；建筑高度是 16 米，放货高度可达 12.8 米；有 9168 个标准托盘位，托盘规格为 1.2 米×1 米；每天进出的托盘数量达到 1200 个，实际出入库能力为 1600 个/天。

该立体库的成功投入使用，对海尔及其供货商都产生了十分积极的效应：

该立体库取代了原来 65 000 平方米的外租库，且由于使用了计算机管理系统，管理人员从原来的 300 多人降为 48 人。外租库的租金、外租库到车间的来回费用以及工人工资三项成本的节约，加起来一年共 1200 万元。

该立体库还降低了物料的库存量。根据计算机系统的设定，库内只允许存放 7 天使用的物料，超过 7 天不允许入库，从而使整个库存量下降。以空调事业部为例，3 个月的库存金额大约下降了 1.4 亿元。

该立体库再次深入优化了海尔的企业物流系统。例如，以往海尔的供应商送货都是使用纸箱，运输过程中零部件很容易被压坏，上线时还需要倒箱，增加了人工成本；采用立体库后，海尔要求所有的供货方都按照标准化的模式送货，所有的货物都要使用标准化的托盘和周转箱，并采用统一的包装，从而使零部件从供应商处到海尔生产线的整个过程都不用倒箱。

该立体库还具有良好的灵活性和扩展性。初建时，该立体库计划只用来存放空调类货品，但经过计算机系统的库存管理，空调类货品在其中仅占很少的库容，经过适当的调整，还可以将冰箱、洗衣机、电脑等其他货品存放进去，为海尔减少了大量外租库，效益非常显著。

（资料来源：http://www.zzqzkj.com/shownews.asp?id=5794）

思考题　海尔自动化立体库的运用，给海尔物流带来了哪些变化？

2.1.4　冷库

冷库是冷链物流的关键性基础要素，因而也是仓储行业发展的重点之一。下面分别从冷库的相关概念、分类和使用过程中的主要注意事项等方面对其进行介绍。

1. 概念

冷库是冷链物流的基础设施，要实现后者的良性发展，必须依靠前者的支持，两者概念的差别较大，但关系十分密切。

(1) 冷库。冷库又称冷藏库，是指使用各种设备进行制冷、并且可以人为控制和保持特定的温度及相对湿度的设施，是对易腐物品进行加工和储藏的建筑物的总称。

冷库能够使产品摆脱气候的影响，延长各种产品的储存期限，以调节市场供应。冷库广泛应用于食品厂、制药厂、果蔬仓库、酒店、超市配送中心、医院等场所。

(2) 冷链物流。冷链物流是一项将冷藏冷冻类产品从生产、储藏、运输、销售到消费前的各个环节始终置于规定的低温环境下，以保证产品质量、减少产品损耗的系统工程。是随着科学技术的进步以及制冷技术的发展而建立起来的以冷冻工艺学为基础、以制冷技术为手段的低温物流过程。

冷链物流的适用范围包括：蔬菜、水果、肉、蛋、水产品等初级农产品；冰淇淋、奶制品、速冻食品、各种熟食等加工食品；药品等特殊商品。

冷链物流的发展离不开冷库，但当前我国的冷库多数只是起到低温储藏的作用，极大地制约了冷链物流的发展。因此，若要充分利用冷库资源推动冷链物流的发展，必须将整个冷库链进行整合，建造并改进现有冷库，让冷库真正起到冷链物流环节的作用。同时，还要将冷链物流所涉及的生产、运输、销售、经济和技术等各种问题综合起来考虑，协调相互之间的关系，力争实现整个冷链物流系统的高效运转。

2．分类

按不同的分类标准，可以将冷库分为不同的类型。下面分别从仓储量和库容、用途、温度、库体结构等方面对冷库进行分类。

1) 按仓储量和库容大小分类

按照仓储量和库容大小，可以将冷库分为大型冷库、中型冷库、小型冷库。

(1) 大型冷库。大型冷库储量在 1000 吨以上，库容在 1000 立方米以上。

(2) 中型冷库。中型冷库储量在 500～1000 吨，库容在 500～1000 立方米。

(3) 小型冷库。小型冷库储量在 500 吨以下，库容在 500 立方米以下。

2) 按用途分类

按照用途，可以将冷库分为生产型冷库、流通型冷库、综合型冷库。

(1) 生产型冷库。生产型冷库一般设在企业内部或货源地，以储存半成品或成品为主，是生产企业在产品生产流动过程中设立的一个环节。如在肉类生产企业、制药企业内设置的冷库。这类冷库只对产品或半成品作短期储存，就进入下一工序或出厂。

(2) 流通型冷库。在商品流通过程中，为了保持连续的市场供应或者降低损耗，需要将商品冷却或冷冻保存一段时间、使商品保持一定的温湿度而设置的冷库。这类冷库一般建在大中型城市，或者其他位于交通枢纽、人口众多且商品集中的地区。

(3) 综合型冷库。综合型冷库是企业为了将生产和流通环节相衔接而设置的冷库。产品生产出来之后，可以先通过冷库进行冷却或冷冻，然后再进入流通环节。这类冷库中的商品进出比较频繁，适用于当地生产当地消费的商品，如冷饮等。

3) 按仓库温度的不同分类

按照仓库温度的不同，可以将冷库分为高温冷库、中温冷库、低温冷库、结冻冷库。

(1) 高温冷库。高温冷库温度在 −5～+5℃，主要用于果蔬菜类的保鲜。

(2) 中温冷库。中温冷库温度在 −5～−10℃，主要用于冻结后的物品冷藏。

(3) 低温冷库。低温冷库温度在 −10～−20℃，主要用于冻结后的水产、肉类食品的冷藏。

(4) 结冻冷库。结冻冷库温度在 −25℃以下，主要用于鲜品冷藏前的快速冻结。

4) 按库体结构类别分类

按照库体结构的类别,可以将冷库分为土建式冷库、装配式冷库。

(1) 土建式冷库。土建式冷库建筑的主体一般为钢筋混凝土框架结构或者砖混结构,可分为单层或多层。冷库的围护结构属于重体性结构,热惰性较大,库内温度受室外空气温度波动的影响小。目前,此类冷库建造得较多。

(2) 装配式冷库。装配式冷库的库板是钢框架预制隔热板装配结构,承重构件多采用薄壁型钢材制作,一般是单层。库板的内外面板采用彩色钢板(基材为镀锌钢板)制造,芯材采用发泡硬质聚氨酯或粘贴聚苯乙烯泡沫板制造。且除地面以外,所有装配式冷库的构件均是按统一标准在专业工厂成套预制,在工地现场组装,施工进度快,建设周期短。可见,装配式冷库具有较高的灵活性。

3. 注意事项

冷库使用过程中应注意的事项主要有以下几个方面:

(1) 要特别注意防水、防潮、防热气、防跑冷、防逃氨等,保证库内清洁、干燥,及时清除库内的冰、霜、水,严禁带水作业。

(2) 要合理利用冷库的空间,合理设计商品的堆存方式,严格执行库房货位间距,并根据储存现场情况灵活调整空间。

(3) 要定时通风,保证合适的温湿度。

(4) 要经常维护库内电器线路,防止发生漏电事故。出库房时要随手关灯。

(5) 保管人员要严格遵守冷库安全操作规定,防止发生事故。比如,不能在库内工作时间太长,以防缺氧窒息;出库时仔细检查,避免有人员被封闭在库内;要加强对制冷设备(压缩机、冷凝器、节流阀、蒸发管)的养护管理,保证设备完好。

【知识拓展】全面提升冷链物流服务品质

2017 年 4 月 21 日,交通运输部印发《国务院办公厅关于加快发展冷链物流保障食品安全促进消费升级的意见》(以下简称《意见》)。《意见》指出,目前我国冷链物流需求日益旺盛,但由于起步较晚、基础薄弱,冷链物流行业还存在标准体系不完善、基础设施相对落后、专业化水平不高、有效监管不足等问题。到 2020 年,初步形成布局合理、覆盖广泛、衔接顺畅的冷链基础设施网络,基本建立"全程温控、标准健全、绿色安全、应用广泛"的冷链物流服务体系,培育一批具有核心竞争力、综合服务能力强的冷链物流企业,大幅提升冷链物流信息化、标准化水平,普遍实现冷链服务全程可视、可追溯,生鲜农产品和易腐食品冷链流通率、冷藏运输率显著提高,腐损率明显降低,食品质量安全得到有效保障。

《意见》指出要从以下几个方面入手,逐步解决冷链物流中存在的问题:

(1) 健全冷链物流标准和服务规范体系。按照科学合理、便于操作的原则,系统梳理、修订并完善现行冷链物流各项服务标准,加强国内不同标准间以及与国际标准的衔接,科学确定冷藏温度带标准,形成覆盖全链条的冷链物流技术标准和温度控制要求。

(2) 完善冷链物流基础设施网络。加强对冷链物流基础设施建设的统筹规划，逐步构建覆盖全国主要产地和消费地的冷链物流基础设施网络。

(3) 鼓励冷链物流企业经营创新。大力推广先进的冷链物流理念与技术，加快培育一批技术先进、运作规范、核心竞争力强的专业化、规模化冷链物流企业。

(4) 提升冷链物流信息化水平。鼓励企业加强卫星定位、物联网、移动互联等先进信息技术的应用，按照规范化、标准化的要求配备车辆定位跟踪以及全程温度自动监测、记录和控制系统，积极使用仓储管理、运输管理、订单管理等信息化管理系统，按照冷链物流的全程温控和高时效性要求，整合各个作业环节。

(5) 加快冷链物流技术装备创新和应用。加强生鲜农产品、易腐食品物流品质劣变和腐损的生物学原理及其与物流环境之间的耦合效应等基础性研究，夯实冷链物流发展的科技基础。

(6) 加大行业监管力度。有关部门要依据相关法律法规、强制性标准和操作规范，健全冷链物流监管体系，在生产和储藏环节重点监督保质期、温度控制等，在销售终端环节重点监督冷藏、冷冻设施和储存温度控制等，探索建立对运输环节制冷和温控记录设备合规合法使用的监管机制，将从源头至终端的冷链物流全链条纳入监管范围。

(7) 创新管理体制机制。国务院各有关部门要系统梳理冷链物流领域相关管理规定和政策法规，按照简政放权、放管结合、优化服务的要求，在确保行业有序发展、市场规范运行的基础上，加快实现不同区域、不同领域之间管理规定的协调统一，加快建设开放统一的全国性冷链物流市场。

(8) 完善政策支持体系。要加强调查研究和政策协调衔接，加大对冷链物流理念与重要性的宣传力度，提高公众对全程冷链生鲜农产品质量的认知度。

(9) 加强组织领导。各地区、各有关部门要加强对冷链物流行业的指导、管理和服务，把推动冷链物流行业发展作为稳增长、促消费、惠民生的一项重要工作抓紧抓好。

(资料来源：http://www.gov.cn/zhengce/content/2017-04/21/content_5187961.htm)

2.2　仓库选址

仓库选址在企业经营中起到至关重要的作用。不当的选址可能会大大提高企业的仓储物流费用，甚至造成投资失误，给企业带来巨大损失。本节将从概念与原则、影响因素、步骤和方法四个方面对仓库选址进行介绍。

2.2.1　仓库选址的概念与原则

仓库选址并不是简单意义上的选个地方建造仓库或者租赁现有仓库。进行仓库选址工作，不仅要了解选址的概念，还要掌握一定的原则。

1. 概念

仓库选址是指运用科学的方法确定仓库的地理位置，使之与企业的整体经营运作系统有机结合，以便有效、经济地实现企业的经营目的。可分为企业自建仓库选址与租赁仓库选址两类。

仓库选址包括两个层次的问题：一是选位，即选择什么地区，如应选择沿海还是内地，南方还是北方；二是定址，即地区选定以后，应选在该地区的哪个位置。

仓库选址对企业的采购成本、服务成本及服务质量都有极大的影响，一旦选择不当，所带来的不良后果通常难以弥补。因此，进行仓库选址时必须考虑多方因素影响，慎重决策。理想的选址方案应当使商品通过仓库的汇集、中转、分发并达到需求点的全过程的效益最好。

2．原则

不同类型的企业对仓库选址的主要考虑因素并不相同。例如，工业企业的仓库选址主要考虑成本的最小化，而物流企业的仓库选址则通常考虑收益的最大化或服务水平的最优化。但任何企业的仓库选址都应遵循以下原则：

(1) 适应性。要与国家及地区的产业导向和产业发展战略相适应，与国家的资源分布和需求分布相适应，与国民经济及社会发展相适应，避免造成资源的浪费和设施的重复建设。

(2) 便利性。仓库应建在企业服务区域中心附近，根据其所能够辐射的半径而定，从而降低运费，提高对客户需求反应的速度。

(3) 经济性。要充分考虑到经济因素的影响，以总费用最低为原则，不能仅追求一项或某几项费用的最低。比如，仓库选址在市区、近郊区或远郊区，其未来物流活动辅助设施的建设规模、建设费用和运费等都是不同的。

(4) 战略性。要有大局观和战略思维，用发展的眼光看问题，不能局限于眼前利益和局部利益。比如选址时需要考虑企业经营的战略规划、服务对象的未来分布等因素。

2.2.2 仓库选址的影响因素

影响仓库选址的因素有很多，下面分别介绍其中的自然环境因素、经营环境因素、基础设施状况以及其他因素。

1．自然环境因素

影响仓库选址的自然环境因素主要包括气象条件、地质条件、水文及水文地质条件、地形条件等方面：

(1) 气象条件。仓库选址应详细了解当地的气候环境条件。根据存储物品的性质、保管要求及运输条件等，列出需重点考虑的因素，如年降水量、空气温湿度、风力等。

(2) 地质条件。主要考虑土壤的承载能力。货物会对地面形成较大的压力，如果地下存在淤泥层、流沙层、松土层等不良地质环境，就不适宜建设仓库。

(3) 水文及水文地质条件。在沿江河地区选择仓库地址时，要调查并掌握有关的水文资料，特别是汛期洪水最高水位等情况，防止洪水侵害；同时还要考虑地下水位情况等水文地质条件，水位过高的地方不宜建设仓库。

(4) 地形条件。仓库宜建在地势高、地形平坦的地方，且具有适当的面积与外形。因此仓库地址应尽量避开山区及陡坡地区，最好选择长方形地块，狭长或不规则地块不宜选择。

2. 经营环境因素

影响仓库选址的经营环境因素主要包括政策环境背景、商品特性、物流费用、服务水平、用工问题、竞争对手情况等方面。

(1) 政策环境背景。拟建仓库的地区是否有相关产业政策扶持，会对物流的效益产生直接影响。有些地区的政府对物流产业采取积极的扶持政策，鼓励在经济开发区进行仓库建设，并在税收和资金等方面提供大幅度的支持。另外，这些地区的交通、通信及能源等方面的基础设施建设也比较完善。

(2) 商品特性。不同类型商品的仓库应该布局在不同地域。例如，钢铁企业的仓库选址应紧密结合产业结构和工业布局进行考虑。

(3) 物流费用。仓库应尽量选择建在接近物流服务需求的地区，以便缩短运输距离，降低物流费用。

(4) 服务水平。衡量仓库服务水平高低的一个重要指标就是能否实现准时送达。因此在仓库选址时，要重点考虑是否能确保及时送达，使客户获得满意的服务。

(5) 用工问题。由于当前的仓储作业仍属于劳动密集型，因此在决定仓库位置时必须考虑仓储用工的来源、技术水平、工资水平以及数量是否充足等因素。

(6) 竞争对手情况。竞争对手的仓库选址对自有仓库的选址也有一定的影响。需要充分考虑到竞争对手的实力、竞争策略以及经营差异等因素。

3. 基础设施状况

影响仓库选址的基础设施状况主要包括交通条件和公共设施状况两个方面。

(1) 交通条件。交通条件是影响物流成本及效率的重点因素之一，仓库所在地必须有便利的交通。因此选址时既要考虑当前的交通状况，又要考虑未来周边地区的发展趋势。比如仓库周边的高速公路、国道、铁路、港口等是否有交通限制规定，是否有利于两种以上运输方式的衔接等。

(2) 公共设施状况。仓库所在地需要具备齐全、便利的公共设施设备。例如充足的水、电、气、热的供应能力，完善的污水和垃圾处理能力等。

4. 其他因素

影响仓库选址的因素还包括土地条件、环境保护要求、地区周边状况等方面。

(1) 土地条件。首先，土地的使用必须符合相关法律法规及城市规划的规定，尽量选在物流园区、工业园区或经济开发区之内；其次，需要综合考虑土地面积与地价，在评估现有地价水平、未来增值状况及需求扩充趋势的基础上，决定最合适的土地面积；最后，应尽量选择不适合耕作的土地作为仓库的地址，不占用农业生产用地。

(2) 环境保护要求。仓库选址要注意考虑保护自然环境与人文环境。尽可能降低对居民生活的干扰，不影响交通，不破坏生态环境。

(3) 地区周边状况。仓库是火灾重点防护单位，因此不宜建在易散发火种的工业设施附近，也不能太靠近居民区。除此之外，还要综合判断仓库所在地及周边地区的经济发展情况，明确是否对物流产业有促进作用。

综上所述，影响仓库选址的因素复杂多样，重要性也不完全相同，一个不起眼的因素就极有可能给仓库的后续运营带来超出预料的影响，因此需要特别地重视。

【微经验】以上仓库选址的内容更多地偏向企业自建仓库，但对很多企业来说，需要考虑的是租赁仓库如何选址的问题。相对而言，租赁仓库选址需要考虑的因素较少，可以根据业务情况灵活作出调整。很多企业在发展过程中都经历过不止一次仓库搬迁，这不属于决策失误，而是企业根据经营状况作出的正确选择。

【经典案例】化工仓库该如何选址

2015 年 8 月 12 日深夜，某保税港区 A 公司的仓库发生爆炸。让人揪心的同时，也让许多人发出疑问：为什么存放危险化学品的仓库周围不足一公里的地方就是居民区？危险化学品仓库应该选址在什么地方？

据住建部下属的某城市规划院专家介绍，对于存放危险化学品的仓库，选址首先要看符不符合城市总体规划，以及该选址的用地性质是不是能够存储这些物质。与此同时，选址还要经过一定的环境影响评价，而对于认定存储物质为危险品的，还要进行安全影响评价。据该专家分析，从程序上来说，上述各环节的评价 A 公司应该都实施了，问题在于，这些评价的结论是否可靠。

A 公司的物流环评文件中"公众参与的结论"中注明：根据回收的 128 份有效问卷，100% 的公众认为项目选址合适。而 2013 年 5 月 24 日 A 公司的二次公示显示，"拟建项目涉及的物料大多为危险、易燃物料，在物料运输、储存过程中，存在一定的环境风险。在采取有效的防范措施、制定相应的应急预案的前提下，事故风险在可接受范围内"，结论是"在建设和运营过程中严格执行'三同时'制度，落实本环境影响评价中提出的各项环境保护措施和建议的前提下，环境制约因素可以得到克服，从环境保护角度论证，项目的建设可行。"

但是，很多周围社区的居民表示自己并没有参与这样的调查，而且表示自己肯定不会愿意家门口有一个危险化学品仓库。那么这个环境影响评价的公允性是否存在问题，就需要打上一个问号。

另外，据该专家介绍，安监局应负责对该仓库进行安全影响评价，主要评估这个仓库存放着哪些物质、影响情况怎样、针对措施如何，是否能够把对周边群众的生命安全影响降到最小。此外，安监局还要对可能发生的事故进行模拟，以评估事故发生后的影响。例如，发生了爆炸、泄露、燃烧等事故之后，影响范围会有多大，这些在安全影响评价中都要进行评估。"我个人觉得，这个仓库在布局上还是有一些问题的，仓库周边有很多道路和居民区。对于存放危险品的仓库，在运输上应避开城市主要干道，在城市规划中都要规划出哪些城市干道可以运输危险品。另外，这个危险品仓库的周围有很多居民楼，这些都是不稳定的因素。"根据该市安监局 2015 年 5 月发布的相关通知，从 2015 年 6 月 1 日开始，危险化学品经营许可审批权限进行调整，7 类企业的经营许可证将由市安全监管局负责审批和颁发，包括专门从事危险化学品仓储经营的企业。

(资料来源：http://finance.sina.com.cn/chanjing/cyxw/20150814/142222967666.shtml)

思考题　根据所学知识，结合上述案例，列出化工仓库选址需要考虑的因素。

2.2.3 仓库选址的步骤

仓库选址通常需要经过三个步骤：调查准备、资料分析、提出选址报告。必须做好每一步的工作，才能确保仓库选址工作的成功。

1. 调查准备

仓库选址中的调查准备环节主要包括人员配备、技术准备、现场调查等方面的工作。

(1) 人员配备。由投资策划方组织相关的工程技术人员、系统设计人员和财务核算人员成立一个专门的工作小组。

(2) 技术准备。调查了解仓库所处地区的自然环境、交通运输网络、地震、地质、水文、气象等资料。并根据拟新建仓库的任务量大小、欲采用的储存技术及作业设备对仓库需占用的土地面积进行估算。

(3) 现场调查。具体考察仓库拟建地点的实际情况，掌握第一手资料；并在此基础上进行综合分析，确定多个备选地址。

2. 资料分析

仓库选址中的资料分析环节主要包括需求分析、费用分析、约束条件分析等方面的工作。

(1) 需求分析。根据物流产业的发展战略和布局状况，对某一地区的客户、潜在客户以及供应商的分布情况进行分析。主要分析内容有：业务往来方到仓库的运输量；向客户配送的货物数量；仓库预计最大容量；运输路线的最大业务量等。

(2) 费用分析。主要分析内容有：业务往来方到仓库的运输费；仓库到客户的配送费；与设施和土地有关的费用及人工费等。在分析费用时，需要综合考虑以上费用。

(3) 约束条件分析。主要分析内容有：地理位置是否合适；是否符合城市或地区的规划；是否符合政府的产业布局；是否有法律制度约束；周边交通状况；地价情况；区域产业政策等。

3. 提出选址报告

仓库选址报告主要包括以下内容：

(1) 选址概述。简明扼要地阐述选址工作组的人员组成、选址工作进行的过程、选址的依据和原则，介绍可供选择的几个地点，并推荐一个最优方案。

(2) 选址要求及主要指标。说明为了适应仓储作业的特点、完成仓储生产任务，备选地点应满足的基本要求，并简述各备选地址满足这些要求的程度，列出选址的具体指标，如仓库总占地面积、仓库存储能力、仓库职工总数，水电需用量等。

(3) 仓库位置说明及平面图。要说明仓库的具体位置、四周距主要建筑物及大型设施的距离、附近的地形与地貌等，并画出平面图。

(4) 建设时占地及拆迁情况。要说明仓库建设占地范围内的耕地情况、拆迁户数及人口数、估算征地和拆迁的费用等。

(5) 当地地质、地震、气象和水文情况。包括备选地的地质情况、地震烈度、气温、湿度、降水量、历史洪水水位等。

(6) 交通及通信条件。要说明备选地的铁路、公路、水运及通信的设施条件和可利用程度。

(7) 地区协作条件。说明备选地供电、供水、供暖、排水等协作关系以及设施共享的可能程度等。

(8) 方案对比分析。对提出的几个备选地址，依照已经确定的原则和具体指标进行对比分析，对比每个方案的优势与劣势，最后得出最佳的仓库选址。

2.2.4　仓库选址的方法

仓库选址问题很复杂，涉及法律法规、规划、土地使用权、物流业务种类、物流设施、筹资能力、交通环境、自然条件等诸多因素。因此，仓库选址所采用的方法非常关键。下面分别从定性与定量两个方面介绍几种常用的仓库选址方法。

1. 定性选址方法

在仓库选址中经常采用由美国选址理论专家 Edgar M. Hoover 所概括的三种评价方法：市场营销定位法、生产制造定位法和快速配送定位法。另外，还有一种德尔菲法。

(1) 市场营销定位法。该方法以充分满足市场营销需要为目标，通常选择在最靠近顾客的地方建造仓库，以缩短产品配送到顾客的时间，追求顾客服务水平的最优化，同时还可以在一定程度上获得运输方面的规模效应。采用这种方法时，主要应考虑将产品从仓库运输到配送中心或者最终市场的相关影响因素，如产品运输成本、顾客订货时间、产品生产进度、产品订货批量、本地化运输的可行性以及顾客服务水平等。

(2) 生产制造定位法。该方法以快速满足生产制造需求为目标，通常选择最靠近原材料产地或生产加工地的位置建造仓库，以期获得运输和集结原材料的优势，方便产品的加工。例如靠近棉花种植地建设的纺纱厂、织布厂仓库。

(3) 快速配送定位法。该方法以提高配送效率为目标，在最终顾客和生产厂商之间进行适当的权衡来进行选址。需要考虑的因素主要包括运输路线优化、运输成本管控、运输能力、配送辐射范围等。一般认为，快速配送定位法综合了上述两种方法的优点，快速的配送运输使最终的顾客服务水平大大提高，同时在原材料供给效率和产成品投入市场周期等方面亦有优势。

(4) 德尔菲法。该方法又称专家意见法，即将提出的问题和必要的背景材料使用通信的方式向专家提出，然后把他们答复的意见进行综合后再反馈给他们。如此反复多次，直到达成最优选。德尔菲法一般通过以下步骤执行：

① 企业选择仓库选址方面的专家人选。

② 企业向所有专家提出仓库选址的相关问题及要求，并附上各选址方案的背景材料，同时向专家提供所需要的企业材料。

③ 各个专家根据收到的材料，提出各自的意见。

④ 企业将专家的意见汇总后，进行分析和处理。

⑤ 企业将分析结果再反馈给各个专家，专家根据反馈材料修改意见。该过程一般要进行三到四次。

⑥ 企业对专家的意见进行综合处理，最终确定选址方案。

在上述过程中，专家之间彼此独立，避免了因权威等因素而影响判断，因此其意见较为客观。

【微经验】运用德尔菲法选址的过程中，企业将专家意见进行汇总的环节很关键。汇总意见者极有可能将个人的一些看法不自觉地融入到对信息的分析与处理中，产生一些偏见，需要慎重处理。

2. 定量选址方法

仓库选址中，有多种定量选址的方法。下面重点介绍常用的重心法、量本利分析法和加权平均法。

(1) 重心法。单一仓库选址的重心法又称为静态连续选址模型方法，是用数学方法建立一个分析模型，找出仓库的理想位置。该方法在应用时只需考虑运输费率和该点的物品运输量，简单实用。

重心法实际上是将物流系统的资源点和需求点看成是分布在同一平面范围内的物体系统，将各资源点和需求点的物流量分别看成物体的重量，而物体系统的重心就是仓库的最佳位置。

应用重心法的假设条件如下：

① 需求量集中于某一点。
② 不同地点物流设施的建设费用、营运费用相同。
③ 运输成本以线性比例随距离增加。
④ 仓库与其他网络节点之间的路线为直线。
⑤ 不考虑未来收入和成本的变化。

应用重心法首先要在坐标系中标出各个地点的位置，确定各点的相对距离。在国际选址中，经常采用经度和纬度建立坐标，然后根据各点在坐标系中的横纵坐标值求出运输成本最低的位置坐标。坐标值对应的地点就是仓库的最佳选址地。重心法的公式如下：

$$C_x = \frac{\sum D_{ix} V_i A_i}{\sum V_i A_i}, \quad C_y = \frac{\sum D_{iy} V_i A_i}{\sum V_i A_i}$$

其中：C_x 为重心的 x 坐标；C_y 为重心的 y 坐标；D_{ix} 为第 i 个地点的 x 坐标；D_{iy} 为第 i 个地点的 y 坐标；V_i 为运到第 i 个地点或从第 i 个地点运出的货物量；A_i 为第 i 个地点到仓库的运输费率。

重心法在实际运用中主要面临以下问题：

① 假设条件难以满足。
② 只能确定出一个仓库位置，一个以上不适用。
③ 得出的仓库位置理论上是最佳的，但若该位置处于江河中间则显然不合适。
④ 实际运用中还必须考虑可能面临的社会问题和经营环境问题等。

【例 2-1】 某物流公司拟建一仓库，负责向四个工厂配送物品，各工厂的具体地理位置坐标与年物品配送量如表 2-1 所示。假设拟建仓库到各工厂的单位运输成本相等，请利用重心法确定该公司的仓库位置坐标。(注：表中地理坐标数据单位为 km，配送量单位为 t)

表 2-1　各工厂的具体地理位置坐标与年物品配送量

工厂及其地理位置坐标	P₁		P₂		P₃		P₄	
	x_1	y_1	x_2	y_2	x_3	y_3	x_4	y_4
	20	70	60	60	20	20	50	20
年物品配送量	2000		1200		1000		2500	

解　根据重心法，可以得到仓库的地理坐标数据(运输费率 A_i 相同)：

$$C_x = \frac{\sum D_{ix} V_i A_i}{\sum V_i A_i} = \frac{20 \times 2000 + 60 \times 1200 + 20 \times 1000 + 50 \times 2500}{2000 + 1200 + 1000 + 2500} = 38.4 \ (km)$$

$$C_y = \frac{\sum D_{iy} V_i A_i}{\sum V_i A_i} = \frac{70 \times 2000 + 60 \times 1200 + 20 \times 1000 + 20 \times 2500}{2000 + 1200 + 1000 + 2500} = 42.1 \ (km)$$

各点坐标值如图 2-2 所示。

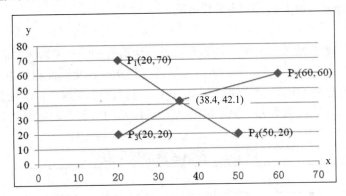

图 2-2　重心法确定的坐标值

因此，该仓库地址应选在坐标为(38.4，42.1)的位置。

(2) 量本利分析法。量本利分析法全称为产量成本利润分析，也叫保本分析或盈亏平衡分析。是通过分析生产成本、销售利润和产品数量这三者的关系，掌握盈亏变化的规律，指导企业以最小的成本生产最多的产品并获得最大利润的方法。

任何一个仓库的运营都有固定成本和可变成本，不同选址方案所涉及的仓库运营的成本和收入都会随仓库储量的变化而变化。使用量本利分析法时，应选择盈亏平衡时储量最小的方案为最优。

【例 2-2】　有仓库初选址为 A、B、C 三地。A 址的固定成本为 500 万元，单位变动成本为 2.6 元，每储存一单位货物的收入为 3.8 元；B 址的固定成本为 450 万元，单位变动成本为 2.8 元，每储存一单位货物的收入为 3.8 元；C 址的固定成本为 560 万元，单位变动成本为 2.5 元，每储存一单位货物的收入为 4.0 元。试用量本利分析法选址。

解　假设该仓库的储量为 Q，盈亏平衡储量为 Q_0，则：

A 址的总成本 $= 500 + 2.6Q$

A 址的总收入 $= 3.8Q$

当盈亏平衡时，总成本等于总收入，此时的盈亏平衡储量 Q_0 为：

$$500+2.6Q_0=3.8Q_0$$

求得 $Q_0 \approx 416.7$(万单位)。

同理求得:

B 址盈亏平衡时的储量约为 450 万单位;

C 址盈亏平衡时的储量约为 373.3 万单位;

因此,应选择 C 址进行仓库建设。

(3) 加权平均法。加权平均法适合用来比较各种非经济性因素,不同因素的重要程度不同,需要赋予不同的权重。使用加权平均法的一般步骤如下:

① 针对选址的基本要求和特点,列出需要考虑的各种因素。

② 按照各因素的相对重要程度,分别规定各因素相应的权重。

③ 通过征询专家意见或其他方法,决定各因素的权重。

④ 为每一因素确定统一的数值范围,并确定每一地址各因素的得分。

⑤ 累计各地址每一因素与权重相乘的和,得到各地址的总评分。

⑥ 选择总评分值最大的方案为最优方案。

【例 2-3】 某仓储企业需要确定新建仓库的具体位置。经初步比较,共有初选址 A、B、C 三个。进行选址时的影响因素有投资、交通便利性和能源供给等。对 3 个方案各因素目标值的满足程度进行评分如下:A 址投资为 90%,交通便利性为 60%,能源供给为 50%;B 址投资为 80%,交通便利性为 70%,能源供给为 60%;C 址投资为 50%,交通便利性为 90%,能源供给为 90%。由专家就各因素的重要性确定的加权系数(专家人数为 4 人,加权系数为 0~9)如表 2-2 所示。试用加权平均法选址。

表 2-2 影响因素加权系数表

项目	专家 1	专家 2	专家 3	专家 4
投资	5	8	2	7
交通便利性	6	6	9	7
能源供给	9	7	5	6

解 由表 2-2 得:

投资目标值权重 $=(5+8+2+7)\div 4=5.5$

交通便利性目标值权重 $=(6+6+9+7)\div 4=7$

能源供给目标值权重 $=(9+7+5+6)\div 4=6.75$

进而得到各地址的总评分如下:

A 址总评分 $=5.5\times 0.9+7\times 0.6+6.75\times 0.5=12.525$

B 址总评分 $=5.5\times 0.8+7\times 0.7+6.75\times 0.6=13.35$

C 址总评分 $=5.5\times 0.5+7\times 0.9+6.75\times 0.9=15.125$

因此,方案 C 是最优的,即仓库建设的地点应该选择 C 地。

【微经验】不管是采用定性选址法还是采用定量选址法,都存在一些缺陷,建议采用两者结合的方式,或采用不同的定性方法和定量方法,然后进行对比分析,最终确定仓库的选址。

2.3 仓库规模与数量的选择

仓库作为对企业经营的重要支持，在其规模与数量的选择上要特别慎重。仓库的规模与数量选择根据企业的销售规模或预期而定，通常具有一定的不确定性，需要进行详细分析。

2.3.1 仓库规模的选择

仓库规模是指仓库能够容纳货物的最大数量或最大体积。下面从相关参数和影响因素两个方面对仓库规模的选择进行介绍。

1. 仓库规模相关参数

与仓库规模相关的参数主要包括仓库面积、仓库高度和仓库层数。

(1) 仓库面积。一般分为仓库建筑面积和仓库使用面积。仓库建筑面积是指仓库建筑所占的平面面积，包括使用面积、辅助面积和结构面积；仓库使用面积是指仓库建筑物内可供使用的净面积，一般是建筑面积扣除外墙、库内立柱、间隔墙后所余部分。

(2) 仓库高度。仓库高度是指单层仓库能用于存储的有效高度，如梁下高度。确定仓库高度主要需考虑库房类型、储存货物的品种、采用的作业方式、托盘堆码高度、货架高度、作业设备的类型等因素。

(3) 仓库层数。仓库层数是指整个仓库的组成层数，一般分为单层和多层。仓库层数的确定需要考虑土地面积、建筑费用、装卸效率、土地利用率、作业需要等因素。

2. 影响仓库规模的因素

许多因素会影响仓库规模的选择，主要包括以下几个方面：

(1) 仓储物品的数量和体积。这是影响仓库规模的直接因素。仓储物品的数量多，则需要的仓储面积大，如保管瓶装矿泉水的仓库；仓储物品的体积大，则需要的仓储面积也大，如保管塑料泡沫的仓库。反之亦然。

(2) 仓储物品的周转情况。仓储物品的周转情况是指在一定时间内仓库吞吐物品的总量。物品的周转速度快，在单位时间内仓库就能够支持更多的物品进出；物品的周转速度慢，在单位时间内则只能支持较少的物品进出。

(3) 仓储设施及库内规划情况。可在垂直方向上拓展空间，通过设施的调整来实现空间利用的最大化。例如，采用重型货架或者阁楼式货架与采用普通货架相比，在同样的面积下，存储物品的数量可以成倍增加。库内规划则需要从两个方面来考虑：一是在规划初期应尽可能地扩大仓储区的面积；二是在仓库投入运营一段时间后，应研究有没有再次扩大存储区面积的可能，以通过面积的扩展增加物品的存储数量。因为通常库内规划的初期方案会与现实操作有一定出入，投入运营后，可以通过对作业流程的优化或者库内各功能区的优化，扩展存储区的面积。

(4) 供应商的供货情况。供应商供货迅速，且所采购物品的订单满足率高，就可以将安全库存量设定得低一些，以此降低物品的存储数量；而如果供应商对物品的最低起订量要求不高，则可以通过少批次、多频率订货来降低物品的存储数量，留出空间给更多品种物品的存储。

扫一扫

【微思考】采购人员与供应商对接业务时，若仓储管理者也参与到库存决策中。则从库存决策与在库商品管理的角度看，在商品的库存数量和订货频率方面，供应商与仓储管理人员可能存在哪些矛盾？如何通过协调达到共赢？

（5）销售预期的支持。理论上，销售预期与仓库规模的选择是正相关关系。只有销售预期增大或缩减，才会带来仓库规模的扩张或减小。但请注意，销售预期的支持是确定仓库规模的参考条件而不是决定条件，假设销售的预期很高，需要扩大仓库的规模来应对未来可能出现的销售高峰，如果实际未达到这么高的销售预期，则仓库的投入就无法收回。因此，往往是销售的预期达到了，还要再考虑能不能保持稳定，能不能继续提升等问题，当这些问题都确定了，才能开始考虑仓库的规模扩展问题。

（6）仓库规模的可扩展性。通常不管是新建仓库还是租赁仓库，出于业务增长量的考虑，仓库规划的规模都会略大于实际所需的规模。但当业务量大量增长的时候，就需要考虑现有仓库的可扩展性：一方面要考虑面积的可扩展性；另一方面则要考虑立体空间的可扩展性，即在垂直方向上能拓展多少空间。仓库规模在现有可用空间上的扩大要优于仓库搬迁或另外新建，因此仓库规模的选择要重点考虑其可扩展性。

【微经验】以商品零售企业为例，仓库规模与在库物品的数量及其周转情况相关。仓储物品的周转情况属于库存管理方面的内容，有些企业由采购部门负责，有些企业由专门的库存管理部门负责等。另外，库存周转情况还要看商品的销售情况。可见，仓库规模的选择是企业层面的问题，需要多个职能部门的共同协作。

2.3.2　仓库数量的选择

仓库数量是指在整个物流系统中该设立几个仓库。一般来说，仓库数量越多，系统总的存储成本和库存成本越高，同时运输成本和失销成本越少，如图 2-3 所示。工作中，要在仓库数量与成本支出之间寻找平衡。

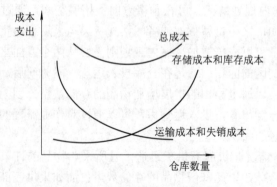

图 2-3　仓库数量的成本比较图

从图 2-3 中可以看出：随着系统的仓库数量增加，运输成本和失销成本减少，而存储成本和库存成本增加。但是当仓库数量增加到一定规模时，存储成本和库存成本的增加额就会超过运输成本和失销成本的减少额，总成本开始上升。

影响仓库数量的因素主要有：

(1) 客户服务水平。当企业的客户服务反应速度远低于竞争对手时，其销量会受到比较大的影响。如果企业投入了大量的人力和物力进行商品促销，但不能快速地满足客户对商品配送的要求，则很容易导致客户的流失。为了及时满足客户的需求，关键性的措施之一就是增加仓库的数量，以缩小配送半径。

(2) 运输服务水平。与客户服务水平的影响类似，能够通过运输方式和运输服务的优化满足客户的服务需求。当运输服务不能够满足客户需求时，可以通过增加仓库数量的方法来解决这一问题。

(3) 单个仓库的辐射范围。如果单个仓库的规模比较大，辐射的范围广，相应地仓库的需求数量就会少。规模大的仓库无论在单位投资成本、批量化业务处理还是设备的利用率上，都会产生一定的规模效应。

(4) 信息技术与设备的推广应用。仓储管理软件及计算机设备的应用，在仓储日常管理及决策中起到了重要的作用，大大提高了仓库资源的利用率和运作效率，从而对仓库数量的选择产生重要的影响。

(5) 企业的战略规划。一般全国性的大企业或具有区域优势的企业都会存在战略布局的考虑。在租赁仓库或自建仓储时，会根据企业的战略规划提前进行布局，以取得竞争优势，进而影响到对仓库数量的选择。比如，京东商城就采取了在全国布局自建仓储的战略。

【微思考】很多人都有网上购物的经历，其中有些人当天下单，第二天就能收到商品，甚至有些当天就能收到。请结合上文中的仓库数量的成本比较图思考一下，在到货速度方面，如何才能更好地提升用户的购物体验？

扫一扫

2.4　仓库布局

仓库布局在企业的仓储管理中占有重要的地位。大体上，仓库布局可以分为仓库网点布局、仓库库区总平面布置、仓库内部布局三个方面的内容，三个方面的侧重点各有不同，下面分别予以介绍。

2.4.1　仓库网点布局

仓库网点是指负责某一地区、组织或企业的物品中转供应的所有仓库。仓库网点布局是指这些仓库在一定的体制下按照特定的组织形式在特定地域范围内的分布与组合。仓库网点布局是一个地区、组织或企业的资源分布问题，配置是否合理不仅直接影响该地区、组织或企业资源供应的及时性和经济性，还会在一定程度上影响相关区域、组织或企业的库存水平及库存结构的比例关系。

1. 仓库网点布局的原则

仓库网点布局需遵循以下原则：

(1) 一致性。仓库网点布局必须与所在地区或服务对象的经济地理条件、生产力发展水平和发展规划相一致。

(2) 服务性。仓库是为生产和流通服务的，不能脱离市场需求，服务不足和服务太超前都不可取。

(3) 经济性。仓库建设会涉及较大的资本投入，对所属企业和所处地区产生长期影响，因此，网点规划需要建立在成本—收益比较的基础上。

2. 仓库网点布局的类型

仓库网点布局主要有辐射型、吸收型、聚集型和扇型四种类型，每一种类型都有各自的特点。

(1) 辐射型。辐射型仓库是指仓库位于被许多用户环绕的中央位置，物品由此中心向各个方向的用户运送，形如辐射状。此布局适用于用户相对集中的区域，或者仓库是主干运输线路的一个转运站，如图 2-4 所示。

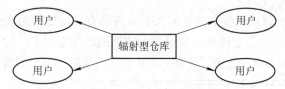

图 2-4　辐射型仓库布局

(2) 吸收型。吸收型仓库位于被许多合作方环绕的中心位置，物品从各个地区向此中心运送，这种仓库大多属于集货中心，如图 2-5 所示。

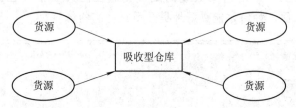

图 2-5　吸收型仓库布局

(3) 聚集型。这种仓库布局类似于吸收型，但处于中心位置的不是仓库，而是企业聚集的经济区域，四周分散的才是仓库。此布局适用于企业比较密集、不可能设置若干仓库的经济区域，如图 2-6 所示。

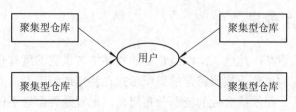

图 2-6　聚集型仓库布局

(4) 扇型。这种仓库布局中的物品从仓库向一个方向运送，形成一个扇子样的辐射形状，辐射方向与运输方向一致，如图 2-7 所示。

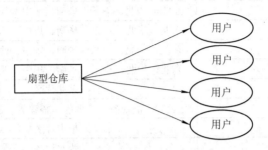

图 2-7　扇型仓库布局

【经典案例】苏宁易购的全国仓库布局

苏宁易购是苏宁云商集团股份有限公司旗下新一代 B2C 网上购物平台，现已覆盖传统家电、3C 电器、日用百货等品类。2011 年，苏宁易购进一步强化虚拟网络与实体店面的同步发展，不断提升网络市场份额。

苏宁易购的配送网络覆盖全国绝大部分地区，如图 2-8 所示。

图 2-8　苏宁易购全国仓库分布图

依靠强大的配送网络，无论消费者订购的是大件商品还是小件商品，均能享受到非常快捷的配送服务。苏宁易购目前在全国有十二个始发仓库，分别是：南京、北京、上海、广州、沈阳、成都、武汉、西安、杭州、深圳、重庆、天津。其中南京、北京、成都、广州四个仓库提供全国发货服务，沈阳、武汉、西安、上海四个仓库分别提供东北、华中、西北、华东(浙江、福建、上海、江西)发货服务，杭州仓库提供浙江省发货服务，深圳、重庆、天津仓库提供同城服务。苏宁易购始发仓全国分布情况如表 2-3 所示。

表 2-3 苏宁易购始发仓全国分布情况

仓库所处城市	覆盖区域
南京	东北、华北、华东、华南、华中、西北、西南片区
北京	东北、华北、华东、华南、华中、西北、西南片区
成都	东北、华北、华东、华南、华中、西北、西南片区
广州	东北、华北、华东、华南、华中、西北、西南片区
沈阳	东北片区
上海	浙江省、江西省、福建省、上海市
武汉	华中片区
西安	西北片区
杭州	浙江省
深圳	同城
天津	同城
重庆	同城

苏宁易购的物流系统会根据实际库存情况为消费者选择发货库房，确保消费者能更快收到订购商品。为了提升消费者的购物体验，苏宁易购也把线下的门店作为仓库使用，推出了"急速达"服务。"急速达"配送服务是苏宁为消费者提供的一项个性化服务，该服务承诺：消费者下单的商品如满足一定条件(附近门店有货，且送货地址属于该门店覆盖范围)，配送员将会在 2 小时内送达至所留地址。

(资料来源：苏宁易购官网)

思考题 结合苏宁线上和线下的业务特点，分析采用这种仓库布局的合理性。

2.4.2 仓库库区总平面布置

仓库库区总平面布置是指进行库区的划分、建筑物及构筑物平面位置的确定、运输线路的组织与规划、库区道路的设置、行政生活区的设置、库区安全防护以及绿化和环境保护等内容。目的是充分利用整个库区的空间，提高库区布局的科学合理性，便于货物和车辆的进出，保证库区的合理运转。

对仓库库区的总平面进行布置，首先要根据库区各种建筑物的性质、使用要求、运输联系以及安全要求等，将性质相同、功能相近、联系密切、对环境要求一致的建筑物分成若干组；然后结合仓库用地的具体条件，对库区进行合理的功能划分，并在各个功能分区中布置相应的建筑物。

仓库库区总平面一般主要由以下几类功能区组成：

(1) 仓库作业区。仓库作业区是整个库区的主体部分，主要业务包括物品保管、检验、包装、简单再加工、整理及发货等；主要建筑物和构筑物包括库房、月台、加工场所与包装场所等。

(2) 辅助作业区。辅助作业区为主要业务提供各项辅助服务，包括设备维修与临时存放、车辆停靠、辅助加工制造、机械存放、零件存放等，主要建筑物包括车库、露天停车厂、工具设备处、维修场所、临时周转区等。

(3) 行政生活区。行政生活区以提供行政及生活支持功能为主，包括办公楼、门卫、员工宿舍、食堂、垃圾存放处、员工娱乐场所等。行政生活区一般与仓库作业区、辅助作业区分离，避免相互间的干扰与影响，确保安全生产。

(4) 库区运输道路。行政生活区的道路与作业区的道路一般要分开，执行不同的规划标准。库区运输道路要贯通交通网线、方便物品进出，符合仓库作业要求、设备要求、安全保卫及消防工作要求，避免迂回运输、重复装卸、作业过程中多线路交叉相互干扰等问题。

在规划各功能区时，要注意不同功能区的面积占比以及各区的分布情况，注意各区间业务衔接的合理性。一般作业区要占有尽可能大的面积，以提高库区的利用率。例如，某公司仓储园区的总平面布局如图 2-9 所示。

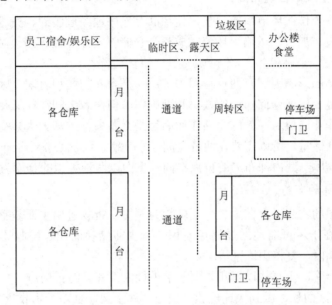

图 2-9　某仓储园区平面结构简图

【微经验】库区的总平面布局涉及面广，影响因素多，除了与库区作业相关，还与建筑施工、消防验收等多种因素相关。建议由专业的第三方公司为主导，组建专门团队合作完成规划。

2.4.3　仓库内部布局

仓库内部布局是指对仓库内部通道空间、货架位置或方向、货架层数、设备及设施等的布局。目的是充分利用存储空间，提高存货安全性，方便存放及拣选货物，有效利用搬运设备，从而提高仓库运作效率和服务水平。

1. 影响仓库内部布局的因素

影响仓库内部布局的因素众多，主要包括仓库的功能、存储对象的特点、货位管理的规则、库存周转情况等。

(1) 仓库的功能。存储是仓库的基本功能，但某些仓库还有其他功能，如加工、拆装、分拣、货物集中等。具备不同的功能或功能组合的仓库，需要对应不同的布局类型。

(2) 存储对象的特点。所存储货物的重量、体积、种类、数量、对保管条件的要求、采用的包装方式、出入库方式等方面的不同特点以及这些不同特点的组合都需要对应不同的布局类型。

(3) 货位管理的规则。一般分为固定货位存储和随机货位存储两种。固定货位存储是指特定货物的存储位置是固定的；随机货位存储指特定货物的存储位置是随机的，按照设定的分配规则随机分配。若采用不同的货位管理规则，需要对应不同的布局类型。

(4) 库存周转情况。如果在库货物的周转率差异比较大，则对应的布局类型不同。

(5) 其他因素。如仓储作业方式的选取、整体作业系统的规划、所采用的作业设备等，这些因素均会对仓库布局造成影响。

2. 仓库内部空间的合理布局

为了使仓库各个作业环节衔接顺畅，使物品有次序地经过装卸、搬运、检验、保管、分拣、复核、包装、加工、运输等环节完成整个仓储收发存过程，必须对仓库内部空间进行合理布局。

仓库内部布局的影响因素有两点特别关键：一是仓库的面积有限，因而要最大限度地提高仓储量；二是要保证仓储作业的效率和准确率。但两者之间往往又相互矛盾，比如宽敞的作业场地及作业通道对高效的仓储作业而言是必备条件，却大大减少了仓库的有效存储面积，影响了仓储量。所以需要在两者之间寻求平衡，而核心就在于布局的科学性。

不同类型的仓库，其内部布局的特点不同。下面以两种类型的仓库为例进行介绍。

1) 存储型仓库的布局

存储型仓库中的物品以存储为主，周转较为缓慢，货物进出主要是整进整出的形式，因此布局的重点在于尽可能地增加储存面积，减少非储存面积。同时还要设置入库检验区、暂存区、存储区、复核出库区等。

对于存储型仓库，主要从以下几方面入手进行内部各区的布局：

(1) 缩小检验区面积，做到快速检验，快速入库上架，合理利用收货月台。

(2) 及时清理暂存区内临时存放的不合格品和疑问物品，着重于分析不合格品产生及未处理的原因，减少暂存区物品的积压。

(3) 缩小复核出库区面积，做到快速复核，快速发货，合理利用发货月台。

(4) 增大存储区的面积，向垂直方向扩展，尽量增加单位面积的存储量。

(5) 合理布置货位，充分利用货位，规划好作业线路，尽量减少作业通道所占用的面积。比如多思考作业通道能不能再窄一点，墙距或垛距能不能再小一点，能不能采用更合适的作业设备等。

2) 流通型仓库的布局

流通型仓库中的物品以流通为主，周转较快，货物进出以整进零出为主，因此布局的重点在于尽可能地加快货物的进出效率及准确率。与存储型仓库相比，流通型仓库可以从以下几方面进行内部各区的布局：

(1) 减少存储区的面积，增加拣货区的面积；提高拣货效率，增加拣货的方便性与易得性。有些仓库的存储区与拣货区的区分不是很明显，存储货位即是拣货货位，此时更要注意拣货货位的物品是否能够被快速准确地分拣到。

(2) 不同物品的货位设置要合理,分拣路线应最短,减少无效走路情况的发生。

(3) 适当增加复核出库区的面积,提高复核的精度与速度,并能够对大量零散的已复核物品进行准确的归类。

3) 合理化布局的参考建议

(1) 首先,要充分利用现有仓库的内部空间,根据储存物品的特点、公司的财务状况、市场竞争环境和顾客的需求等情况来规划仓库内部布局,并进行适时的调整。

(2) 其次,仓库管理人员必须考虑成本、效率及运营水平等方面的因素。在员工工资与福利开支高低、仓库设备能力大小、仓库空间使用率、仓库管理信息系统的配置、装卸搬运系统的设置等方面进行综合权衡。

(3) 各类仓库的布局参考数据如下:以保管为主要业务的存储型仓库,保管面积占总面积的 60%～80%;检验区占总面积的 5%～10%;入出库通道占总面积的 10%～20%;出库区占总面积的 5%～10%;以收发业务为主的流通型仓库,保管面积占总面积的30%～60%;入出库通路占总面积的 10%～20%;检验与准备入库货区占总面积 15%～25%;出库区占总面积的 5%～10%。例如,某流通型仓库的内部布局如图 2-10 所示。

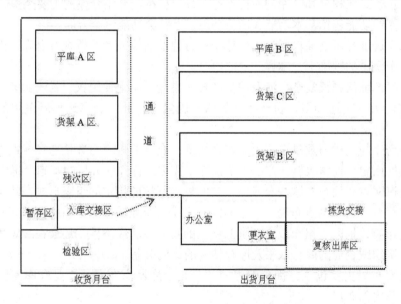

图 2-10 某流通型仓库的内部布局简图

【微经验】仓库内部布局与仓储作业自动化、专业化程度密切相关。如果不是专业性特别强的仓库,库内没有自动化作业设备,很多经验丰富的仓储经理就可以完成较好的布局规划;而如果仓储设备较多,自动化程度较高,则可以采用仓储经理、设备提供方或者专业第三方合作的方式完成布局规划。

【微视频】A 企业仓库内部布局

A 企业从事以超市食品类商品的配送业务,配送中心仓库面积有 20 000 平方米左右。配送中心仓库的主要功能是满足企业所在城市客户的订单需求,在接单 24 小时之内将商品配送给客户,这些客户以中小型超市、便利店为主。显然,A 企业的配送中心仓库属于流通型仓库,商品的周转速度是仓库布局优先考虑的因素。现将 A 企业仓库的内部布局制成简单的平面图,配合现场的图片,以帮助读者进一步理解本节的相关知识。

本 章 小 结

✧ 按不同的分类标准,可以将仓库分成不同的类型。在此分别以所保管货物的特性、仓库建筑的封闭程度和仓库的库内形态为分类标准,介绍仓库的主要类型。

✧ 仓库的功能包括基本功能、增值功能以及社会功能三个方面。

✧ 仓库选址并不是简单意义上的选个地方建造仓库或者租赁现有仓库,而是需要在了解选址这个概念的基础上,掌握一定的原则。

✧ 仓库选址问题很复杂,涉及法律法规、规划、土地使用权、物流业务种类、物流设施、筹资能力、交通环境、自然条件等诸多因素。因此,仓库选址所采用的方法非常关键。

✧ 在仓库的规模与数量选择上要特别慎重。仓库的规模与数量选择应根据企业的销售规模或预期而定,通常具有一定的不确定性,需在进行详细分析的基础上确定。

✧ 仓库网点布局是指这些仓库在一定的体制下按照特定的组织形式在特定地域范围内的分布与组合。仓库网点布局是一个地区、组织或企业的资源分布问题,其配置是否合理不仅直接影响该地区、组织或企业资源供应的及时性和经济性,还会在一定程度上影响相关区域、组织或企业的库存水平及库存结构的比例关系。

✧ 仓库布局主要包含三部分的内容:一是仓库网点布局;二是仓库库区总平面布置;三是仓库内部布局。

微应用

应用 1 使用重心法进行仓库选址

某物流公司拟建一座仓库,负责向四个工厂配送物资,各工厂的地理位置坐标与年物品配送量如表 2-4 所示。假设拟建仓库至各工厂的单位运输成本相等,请使用重心法确定该仓库的最佳位置。(表中地理坐标数据单位为 km,配送量单位为 t)

表 2-4　各工厂的地理位置坐标与年物品配送量

工厂及其地理位置坐标	P₁		P₂		P₃		P₄	
	X_1	Y_1	X_2	Y_2	X_3	Y_3	X_4	Y_4
	30	50	20	80	40	60	60	40
年物品配送量	1500		800		1200		1800	

提示：使用重心法选址时，首先要在坐标系中标出各个地点的位置，以确定各点的相对距离；然后根据各点的横纵坐标值求出运输成本最低位置的坐标值 X 和 Y。

应用 2　某冷库规划案例分析

请阅读以下案例，并对案例后的思考题进行讨论。

生鲜电商在宁波涌现　生鲜损耗及冷链物流成瓶颈

生鲜产品电子商务，简称生鲜电商，指用电子商务的手段在互联网上直接销售生鲜类产品，如新鲜果蔬、生鲜肉类等。生鲜电商随着电子商务的发展而发展起来。2012 年被视为生鲜电商发展的元年，而 2014 年被称为是生鲜电商的扩张之年。

在生鲜电商的发展大潮中，宁波市也涌现出众多的生鲜电商平台。比如 2014 年 10 月某公司 A 推出了"放心公社"网上商城。综合应用物联网、大数据、移动互联等技术，将生鲜食品搬上互联网，形成集电子化交易、集合采购、封装配货和配送于一体的全程服务系统。目前，该公司已经拥有蔬菜、水果、海鲜、肉类、南北干货等多种农产品及食品，并已签约 15 家生鲜产品供应商，基本可以满足上班族日常所需。

生鲜电商被认为是电子商务领域最后的一片"蓝海"。这个市场容量大、机会多、潜力大，但也难度最大。业内广泛认为，当前生鲜电商最需要解决的两大瓶颈是物流配送和生鲜商品损耗。此外，产品的标准化及专业人才的不足等也是困扰生鲜电商项目的主要难题。

"生鲜商品本身的价格就不高，导致客单价不高，一旦价格提高，消费者就会与菜场等直销店进行比较，从而不选择在电商渠道采购，但是现在的成本减不下来，主要是卡在了物流和损耗两大方面。"宁波电子商务协会副秘书长表示，从国内生鲜电商项目的发展情况来看，大部分生鲜电商项目都还没有实现持续盈利。

按目前的物流成本，以 5 公斤包裹为例，普通快递的每单成本约为 10 元，而生鲜产品由于需要全程的冷链保存，每单的快递成本需要 20～40 元。此外生鲜电商企业还要配备一些冷链仓储场地和终端，这直接导致了生鲜商品配送的高成本。"我们现在除了发展冷链配送外，还要给一些写字楼和商住楼配冷链存储终端，这是一次性投入，成本很高，现在我们也只能慢慢来。"A 公司董事长冯先生面对高昂的冷链物流成本如是说。

尽管冷链配送成本很高，但是因为生鲜食品的特殊性，其在供应链过程中与常温产品相比有着更高的损耗。有专家指出，目前生鲜电商的物流损耗普遍在 5%～8%，有的甚至超过 10%。

"如果这两大瓶颈能够得到很好的解决，那么生鲜电商项目就能立足市场。而解决这个困难最好的办法就是提高订单的频繁度、客单价和客户基数。"长期接触生鲜电商项目的投资者叶先生如此表示。考虑到生鲜商品属于生活必需品，且具有黏性高、重复购买率高及毛利高的"三高"特性。因此，只要真正抓住了消费者，使他们能在一定客单价的基础上长期采购，就能够形成良性循环。

(资料来源：http://www.linkshop.com.cn/web/archives/2014/307453.shtml)

思考题 根据 A 公司的目标客户群体及经营品类，请分析 A 公司在何处选择建设冷库比较合适？在冷库的规模和数量上有何建议？

应用3 某仓库内部布局分析

请根据所学内容，分析图 2-11 中仓库的库内布局是否合理。

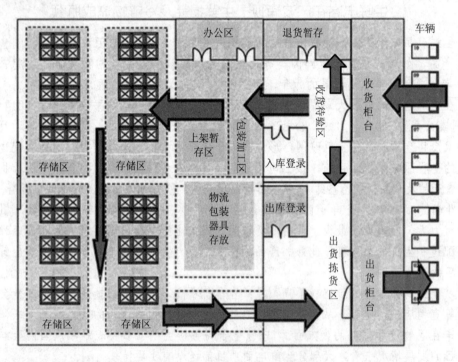

图 2-11 某仓库内部布局图

第3章 仓储设备

本章目标

- 掌握仓储设备选择的原则与依据
- 了解各种常见的仓储设备
- 了解主要仓储设备的特点
- 熟悉主要仓储设备使用的注意事项

学习导航

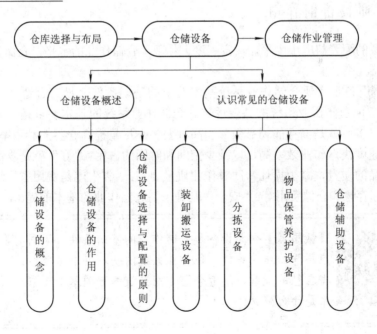

　　仓储设备是仓储作业的基础。为仓库选择并配置合适的仓储设备，能够提高仓储作业效率，降低作业成本，提升企业的仓储管理水平。本章着重讲解仓储设备的概念、作用及选配原则，并对当前业界常用的仓储设备进行分类介绍。

3.1　仓储设备概述

　　仓储设备的范围较广，且与仓储作业密切相关。了解仓储设备在仓储作业中所发挥的作用，有助于为仓库配置合理的仓储设备。而在选择与配置仓储设备的过程中，也需要遵循一定的原则。

3.1.1　仓储设备的概念

　　设备是指可供人们在生产中长期使用，并在反复使用中能基本保持原有实物形态和功能的生产资料和物质资料的总称。

　　仓储设备是指进行各项仓储活动和仓储作业所需设备的总称，包括各种装卸搬运设备、保管设备、计量设备、养护检验设备、通风照明设备、消防安全设备、劳动防护设备以及其他用途设备和工具等。仓储设备是仓储活动和仓储作业的物质基础，是仓储作业水平和效率的重要保障，也是现代仓储技术水平高低的一个重要标志。

3.1.2　仓储设备的作用

　　仓储设备的配置与应用水平，一定程度上体现了仓储作业的水平，仓储设备的作用主要体现在以下几个方面：

　　(1) 仓储设备是实现仓储作业系统基本要求的基础条件。没有合适、先进的配套设备，则无法实现仓储作业系统的高效运转。仓储作业系统的基本要求是"多、快、好、省、安全"。"多"就是储存的物品数量和品种要多，尽量提高仓容的利用率；"快"就是物品出入库速度快，作业效率高，以减少空间和时间的占用；"好"就是物品要保管好，保证储存物品的质量，减少损耗，同时作业质量要高；"省"就是费用省，运营成本低，能尽量减少库存量和仓储费用等；"安全"则是一切仓储作业的基本前提。

【微思考】仓储设备是仓储作业的基础条件，不同的设备对应不同的作业系统，但作业系统的基本要求是类似的。请根据自己的理解，思考仓储作业系统的五项基本要求之间的关系是什么？

扫一扫

　　(2) 仓储设备是物流系统的物质技术基础，是实现仓储现代化、科学化和自动化的重要手段。电子商务的发展对仓储系统提出了更高的硬件配套要求，仓储设备也成为了提升仓储系统运营水平的关键因素。

（3）仓储设备涉及到物流活动的各个环节。物流活动中的入库、存储、出库等作业环节都会用到仓储设备。物流作业中各环节之间的衔接效率也与仓储设备相关。

（4）仓储设备既保管着企业的原材料、半成品、成品等大部分资产，同时其本身也是企业资产的一部分，占用大量的流动资金。

（5）仓储设备是衡量一个企业物流服务水平高低的关键指标。现代社会的发展，使得使用低端仓储设备进行作业的仓储企业越来越难以满足客户日益提高的服务需求。

【微经验】仓储设备的重要性不言而喻。从行业现状和发展的角度看，当前很多物流企业或者企业的物流部门都存在招工难、招工贵的问题。工作环境、工作地点、体力劳动、生活成本增加等都是影响因素。即使招聘到作业员工，也存在工作不稳定、流动率高的问题。因此，添置合适的仓储设备，引进专业软件系统，改善作业条件，是未来仓储作业的重要发展方向。

3.1.3 仓储设备选择与配置的原则

仓储设备的选择与配置需要考虑的因素比较多，既要经过系统的论证，也要坚持一定的原则。

1. 实事求是

根据企业的销售收入、仓储的重要性、资金情况、未来业务发展预期等因素的状况，选择合适的仓储设备。操作者对设备的操作要符合人机工程学的要求。

2. 标准化

标准化的仓储设备通用性好，功能简单实用，操作方便易掌握，与其他工具的配套性好，且通常具有较低的维修成本。

3. 充分利用仓储空间

设备的选择要与仓储空间相适应，考虑对仓储空间的占用率。仓储空间主要用于存储物品，如果设备占用了大量的空间或占用的空间大小不合适，影响到作业和存储，就得不偿失了。

【微经验】引进仓储设备时，除了掌握选择与配置仓储设备的原则外，还要注意以下问题：引进一些稍大型的设备前要作好调研，形成系统性的实施方案；引进设备后，配套设施、软件、管理方式、作业方法等也要同步跟上。采购设备应以适合企业、服务于业务需求、能够充分发挥设备功能为标准，而不是越先进越好。另外，很多作业问题不是设备引起的，也不是设备能解决的，不能想当然认为引进了设备就解决了问题。

扫一扫

【微思考】请对照以下问题，理解仓储设备选择与配置的各项原则：仓储设备的选择会给仓储作业带来哪些改变？改变的意义是什么？采用某设备会给相关联的作业带来哪些影响？这些功能有可选替代物吗？设备的添置是紧急必需的吗？

【经典案例】京东"亚洲一号"仓库的设备

2014 年 10 月，京东位于上海嘉定区的京东"亚洲一号"仓库正式投入使用。这是国内较大的单体物流中心，拥有自动化立体仓库(AS/RS)、自动分拣机等先进设备，其中 90%的操作均实现了自动化，达到世界先进水平。

"亚洲一号"仓库建筑面积接近 10 万平方米，高度达到 24 米，而用叉车装卸的普通仓库一般只有 9 米高。仓库仅储物区就有七八层，每一层都是百米长的长廊。

"亚洲一号"的自动化程度很高。工人只需将货物放到机器托盘上，机器就会自动将货物摆放到指定位置；储物区每层楼只需要一名工作人员，当需要发货时，工人会收到作业指示，将指定货物从货架取下，扫码后放到自动传送带；自动传送带将货物高速送入打包区，经电脑精密计算，包裹会自动配送到空闲的打包工位；工人扫描包裹后，机器自动打印出物流配送信息及发票，完成打包；完成打包的商品重回流水线，经高低错落的传送轨道最终交叉汇聚至自动分拣系统；自动分拣系统扫描识别配送地点，然后自动将包裹传送至对应的货道，由工人用自动托运车运走。无论商品运输到哪个环节，都会经过一次扫码，让消费者随时随地了解商品的物流配送信息。

上海"亚洲一号"的仓库管理系统、控制系统、分拣和配送系统等全套信息系统均由京东自主开发，拥有自主知识产权，所有国外进口的世界领先的自动化设备均由京东进行总集成。

(资料来源：http://news.mydrivers.com/1/342/342672.htm

http://tech.qq.com/a/20151021/059812.htm)

思考题 请结合京东的业务特点，分析其在仓储设备选择方面的策略。

【微视频】"亚洲一号"仓库内部实景

扫描以下二维码，观看京东"亚洲一号"仓库的内部运作情景。

3.2 认识常见的仓储设备

本节介绍仓储作业系统中的一些常见的主要设备。这些设备可分为以下几类：装卸搬运设备、分拣设备、物品保管养护设备和仓储辅助设备。

3.2.1 装卸搬运设备

装卸搬运设备是指用于搬移、升降、装卸和短距离输送货物的机械。它是物流作业中重要的机械设备,是实现装卸搬运作业机械化的基础,不仅可用于完成船舶与车辆货物的装卸,还可用于完成库区货物的堆码、拆垛、运输以及舱内、车内、库内货物的起重输送和搬运。

装卸搬运设备可分为四类:叉车类、吊车类、输送机类与其他作业车类设备。

1．叉车类设备

叉车是人们常用的搬运车辆之一,是物料装卸搬运设备中的主力。叉车主要用于整件货物的装卸搬运,一般配合托盘使用,是一种既可作短距离水平运输,又可堆拆垛和装卸卡车、铁路平板车等的机械。在配备其他取物装置后,还能用于散货和多种规格物品的装卸作业。叉车广泛应用于港口、车站、机场、货场、工厂车间、仓库、流通中心和配送中心等作业场地。

1) 叉车的优点

使用叉车进行仓储作业主要有以下优点:

(1) 减轻劳动强度,可以将货物轻松地储存在高位货架上,极大地提高了仓库的单位面积存储能力。

(2) 提高装卸与搬运效率,降低装卸与搬运成本,提升物流系统的作业水平。

(3) 可以配备多种取货装置,如货叉、货夹、抓取器等,能够适应不同形状、不同大小以及不同性质货物的装卸搬运作业需要。

(4) 在辅助设备(如托盘等)的配合下,可以实现大批量货物的机械化装卸搬运,并有助于应用高效率的托盘成组运输技术。

(5) 电动叉车能耗低,能源环保,使用灵活,机动性非常强,而且成本不高。

2) 叉车的分类

按不同的分类标准,可以将叉车分为不同的类型。以下分别从动力提供方式、用途和结构的角度介绍叉车的分类。

(1) 按照动力提供方式的不同,叉车可分为内燃叉车、电动叉车和人工叉车。

① 内燃叉车:动力的提供装置为内燃机。优点是动力足,马力大,机动性好,独立性强,燃料补充方便,可长时间连续作业,并能胜任恶劣环境下的工作;缺点则是噪音大且尾气排放会污染环境。因此通常用在室外、车间或其他对尾气排放和噪音没有特殊要求的场所。根据燃料的不同,内燃叉车可以分为汽油机式叉车、柴油机式叉车和液化石油气式叉车;而根据提供动力的大小,内燃叉车又可分为普通内燃叉车、重型叉车和集装箱叉车,分别如图 3-1、图 3-2、图 3-3 所示。

图 3-1　普通内燃叉车　　　　图 3-2　重型叉车　　　　图 3-3　集装箱叉车

② 电动叉车:以电为动力的叉车,大多数使用蓄电池作为能源,承载能力 1.0～8.0 吨,作业通道宽度一般为 3.5～5.0 米。电动叉车具有无污染和噪音小的特点,广泛应用于室内操作和其他对环境要求较高的情况,如医药、烟草、食品等行业的仓储物流。随着人们对环境保护的重视,电动叉车正在逐步取代内燃叉车。电动叉车的每组电池一般在工作约 8 小时后需要充电,连续使用的叉车需配备备用电池。电动叉车又可以分为四向电动叉车、电动堆高车、高货位拣选式叉车等,分别如图 3-4、图 3-5、图 3-6 所示。

图 3-4　四向电动叉车

图 3-5　电动堆高车

图 3-6　高货位拣选式叉车

③ 人工叉车:采用人工动力的小型叉车,俗称"地牛",是仓储作业中最常见的一种液压叉车。人工叉车具备以下优点:成本很低,操作极其方便,任何作业人员仅需简单的培训就可操作;体积小,灵活轻便,可穿插于货架之间;维修保养简便;负重量大,常见的一般是 1～3 吨,是小型仓库及超市卖场等场所作业的得力助手。常见的人工叉车如图 3-7 所示。

图 3-7　人工液压叉车

(2) 按用途和结构的不同,叉车可以分为电动插腿式叉车、前移式电动叉车(以上两种均为正叉式)、侧叉式叉车等,分别如图 3-8、图 3-9、图 3-10 所示。

图 3-8　电动插腿式叉车

图 3-9　前移式电动叉车

图 3-10　侧叉式叉车

3) 操作叉车的注意事项

下面以电动叉车为例，介绍一些操作方面的注意事项供读者参考。

(1) 叉车基本操作环节。

① 驾驶员应戴安全帽，系安全带。

② 驾驶员应持叉车证上岗，专车专人专用，严禁无叉车证的员工操作叉车。

③ 启动时保持适当的速度，按规定的线路及区域行驶。

④ 注意观察电压表的电压，若低于限制电压时要立即停止运行。

⑤ 叉车行走过程中不要扳动方向开关，以防烧坏电器元件和损坏齿轮。

⑥ 注意驱动系统及转向系统的声音是否正常，发现异响要及时排除故障，严禁带病作业。

⑦ 行驶与提升不宜同时进行，转弯时要提前减速，进出库门等要提前鸣笛。

⑧ 在较差道路情况下作业时适当减轻其负重量，并应降低行驶速度。

(2) 操作叉车时的注意事项。

① 起重前必须了解货物的重量，货重不得超过叉车的额定起重量。

② 起重包装货物时应注意货物包扎要牢固，禁止起重的货物底部或周边站人。

③ 根据货物尺寸调整货叉间距，使货物均匀分布在两叉之间，避免偏载。

④ 货物插入货堆时门架应前倾；货物装入货叉后门架应后倾，使货物紧靠叉壁并尽可能将货物降低，方可行驶。

⑤ 当货物遮挡视线时应选择倒行，眼看后方，并时刻注意叉车周边的状况。

⑥ 升降货物时一般应在垂直位置进行。

⑦ 在大坡度路面运载货物时，要注意货物在货叉上的牢固程度。

⑧ 在进行人工装卸时必须使用手制动，使货叉稳定。

⑨ 没有在工作状态的叉车应该停放在指定的叉车停放处。

⑩ 电池不要横放。电池横放对电池的极板不利，且很容易造成电解液流出。

4) 叉车的维修与保养

一般叉车的保养分为日常保养和定期保养两种。日常保养主要由叉车操作人员进行，定期的维修与保养则由专业技术人员进行。

(1) 日常保养。日常保养包括清洁卫生、检查外观、检查线路、查看油路及检查电池等项目。

(2) 定期保养。定期保养包括对零部件进行拆卸清洗、对部分配合间隙进行调整、清理叉车表面斑迹和油污、检查调整润滑油路以及清洗冷却装置等。手动叉车结构简单零件少(但液压泵和车轮易出问题)，定期保养的周期通常为半年；机动叉车结构复杂零件多，定期保养的周期就要短一些，比如 3 个月。

【微经验】操作、维修、保养叉车关键需要做好以下事项：叉车作业具有潜在危险性，驾驶员必须持证上岗，做到专车、专人、专线、专用，非规定路线严禁叉车驶入；叉车的维修与保养事宜，建议与叉车厂家或第三方服务商签订维修与保养协议，建立预防性的维修保养计划，以提高叉车使用寿命并降低维修率。

5) 叉车租赁

目前，很多企业选择租赁叉车使用，下面介绍叉车租赁的优势和常见的租赁形式：

(1) 叉车租赁的优势。从多个角度分析，叉车租赁都具有明显的优势。

① 从投资成本的角度分析，租赁叉车阶段性地分批支出租金，可以减少企业对固定资产的投资，增加企业流动资金；同时，租赁叉车还降低了人工成本。

② 从设备更新的角度分析，租赁叉车不用考虑设备的更新换代及折旧等方面的问题。

③ 从设备管理的角度分析，租赁方承担叉车的维修与保养，更加专业。

④ 从业务波动的角度分析，业务量波动大会带来物流作业的压力，通过叉车租赁可以缓解作业压力，同时避免了购买叉车后多数时间闲置的问题。

(2) 叉车租赁的形式。常见的叉车租赁形式主要有以下几种。

① 短期租赁。按时所需，随租随到。按小时、按天或按工作量收费。

② 长期租赁。按月租赁或按年租赁等。租赁方提供叉车的维修保养，且保证租赁期内承租方的使用效果。

③ 业务承包式租赁。承租方明确业务内容、完成时间截止点和完成质量等事项，由租赁方承包业务。

④ 回购返租模式。企业现有叉车经叉车租赁方或第三方评估后，由叉车租赁方购回，然后租赁给企业或提供更合适的叉车，满足企业的需要。

⑤ 融资租赁模式。叉车租赁方根据企业的要求，出资购买指定型号的叉车租给企业使用；双方约定租金、租期及维修保养等事宜。租期届满后，企业租金支付完毕，叉车归出租方所有。

2. 吊车类设备

吊车又称起重机，是一种在一定范围内垂直提升或水平搬运重物的多动作起吊搬运机械。吊车广泛应用于港口、车间、工地及货场等地，一般用于起吊和搬运大型的或较重的物品。常见的吊车主要有以下三类：

(1) 汽车吊。装在普通汽车底盘或特制汽车底盘上的一种起重机，汽车与吊车结合，汽车行驶驾驶室与起重操纵室分开设置。这种吊车机动灵活，工作效率高，但容易受地形限制，且普通汽车吊不能够吊起大型设备，如图 3-11 所示。

(2) 履带吊。一种车底盘是履带行走机构，靠履带行走的吊车。这种吊车起重量大，可以吊着货物行走，稳定性好，防滑性好，对路面要求低，吊装能力强，但拆装麻烦且起重臂不能自由伸缩，行进速度慢，耗油高，有较大的局限性，如图 3-12 所示。

图 3-11　汽车吊

图 3-12　履带吊

(3) 龙门吊。龙门吊又称门式起重机,其金属结构像门形框架,承载主梁下安装两条支脚,可以直接在地面的轨道上行走,主梁两端具有外伸悬臂梁。龙门吊具有场地利用率高、作业范围大和通用性强等特点。通常用于港口货场和钢材批发市场等地的较大重量物品的搬运,如图 3-13 所示。

图 3-13 龙门吊

3．输送机类设备

输送机是在一定的线路上连续输送货物的搬运机械。输送线路一般是固定的,可以进行水平或倾斜输送,也可以组成空间输送线路。输送机输送能力大、运距长,还可以在输送过程中同时完成若干作业内容。输送机一般用于采矿、楼库运输、物品分拣、流水线作业等领域。常见的输送机有以下两种类型:

(1) 皮带式输送机。皮带式输送机是一种靠摩擦驱动以连续方式运输货物的机械,如图 3-14 所示。皮带式输送机输送能力强,输送距离远,输送线路灵活,结构简单、容易维护且成本较低、通用性强,被广泛应用于采矿、家电、烟草及食品等行业货物的运输、包装和组装环节,根据作业需要还可调整为节拍运行或者变速运行等运行模式。

(2) 辊式输送机。辊式输送机是采用辊筒(滚筒)作为输送介质的输送机,通过货物与滚筒的摩擦来实现货物的输送,如图 3-15 所示。辊式输送机输送质量大,速度快,运转灵活,能实现多品种货物的共线分流输送。但仅适用于底部为平面的货物的输送,对物品的外包装形状有一定的要求,经常用于仓储物品的分拣运输。

图 3-14 皮带式输送机

图 3-15 辊式输送机

4．其他作业车类设备

仓储作业中,不同行业、企业或不同环境下作业车的种类五花八门。在此仅介绍一些常见的、有代表性的作业车。

(1) 手车。仓储作业中最常见的一种小车。手车有两个轮子,车前部带有叉撬装置,车体窄长,轻便纤小,车体高度与成人身高匹配,灵活性极好,成本极低,适合局部的短距离运输，一般运输距离在 30 m 左右，搬运货物重量在 50～100 kg。手车广泛应用于超市仓储、司机送货、生产车间原料调度等作业中。各种两轮手车如图 3-16 所示。

图 3-16　两轮手车

(2) 手推车。虽然科学技术不断发展，但人力手推车仍然是应用广泛且不可或缺的搬运设备。手推车的特点是：造价低、操作方便、维修简单、轻巧灵活、绿色环保，适合于短距离、多批次及少批量等物品的运输；适应空间狭小及设施密度高的作业场地；一般运输距离 50 m 左右。手推车广泛用于仓库、超市、商场、店铺、餐饮、图书馆、厂区、生产车间、农田等场所的运输作业中。常用的各种手推车如图 3-17 所示。

图 3-17　手推车

扫一扫

【微思考】目前，在电商企业的仓储作业中，手推车的使用还是比较普遍。很多企业根据自身仓储作业的特点，还发明了不少车型。如图 3-17 中左边第一辆的手推车，有什么明显的特点，主要有什么用途？

(3) 自动导引搬运车(Automated Guided Vehicle，AGV)。AGV 又称为智能仓储机器人，是指装有电磁或光学自动导引装置，能沿设定的路径行驶，且拥有编程和停车选择装置、安全保护装置以及各种物料移载功能的搬运车辆。AGV 一般以电池为动力，目前也有用非接触能量传输系统为动力的，可通过电脑来控制其行进路线及行为。AGV 主要应用在仓储业、制造业、烟草、机场、港口码头及各种特殊作业场所。常见的 AGV 如图 3-18 所示。

图 3-18　常见的 AGV

AGV 具有结构简单，安全性好，不受场地、道路和空间的限制，行动快捷精准，可操控性强等特点。AGV 可以通过非接触导引装置实现无人驾驶，在计算机系统的监控下，按路径规划和作业要求，精确地行走并停靠到指定地点，完成一系列作业功能。

与 AGV 相配套的是自动导引搬运车系统(AGV System，AGVS)，它由中央计算机控制系统、车载计算机系统、自动导引系统、自动装卸系统、通信系统、安全系统及自动控制装置组成。中央计算机控制系统可以控制多辆 AGV 并对它们实施交通管制、调度与监控，从而实现搬运作业的自动化、柔性化和准确化，是自动化仓储系统中物流运输的有效手段。

(4) 物流台车。物流台车又叫笼车，是一种有四只脚轮的运送与储存物料的单元移动集装设备。物流台车具备置物空间大，空间占用少，操作灵活机动，节省运输人力，装卸省力，物品搬运过程中安全可靠，能实现整车物品运输、从而减少搬运次数等特点，因而被广泛应用于超市物流配送中心、生产车间以及电商仓储中心等货物流通速度较快场所的物流作业中。常见的有网络状物流台车和两面型物流台车等，如图 3-19 所示。

图 3-19　物流台车

(5) 牵引车。牵引车是指具有专门的牵引装置，用于牵引其他载货车进行水平搬运的车辆。牵引车只具备牵引能力，不能单独进行装卸及搬运作业，典型特点是牵引作业可与载货车的装卸作业交叉进行，并可以同时牵引几个载货车，从而大大提高搬运效率。常用于仓库、机场、车站、港口码头、货场和车间等场所的物流作业。常见的牵引车如图 3-20 所示。

图 3-20　常见牵引车

【微视频】典型的装卸搬运设备

【知识拓展】智能仓储机器人

　　智能仓储机器人系统一般由 AGV(智能仓储机器人)、RCS(机器人调度系统)、iWMS(智能仓储管理系统)三大部分组成。下面对智能仓储机器人方面的知识作进一步深入介绍。

　　1. AGV

　　AGV 发展至今已有 50 多年历史，并逐步衍生出了三种主流方案：

　　(1) 磁条方案。最早的 AGV 机器人采用的是磁条方案，需要先在地面上铺设磁条，机器人沿着磁条移动，实现点到点的搬运。其优点是成本低廉，但灵活性较低，不够智能。

　　(2) 激光方案。采用激光方案的 AGV 机器人又可以分为两种：一种是通过激光测距结合 SLAM 算法建立小车的整套行驶路径地图，不需要任何的辅助材料，柔性化程度高，适用于全局部署；另一种是反光板导航，即在 AGV 行驶路径的周围安装位置精确的激光反射板，AGV 通过发射激光束，同时采集由反射板反射的激光束，来确定其当前的位置和方向，并通过连续的三角几何运算来实现 AGV 的导航。

　　激光导航的优点在于定位精确，地面无需铺设定位设施，机器人的行驶路径可以灵活多变，但激光导航 AGV 制造成本较高，且对环境有一定要求。

　　(3) 二维码方案。需要在仓库地面上布置栅格化的二维码图形，其地图相当于一个大号的围棋棋盘，机器人平时通过惯性导航，经过二维码时再进行校正。二维码导航不受声光干扰，但对二维码的贴码材质有特别要求，对陀螺仪的精度及使用寿命也有严格要求。

　　目前占据市场份额最多的仍然是采用磁条方案的 AGV，而激光和二维码方案是最近三五年才发展起来的。二维码方案可能会成为未来的发展趋势。

　　AGV 一般的运行模式是：根据系统设置，AGV 接到指令后，会自行到存放相应物品的货架下，将货架顶起，随后将货架拉到拣货员跟前。完成拣货之后，机器人再将货架拖到货架区存放，大幅减少了人到货物的跑动距离，同时显著提高了货物的拣选效率，如图 3-21 所示。

图 3-21　"货到人"模式

2. RCS

如果把 AGV 比作智能仓储系统的肢体，那么 RCS 便是系统的大脑，负责全部机器人的任务分配、调度及运行维护。RCS 采用多种调度算法，可实现任务的最优分配、多机器人路径规划以及机器人交通管理，让机器人集群能够协调在一起工作，互相合作又互不影响，从而发挥出最大的效能。衡量这个大脑聪明程度的一个重要指标，是单一仓库内系统能够调度的最大 AGV 数量。

RCS 还负责监控机器人的运行状态。根据每个机器人的历史情况和当前状态，来决定是否需要进行具体项目的保养维护；并结合充电站的运行状态和当前的任务执行情况，合理的安排有需要的机器人进行自主充电，补充能源；同时记录分析和汇总全部机器人的告警信息，及时通知运维人员，给出相应的检查和处理的建议，保障整个系统运行的可靠性，如图 3-22 所示。

图 3-22　机器人自主充电

3. iWMS

iWMS 集成了多种仓储优化技术：可以实现货物的随机存储，提升仓储空间利用率；可以实时动态调整冷热区货物，提高出库效率；可以通过分析历史运行数据，挖掘货物之间的关联，并制定相应的入库策略，提高出库效率；还可以与视频监控互联，实时查看仓储现场的运作动态。

（资料来源：http://www.eeworld.com.cn/qrs/article_2017081837222.html）

3.2.2　分拣设备

分拣设备是指在仓储作业中用于分拣作业的设备。可分为人力分拣设备与自动化分拣设备。

人力分拣的优点是设备一次性投资少，不占用企业的流动资金，人与工作量的匹配性好，应对变化的灵活性好；缺点则是长期支出成本高，分拣差错率高，作业受员工变化影响大，管理成本高，作业效率低等。

自动化分拣的优点是长期支出成本低，差错率低，作业受员工变化的影响小，管理成本低，作业效率高；缺点则是一次性投入大，占用企业大量流动资金，易受业务量变化影响，适应性差，完全发挥自动化设备的作用还需要更多的配套投资等。

目前，在仓储作业中大多将传统的人力分拣设备和现代的自动化机械分拣设备同时运用，形成了"传统与现代齐飞，人力共机械并存"的局面。

1. 主要分拣设备

分拣环节实际也是一个多品种、小批量、多批次的搬运过程，不少搬运设备同时也是分拣设备。人力手工分拣的分拣设备主要有手推车、物流台车、手车、登高车和手动液压叉车等；现代化的电子设备及自动、半自动的分拣设备主要有手持终端、拣选式叉车、拣选式巷道堆垛机、自动拣选机、RFID(射频识别)拣选设备及语音拣选设备等。下面重点介绍手持终端和语音拣选这两种设备。

1) 手持终端

手持终端是一种便捷、可移动、可随身携带的数据处理终端设备。手持终端有数据存储和计算能力，一般有操作系统(如 WINDOWS)，内置内存、CPU 及显卡等设备；具备数据传输交换能力，能够与其他设备进行数据通讯，能够进行系统的二次开发；有显示屏、键盘等人机界面，可以进行人机数据对话；一般配备可更换或可充电的电池。目前，仓储作业中常用到的手持终端是条形码手持终端和 RFID 手持终端。

(1) 条形码手持终端。条形码手持终端是通过扫描条形码进行物品或信息识别的设备，基本样式如图 3-23 所示。目前主流的条形码扫描技术有两种：激光技术和 CCD 技术。激光扫描只能识读一维条码(如商品上的条形码)，而 CCD 技术可以识别一维和二维条码(二维码)。该终端与仓储管理软件结合，就可以实现对物品的拣选。

图 3-23　条形码手持终端

(2) RFID 手持终端。RFID 手持终端是随着 RFID 技术发展以及 RFID 设备在仓储管理中的应用而产生的、具有对 RFID 电子标签(如图 3-24 所示)进行读写功能的一种设备，设备外形类似于条形码手持终端。该终端与仓储管理软件结合能够实现物品的快速、准确拣选。

图 3-24　RFID 电子标签及扫描

2) 语音拣选设备

语音拣选在国内仓储物流作业中是一种比较新的技术，所采用的主要设备如图 3-25 所示。操作员通过相关设备聆听语音指令来完成拣选作业，从而解放双手和双眼，简化拣选的辅助动作。采用语音拣选设备能使操作人员更专注于物品的拣选，具有工作效率高、设备维护成本低、拣选差错率低等优势。

图 3-25　语音拣选设备

2. 自动分拣设备系统

自动分拣设备系统是指由控制系统、分拣装置、输送装置、分拣道口四个组成部分通过计算机网络联结在一起，并与相应的人工处理环节相配合而构成的自动化分拣作业系统。各组成部分的主要功能如下：

(1) 控制系统。控制系统能够识别、接收和处理分拣信号，然后根据分拣信号的要求，指示自动分拣装置对物品进行分拣。这些分拣信号可以通过条形码扫描、重量检测、语音识别、高度检测以及形状识别等方式输入分拣控制系统，控制系统则根据对这些分拣信号的判断，来决定某一种物品该进入哪一个分拣道口。

(2) 分拣装置。根据控制系统发出的分拣指示，当有相同分拣信号的物品经过分类装置时，该装置会发生动作，使物品改变在输送装置上的运行方向，进入其他输送机或分拣道口。分拣装置一般有推出式、浮出式、倾斜式和分支式几种，不同的装置对分拣物品的包装材料、包装重量及包装物底面的平滑程度等有不同的要求。

(3) 输送装置。输送待分拣物品，使之通过控制系统和分拣装置的传送带或输送机。输送装置的两侧一般要连接若干个分拣道口，使分拣好的物品滑下主输送机。

(4) 分拣道口。已分拣物品脱离主输送机(或主传送带)进入集货区域的通道。一般由钢带、皮带和滚筒等组成滑道，使物品从主输送装置滑向集货站台，在集货站台由专人将该道口的所有物品集中后，转入下一个作业环节。

【微思考】自动分拣系统运转的核心在于系统能够快速、准确地识别物品，然后按特定的策略进行分拣。因此，制定高效的识别策略就成了系统运行的关键。那么，为确保仓库中的物品能够被设备识别，从哪个环节就需要着手进行准备？

扫一扫

常见的自动分拣系统有以下三种：

(1) 堆块式自动分拣系统。由堆块式分拣机、供件机、分流机、信息采集系统、控制系统和网络系统等组成。其中作为核心设备的堆块式分拣机由链板式输送机与形状独特的滑块在链板间的左右滑动来实现物品的分拣。该系统分拣时动作轻柔、准确；可向左右两侧分拣，占用空间小；机身长，出口多；可适应不同大小、形状和重量的物品。

(2) 交叉带式自动分拣系统。由主驱动带式输送机和载有小型带式输送机的台车("小车")联结在一起，当"小车"移动到所规定的分拣位置时，输送机转动皮带，把物品分拣送出。因为主驱动带式输送机与"小车"上的带式输送机呈交叉状,故称交叉带式分拣机。该系统的分拣出口多,可左右两侧分拣,分拣效率高,适于分拣各类小件物品,如百货、服装和玩具等。根据作业现场的具体情况,该分拣系统又可分为水平循环式和直行循环式。

(3) 摇臂式自动分拣系统。被分拣的物品放置在钢带式或链板式输送机上,当到达分拣口时摇臂转动,物品沿摇臂杆斜面滑到指定目的地。

三种自动分拣系统如图 3-26 所示。

堆块式自动分拣系统　　　　交叉带式自动分拣系统　　　　摇臂式自动分拣系统

图 3-26　不同自动分拣系统

自动分拣系统虽然可以提高物流运作效率、降低人工成本、减少货物损耗、降低分拣差错率,但一次性投资大,各种配套设施必须齐全,占地面积也大;并且自动分拣系统对货物的包装、体积、形状和种类都有较多限制,因此具有一定的局限性。

【微视频】自动分拣机作业

3.2.3　物品保管养护设备

物品保管养护是指物品在存储期间根据其自然属性与物理、化学方面的变化规律而进行的保管与养护工作。物品保管养护的目的是创造适宜的存储条件,保持物品在存储期间的价值,减少损耗。

常用的物品保管养护设备有货架、集装单元设备、苫垫用品、养护设备、通风保暖照明设备、消防安全设备、劳动防护设备等。下面重点介绍货架与集装单元设备、苫垫用品、养护设备。

1. 货架

货架是用来支撑货物的存储设备,是仓储设备的重要组成部分。货架的主要作用是在有限的单位面积内扩展立体空间,尽可能多地存储和保管物品,并通过不同的货架位置来区分物品。根据不同的区分标准，可以把货架分为以下类型：

1) 按载重划分

按载重划分，货架可分为轻型货架、重型货架、中型货架和阁楼货架等。

(1) 轻型货架。由立柱片、横梁和层板三种构件组成，整体采用无螺钉组合式设计，安装拆卸方便快捷。轻型货架载重较轻，规模较小，适合存放一些轻质小件物品，常用于中小型及保管物品重量轻的仓库。

(2) 重型货架。由立柱、横梁、横撑、斜撑及自锁螺栓组装而成；横梁采用特制的具有简单可靠、重量轻、承载力强、造价低的型材；柱卡与立柱连接时配有特殊设计的安全销，可以确保横梁在外力撞击下不会脱落；层板采用承载力强、耐磨损、更换简单、维修成本低廉的板材。

重型货架载重量大，每层承重通常超过 500 kg(根据实际需要可进行定制)，可直接将整托盘物品存放于货架上。一般与叉车、堆垛机和托盘等配套使用，方便快捷。

重型货架又可分为横梁式货架、窄巷式(巷道更窄)托盘货架和可移动重型货架等，如图 3-27 所示。

横梁式货架　　　　　　　　　窄巷式托盘货架　　　　　　　　可移动重型货架

图 3-27　各种重型货架

(3) 中型货架。由立柱、横梁和层板组装而成，安装简便，货架层可根据需要上下调节。中型货架通常承载量为 150～500 kg/层，介于轻型货架与重型货架之间。可用于在仓库、仓储式超市及商场等场所存放中小型物品，是中小型仓库的理想选择。

(4) 阁楼货架。通常使用中型层板式货架或重型横梁式货架作为主体，在已有的工作场地或货架上建一幢阁楼，结构为二层或三层。阁楼货架适合一些主体结构较高的库房，可以有效地增加存储空间；适合存取轻便的中小件货物。通常由叉车、液压升降台或货梯运送货物至楼上，再由轻型小车或液压托盘车送至某一位置。

2) 按结构特点划分

按结构特点，货架可以分为抽屉式货架、悬臂式货架、平台式货架、驶入式货架、重力式货架等。

(1) 抽屉式货架。货架上带有抽屉，抽屉底部设有滚轮轨道，用较小的力就能自由推进拉出，还附加抽屉保险装置，安全可靠。抽屉式货架主要用于存放各种模具物品。通常并不多见。

(2) 悬臂式货架。在货架立柱上装设悬臂结构，悬臂可以是固定的，也可以是移动的。货架立柱多采用 H 型钢或冷轧型钢制造，悬臂则采用方管、冷轧型钢或 H 型钢制造，悬臂与立柱间采用插接式或螺栓连接式连接，底座同样采用冷轧型钢或 H 型钢，与立柱间用螺栓连接。悬臂式货架高度一般在 6 米以下，空间利用率低，适用于存放长条状、环型、板材、管材及不规则货物等。

抽屉式货架、悬臂式货架、阁楼货架如图 3-28 所示。

抽屉式货架　　　　　悬臂式货架　　　　　阁楼货架

图 3-28　不同的货架

(3) 平台式货架。这种货架与阁楼式货架有相似之处，一般是双层货架，以求双倍利用地面空间，提高仓库空间的利用率，降低运营成本。平台式货架通常配有升降平台，在楼面空旷处设有护栏，配有方便人员上下的楼梯，整体造形美观，结构稳固安全，且可拆卸。

(4) 驶入式货架。又称贯通式货架，就是将货物按照深度方向，采用托盘式一个接一个存放在支撑导轨上，货物存储通道同时也是叉车搬运通道。驶入式货架存储密度较高，空间利用率较大，适用于存储品种少、批量大的货物。

平台式货架与驶入式货架如图 3-29 所示。

平台式货架　　　　　　　　　驶入式货架

图 3-29　不同的货架

(5) 重力式货架。重力式货架的结构与横梁式货架类似，不同的是前者在横梁上安装了滚筒式轨道，此轨道呈 3°～5°的倾斜。当用叉车将托盘货物搬运至该货架进货口之后，利用自重，托盘会从进口自动滑行至另一端的出口。货物滑动的滑道上设置了阻尼器，可以控制货物的滑行速度保持在安全范围内；滑道出货的一端则设置有分离器，便于搬运机械取货。重力式货架的组与组之间没有作业通道，增加了空间利用率，缩短了运输路径，如图 3-30 所示。

图 3-30　重力式货架

3）按仓库与货架的一体化程度划分

按仓库与货架的一体化程度，可将货架分为一体式仓库货架和分离式仓库货架。前面介绍的货架都是分离式仓库货架；而一体式仓库货架要先建造货架部分，以货架作为建筑物的支撑结构，然后建造仓库的建筑部分，如围墙和屋顶等，以充分利用仓储空间，快速处理流通货物。

4）选择货架需要考虑的因素

货架是仓库存储货物的主要设备，选择不当会直接影响作业效果和仓库的使用效率。因此，在选择货架时主要应考虑以下因素：

(1) 仓库地面的承重能力。货架存放的物品重量必须处于仓库地面单位面积的承受重量范围内，否则容易引发事故。

(2) 货物的形状与装载货物的容器形状。为了有效利用仓库的空间，不同形状规格的货物和容器要对应不同种类的货架。

(3) 货物的重量和搬运工具。根据货物的重量不同，采用的搬运工具也不同，选择的货架类型也就会不同，不同类型的货架单位面积的承重量差别很大。

(4) 货物的进出形式及存放时间。货物先进先出还是后进先出、进出的频率、进出的品种数量、单品存放的时间等都会影响到对货架的选择。

(5) 整体的作业效率。货架的种类和布局都会影响到仓储作业的效率，要从整个作业系统的角度来考虑货架的选择问题。

(6) 公司的资金投入及未来 2～3 年业务的发展水平。若公司可投入资金比较多，业务发展前景看好，则可以酌情选用适应未来业务需要的货架。

【微经验】货架选择不当，可能会造成较高的隐性成本支出，且难以被察觉。比如货架利用率低、库容利用率低、人工作业成本高、作业效率低等。除了考虑以上因素，管理者在选择货架时还要多作调研，到行业现场去收集一手信息，多听听行业专家和专业第三方的意见。

2. 集装单元设备

集装就是将许多单件的物品通过一定的技术措施组合成尺寸规格相同、重量相近的大型标准化组合体。集装行为有利于搬运和盘点物品、衔接上下工序、降低作业强度、减少包装费用、防止物品损坏，同时便于进行机械化、批量化、自动化作业等。常见的集装单元设备有：托盘、周转箱、集装包等。

1) 托盘

托盘是在集装、堆放、搬运和运输过程中放置单元负荷货物和制品的水平平台装置。托盘既可以作为储存设备用于货物的防潮透气，又可以作为装卸搬运辅助设备与叉车配套使用，广泛用于生产、仓储、流通等各领域。

【微思考】某批商品装载于集装箱，由 A 地运输到 B 地，并在 B 地装卸入库。如果采用纯人工装卸，效率会很低，而且劳动强度也大。如何才能实现高效率的装卸操作？

扫一扫

按不同的标准，可以将托盘分成多种不同的类型。

(1) 按托盘的材质，可以分为木质托盘、铁质托盘、塑料托盘等。其中以木质托盘最为常见，其次是塑料托盘。

① 木质托盘由木材制成。优点是材料成本低，加工简单，可维修后重复利用，材质本身具备一定的柔性，抗压能力强；但缺点是易受潮，易受虫蛀，表面木屑易脱落，易划伤货物，易开裂，寿命较短。

② 塑料托盘由塑料制成，材料成本略高，但优点是可通过模具一次成型，不受气候影响，易清理，盘体光滑，抗压能力强，耐腐蚀，可回收后重复利用；缺点则是易损坏，不易修复，寿命较短。

(2) 按托盘的样式，可以分为平托盘、柱式托盘、箱式托盘、特种托盘等。平托盘最为常见，通常所说的托盘主要是指平托盘。

① 平托盘可分为单面型和双面使用型。单面型托盘只能一面使用，表面有网格状和平板状两种，底部有川字型及田字型等；双面使用型托盘指托盘的正反两面结构相同，表面有网格状和平板状两种，如图 3-31 所示。

图 3-31　单面型与双面使用型托盘

② 柱式托盘在托盘四角上增加了立柱，立柱上端用横梁联结，可固定也可拆卸。柱式托盘的立柱可防止货物在运输和装卸过程中发生坍塌情况，同时立柱可作为支撑物，支持柱式托盘的码垛堆高叠放，常用于包装材料和棒料管材等的集装。柱式托盘还能作为可移动的货架使用，不用时可叠套存放，节约空间，使用方便，如图 3-32 所示。

③ 箱式托盘在托盘的四面用侧板围成一个箱体，有些箱体顶部还有顶板。这种托盘防护能力强，可有效防止坍塌和货损情况的发生，可有效装载形状不规则的货物，多用于散装物的集装，如图 3-33 所示。

图 3-32 柱式托盘　　　　　　　　　　　　　图 3-33 箱式托盘

④ 特种托盘是针对某种货物的特点或应用场合而专门设计制造的托盘,以提高特殊货物的装卸搬运效率与保护力度。

(3) 按货叉插入的方式,可分为单向插入型、双向插入型和四向插入型托盘。即托盘的哪几个方向可以进入货叉。

(4) 托盘货物码放注意事项。在使用托盘的过程中,托盘上货物的码放要按一定的规则和标准执行,以方便作业和存储,具体可参考以下标准:

① 托盘的承载表面积利用率应不低于 80%。

② 货物边缘不应超出托盘边缘。

③ 每层货物的数量(顶层除外)和品种必须相同,以方便作业。

④ 形状规则的货物应该多层交叉码放,物品单件之间应衔接紧密或空隙均匀。

⑤ 注意货物的倒放、超高、防潮、易倾斜等限制,进行必要的加固与防护。

【微经验】货物的形状、体积、材质及数量的不确定性,决定了码放方式的多样性。有经验的人员一般都会在作业之前,根据货物箱体的规格、重量等条件,采用预模拟的方法,确定合理的码放方式,从而增加货物存放的稳固性,且便于清点数量。

常见的托盘货物码放方式如图 3-34 所示。

图 3-34 托盘货物的几种码放方式

【知识拓展】托盘标准化

继 2016 年年底,商务部、国家标准委印发《国内贸易流通标准化建设"十三五"规划》之后,2017 年 1 月,商务部等 5 部门又印发了《商贸物流发展"十三五"规划》,两份规划均对物流标准化的发展给予厚望。

在商贸物流体系中,标准化工作至关重要。托盘是货物运输最基础的装载单元,被称为现代物流系统中标准的移动地面。但目前托盘的尺寸并未形成统一的标准，国际上通用的托盘标准尺寸有以下规格： 1200 mm × 1000 mm； 1200 mm × 800 mm； 1219 mm × 1016 mm； 1140 mm × 1140 mm； 1100 mm × 1100 mm； 1067 mm × 1067 mm； 国内通用的标准尺寸有以下规格： 1200 mm × 1000 mm(优先推荐)； 1100 mm × 1100 mm。

作为物流机械化与自动化搬运最主要的作业单元、仓储系统最基本的储存单元、物流信息系统最基本的记录单元，托盘的尺寸可谓是牵一发而动全身。一旦托盘的标准尺寸可以确定，相关的货架、叉车、卡车车厢、周装箱、产品包装乃至产品规格的标准就都能确定下来。这对提高物流作业效率、降低物流成本而言至关重要。

正是基于以上考量，作为商贸物流标准化的牵头单位，商务部以托盘标准化为切入点，确定了"由商贸物流起步、从标准托盘切入、带动提高物流标准化整体水平"的工作部署，带动了上下游设备设施、产品包装、操作流程、服务等环节的标准化，对降低物流成本、提高流通效率发挥了重要作用。

同时，为改变物流标准化工作涉及环节众多、各环节衔接不畅、标准难以统一的现象，近两年商务部会同相关部门开展了大量工作，包括推动 1200 mm × 1000 mm 标准托盘的实施；协调工信部联合印发《关于加快我国包装产业转型发展的指导意见》，明确了推广 600 mm × 400 mm 产品包装基础模数；协调工信部、交通运输部等部门修订发布了强制性国家标准《汽车、挂车及汽车列车外廓尺寸、轴荷及质量限值》。

此外，为了在全国更大范围内尽快调动广大企业参与商贸物流标准化工作的积极性，商务部、国家标准委联合开展专项行动，先后选择两批共 190 家重点推进企业和协会，引导先行先试。同时开展试点，给予试点地区政策和资金的支持。

下一步，商务部将继续深入推动以托盘为抓手的商贸物流标准化工作，主要包括加大物流标准化试点力度，增加试点企业数量；总结推广先进的经验和模式；通过托盘标准化进一步推广物流包装标准化与标准周转箱的使用；与相关部门合作推动铁路带托运输，促进多式联运发展等。

(资料来源：http://finance.jrj.com.cn/2017/02/23173122095883.shtml)

2) 周转箱

周转箱又称为物流箱，是一种通用化的物流单元容器，可与其他物流设备配套使用，广泛应用于机械、电子、服装、食品、金融及物流等行业，适用于仓储、运输、配送及流通加工环节。

周转箱以塑料材质为主，另外还有木质、泡沫质、合金质、玻璃钢质、金属质等。常见的周转箱如图 3-35 所示。

图 3-35　常见周转箱

周转箱具有以下特点：无毒、无味、防潮，耐腐蚀、重量轻、耐用，环保、清洁卫生，周转快捷、分类清晰、搬运方便、存放整齐、不占用空间，且可按需定做。

3) 集装包

集装包是一种柔性的集装单元器具，主要以聚丙烯为原料缝制而成，可配合叉车和起重机等设备使用，实现单元化运输，如图 3-36 所示。

图 3-36　集装包

集装包具有容量大、重量轻以及方便装卸等特点，广泛用于食品、粮谷、水泥、化工、饲料及矿产品等粉状、颗粒和块状物品的运输包装。

3. 苫垫用品

苫垫分为苫盖和垫垛。苫就是用席或布等遮盖；垫就是衬在底下或铺在上面。苫盖主要是针对露天存放的货物。用到的材料有塑料布、油毡、席子和苫布等。苫垫的主要作用是防风、防雨、防潮、防晒及防冻。

垫垛是指在对露天存放和库内存放的货物码垛前，在预定的货位地面上使用衬垫材料进行的铺垫。可用的材料有石墩、枕木、托盘、木板、防潮纸等。垫垛主要作用是使地面平整，形成垛底通风排湿效果，并使货物与地面尘土等隔离，分散重物压力以使地面受力均匀。

1) 苫盖的使用要求与方法

苫盖的使用要求如下：苫盖要牢固；苫盖物的接口处要紧密压实，苫盖物交接处要有一定深度的相互叠加；苫盖要平整挺直，无折叠无凹凸；苫盖底部要与垫垛平齐，顶部货垛要起脊；苫盖材料要选择得当，适合货物的保管与养护。

苫盖的使用方法主要有三种，如图 3-37 所示。

(1) 就垛式苫盖法。使用大面积的苫盖材料(如塑料布、帆布)按照垛形自上而下完整地苫盖。该法操作简便、快速且密封效果好，但不适用于对通风要求高的货物。

(2) 鱼鳞式苫盖法。使用小面积的苫盖材料(如苇席、纤维板)自下而上逐层交叠苫盖呈鱼鳞状，且每层苫盖物都采取固定措施。该方法操作繁琐，速度慢，但通风好。适用于存放时间较长，对通风要求比较高的货物。

(3) 隔离式苫盖法。使用一定的苫盖材料苫盖于隔离物上，使苫盖物与货物之间不接触，隔离出一定的空隙。该方法通风排水性能好，密封性较差，操作容易，但不适合太大的货垛。

就垛式苫盖法　　　　　　　　鱼鳞式苫盖法　　　　　　　　隔离式苫盖法

图 3-37　苫盖的使用方法

2) 垫垛的使用要求和方法

垫垛的使用要求如下：衬垫物需要有足够的抗压强度；要按一定规则摆放，保持适当的间距和高度，一般室内可离地 20 厘米，室外可离地 40 厘米左右；地面平整强度要高，不能随衬垫物下沉；货垛边缘不能露出衬垫物边缘。

垫垛的方法主要有三种：码架式(若干个码架拼成所需货垛面积的大小和形状)、垫木式(采用枕木及水泥墩等做衬垫物)和防潮纸式(采用油毡、防潮纸等做衬垫物，放置于其他衬垫物之上)。垫垛的部分样式如图 3-38 所示。

图 3-38　垫垛的部分样式

4. 养护设备

物品养护主要是指对储存货物进行日常的维护，尽量保持货物的物理性质和化学性质不变，同时对因货物自身性质而产生的物理化学变化进行延缓或疏导的一种行为。物品养护中主要应控制温度和湿度两个因素，因此下面重点介绍通风设备和除湿设备。

1) 通风设备

仓库的通风一般可分为自然通风和机械通风。自然通风无需通风设备，机械通风的主要设备是通风机。

(1) 自然通风。自然通风是指在库内外温度差形成的热压或者库房受风力作用形成的风压作用下，因气体的扩散作用而使库内库外的空气得以进行交换的一种方式。该方法经济环保，但受自然条件影响大，稳定性差。

(2) 机械通风。机械通风主要是借助通风机械所造成的空气压力差，依靠通风管管网来实现空气输送的一种方法。该方法不受自然条件的限制，可根据需要进行送风和排风，通风效果稳定。

选择通风机通常需要考虑仓库空间的大小和形状、库存货物对通风条件的要求及对噪音的要求等因素。仓库中常用的通风机有离心式通风机、轴流式通风机、屋顶通风机等，如图 3-39 所示。

离心式通风机　　　　　轴流式通风机　　　　　屋顶通风机

图 3-39　几种通风设备

2) 除湿设备

在仓库中储存的货物会经常出现"返潮"的现象，如果处理不当，货物就容易发霉变质，纸箱包装的货物甚至还会因此出现塌垛的情况。常用的除湿方法是用干燥剂和除湿机，干燥剂适合小面积的防潮除湿，仓库中常用到的则是除湿机。

通常情况下，选择除湿机要综合考虑仓库空间的大小、货物对保管温湿度的要求、除湿时间的长短等因素。仓库中常用的除湿机有冷却除湿机、转轮除湿机、电渗透除湿机等，如图 3-40 所示。

冷却除湿机　　　　　　转轮除湿机　　　　　　电渗透除湿机

图 3-40　几种除湿设备

3.2.4　仓储辅助设备

下面介绍一些仓储作业各环节经常使用的其他辅助设备。

1. 进货环节

进货环节主要是指物品由供应商处送到仓库进行验收入库的环节。在此介绍以下三种辅助设备：

(1) 条形码打印机。条形码打印机主要用于打印出入库物品的条形码(或公司自有编码)，以方便扫描设备与人工识别物品。

(2) 电子秤。电子秤多用于进货验收环节对小型物品的称量以及出库时的计重。

(3) 叉车属具。叉车属具主要有夹抱器、旋转器、串杆、吊钩、叉套等。叉车属具与叉车配合使用能够大大提高叉车的使用效率与范围,满足不同情况下的使用需求。

进货环节的部分仓储辅助设备如图 3-41 所示。

条形码打印机   电子秤   叉车属具

图 3-41   进货环节的部分仓储辅助设备

2. 存货环节

存货环节主要是指物品储存在仓库中的相关作业环节。在此介绍以下五种辅助设备:

(1) 登高车。一种登高作业设备,方便人员站在车平台上实现存取货物等作业。

(2) 吸尘器。仓库除尘设备,用于对环境清洁要求比较高的物品的地面除尘清洁。

(3) 恒温室。特别建造的设备,专用于保存对温湿度要求高的物品,如某些药品和食品。

(4) 盘点机。与手持终端类似,一般用于仓库盘点,通过数据线与系统实现数据传输。

(5) 升降台。可移动,可固定,主要用于高货架物品的存取作业。

存货环节的部分仓储辅助设备如图 3-42 所示。

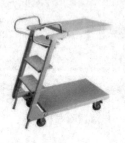  

登高车   恒温室   升降台

图 3-42   存货环节的部分仓储辅助设备

3. 出货环节

出货环节主要是指物品从仓库发出的相关作业环节。在此介绍以下几种辅助设备:

(1) 缠绕机。缠绕包裹设备。常用于缠绕膜对出库物品的包裹,起稳定保护的作用。

(2) 捆扎机。主要用于成件物品的捆扎打包,便于装卸、运输和存放。

(3) 充填机。主要用于液体产品及小颗粒产品的灌装,多在流通加工环节应用。

(4) 封口机。将有填充物的包装容器进行封口的设备,多用于物品的发货等。

(5) 地重衡。将磅秤的台面安装在车辆行驶的路面上,使通过的车辆能够迅速称重。

(6) 可移动登车桥。一种装卸辅助设备。

出货环节的部分仓储辅助设备如图3-43所示。

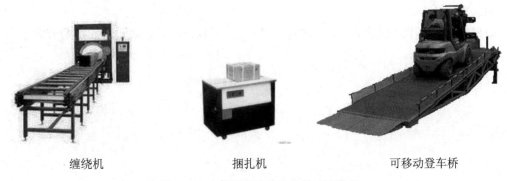

缠绕机   捆扎机   可移动登车桥

图 3-43 出货环节的部分仓储辅助设备

【微视频】其他典型仓储设备

本 章 小 结

♦ 仓储设备是仓储活动和仓储作业的物质基础，是仓储作业水平和效率的重要保障，也是现代仓储技术水平高低的一个重要标志。

♦ 仓储设备的选择与配置需要考虑的因素比较多，既要经过系统的论证，还要坚持以下原则：实事求是、标准化、充分利用仓储空间。

♦ 仓储作业系统中的设备主要分为以下几类：装卸搬运设备、分拣设备、物品保管养护设备和仓储辅助设备。

微应用

仓储设备选购方案设计

A公司是青岛地区的一家商贸企业，以批发酒水、饮料为主。为了适应电子商务的发展，A公司投入资金自主研发了一个同城购物网站。网站主要经营酒水、饮料、休闲食品、生鲜等商品，基本满足人们日常生活用品的需求。公司还研发了采购系统、仓储管理系统、配送系统、结算系统等生产管理软件，基本实现了生产经营的数据化管理。

日前，公司计划租赁一个 10 000 平方米的仓库。其中的 7000 平方米用于原来酒水、饮料的批发业务，支持商品大批量的进出库作业；另外的 3000 平方米支持日常网站销售商品的进出库作业。

请根据以上信息，结合本章所学知识，为 A 公司设计一套仓储设备的选购方案。

第4章 仓储作业管理

本章目标

- 熟悉仓储作业组织的主要内容
- 掌握入库作业管理的流程及要点
- 掌握货位设计及货位优化管理的要点
- 掌握盘点作业的流程及要点
- 掌握分拣作业的流程及方法
- 熟悉仓储作业绩效考核的主要指标

学习导航

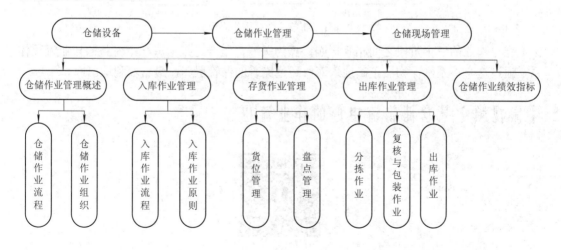

仓储作业管理是现代仓储管理的核心内容，也是本书的核心内容。本章将从仓储作业管理概述、入库作业管理、存货作业管理、出库作业管理、仓储作业绩效指标五个方面入手，帮助读者掌握仓储作业管理的基本知识。

4.1 仓储作业管理概述

简单来讲，仓储作业管理是对货物入库、保管和出库的管理。仓储作业由一系列的环节组成，并按照一定的流程运作。通过合理组织众多作业环节，就可以高效地完成货物的进库、出库与在库的业务操作。

4.1.1 仓储作业流程

仓储作业主要围绕物品的入库作业、在库管理和出库作业三个阶段展开。物品入库阶段主要包括到货、到货检验、办理入库手续、货位安排、货物上架等作业环节；物品在库管理阶段主要包括日常养护、盘点、损耗处理、流通加工等作业环节；物品出库阶段主要包括接收订单、分拣、复核、包装、装车发货等作业环节。如图4-1所示。

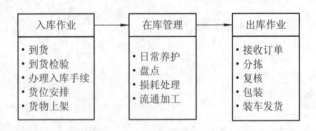

图 4-1 简单的仓储作业流程

仓储作业的三个阶段之间相互影响，互为关联，组合起来形成一个完整的作业流程体系。通过这个体系确保物品正确地入库，经过完善的保管保养，最后顺利地出库。

【微视频】某仓储物流中心的作业流程

4.1.2 仓储作业组织

仓储作业组织既可以表示管理人员组织仓储作业活动的行为，也可以表示支撑仓储作业的组织结构和岗位分工。此处的仓储作业组织，是指按照预定的目标，将仓储作业人员与仓库储存手段有效地结合起来，完成仓储作业过程中各环节的任务，提供良好的货物存储与流通服务。

1. 目标

仓储作业组织的目标是实现仓储作业的"快进、快出、多储存、保管好、费用省"。快进是指货物抵达仓储场所时，快速完成货物的接运、验收和入库作业；快出是指货物出库时，高效完成备货、复核、出库和交货作业；多储存是指在仓容合理规划的基础上，最大限度地利用有效的储存面积和空间，提高单位面积的储存量和仓储面积利用率；保管好是指按照物品的性质和储存条件的要求，合理安排储存场所，采取科学的保管方法，使其在保管期间质量完好且数量准确；费用省是指物品在仓库保管与流通的各个作业环节努力节约人力、物力和财力，争取以较低成本取得较高的经济效益。

2. 原则

为了实现上述目标，在组织仓储作业的过程中还要考虑以下三个原则：

(1) 连续性。仓储作业过程中的各个环节要衔接得紧密。如货物到库后的卸车、验收、库内搬运、堆码和上架等环节都需要紧密衔接，特别是在电商企业的仓库，其仓储作业环节的效率直接决定货物出库的时效，因此要从技术上和组织上采取措施，保证作业过程的连续性。

(2) 协调性。仓储作业的各个阶段、各个工序在人力、物力配备上与时间安排上必须保持适当的比例关系，以实现作业的协调运行。作业过程的协调性，在很大程度上取决于仓库的平面布局与作业方法的合理性，以及各工序间的工作节拍控制。因此，在设计仓库的总平面布局时就要统筹安排，充分考虑作业过程的协调性，切忌"就布置论布置"。在货物流转的过程中，要注意根据订单量波动、作业技术改进情况、工人操作熟练程度等因素的影响，动态协调各工序的衔接。

(3) 原则性与灵活性相结合。原则性是执行力的表现，即对工作流程、操作标准、人员配置等要素严格按照标准执行，杜绝私自更改流程和作业标准的情况发生；灵活性则是变通能力的表现，采取具体情况具体分析的态度，保证作业任务的顺利完成。

【微经验】作业过程中，上下游环节间缺乏连续性和协调性会使作业效率大打折扣，但有时此问题并不易察觉。比如，下游环节本来具有较强的工作能力，但受上游作业低效率的影响，员工可能会自动调整作业节奏，仅从现场表现看不出问题；另外，在工作中，往往会出现员工在既定标准的作业规范下，慢慢地偏离标准，按照更有利于自己的方式作业的情况。管理人员需要查明该情况的发生更多的是因为标准制定的问题还是员工的个人问题，并及时干预。

3. 主要内容

仓储作业组织的主要内容包括人员组织、空间组织、时间组织和订单组织。

(1) 人员组织。作业分工和人员配备是人员组织的基础。在合理分工的基础上配备人员，可以发挥不同人员的特长和工作潜力。同时在分工的基础上还要做好协作，以最大程度地发挥团队优势。

作业分工可以参考以下建议：

① 根据仓储作业过程中采用的设备、工具、操作方法及对技术业务熟练程度的要求，把工作内容划分为若干组别，分配给不同技术状态的仓储人员或专门的技术人员来承担。

② 在分工时要保证每个员工在某个班组内都有足够的工作量，同时还要考虑培养员工一专多能。

③ 分工要做到责任明确，落实到人，消除无人负责的现象，并且要便于评估员工的劳动成果。

(2) 空间组织。空间组织的基础是作业路线规划和场地布置。合理的作业路线，能够尽量避免物品在作业过程中迂回、往返运动，保证运动路线顺畅、简短。合理布置仓储作业场地，既有助于规划作业路线，又有利于实现仓库空间的有效利用。

(3) 时间组织。时间组织的核心是尽可能消除或减少作业过程中的停顿或等待时间。停顿或等待是时间浪费的直接表现。仓储作业的时间组织，一方面取决于订单要求，另一方面取决于仓储作业各工序间是否有效协调。比如处理加急订单，各道工序的配合程度会直接影响作业时间。

(4) 订单组织。订单组织的核心是对待处理订单进行合理的安排与组合，便于快速、准确地完成仓储作业。在电商企业的分拣作业中，订单组织的影响尤其突出。比如某网站推出爆款商品 A，一天内全国各地的客户在不同时间下单，购买数量也多有不同。此时如果不将订单加以整合，会出现不同作业人员多次反复取货的情况，影响了生产效率。

有些规模较大的仓库，库内的商品品种成千上万，客户分布在全国各地，订购商品的时间、品种、数量都差别很大。如何把这些海量订单都组织起来，制定最佳的订单处理方案，是一项复杂的工作。很多 WMS(仓储管理系统)都有现成的算法，操作人员需要在系统内设置不同的条件，以得到订单组织的最优方案。

【经典案例】备战"双十一"工作早安排

1. 苏宁云仓"双十一"备战措施

苏宁云仓位于南京雨花台开发区，占地 20 万亩，是一个能存储 2000 万件货物的智慧物流基地。苏宁云仓采用了全球领先的仓储设备系统，可以实现按订单全自动拣货，日处理包裹可达 181 万件。

"双十一"期间，从苏宁前端的电商平台到后端的仓储物流，都组织起来应对可能出现的海量订单。

(1) 苏宁云仓在专门仓库存放折扣力度大的商品和预测的爆款，将这些商品提前备货并做好包装，存放在距离出货区最近的地方，以方便客户下单后能在第一时间出货派送。

(2) 另外，苏宁云仓采用自动化设备进行拆零商品的拣选：旋转货架根据系统订单信息找到含有该商品的周转箱，并自动将箱子送上传送带，传送至作业人员工作站，由作业人员按照设备提示操作分拨系统，拣选出相应的商品。苏宁云仓自动分拣区域如图 4-2 所示。

图 4-2　苏宁云仓自动分拣区域

(3) "双十一"期间，苏宁总部的 500 名工程师也进行集中办公，主要承担系统监控和应急处理任务，确保在峰值流量涌向电商平台时，高负荷运载下的系统能够稳定运行。

2. 某电商企业的备战计划

仓储作业组织工作是一个系统工程，需要引起管理者的足够重视。某电商企业计划从 9 月初到 10 月底，用两个月的时间完善仓储的内部管理和外部衔接，为"双十一"的订单处理打好基础。工作重点包括以下内容：

(1) 做好盘点。做好盘点前的准备工作，清理仓库，处理残损、过期、长期不出库的商品等，整理仓库空间，提高空间利用率；盘点商品，做到实物与账相符，货物存储的位置与电脑系统对应。

(2) 安排场地。"双十一"之前和当天，商品的入库、出库量激增，需要提前规划好存货场地和出库场地，做到货物存得多、分拣效率高、出库速度快，杜绝现场忙乱无序、交通拥堵的情况。

(3) 物料准备。辅助作业的各种物料要提前备足，如面单、胶带、包装袋、包装盒、三联单、填充物、售后服务卡、扫描枪、墨盒，如推车、拣货车等；关键设备要有备用，如打印机等，防止因设备故障而影响工作进程。

(4) 人员准备。人员充足才能加快作业效率，公司要全员投入到仓储作业中，还要联系好大量的兼职人员，如学生、员工家属等，并提前对这些人员进行培训。

(5) 协调快递。提前落实各快递公司的支持情况，做好应急预案，避免出现快件爆仓、无人运送的情况。

(6) 优化作业流程，制定紧急预案。对当天的作业场景进行提前模拟，应用特殊的作业流程以加快作业效率，发现可能的问题并找出解决方案；对当天可能出现的断电、断网等突发情况，要提前演练，做到从容应对。

(7) 做好战前动员，制定激励政策。稳定员工情绪，调动工作热情，营造紧张愉悦的战前气氛，并提前公布激励政策，激发员工的工作积极性。

(资料来源：http://www.ebrun.com/kh/mjbz20151111/wuliu.html

http://www.yicai.com/news/5155354.html

http://news.cyol.com/content/2016-11/09/content_14536773.htm)

思考题 请根据电商订单的特点，结合仓储作业组织的主要内容，分析仓储作业组织工作的必要性。

4.2 入库作业管理

入库作业是仓储作业的第一个环节。通过入库作业，物品变为企业的库存资产，其作业效果直接影响到存货和出库的作业。本节对一般性的入库作业流程进行介绍，严格按照流程作业并掌握必要的原则是入库作业管理的重点。

4.2.1 入库作业流程

入库作业通常由不同的内容组成，如入库前准备、货到仓库、卸货检验、入库、上架入库存账等。入库作业的一般流程如图 4-3 所示。

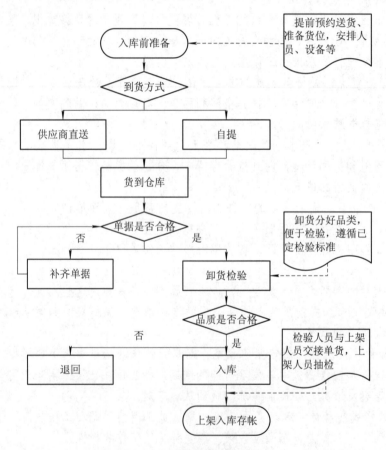

图 4-3 入库作业的一般流程

1. 入库前准备

入库前的计划性非常重要。每天物品入库的品种和数量应该至少提前一天安排，明确当天需要入库物品的详细信息，做好设备、货位、人员等方面的安排。比如实行供应商送货预约制度，没有预约的货物不能收取，以此来避免无序性到货。做好入库前的准备工作主要有以下几点好处：

(1) 提前熟悉物品。工作人员可以提前掌握物品的体积、规格、包装、数量、检验方法、选择装卸工具等方面的信息，做到心中有数，不手忙脚乱。

(2) 提前安排工作。工作人员可以提前安排相关作业内容，分清轻重缓急，提高作业的流畅度。比如提前安排设备、人员排班、储位检查清理、整理原有库存等。

(3) 保持工作弹性。可以使工作人员每天的作业量有一定限度，保持工作弹性，避免超负荷运转。工作量超负荷可能会带来一些问题，比如收货人员可能因为到货太多，降低验收标准，导致某些残次品未能检验出。

(4) 保持合理的仓库容量。合理的仓容是仓储工作高效的保障，仓库容量要与出入库量相协调。仓库通常是按单作业，无法自行根据仓容调整物品的出入库数量，但仓库工作人员可以把仓容情况反馈给相关人员，按照仓库的容量及目前的出入库作业情况，适当提出可行性意见，避免发生"爆仓"。

(5) 准备必要的保管材料。提前确定物品的苫垫方案、保管方案，准备相应的苫垫材料和保养物，为快速完成入库做好准备。这一点在使用露天仓库时尤为重要。

> 【微经验】伴随入库作业的通常还有退货作业。如果仓库有供应商的退货要出库，仓库方应该先将退货备好，供应商来送货时，先办理退货手续，然后仓库方再为供应商办理收货手续。这样既能缓解仓储压力，又降低了库存成本。

2. 货到仓库

货到仓库方式一般有两种：供应商直送和自提。供应商直送是指供货方自己安排车辆或通过第三方物流公司将货物送至仓库；自提是指仓库方自己安排车辆到供货方通知的地点去提货。

采用供应商直送方式，如果是供货方送货，容易与收货人员交接，出现问题可以当场解决，收货效率高；如果是供货方通过第三方物流公司送货，容易造成交接问题。比如第三方物流公司一般不核实货物包装的内容物，只要件数准确、外包装无破损、货物无渗漏等情况，则认为整批货物准确送达。而一旦货物包装的内容物出现缺货或破损情况，就会给物品入库带来影响。

采用自提方式，仓库方要合理解决车辆运力、运输费用与货物到库时间等问题。当自提货物比较少的时候还容易操作，一旦需要自提的货物量大、提货点多、供应商数量多，就容易出现效率低、作业集中的情况。

> 【微经验】采购人员在与供应商谈判合作事项时，需要确定合适的到货方式。不同的到货方式会对入库作业带来不同的影响。建议尽量采用供货方自己安排车辆送货的方式，如果实现难度较大，供货方可以采用通过第三方物流公司送货的方式，尽量避免自提的到货方式。

3. 卸货

货物抵达仓库后，就面临卸货问题。卸货不仅是把货物从车辆上搬运下来就可以，还要重点关注以下问题：

(1) 单据。送货商具备符合要求的送货单据是收货工作开始的前提。为了避免到货的单据不符合入库要求，导致无谓的劳动，卸货前应先由仓库方审核送货单据。审核内容按照仓库方企业的实际规定执行，如送货商是否带有仓库方的物品采购合同、送货商是否已经预约送货、是否带有送货单等。单据不全不允许收货。

(2) 卸货费用。卸货费用是一笔不小的开支，还会影响到仓库方的人员配备和作业效率。不管是供货方直接送货还是通过第三方物流公司送货，都必须提前约定卸货的责任划分问题。

(3) 物品分类。卸货时对物品的分类很重要。不同物品或者不同订单的物品要分开摆放，否则既不利于清点数量，也不利于查验质量。仓库收货人员要现场安排好物品的分类摆放。

【微思考】供货商送货抵达仓库后，首要工作是由仓库方审核送货单据。请根据上述知识的学习，思考为什么要先审核送货单据？应该主要审核哪些信息？谁来审核比较合适？

扫一扫

4. 检验

不同的物品有不同的检验标准和检验方法，收货人员要熟知各种标准和方法。比如有些物品适合按件清点，有些适合按重量清点，有些适合按体积清点；有些适合全检，有些适合抽检，有些适合抽检但因不合格率高需转为全检等。收货人员检验物品必须参照对应的标准执行，不能按约定俗成。国家标准、公司标准、公司相关部门的会商意见等都可以作为验货依据。

只有检验合格的物品才能办理入库手续。收货人员发现品质不合格的物品，要予以拒收。对于那些不符合公司验收标准的物品，经过采购、销售、供应商等相关方沟通后，认为可以收取的(通常称为让步接收)，可以按合格品收货，但仓库管理人员要跟进物品后续在库和出库的情况。

> 【微经验】检验物品质量的高级方式是质量免检。质量免检是提高验收效率的好方法，但要建立在与合作方互信的基础上或者有充分的历史数据支持。通过一些方式方法，实现某品牌或某品类的物品全部质量免检或降低抽检率，是业务相关方需要共同努力的方向。

5. 入库

入库包括两层含义：一是物品验收合格，办理完入库手续，完成收货；二是作业人员将合格品存放于仓库内特定的位置(通常称为上架作业)。前者表示物品已经合格，并且体现在公司账务上，成为公司资产；后者表示已经把物品存放于仓库内提前设定的位置上，便于后续作业。

上架作业人员将物品入库时，需要与收货人员交接单和货。在此阶段，通常需要上架人员对入库物品进行抽检复核，以加强对货物质量和数量的监督。对于复核有问题的货物要当场与收货人员进行确认，找出原因，改正失误。

> 【微经验】物品上架时的抽检只是起到监督作用，一旦抽检发现问题，说明入库检验作业存在

较大瑕疵，必须进行整改。另外，抽检率的确定对上架作业的效率影响较大，管理人员可以通过根据以往经验等条件确定合适的抽检率。

上架人员作业过程中，同种物品新到货和原有货的存放安排容易出问题。比如，有保质期限制的新到货把原有货压在下面，导致原有货不能及时出库，成为过期品，给公司造成财产损失。仓储管理者要建立合理的工作流程和监督机制，确保入库上架作业的规范性。

> 【微经验】在执行上述入库作业流程时，为了提高作业效率，增加与供应商关系的友好度，如果出现送货商不按仓库方要求送货的情况(如单据不齐)，可以采取先将物品暂存仓库方，仓库方收取一定保管费的处理方式，待手续齐全后办理入库。

【经典案例】某超市仓库商品验收管理办法(节选)

厂商送货时须将货物送到订单指定仓库，送错地点不得收货。

厂商送货时须附公司订单(传真)及送货单，没有订单不得收货，订单未经商品部确认不得收货；资料不齐的须紧急通知商品部人员补办手续后才可收货。

验收时单种商品数量不得超过订购量之 5%，否则不得收货。

验收人员在商品入库前，对待验收商品进行以下几方面核对与检查：进货商品的品名、规格、数量逐一与进货单进行核对；商品是否按照规定验收；保质期与生产日期(接近保质期商品不能受理)；包装形态是否完整；不良品是否混流(脏残商品、凹罐破损、真空食品是否有空气等)；是否有其他退货品；等等。如果有以上所列瑕疵或不良品，应直接退给厂商，本公司依实际收货量办理验收，不再办理退货手续。

为避免厂商塞货及增加作业手续，一张订单只能交货一次，不得分批交货。如有厂商多送，除非商品人员于当天立即补办采购单，否则不收。

验收人员验收后应在商品人员传送之订单上填写实收数量；如果没有找到订单，除非商品人员立即补单，否则不得收货。如果商品有条形码，应检查是否和订单所列一致。

电脑组设立专门输入人员在商品验收完成后立即输入验收资料，供其他仓库或卖场人员了解库存商品状况，即时办理商品流转或销售；验收输入时，在电脑商品档提取当时进价作为订单之进货价。

仓库在办完验收手续后，无国际条码的商品需打印店内码张贴，然后依各商品储位将商品入库保存。

每日下班之后，电脑组须打印验收明细单，并将订单及发票依明细单上的顺序整理送至财务部结算。

厂商送货日期超过规定的延时收货日期，不得收货。

为加强商品验收管理，防止弊端产生，一般商品验收设两道复查关卡：商品验收入库后，仓库人员做复点作业；进入卖场陈列的商品，由商场管理人员复点。

另外，验收人员要严格检查厂商送货人员携带出的退货商品，其数量与退货单是否相符，严格检查空箱以防送货人员夹带商品。

思考题　根据上述案例，请做出验收流程图并列出各流程需要注意的问题点。

4.2.2 入库作业原则

入库作业是商品进入仓库前的首道工序，直接关系到在库商品的品质和数量的准确性，因此作业过程中必须要掌握一定的原则。

1. 先进先出

先进先出也就是先入库的物品要先出库。除了作业人员在入库上架环节应注意物品的存放外，还要加强日常检查与维护。如不进行特别管理，作业人员往往容易忽略这一点，造成先进后出。

2. 同种单品集中存放

同种单品集中存放即将同一种物品集中存放在仓库的同一个位置。存放位置可以改变，但必须保证该物品的所有库存同时变更到新的位置。这是一种常用的做法，适用于大多数企业的物品存放管理。

> 【微经验】注意"一品一位"并不是物品存放的唯一方式，企业如果有先进的软件系统支持"一品多位"的管理方式，更能有效利用仓储空间，提高作业效率。

3. 方便后工序

存放在储位上的物品要整洁美观、摆放有序、高度适当、标识清晰，以方便分拣、盘点等后续作业，否则会给这些作业带来不便。例如，一个储位能够存放 100 个商品 A，实际有 120 个商品 A，如果将多出的 20 个硬塞进储位，或者占用临近其他商品的储位，都容易引起商品管理的混乱。

4. 日事日毕

当天的入库工作要当天完成。管理者要根据每天的工作量动态调配资源，确保当天按照作业标准完成入库任务，其他作业环节也应遵循同样的原则。"日事日毕"是一种工作态度，也是一种工作习惯。

4.3 存货作业管理

存货作业管理是指物品入库后，在库储存、保管期间的管理，主要包括物品的货位管理、养护管理、盘点管理、在库整理、残次品管理等。本节重点介绍货位管理和盘点管理的有关内容。

4.3.1 货位管理

货位管理是指依据一定规则对仓库内物品的存放位置进行管理，包括对存放位置的规划、分配、使用和调整等工作。

假设商品 A 存放在仓库内的 B 位置，A 的条形码是 123，B 的位置编号是 456，那么编码 123456 就表示商品 A 在仓库内的具体位置。了解了编码规则，即使一个人不知道仓库内的 B 位置，不认识商品 A，他也能够快速地找到商品 A。从这个意义上讲，货位管理不仅是一种管理方式，更是一种管理思想。

1. 货位的分类

按不同的分类标准，可以将货位分成不同的类别。在此主要介绍按物品的存放方式分类和按货位的使用方式分类。

1) 按物品的存放方式分类

按物品的存放方式分类，可以将货位分为货架区货位和平库区货位。

(1) 货架区货位。货物存放于货架上的不同位置即货架区货位。货架区货位的数量多，存储物品的品种多，一般考虑一个货位一种单品，也有一个货位放两种或多种单品的，通常物品数量不多，物品间的差异较大，能直观地分辨出来。货架区货位的部分样式如图 4-4 所示。

图 4-4　货架区货位的部分样式简图

(2) 平库区货位。货物存放于平地上的托盘等隔离物的不同位置上即平库区货位。平库区的货位一般是成列或成行排列，货位数量相对较少，存储物品的品种偏少，单品存储量大。一般考虑一个货位存放一种或几种单品，不同单品间的外形等差异要大，否则容易发生串货。平库区货位的部分样式如图 4-5 所示。

图 4-5　平库区货位的部分样式简图

2) 按货位的使用方式分类

按货位的使用方式，可以将货位分为固定货位和自由货位。

(1) 固定货位。固定货位是指严格规定某一货位只能存放某一规格品种的货物。其主要优点是每一种货物存放的位置固定不变，操作人员容易熟悉并记住各种货物的大致货位，能提高作业效率并减少差错；主要缺点是不能充分利用每一个货位，浪费存储能力。若使用固定货位的存储策略，在条件允许的情况下，应尽量通过一些措施提高货位的利用率。

(2) 自由货位。自由货位是指每一个货位均可存放任何一种货物(相互间有不良影响者除外)，只要某个货位空闲，入库的各种货物均可存入。其主要优点是能充分发挥每一个货位的作用，提高仓库的储存能力；主要缺点是每个货位的货物经常变动，影响操作人员的作业效率，并容易导致作业差错。自由货位的管理难度大，需要满足要求的配套软件系统支持。

举例来说：商品 A 到货时占用货位 A1，恰好满足需求；商品 B 到货时，恰好货位 A1 的大小也能够放下所有商品 B；此时货位 A1 上的商品 A 仅剩 2 个，为了充分利用货位，我们将 2 个 A 从 A1 上取下，放在更小面积的货位 A2 上，然后将商品 B 存放于 A1 上，同时对应更改软件系统中的货位信息。而如果库内存有 10 000 种货物，要达到每种货物的货位利用率都最高，显然需要强大的数据分析系统支持。

在实际操作中，建议根据货位的情况及所存储物品的性质等因素综合考虑，选择适合的货位管理方式。比如针对不同的商品品种，采用固定货位与自由货位相结合的管理方式等。

扫一扫

【微思考】如果上面提到的商品 A 在未调整货位前，当天已有订单需求，当 A 从 A1 调整到 A2 后，如何保障 A 能够正常发货，而不至于发货时分拣人员发现 A 已"无库存"？在这种情况下进行货位的调整是否合适？

2. 货位管理的考虑因素

要提高货位的利用率，实现货与货位的精准匹配，除了充分运用软件系统中的货位管理功能以外，还必须考虑以下因素。

1) 仓储作业的特点

不同仓储作业的特点会影响到货位管理。以存储为主的仓库作业，主要考虑在有限的空间内存放更多的物品，因此货位管理以单位面积存储量最大为指导思想；以流通为主的仓库作业，主要考虑如何能够提高物品入库、拣货和出库的效率，因此货位管理以货物的流通速度最快为指导思想。例如，一批商品属于某次促销专用，出库量大。到货后就没有必要安排到货位上，而是可以放入一个"中转区"暂存，等待大批量出库。这类"中转区"的设置既节约了搬运投入，又加快了商品的流转速度。

2) 存储物的特点

存储物的包装规格、特性、品种、体积、重量等因素都会影响到货位安排。比如，易碎品、重货物应尽量存放在货架下层，体积大、重量轻的货物则应尽量靠近货架上层存放等。

3) 是否有利于作业

有利于作业是笼统的说法，下面列举四条较为具体的要求。

(1) 标识清晰。货位及货物存储分区等处的标识要清晰、易懂，能够让作业人员准确迅速地锁定搜寻位置。

(2) 上架标准。上架人员能够依据入库单准确地将货物上架至对应的货位，能够对货位原有货物及新品做好先进先出整理，能够做到货物的摆放有利于盘点、分拣等作业。

(3) 便于补货。补货是指作业人员能够根据货位上货物的发货情况，方便、及时地向存储货位(分拣货位)补足货物。

(4) 管理责任到人。要有人员负责货与货位、系统货位与实际货位的匹配管理等工作,通过核查使货位的准确率达到 100%。

4) 相关因素影响

货位的规划与管理方式的选择受到诸多因素的影响。储存设备的选型、搬运与运输设备的选择,作业方式的选择、设备成本的投入等都会影响到货位管理。比如自动化立体库与重型货架仓库的货位管理方式就有很大的差别,前者的自动化程度更高,对软件系统要求高,后者则更适合存储大批量的货物。

【微经验】货位管理要根据仓储现场的具体情况综合考虑多方面要素。货位管理水平直接影响到作业效率、账实相符率、订单满足率、仓容利用率、残损率等几个仓储管理的关键指标。

3. 货位设计

货位设计通常是指赋予每个货位一个有一定规律的编码。货位编码需要遵循一定的要求和方式。

1) 货位编码

货位编码是指将仓库范围的房、棚、场以及库房的楼层、仓间、货架、通道等按地点、位置顺序编列号码。货位编码要标识明显,规则简单明晰,以便货物进出仓库时按编号存取。例如,某制鞋企业的仓库货位编码采用六位数字组合的方式,明确标识出某款鞋在库内的具体位置,如图 4-6 所示。

图 4-6　某制鞋企业仓库的货位编码

2) 货位编码的要求

对货位进行编码应本着"好找、好记、有序"的原则,根据仓库的不同条件和货物的存储需要,灵活运用平面、垂直或立体的纵横方向序列,以各种简明的符号与数字或文字结合,编制货区货位编码。整个仓库可以统一顺序编码,也可对不同库房、货棚和货场等各自编码。一个合格的货位编码需要符合以下几点要求:

(1) 规则要一致、简单。编码人员要对编码规则进行系统设计,不同货区、同一货区的不同货架要遵循统一的规则,此规则一旦确定就不能随意更改。做到根据某个编码及给出的编码规则,就能准确地推出同一个范围内其他货位编码;并能根据某个货位编码迅速准确地找到该货位。

(2) 符号要统一。编码可以是纯数字的,也可以是数字和字母结合的,但务必要统一起来,否则很容易造成货物的错发、漏发。

(3) 要因地制宜。采用何种方式进行编码要因地制宜，选取合适的标准，如编码长度要适宜，要利于计算机系统的识别与逻辑运算等。

3) 货位编码的方式

常用的货位编码方式主要包括区段式、品类集中式和注册地址式。

(1) 区段式。把仓库区域分割成几个区段，再对每个区段编码，每个编码所代表的区域较大，适用于容易单位化的货物以及大量或保管周期短的货物。区段面积的大小可以相等，也可以不等，以适应存储货物的进出库需要为准，还可以结合存储货物的进出频率确定具体存储位置的顺序。

(2) 品类集中式。把一些品类相同或相关的货物经过集合以后，区分成几个品类群，并对每个品类群编码；这些品类群还可以再分成几个更小的品类群，并对每个小品类群编码，编码要体现出与上级品类群的逻辑关系。比如服装作为一个大的品类群，可以再分成男装和女装，男装又可以再分成上衣和裤装等，每一级分类都可以进行编码。

(3) 注册地址式。传统上这种方式也称作"四号定位法"，就是用四个号码来标示一个物品的位置。这四个号码是：库号(或库内货区号)、架号(货架、货柜代号)、层号(货架或货柜的层代号)、位号(层内的货位代号)。这种方式由于编码所代表的区域通常以一个货位为限，且有相对顺序可依循，因此使用起来简明又方便。

扫一扫

【微思考】某物流园区有 12 个库房，其中第 8 个库房分为上下两层，下层分货架区和平库区，货架区按货物品类不同分为 5 个区，第 1 区有 8 排货架，其中第 2 排货架由 8 组货架组成，其中第 2 组货架分 5 层，第 1 层分割成 4 个货位。某款可乐放在第 3 个货位上，请设计出该可乐在此园区的定位编码。

4. 货位优化

货位优化是指仓储管理人员通过科学的方法，合理规划和分配仓库的储位，实现仓储空间利用最大化，物品存储合理化的管理活动。通过货位优化能够有效地提高仓储管理水平。

1) 货位优化的思路

当前，很多企业的货位优化工作仅是依靠经验判断，缺乏数据支持。虽然经验判断具有一定的效果，但与最优效果之间的差距是多少，是不是恰好导致了相反的结果，只有用科学的数据才能给出令人信服的答案。由于货位优化涉及的数据复杂，仅依靠人的经验不可能取得良好的效果，因此通常借助软件系统的协助来实现。

收集与整理原始数据是优化货位的先决条件。这些数据包括每种物品的包装规格、材料类型、储存环境、保质期、体积、重量、出入库情况等信息。收集数据后，要按照一定的方法进行整理，最后通过特定的算法输出分析结论，达到优化货位的目的。但货位优化受多种因素的影响，不可能全部量化，且要注意准则或经验对优化结果的影响。

【微经验】企业针对自身确定货位优化思路的时候，要注意引入动态化管理的思想。例如，在特定条件下商品 A 存放在货位 B 是最优的选择，但条件改变了的话，这种选择可能就是一种错误。

2) 货位优化的方法

不同企业或不同管理人员采用的货位优化方法可能差别较大。在此介绍货位优化的四种典型方法。

(1) 周期波动法。某段时间范围内不同货物出入库量的波动程度不同，可以依此波动规律，辅以体积、重量等因素来确定存储模式和货位安排。

(2) 总量变化法。在一个大的时间跨度(如半年)内，根据货物的综合出入库量来确定货位分配。

(3) 货物特征法。根据货物的物理及化学特性，综合考虑货物的体积、重量、包装物、周转容器、串味情况、易碎情况、是否恒温等特征，来进行货位的划分与整合。

(4) 分拣频率法。根据货物的分拣频率优化货位。以中型货架为例，伸手就能取到的位置是分拣的黄金位置，如果把分拣频率高的货物都放置在这样的区域，则分拣效率会相对较高。

3) 货位优化遵循的原则

货位优化需要从企业的实际情况出发，主要遵循以下原则：

(1) 周转率 ABC。可以将货物按周转率划分为 A、B、C 等不同的级别层次，不同级别对应不同类型的货位，在每个级别层次中还可以再细分出该级别的 ABC 层次，这样就能使周转率越高的货物处于越方便的货位。

(2) 品类集中。相同品类的货物尽量集中存放在一定的区域内，便于货物出入库，便于按品类盘点，以减少作业人员的劳动量。

(3) 品类关联性。根据历史数据的分析，得出哪些货物的关联性比较强，进而把关联性强的货物放在临近位置，方便分拣。比如，从某网站购买 A 手机的客户很多都会同时购买 B 手机外壳，因此若把 A 和 B 安排在临近的货位上，就能提高订单分拣速度。

(4) 一品一位。同一种货物存放在同一个位置，即一个条形码只对应一个货位码。这样就可以避免同一种货物散落在仓库的不同位置，给管理造成混乱。

(5) 重量与尺寸。按照货物重量决定储存货位的位置。一般而言，重物应存放于地面托盘上或货架的下层位置，而重量轻的物品则存放于货架的上层位置。需要考虑到货物尺寸与货位空间的匹配问题。比如，某个货位放一个商品 A 货架空间富余大，放两个商品 A 又放不下，这就大大降低了货架的使用效率。

(6) 货物的特性。要考虑到货物本身的危险性及特殊性，有针对性地合理安排货位。另外，还要考虑货物在存储期间是否会造成相互影响。

【微经验】综合国内仓储货位管理的现状来看，多数公司都不能达到京东、亚马逊的管理水平。不少公司借助软件系统的支持，依靠人工完成货物的出入库作业，经常出现少货、串货等情况。建议管理者通过设置专人负责货位管理工作的方法，提高货位管理水平。

【经典案例】亚马逊的混沌仓储

什么是有目的的随机性？全球最大的在线零售商亚马逊用一种混乱无序的仓储方式对此作出了解释。但这种混乱无序只是乍看起来的样子，因为秩序就隐藏在显而易见的混乱之下，这就是混沌存储。注意，"混沌存储"这个词只是从人的感官出发定义的，对仓库管理软件来说，混沌存储系统不过是一个计算和数据库运行的序列而已。

1. 混沌存储的流程

混沌存储开始于商品入库阶段。在亚马逊的仓库里，每一个货架位置、每一件货都拥有唯一的条形码。仓库员工首先将新入库的商品放置在一个空闲的货架位置上，然后用手持的条形码扫描设备记录下该货架位置及其对应的商品，这就让电脑知道了这些商品的确切位置。当收到这些商品出库的新订单时，电脑会编写一个领货单。基于数据库，这个领货单将会告知订单选货器这些商品的确切货架位置，以保证需要的商品能够迅速被找到。为了保证这个数据库是实时的，任何商品在被拿离货架时，都必须重新扫描。

2. 混沌存储的先进性

混沌存储可以让仓库的存储空间被更有效地利用，因为空出来的货架能够很快被再次装满。而在固定位置的存储系统中，某些货架位置只能提供给某些商品，即使这些商品的实际库存已相当低。

不管是商品存储，还是订单出库，混沌存储都能有效地节约时间。入库商品被简单地放置在货架的空置空间里，不管谁订购这些商品，电脑都会创建一个遵循最优化路线的领货单，按这种方式，仓库员工需要走的路程是最短的。

混沌存储使得对新员工的训练需求直线下降。记住整个仓库的布局或者某一个仓储位置，都不再是他们的必要技能。这也使得员工轮岗更为简单，在高峰期雇佣临时工成为可能。

3. 混沌存储的必要性

把类似的商品存储在一起，实质上是根据其特征来将其分类。例如，使所有的图书位于仓库的某一位置，而所有的玩具放在另一区域。但在混沌存储系统里并非如此，在该系统中存储的商品只需共享一些最基本的存储要求，比如温度和湿度，其他的特征则不会被考虑。这是因为不同品类的商品出现在同一张电商订单上是常有的事，根据不同品类来存储商品并没有什么优势。恰恰相反，不将同一品类的产品放在相邻的位置上反而会增加提货的准确性，因为拿错货的可能性减少了。

所以，在混沌仓库中，特征迥异的商品可能成为邻居，比如书、玩具、运动器材、电子产品、DVD、珠宝和照相机。但是那些不值得存储的快速变化的商品，或者是对于存储系统来说过于笨重的商品必须分开存储。当然，容易变质的商品也不适用混沌存储。

毋庸置疑，混沌存储需要依赖可靠的仓库管理系统。在使用混沌存储时，所有的商品都必须标上条形码，并输入数据库，所有的存储空间亦然；此外，管理系统还需要根据仓库的完整地图优化选择路线。而如果电脑死机或者丢失数据，那在问题解决之前，仓库运营都将被迫暂停。

思考题1 货位优化的原则与"混沌存储"矛盾吗？

思考题2 结合本案例思考实施"混沌存储"的核心要素有哪些？

【微视频】亚马逊的货位管理

4.3.2　盘点管理

仓库中的货物始终处于不断进货和出货的动态循环中，难免会在某些环节产生失误或误差，随着时间的积累就会使货物实际的库存数据与账务数据产生差异，或者导致货物的质量发生变化，发现并处理这些情况的主要手段就是盘点。盘点作业就是指定期或不定期地对库存货物的数量进行清点和查核，并查清其在库中的质量情况，从而对货物库存进行有效控制的一种作业方式。

1．盘点的目的

盘点不是一种形式，而是一种加强仓储管理的重要手段，通过盘点作业至少可以达到以下目的：

(1) 查清实际库存数量。库存资产以实物为准，可以通过盘点实物进行库存账务的盈亏调整，实现实物数量与库存账务数量的一致。账物不符很难完全避免，特别是进出货频繁，拆零及品种特别多的电商仓库，如果盘点工作跟不上，则极易出现账上有但库存无实物的情况。

(2) 掌握损益情况。为了真实地把握经营绩效，准确计算企业的实际损益，就必须定期进行盘点，掌握企业的资产情况，并通过盘点尽早采取防漏措施。

(3) 发现管理问题。通过盘点货物库存数量，及时发现临期、过期、滞销等货物，可以分析出库存盈亏的原因，及时发现管理及作业中存在的问题，并对其进一步分析与梳理，以寻求合理的解决方案，如优化作业流程、改进作业方式、增强盘点力度、强化员工作业培训等。

2．盘点的内容

企业在盘点过程中主要围绕以下内容进行：查清数量、查明质量、检查保管条件、检查仓库安全。

(1) 查清数量。查清货物在库的实际数量，以此数量为基准与库存账面数量进行核对，得出差异；然后根据差异进行二次复核甚至三次复核，直至确认盘点数量即为真实数量；最后以此数据为基准，进行账面的盈亏调整。

(2) 查明质量。检查在库货物的质量有无变化，有无过期或超过效期标准产品，有无长期积压，有无残品与良品混放，有无未发现的残品等现象。对于性状等不能明确判断的货物还需进行必要的技术检验。

(3) 检查保管条件。检查保管条件是否与货物的保管要求相符合。比如通风条件是否好，是否需要增加通风设备；货物的堆码是否合理，是否便于发货，是否稳固，是否利于通风等。

(4) 检查仓库安全。检查消防设备和器材是否符合安全要求，建筑物和作业设备是否处于安全状态，库内电路是否有隐患等。仓库的安全工作是每天、每时、每刻必须予以关注的重点，必须将仓库的安全管理制度执行到位，杜绝仅仅依靠盘点期间安全检查的做法。

3. 盘点的方法

按照不同的分类方式，可以将盘点的方法进行多种分类。在此主要介绍根据盘点方式和盘点时间安排对盘点进行的分类。

1) 根据盘点的方式划分

根据盘点的方式，可将盘点的方法分为账面盘点法和现货盘点法。

(1) 账面盘点法。账面盘点又称为永续盘点，就是把每天每种出入库货物的数量及单价记录在电脑或账簿上，然后不断地累计加总算出账面上的库存量及库存金额，这样随时可以从计算机或账簿上查询到货物的出入库信息及库存结余量。现在很多企业都通过计算机软件系统来实现货物出入库的电子账，库存信息得到实时反映。

(2) 现货盘点法。与账面盘点法对应，是对实物的盘点，即实地清查库内实物的数量，然后根据不同货物的单价计算出实际的库存金额。该方法按照盘点的频率又可分为期末盘点和循环盘点。期末盘点是指在会计计算期期末对所有物品的数量统一进行全面的盘点；循环盘点是指以天或周等为单位，每一个单位时间内清点一部分物品，在一个循环周期内将每种物品至少清点一遍。比如每个月对库存的所有商品盘点一遍，把计划细分到每天，称之为"月度轮盘"。

【微经验】月度轮盘的方式非常适合物品品种多、出库频繁、每种物品单次出库量小的电商仓库，能够及时发现问题并及时处理，有效改善账物不符的情况。

当前国内很多仓库都在用计算机处理库存账务，当出现实物数量与库存账务数量不一致时，难以迅速判定到底是哪个数量出现了问题，因此需要将账面盘点与现货盘点两种方式结合起来，用以分析账物不符的情况。例如，商品 A 在入账时，由于计算机网络系统的延迟造成了重复入账，在实物盘点商品 A 时发现实物数量与账务数量存在较大的差异，就需要将两者分别进行复核与分析，找出原因所在。

2) 根据盘点的时间安排划分

根据盘点的时间安排，可以将盘点的方法分为定期盘点和不定期盘点。

(1) 定期盘点。定期盘点即明确一个时间或时间段，到此时间则进行盘点作业。盘点的具体时间可以根据实际情况做一些微调，但盘点事项必须执行。定期盘点不仅是管理物品的需要，也是对仓库管理工作的一个自检自查过程。

(2) 不定期盘点。当仓库在运营过程中出现了一些有必要进行盘点的事项，或者公司制度有相关的要求时，可以临时安排盘点。比如仓库管理人员变动、库存出现非正常的明显差异、某商品出现质量问题全国范围内停售、企业经营业务发生重大变化等。不定期盘点可以是全面盘点，也可以是部分盘点，比如随机地按一定比例抽查某些物品。不定期盘点可以由仓储部门自行组织，也可以由其他监督部门临时组织，没有明确的限制，目的在于发现问题，分析问题，解决问题。

4. 盘点时间的确定

根据盘点作业选择的时间点和持续的时间段，盘点时间的确定可以分为全面盘点时间的确定、日常盘点时间的确定、随机盘点时间的确定三种情况。

(1) 全面盘点时间的确定。合理地确定全面盘点时间非常必要。盘点结果盈亏的关键原因在于出入库过程中发生的错误，出入库越频繁，库存误差也会随之增加，两次盘点间隔的时间越长，账物不符的可能性越大。所以一般来说，为保证仓库内的货物账物相符，盘点次数应尽可能多，但盘点需要投入人力、物力和财力，全面盘点还会引起生产经营的暂时停顿，故次数不宜过多。全面盘点的时间通常选择在业务淡季、财务结算前夕，通过盘点计算损益。考虑到货物特性、业务特点等因素，可以选择半年度全面盘点或年度全面盘点。

(2) 日常盘点时间的确定。这里的日常盘点可以理解为每天盘点，即选择每天的一个或几个时间段，进行一定数量的货物品种的盘点，并与系统账目即时核对。日常盘点对于控制损耗、查找账物不符的原因、促进管理水平的提高等都有很大的帮助。但需要注意的是：系统账目已减，盘点时货物暂未发出；或者系统已入账，盘点时货物暂未上到货位等情况会经常发生，需要采用合适的方法来解决这些问题。

【微经验】日常盘点工作可以与货位管理工作同时进行，整理货位的同时盘点货位上的物品。

(3) 随机盘点时间的确定。随机盘点一般由仓储管理人员或者财务等监督部门在随机的时间对指定的或随机的货物品种进行盘点。相关人员根据需要，随时可以决定盘点的时间，且当即执行。

一般来说，全面盘点的时间确定后，除非特殊原因并经领导层批准，不得更改；日常盘点可根据工作情况对时间作相应调整，但要保证一个时间段内盘点目标的实现；随机盘点则一般都要对时间的频次、货物的品种数占比等进行专门的规定，避免流于形式。

5. 盘点作业的流程

通常可以把整个盘点作业的流程分为三个主要步骤：盘点前准备、盘点中作业、盘点后作业。每一个步骤又包含若干工作项目，如图 4-7 所示。

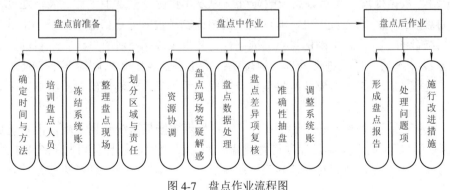

图 4-7　盘点作业流程图

1) 盘点前准备

盘点作业的逻辑性强、环节复杂，准备不足或衔接不当极易导致盘点效率低下、盘点结果失真等情况。如果造成废盘(本次盘点无效，需作废)会浪费大量的人力物力，因此需要事先作好详细的计划和准备。

(1) 明确盘点时间的起止点。一般提前一个月左右确定盘点的起止时间。围绕盘点的起止时间来组织和调配所需的资源，制定盘点的具体方法和作业流程，形成盘点计划和盘点作业方案。在此期间，仓库人员可以着手进行物品的预盘点，及时发现问题并迅速调整，以便于盘点的顺利执行。同时要将盘点计划提前分发至各业务相关部门，便于各部门在业务操作上作相应调整。以连锁零售店的配送仓库为例，在盘点前期应尽量将合理数量的库内商品配送到店，采购部门尽量避开盘点前大批量进货，这样能大大降低盘点的工作量。

(2) 确定盘点人员。仓库盘点需要大量的人员，除仓库员工外，还需要提前确定其他参与的部门和人员。人员一旦确定，就要组织相关的培训工作，确保参与盘点的人员能够各司其职，按照要求高效准确地完成盘点任务。

(3) 确定盘点状态。与盘点相关的账、物、场、人要进入盘点状态。首先，要冻结系统账，即所有的入库与出库账务全部停止，所有的在途账全部处理完毕；其次，盘点现场要全部按照便于盘点的原则对所有货物进行整理。比如物品标识应清楚、不同种物品不混箱、不同类物品不混放、物品系统货位与实物货位对应、货位标识清楚、盘点各区的分区标识清晰明白等；最后，明确每个参与盘点人员所在的组别、承担的责任和负责区域，并确保他们掌握操作盘点设备、填写盘点表格等基本技能。

【微经验】整理盘点现场的工作对于品种多、货品杂、多拆零拣选、多批次、小批量出库的电商仓库非常重要。整理工作是否到位会直接影响到盘点效率和准确率。

2) 盘点中作业

盘点工作一旦启动，即使前期的工作做得比较充分，也还是会出现一些问题。盘点现场负责人要处理好盘点中出现的各种问题，保证盘点的顺利进行。

(1) 盘点现场答疑解惑。为了便于处理盘点作业中的问题，一般每组盘点人员都会安排至少一名经验比较丰富的仓储员工以小组组长的身份进行工作协调。盘点现场负责人除了要对整个现场出现的问题进行快速处理外，还要关注各组盘点的规范性和进度情况，适时指正。此外，还要对盘点人员、工具等资源进行必要的临时协调，推进整体盘点作业的进度。

(2) 盘点数据处理。盘点数据一般通过三种方式获得：一是手工盘点表，通过手工记录物品的盘点信息；二是盘点机，通过盘点机扫描物品输入盘点信息；三是手工盘点表与盘点机相结合的方式。为了确保盘点的准确性，建议采用第三种方式。盘点机的数据可以通过数据线导入软件系统进行处理，速度快；手工盘点表的数据则需要手工录入，速度慢。盘点过程中，各组人员要及时将已盘点完成的手工盘点表转交给盘点数据处理人员录入数据。

(3) 盘点差异项复核。在初盘结束后，可将盘点数据与系统数据匹配，由系统自动生成盘点差异表。盘点人员对差异项进行复盘。复盘结束后，差异项可与系统数据再次匹配，生成新的差异项，建议对新差异项再次盘点，一般第三次盘点的结果就是差异项的最终盘点数据。

(4) 准确性抽盘。盘点过程一般需要公司或外部的盘点监督人员和抽检人员参与。由他们监督整个盘点过程的规范性，并对盘点结果进行抽检。抽盘比例建议占到盘点货物种的 30%以上。如果抽盘的错误率较高，则需重新盘点，该错误率按照公司规定执行；如果抽盘合格，即认为本次盘点数据是有效的。

最后在系统中更新全部盘点数据，即认为目前的系统账与实物账一致。系统盘点状态结束，物品进入到正常的进出库状态。

3) 盘点后作业

盘点完成后，由盘点负责人作出盘点报告。盘点报告作为本次盘点的总结，重点针对盘点结果进行分析，发现管理中存在的问题，并拿出可行性的解决方案，在后续工作中予以改善。

如果在盘点后较短的时间内(如两天内)发现有盘错的物品，可通过一定的审核程序进行调整，以作为对盘点失误的补救措施。

【微经验】盘点结果是仓储管理水平的一个侧面体现。以电商零售类公司的仓库为例，按在库物品的金额计，很多公司可能能够实现账务数据与盘点实物数据差距在 5‰左右，但难以达到 1‰以内，这中间的差距涉及到仓储管理多方面的精进。盘点不是为了完成公司安排的任务，而是通过盘点发现问题，找到原因，不断改进。

【经典案例】某超市门店生鲜盘点流程

一、总述

1. 生鲜商品的盘点范围

生鲜部门经销、自制原料类商品及生鲜部门自用耗材参加盘点。

2. 生鲜商品的盘点时间

每个自然月的 17 号和每个自然月的倒数第二天进行系统过账处理。每个自然月的 15 号和每个自然月的倒数第三天盘点 1~6 大类商品及自用耗材(已调入生鲜存货地的耗材)，星期六、日不顺延。盘点日次日完成盘点差异分析。

3. 商品整理要求

所有参与盘点的商品按大类分开整理并粘贴"××大类盘点商品"的标识；所有参与盘点的生鲜物料需按照大类分开进行整理并粘贴"××大类盘点耗材"的标识。

4. 盘点操作要求

(1) 1~6 大类所有经销商品及对应部门使用的耗材按照实际数量盘点。

(2) 1 大类的拆分商品需要将进货商品进行编码(白条、红条)，与所有拆分商品的编码都按照其相应商品的编码进行盘点并登记实际数量。

(3) 对于各部门的所有原料类商品按照其实际数量进行盘点，而所有加工的成品商品(包括 5 大类自制成品及 6 大类面包成品)盘点数量全部按"0"计算。

(4) 2~4 大类的商品只对进货商品进行编码并按照实际数量进行盘点，而其余所有只销售不进货的打折及精品商品其盘点数量全部按"0"计算。

(5) 6 大类的成品面包按照商品的实际数量进行盘点。

5. 盘点操作方式

门店生鲜使用 RF 枪进行盘点，采用见物盘物的方式进行。

6. 参盘人员

生鲜店副总经理、生鲜部经理、生鲜部员工、防损员。

7. 盘点完成后直接进行库存调整，对于盘点结果不允许进行任何修改。如果有盘点错误，则由下一次生鲜盘点进行修正。

8. 生鲜部经理通过系统查询确认生鲜盘点结果。

二、岗位职责

1. 抽盘小组：抽盘小组人员由生鲜店副总经理、防损员组成，抽盘采取随机抽取的方式。每个参盘大类抽查商品品种为 2 个，全部抽查商品品种为 12 个(须选择价值较高，易灭失的商品)。

2. 防损部经理：确保在存货区域盘点后，仓库和卖场之间无商品流动，特殊情况要有相关手续方可流动；负责安排防损部人员进行监盘；确保盘点时的安全工作。

3. 综合部经理：按照盘点部门准备耗材盘点明细。

4. 商品部文员主管：负责制作盘点申请、冻结盘点范围、制作盘点差异报告；负责数据的整理和传送；负责所提供数据的准确性。

5. 盘点小组：每个盘点部门需设定一个盘点小组。盘点小组由四人组成，主盘人、监盘人各一人，辅盘人二人。主盘人员的安排以生鲜商品部负责本区域的人员为主；辅盘人员中，安排生鲜商品部负责本区域的人员一名，另一名需安排非本区域人员；监盘人员需要安排防损部人员。主盘人员负责控制本区域盘点进程及使用 RF 枪对生鲜数据的录入工作；辅盘人员负责本区域盘点商品的清点工作；监盘人员负责盘点区域所有商品的清点工作及盘点表数据 RF 枪录入的监督工作。

6. 商品部经理：确保本部门正确执行盘点程序；培训本部门员工；安排本部门盘点计划；完成盘点前的各项准备工作；指挥本部门盘点小组人员并对其工作负责；跟踪本部门盘点进度；督促本部门员工在盘点后进行彻底的卫生清洁工作并进行检查；对本部门生鲜盘点结果负责；对盘点结果进行分析。

7. 财务部经理：对盘点结果进行确认；确保财务盘点账务的准确性。

8. 生鲜店副总经理：主持制定生鲜盘点计划，确定盘点小组成员并报店总经理审批；确保生鲜部门盘点程序的正常执行；负责培训员工；检查并确认盘点前的准备工作已全部完成；盘点日必须在现场亲自督导；负责对盘点数据进行抽查；对盘点结果负责；配合抽盘小组的工作，负责向抽盘小组提供各项数据。

9. 店总经理：审核生鲜盘点计划；检查并确认盘点准备工作已全部完成；跟踪、确认生鲜盘点进度；确保按照流程规定时间要求完成相关工作；负责门店相关盘点文件的确认；对生鲜盘点结果负责。

三、流程描述

1. 盘点前准备工作

(1) 盘点前 3 日，各门店需根据生鲜店副总经理制作的《生鲜盘点计划表》确定本次盘点小组的主盘人、辅盘人、监盘人名单。

(2) 盘点前 2 日，生鲜店副总经理主持并召开盘点会议。

(3) 盘点前 2 日，综合部经理根据生鲜耗材领用明细制作《生鲜耗材盘点明细表》并传生鲜商品部经理。

(4) 盘点前 1 日，商品部经理根据综合部经理提供的《生鲜耗材盘点明细表》制作本部门《生鲜耗材盘点表》。

(5) 盘点前 1 日，商品部经理将制作完成的《生鲜耗材盘点表》交生鲜店副总经理进行审核，并由生鲜店副总经理保管所有的盘点表。

(6) 盘点当日商品部文员主管按照生鲜盘点范围建立盘点申请。

(7) 盘点前商品部员工检查卖场(尤其是促销区、收银区和交叉陈列区)，并将"回送区"本部门的顾客遗弃商品收回并归类处理。

(8) 盘点前商品部经理将联营商品隔离并张贴"联营商品不参加盘点"标识。

(9) 盘点前商品部经理安排本部门员工对本区域库房及台面的商品进行归类整理，将所有商品及耗材移至通道，使用卡板将所有商品依次分类陈列于卖场通道。

(10) 盘点前商品部经理将《生鲜盘点控制表》张贴至各盘点区域。

2. 盘点前工作检查

(1) 生鲜店副总经理与各主盘人及商品部经理检查各盘点区盘点商品是否整理完毕(特别关注所有库房是否已经整理完毕)，联营商品是否已隔离并进行标识，《生鲜盘点控制表》是否张贴完毕。

(2) 生鲜店副总经理、商品部经理确认各盘点区域整理完毕后在《生鲜盘点控制表》上签字确认，并"放单"(将检查合格区域的《生鲜耗材盘点表》交给相应区域的主盘人)。

3. 盘点操作

(1) 各主盘人员组织其负责区域的盘点工作。

(2) 使用 RF 枪盘点，盘点的结果以门店初盘数据为准。

(3) 生鲜盘点采取见物盘物的盘点方式进行，各主盘人员使用 RF 枪对所负责盘点辖区的自营商品进行逐一盘点。有国际条码的商品直接用 RF 枪录入，称重商品应先输入商品的商品编号，然后再录入商品的盘点数量(称重商品需保留小数点后两位)。

(4) 易变质商品(如冻品)应优先盘点，并快速回库。

(5) 盘点顺序应按照从左到右、从上到下、从前到后的方式，不可跳跃点数。

(6) 按《生鲜耗材盘点表》所列生鲜耗材明细对耗材实际库存进行清点并将实盘数量填写在《生鲜耗材盘点表》上。商品盘点操作完成后，商品部经理安排一名主盘人及一名辅盘人将耗材盘点数量手工录入 RF 枪，录入完成后主盘人及辅盘人在《生鲜耗材盘点表》上签字确认。

(7) 如果员工由于手误将盘点数量录入错误，则生鲜部门经理需填写《实盘数调整明细表》，经防损部经理、店副总确认后在盘点完成后报商品部文员主管，由商品部文员主管在系统中进行盘点数据的修改。

思考题　请读者熟悉案例中涉及的盘点内容，做到自己能够复述下来。

4.4　出库作业管理

出库作业管理即是对货物从货位转移到运输车的整个动态过程的管理。出库作业可以分为三部分：一是根据订单要求进行货物的分拣作业；二是对已分拣完的货物进行复核与包装作业；三是待发货物与运输人员的交接作业。

4.4.1 分拣作业

分拣作业是根据具有出库指令的单据，将对应物品迅速、准确地从其货位或其他区位拣取出来，并按一定的方式进行分类、集中的作业过程。从某种意义上讲，衡量一个多品类、少批量、多批次出入库仓库管理水平的核心指标就是分拣作业的水平。本节主要介绍分拣作业的基本流程和主要方法。

1. 基本流程

以电子商务企业为例，客户在网站下单后，订单经过网站后台处理转到仓储中心，再由仓储中心的软件系统将订单生成为分拣单，而后由分拣人员依据分拣单作业，基本流程如图 4-8 所示。

(1) 生成分拣单。分拣单又称为拣选单，是分拣人员分拣物品的唯一合法凭证。首先要确定采用哪种分拣单。有些企业先用分拣单分拣物品，然后生成出库单；有些企业将出库单用作分拣单，直接用出库单拣货；有些企业则将分拣单分配到拣选人员的扫描枪上，实行无纸化拣选等。要以节约成本、适应企业流程需要为原则，依据企业的具体情况选择合适的拣选方式。

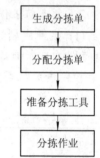

图 4-8　分拣作业的基本流程

其次是如何生成分拣单的问题。分拣单一般根据企业所采用的作业方式，由软件系统自动生成。其核心是分拣单生成的策略问题，例如由多少份订单生成一份分拣单比较合适。

【微思考】某电商推出了超低价的箱装苹果。2 个小时内收到 100 个客户订单，分别订购不同数量的苹果，合计 500 箱，且订单数量还在增加。为了提高分拣效率，尽快通过快递将苹果运到客户手中，你有没有比较好的作业办法？

扫一扫

(2) 分配拣选单。分配拣选单就是把已经生成的分拣单分配给分拣人员。分配不当容易影响分拣人员的工作情绪和工作强度，特别是当工作量与绩效考核挂钩时更为突出。

请以下面的场景为例，思考拣选单的分配问题。

某医院，药房窗口经常有很多人排队取药。员工 A 在窗口内侧负责审核取药单据，然后将不同药品的单据分到不同颜色的小筐里；不同颜色的小筐对应不同的分拣人员，分拣人员一单一拣；完成拣选的单据对应药品由员工 A 复核；复核完毕，再由 A 将药品给到排队人手中。

这是一个典型的分配拣选单的场景。这个场景的特点在于：专人分拣专区的药品，对药品熟悉，操作效率高；不同颜色的分拣筐对应不同区域药品的分拣单，简单易识别，不易混淆；专人分配单据、复核单据、复核药品，以保证分拣的正确性。

【微经验】拣选单的分配方式与作业效率直接相关，分配不当会降低员工的作业贡献。拣选单直接体现分拣人员的工作量，也是核算员工绩效的重要参考数据，需要管理者兼顾效率与公平。

(3) 准备分拣工具。"工欲善其事，必先利其器"。对于货物品种多、品种间体积差异大，出库量大小不定、分拣量大小不均衡的情况，必须有合适的分拣工具才能提高分拣效率和准确率。分拣人员需根据分拣单的物品情况确定合适的分拣工具，避免重复走路、工具不当等造成的分拣效率降低。

(4) 分拣作业。比较原始的分拣作业方法是分拣人员熟悉物品，凭经验临时规划分拣路线；较现代的做法是生成分拣单时系统已根据一定的运算规则，做好了最优分拣路径规划，按此执行即可。

上面的两种方式属于传统的"人就物"方式，即货是静止的，分拣人员是运动的，人到货品存放处拣选；较为先进的有一种属于半自动化分拣的"物就人"方式，即人是静止的，货是运动的，拣选设备将欲拣选物品运至拣选人员面前，分拣人员手工完成拣选；最先进的方式则是自动化分拣，即利用自动化设备进行货品的分拣，无须人力的直接介入即可完成分拣作业。

如果一张拣选单满足一个订单的需求，则无需进行二次分拣，直接将单货转交给复核包装环节；如果一张拣选单由几个订单整合而成，则需要根据各订单进行该拣选单货品的二次分拣作业，直到一一对应后，才能够将单货转入到复核环节。

2. 主要方法

仓储作业中常见的分拣方法主要分为两种：摘果法和播种法。

1) 摘果法

摘果法是指分拣人员按照客户的订单要求，往来于仓储场所，拣选出该订单包含的每一种商品，分拣完毕后，分拣人员将订单随商品转到复核处，再进行下一个订单的分拣作业。摘果法的基本思路如图 4-9 所示。

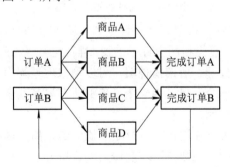

图 4-9　摘果法的基本思路

图 4-10 以两个订单的商品为例，其中订单 A 包含三种商品 A、B、C，订单 B 包含三种商品 B、C、D，两者重合品为 B 和 C。订单 A 分拣完成后，进入复核包装环节，才开始订单 B 的分拣。该方式以订单为分拣单位，完成一个后才开始下一个。

摘果法的主要优点是无前置等待时间，作业简单，按单完成或按客户完成均可，不容易遗漏，对订单反应的速度快，分工明确；主要缺点是效率偏低，少量多批次会造成分拣路径重复，总体耗时较长。摘果法适用于订单数量少但出货量大、品项种类繁多、客户不稳定或需求变动大、不同客户间订单内容项差异大等情况，对客户配送有时间限制的订单或者紧急订单也可采用该方法分拣。

应用摘果法需要注意以下问题：

(1) 货位规划要合理。为了尽量减少行走路径，要在货位规划上下功夫。如研究商品间的关联性；根据历史数据把关联度较高的商品邻近放置；根据出库数据的分析，将不同商品进行适当的分区域管理、分区域出单等。

(2) 符合某一规则的所有订单要全部完成。这种分拣方法不会出现某个订单完不成的情况，但容易出现符合某一规则的订单没有全部完成的情况。比如某个客户的 10 份订单仅完成了 9 份，影响发货。因此需要实施复核纠错措施，来确保满足要求的订单全部按时完成。

2) 播种法

播种法是指将每批订单上的同类商品各自累加起来，从储存货位上取出并集中搬运到理货场所，然后将每一客户所需的商品数量取出，分别放到不同客户的商品暂存处，直到配货完毕。播种法的基本思路如图 4-10 所示。

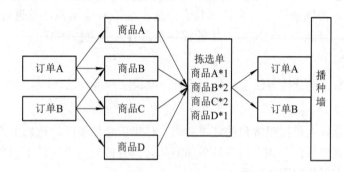

图 4-10　播种法的基本思路

图 4-10 以两个客户的两个订单为例。订单 A 与订单 B 共包含 4 种商品，其中商品 B 和 C 是两单重合的品种。首先将两个订单的商品整合在一张拣选单上，集中拣选，然后在播种墙位置将商品按单分开。所谓播种墙，可以形象地理解为一面墙，墙上面分割成若干个位置，每个位置代表一个订单，当一个订单的所有单品齐全后，该订单即分拣完成，可以进入复核打包待发货环节。

播种法的主要优点是可以缩短拣货时行走和搬运的距离，提高单位时间内的拣货量；主要缺点是需要等订单达到一定数量时才能做一次合单处理，订单处理的前置时间较长。该法适合数量大、重量轻、体积小的商品分拣，对于少批量、多批次订货的分拣十分有效；适用于客户稳定且数量多、客户间的需求品差异小、送货时间不紧急等情形。

应用播种法需要注意以下问题：

(1) 多少份订单作为一个分拣批次合适。分拣批次也称为分拣波次。如果一天只有一个波次，这样有利于所有订单重合品的分拣，但会造成分拣作业滞后一天的情况，时效差。通常以不影响订单发货为前提，根据发货时效和作业能力规划适当的分拣批次。

(2) 订单集中完成导致的积压。这是一个统筹安排的问题。比如当几个订单重合度比较高时，全部精力都用在重合物品的分拣及播种上，完毕后，再去补充每一个订单的其他单品，最终所有订单在一个短时间内全部完成。这样会给下游工作带来压力，造成处理订单积压。如果有重合品的分拣与其他品的分拣同时作业，则会加快每一个订单完成的速度。

影响播种法波次设置的因素有以下几方面：

(1) 订单完成的时间截止点。以订单完成的时间截止点为基础，确定订单的轻重缓急，以确定完成时间。

(2) 订单的重合度。没有太多重合度的订单汇总波次的意义不大。

(3) 单个订单的物品量。波次合单的总物品量要有一个限制，如果同时分拣过多的物品，可能会导致出现分拣工具紧张的情况，影响工作节奏。

(4) 分拣能力。根据分拣能力设置订单波次，超出分拣能力反而会降低效率。

(5) 灵活性。根据工作现场的作业情况作适度调整，做到分拣环节及下游作业环节工作量饱满，并相互协调。

播种法分拣波次的参考划分方法有以下几种：

(1) 固定订单量。按照接收订单的时间先后原则，当累积的订单量达到预先设定的数量指标时，做一次数据截取，汇总成一个波次。

(2) 送货路线。结合路线、送货时间、车载量等因素，把不同客户的送货路线作为划分波次的依据，实现送货线路优化、车辆装载率高。

(3) 送货时间。针对时效要求比较高的订单，按照订单完成时间，每隔一段时间做一次数据截取，汇总一个波次。实际工作中，该方式通常用于送货时间确定的或第二天发货的订单的数据截取，便于安排送货。

(4) 智能型。以软件系统的算法为基础，根据汇总的订单，给出最优的波次划分。这种方式对原始数据的收集、系统算法的设定、仓储作业管理水平等方面的要求都较高。

【微经验】很多电商公司都有仓库，极少数公司有自己的配送团队。公司的商品是否能快速到达客户手中，除了与第三方物流公司的工作时效有关外，分拣作业环节的效率和准确率，可能是最重要的影响因素。管理者在掌握上述基本流程和方法的基础上，应活学活用，因地制宜，争取做到以分拣作业为引导，带动后续复核与包装作业的效率，提升整体在库商品的出库效率。

4.4.2 复核与包装作业

复核与包装作业主要起到确保商品能按正确的品种、正确的数量、符合要求的质量以及合适的包装方式出库的作用。由于电商企业订单商品出库的特殊性，因而管理好该环节的作业质量尤为重要。

1. 复核

复核作业主要是指核对出库物品的单货一致性。该一致性包括两个方面：商品的品种和数量是否与单据的描述一致；商品有没有明显的质量问题，是否符合出库要求。复核环节对质量的监督不是重点(质量控制主要在商品在货位时的检查及入库检验环节)，需要重点检验数量是否符合要求，有无混淆包装数量，有无串货情况，有无发错货情况等。如果硬件和软件条件允许，可以通过扫描枪等电子设备进行复核，电子设备识别差异，准确率与效率都高；如果是手工操作，复核效率和准确率都会偏低。

【微经验】在此需要注意分拣准确率与复核准确率之间的关系。假设分拣准确率为 100%，复核准确率为 100%，则两个环节都不会在纠正失误上浪费时间，作业效率高。而当其中任何一个环节的准确率偏低时，都会影响到另一个环节的工作。因此，管理者要在流程制定、作业规范、绩效考核、作业培训等方面做好前期的工作，最大限度地降低失误的发生率。

2. 包装

一般整件原包装发出的商品，要根据重量、体积、运输距离及是否需要防水防潮等因素来确定是否需要进行一定的包装和加固；对于拆零的商品，则都需要进行必要的包装，以方便运输和保证商品的安全。

网购的朋友可能会注意到，购买不同类型的商品会遇到不同的包装形式。比如购买衬衫，商家为了防止在运输过程中衬衫被压褶皱，通常用与衬衫大小相当的窄硬纸盒包装；购买易碎品，商家除了在外包装贴有"易碎贴"外，包装内部还用塑料"充气柱"、泡沫等减震物来缓解运输途中的震荡。这些工作都是在出库复核包装环节完成的。

很多电商企业都会根据商品品种、体积和重量等因素配备相应的包装物和包装方式，以保证商品的安全运输。该环节要特别注意包装材料与内容物的匹配度及牢固度。

包装作业完成后，作业人员需要对包裹做必要的标识以确定订单号、发货地址、客户名称等信息，防止包裹混淆。比如某包裹由第三方快递公司发出，则可以在包裹表面的固定位置贴上快递公司的快递单。

【经典案例】卖衣服"包装功夫"不可省

没有人希望自己在网上下单购买的衣服，在签收时已被压成一团。但如果仅以塑料袋或普通纸板箱来包装，那些衣服是否会遭此厄运，就只能看快递公司工作人员的心情了。对于电子商务网站来说，商品包装在运输过程中被挤压至变形、破损带来的危害在于，一件售价 200 元的衬衫或许因此就被顾客瞬间在心中打折——顾客的感受会是愤怒，而不是网站宣称的超值。

凡客诚品(VANCL)的衬衫大多售价在 100 元之内，显然已无法再承受因包装问题带来的贬值。这家公司从董事长到普通员工都为了如何打好包装费尽心思。他们努力的方向是：让顾客在打开包装看到衣服的那一刻，可以获得惊喜。

行业内通常的包装是类似比萨盒的方式：将装有衬衫的内部包装像抽屉一样插进外部包装。但凡客认为，即使顾客抽出衬衫内部包装只需要一两秒，依然达不到一下子跳出来的感觉；同时，侧面放置还会偶尔造成衬衫与包装之间的挤压。

卖男士衬衣起家的凡客，延续了衬衣送到客户手中必须平整的要求，包装盒不能有明显压扁的痕迹，如图 4-11 所示，材质上选择抗压能力更好的三层牛皮纸材质，并在设计定稿时专门进行抗压测试。

图 4-11 凡客的衬衣包装盒

　　来自凡客的数据显示，这种单价 4 元左右的纸盒及包装辅料的成本已占运营成本的 5%左右。但凡客却坚持对包装的投入。这一切只是为了顾客签收那一刻的感受。当配送员在事先约定好的时间将顾客在凡客诚品上订购的衣服送到家中时，他会一手托着纸盒，另一只手将盒盖轻轻抠开，订购的货品就会全部呈现在顾客眼前。盒里的衬衫会如同刚刚精心放置其中一样，而不会像通常电子商务网站送过来的包裹那样，里面的物品经过抛、摔、长途运输早已脱离它应该处在的位置。

　　在位于北京南五环一处凡客诚品的仓库中，每天会有数万个包裹从这里发送到客户手中。仓库里除了一排排货架，最吸引目光的莫过于整齐堆放的成摞纸盒。凡客的包装盒共计超过 10 种，而作为凡客最具辨识度的扁平外包装纸盒，则共有 7 种不同的尺寸。

　　整个仓库犹如工厂流水线一般，为了确保数以万计的包裹不出差错，一个看似简单的打包被拆分成不同的流程。包装台是流水线中最重要的一环。在如同大型超市里成排的收银台一样的操作台旁边都高高堆起不同尺寸的纸箱，大多由女员工担任的包装员站在自己的包装台前，根据订单和拣货员分拣出的货品体积、高度选择尺寸合适的包装盒。

　　配送的快递人员则需要对运输中包装盒的品相负责。不仅需要注意不让包装盒破损、淋雨，还要尽量避免碰撞变形和弄脏。顾客如果对商品和包装不满意，可以拒绝签收而退回。每一笔退单都意味着要另外卖几件衬衫才能挽回损失。

　　思考题 1 通过该案例理解"包装"在电商行业的特殊性。

　　思考题 2 考虑有哪些方式能提高包装环节的效率及包装物选择的准确性？

4.4.3 出库作业

　　出库作业是依据法定的仓库出库凭证将货物发出的作业过程。货物的出库作业是货物从进入仓库保管到离开仓库的最后一个环节，该环节直接与运输方或货物使用方发生联系，仓库方必须建立严格的出库和发运程序，准确、准时地将货物完成出库要求。

1. 出库方式

　　在仓储企业和企业仓储中，常见的出库方式主要有送货、自提、过户、取样、转仓等几种。

(1) 送货。送货是指仓库方将货物通过第三方物流公司的车辆或仓库自有车辆送到客户收货地点的发货方式。送货方式的优点在于：仓库可预先安排作业，缩短发货时间；收货方可避免因人力、车辆等不便而发生取货困难；可合理组织运输工具、减少运费。缺点在于仓库方总体运营费用偏高。

(2) 自提。自提是指收货方或其代理人持取货凭证或有效证明到仓库处自行提货的发货方式。自提方式便于发货人与提货人现场交接货物、处理问题、办理签收手续等，同时也有利于减少发货方运输费用的支出。但从客户服务、仓储增值的角度以及合理利用仓库空间等方面来看，这种方式对仓库方不利。

(3) 过户。过户是仓储企业比较典型的发货方式，即货物就地划拨，所有权由原货主转移给新货主，货物未动，但所有权已变更。仓储企业一般都有特定的过户办理手续。

(4) 取样。取样是指货物所有人或指定的人员由于检验、样品陈列等需要，到仓库提取一定数量的货样。仓库一般根据正规的样品取货凭证，发出样品并将其记录在账。

(5) 转仓。转仓是指货物所有人为了业务方便或改善仓储条件，将某批货物由 A 库转移到 B 库。仓库需根据货物所有人开具的正式转仓单才能办理转仓手续，仓库方不得私自进行货物转仓。

不同类型企业的出库方式不同，同一种类型的企业可能也存在不同的出库方式。比如，流通型配送中心仓库以送货为主，同时也有自提的形式；零售电商仓库以送货为主，而多数又以快递公司上门取货为主；仓储企业存在过户、取样及转仓等形式，同时也有自提和送货等形式。

2. 出库凭证

不同性质的仓库，其出库凭证也不同。比如，仓储企业根据存货单位开出的货物出库凭证(如提货单、调拨单等)，按其所列货物的名称、规格、数量等信息组织货物出库；电商企业则根据客户的订单组织配货，然后依据快递单与快递公司交接并组织货物出库。不管哪种形式的出库，都必须依据仓库方或仓库与客户方协商一致达成的出库凭证移交货物。

3. 出库货物交接

货物出库时，较少出现终端客户直接到仓库取货的情况，通常是发货人与送货人之间的交接。通过第三方物流公司运输的，仓库方发货人员与物流公司人员进行单货交接。这种情况下，双方一般交接货物的总件数，如果总件数双方确认一致，则认为交接成功。通过仓库自有车辆送货的，一般是仓库发货人员与仓库送货人员进行单货交接，清点总件数，如果发货人员随车送货是最好的，这样就减少了一道交接手续。

4. 出库货物装车

"满载而出，满载而归"是物流运输过程的良好愿景，即车辆发出货物时满载率越高，越能提高载货的效率，越能降低运输的单位成本，而车辆返回时满载率也很高，则在一定的行使路程内充分发挥了车辆的运输能力。比如青岛发济南的车辆，如果空车回青岛是不经济的。

在寻求经济运输的同时，货物的装车也是一个值得注意的问题。出库货物的装车需要考虑的因素很多，科学合理的装车是保证优质配送的前提。如果整车货物不是到达同一个目的地，要注意装车卸车的先后顺序；如果货物的重量差异大，要注意"重不压轻"；如果装车货品有易碎品、易漏液品、易串味品的，要注意隔离；如果整车不能装下，不能出现某单货只装了"半单"的情况；如果订单多，货量较大，要注意是"先清点，后装车"还是"边装车，边清点"；如果不规则的货品分属于不同的客户，要注意如何有效利用空间，使每一个客户的货品占有的空间最小且不至于混在一起，等等。

> 【微经验】在出库货物交接和装车环节，货物的件数一般没有问题，但货物的质量或者包装内货物的数量容易出问题。货物从包装封箱那一刻开始到客户手中，中间可能经过若干环节，每一个环节不可能完全在有效的监控范围内。所以，要求发货方和运输方本着友好合作、尽职尽责的原则，减少不必要的争议，准时、准确地将货物送达目的地客户手中。发货方可以采取全程摄像头监控的方式，确保货物按订单要求，保质保量地妥善包装；运输方则应该更多承担运输过程中商品损坏的责任。

【微视频】亚马逊某仓储中心作业场景

结合前面所学的仓储作业的流程、入库作业管理、存货作业管理、出库作业管理的有关知识。扫码观看以下亚马逊某仓储中心整体作业情况的视频，进一步巩固所学内容。

【知识拓展】仓储作业单据

当前，多数企业的仓储作业还不能实现无纸化操作，而是需要依靠各种单据才能完成仓储作业任务。仓储作业中有一句口诀："单货相符，同步流动"，可以帮助大家认识单据的重要性。下面列举几个仓储作业单据的实例，供读者参考学习。

1. 拣选单

两种不同形式的拣选单如下所示：

(1) 拣选单

制单人：　　　　　　　　　　　　　　　　　　　　　　制单时间：

序号	条形码	商品名称	SKU 码	配货数量	备注
1	123456789	华为手机	12345	20	
2	123456788	步步高手机	12356	20	

数量合计：40

(2) 拣选出库单

拣货单号：201709180024   拣货时间：起   止

客户名称：*yuzhijun*   复核时间：起   止

批　　号：A1890   出货日期：2017-09-18

序号	货位码	品名	商品编码	箱	盒	散品	零散总数	应拣取	拣取量	备注
1	AB00501	海苔	1531888	1		4包	28包	28包	28包	
2	AB00503	蛋卷	18881890		6		6盒	6盒	6盒	
3	PB00301	薯片	4941702	1		2包	26包	26包	24包	-2包

拣货员签名：   复核员签名：

      第一种拣选单属于仓储部门内部使用，可对应一张订单，也可对应多个订单的物品集合；第二种拣选单可内部使用，也可对外部作为出库单使用。

    2. 盘点单

      在盘点作业管理小节中，我们以案例的形式介绍了某超市门店生鲜的盘点流程。下面列举该超市盘点作业中需用到的表单(见表 4-1～表 4-5)，读者可以根据表单的内容，进一步熟悉该超市的盘点作业。

表 4-1　生鲜盘点计划表

生鲜店副总经理：   日期：

盘点表编号	区域划分范围说明	主盘	辅盘1	辅盘2	监盘
1JX	1 大类所有经销商品				
1ZY	1 大类所有自制原料				
1HC	1 大类所有耗材				
2JX	2 大类所有经销商品				
2ZY	2 大类所有自制原料				
2HC	2 大类所有耗材				
3JX	3 大类所有经销商品				
3ZY	3 大类所有自制原料				
3HC	3 大类所有耗材				
4JX	4 大类所有经销商品				
4ZY	4 大类所有自制原料				
4HC	4 大类所有耗材				
5JX	5 大类所有经销商品				
5ZY	5 大类所有自制原料				
5HC	5 大类所有耗材				
6JX	6 大类所有经销商品				
6ZY	6 大类所有自制原料				
6HC	6 大类所有耗材				
说明：此单据为一式一联，由生鲜店副总经理制作					

表 4-2 生鲜耗材盘点明细(手工单据)

日期：   制表人：

序号	商品编码	品名	单位
说明：由综合部经理制作			

表 4-3 生鲜耗材盘点表(手工单据)

日期：

序号	商品编码	品名	单位	盘点数

主盘人：   辅盘人：

表 4-4 生鲜盘点控制表

大类：   盘点区域：

盘点表数量：   盘点日期：

程序	完成时间	部门经理签字	生鲜副总签字

表 4-5 实盘数调整明细表

类	编码	品名	实盘数	确认人			调整人
				商品经理	防损经理	店副总	

表 4-6 查询生鲜盘点盈亏(系统生成)

打印日期：2017-09-18

单据编号：Y10B201709180001   预盘单号：Y10B201709180001

存货地：00002   门店编码：Y10B

制单人：yuzhijun   制单日期：2017-09-18

审核人：bradyu   审核日期：2017-09-18

业务员：yuzhijun   备注：

存货地编码	存货地名称	大类编码	大类名称	实盘进价金额	账面进价金额	盈亏进价金额	盈亏售价金额
000002	水产 1	1	肉类	100.0	-230.0	330.0	396.0

4.5 仓储作业绩效指标

将量化的绩效指标引入仓储作业管理，用具体的数据来反映仓储作业的水平，是一种高效的作业管理方法。通过对数据的分析，可以大体判断问题所在，让管理者看到不足与差距，同时为作业改进提供明确的方向和目标；通过对作业数据的对比，可以让员工明确努力的方向，同时还可以为工资调整、岗位晋升等提供有力的数据支持。但要注意数据是否真实有效，以及数据反映出的问题是否与数据本身具有必然的关联性。

仓储作业管理经常使用的绩效指标主要有三个方面：入库作业管理、存货作业管理、出库作业管理。

1．入库作业管理

入库作业环节主要侧重于对送货商、验收人员、上架人员的考核，可以参考以下绩效指标：

(1) 送货商送货准时率。用来描述送货商送货是否准时，该项指标对收货工作的节奏有较大影响，实际送达时间与约定送达时间相符则视为准时送达。送货商送货准时率用准时送达次数与送货总次数之比来表示，根据送货频率，可以月、季度为统计时间段，其计算公式为

$$送货准时率 = \frac{准时送达次数}{送货总次数} \times 100\%$$

(2) 送货商投诉次数。用来描述收货人员是否尽职尽责，以及是否存在给送货商工作带来不便的情况。管理人员需要对送货商投诉事项予以具体分析，找出问题点，并与当事人进行沟通解决。

(3) 验收及时率。用来描述当天到货物品是否全部验收完毕，防止在作业源头就出现拖拉情况。验收及时率用当日全部完成的天数与所取时间段天数之比来表示，可选择按周、半月或月为统计时间段，其计算公式为

$$验收及时率 = \frac{当时验收完天数}{所取时间段天数} \times 100\%$$

(4) 验收物品错误数。用来描述验收入库物品的数量、质量是否准确无误。一般通过抽检、上架复核及盘点分析得出。验收物品错误数用出现错误物品的品种数及数量表示，如5种商品出现10个错误，则错误数记为10。

(5) 上架及时率。用来描述当天到货物品是否全部上架完毕，是对上架环节"日事日毕"的控制，防止在仓库作业初期环节就出现拖拉情况。上架及时率用当日全部完成上架的天数与所取时间段天数之比来表示，可选择按周、半月或月为统计时间段，其计算公式为

$$上架及时率 = \frac{当日上架完天数}{所取时间段天数} \times 100\%$$

2．存货作业管理

存货作业环节主要侧重于对货位、商品残损、仓容利用、账务数量与实物数量相符情况等方面的考核，可以参考以下绩效指标。

(1) 货位准确率。用来描述物品实际货位与预安排货位的对应关系。如预安排某商品 A 的货位为 B，若商品 A 实际在 B 位置则货位准确，未在 B 位置则货位不准确。货位准确率用物品货位准确个数与检查货位数之比表示，其计算公式为

$$货位准确率 = \frac{货位准确数量}{检查货位总数} \times 100\%$$

(2) 货位空闲率。用来描述已规划货位的应用是否充分。货位空闲率用货位空闲的数量与检查货位的总数之比表示，其计算公式为

$$货位空闲率 = \frac{货位空闲数量}{检查货位总数} \times 100\%$$

对应的：

$$货位利用率 = 1 - 货位空闲率$$

(3) 残损率。用来描述良品在保管中或作业中产生残次品的情况。残损率用残品金额与库存物品总金额之比表示，其计算公式为

$$残损率 = \frac{残品金额}{库存物品总金额} \times 100\%$$

(4) 仓容利用率。用来衡量和考核仓库面积的利用程度。仓容利用率越大，表明仓库的利用程度越好，其计算公式为

$$仓容利用率 = \frac{库存物资存储实际数量或容积}{仓库应存数量或容积} \times 100\%$$

(5) 账实相符率。用来描述仓储物品系统库存账与仓库中实物账之间的相符程度。账实相符率用账实相符物品品种数与库存物品总物品品种数之比表示，其计算公式为

$$账实相符率 = \frac{账实相符物品品种数}{库存物品总物品品种数} \times 100\%$$

3. 出库作业管理

出库作业环节主要侧重于对分拣、商品复核与包装等方面的考核，可以参考以下绩效指标：

(1) 分拣效率。用来衡量单位时间内分拣作业的快慢。因为统计口径有区别，所以该指标不易用统一的公式来表示。分拣订单的金额、分拣订单的份数、分拣订单的物品数量等均可分别或联合起来按一定的占比来计算效率的高低；时间段可选择 1 个小时、1 天或 1 个月等，需依据具体的作业对象和作业方式而定。简单的物品出库，可采用短时间段、简单指标进行计算；复杂的物品出库，可采用较长的时间段(如按月统计)来计算，以平滑差异波动。影响分拣效率的因素较多，在使用时要注意数据统计的合理性。

(2) 分拣准确率。用来衡量分拣作业的单货一致性。分拣准确率用一个时间段内每人分拣正确的订单数量与每人分拣订单总数量的比来表示，其计算公式为

$$分拣准确率 = \frac{分拣正确订单数}{分拣订单总数} \times 100\%$$

(3) 复核包装效率。需要从流水线作业的角度来考虑复核包装的效率问题：假设分拣作业效率是不变的，复核包装作业配合分拣作业，可使复核包装环节既不压货，也不出现

空闲状态，这种情况下可以通过复核订单的金额、数量等因素来综合评定该环节不同员工间的作业效率；但如果分拣环节的效率和准确率影响到复核包装环节的效率，评价复核包装环节员工的工作效率就没那么容易了。因此，实际工作中要注意该指标核算的合理性。

(4) 复核准确率。用来衡量复核作业环节的单货一致性水平。复核准确率用一个时间段内每人复核正确的订单数量与每人复核订单总数量的比来表示，其计算公式为

$$复核准确率 = \frac{复核正确订单数}{复核订单总数} \times 100\%$$

需要注意：本节中给出的绩效指标考核公式仅作参考，不能普遍应用。绩效考评者需要根据企业的具体情况制定适合自己的指标体系。例如计算复核作业准确率时，如果某个订单中有 3 个商品出现错误，而另一个订单中有 1 个商品出现错误，错误的数量显然不同，但应用上述的复核准确率公式并不能体现出这种差异。

【微经验】绩效考核直接与员工的工资和岗位晋升相关，员工对此非常敏感，操作不当会导致很坏的结果。掌握上述仓储作业的各指标，并不能完全解决员工考核问题，建议管理者多作调研，抓住核心，与人力资源部门协作，制定出适合本企业的考核方案。

本 章 小 结

◇　仓储作业主要围绕物品的入库作业、在库管理和出库作业三个阶段进行，三个阶段相互影响，互为关联，组合起来形成一个完整的作业流程体系。通过这个体系可以确保物品正确地入库，经过完善的保管保养，最后顺利地出库。

◇　仓储作业组织的主要内容包括人员组织、空间组织、时间组织和订单组织。

◇　入库的计划性非常重要。应至少提前一天明确入库货物的品种、数量等详细信息，以做好设备、货位、人员等方面的安排。

◇　只有检验合格的物品才能办理入库手续。不同的物品有不同的检验标准和检验方法，收货人员要熟知各种标准和方法。

◇　入库作业应遵循的原则：先进先出、同种单品集中存放、方便后工序、日事日毕。

◇　货位管理是指依据一定规则对仓库内物品的存放位置进行管理，包括对存放位置的规划、分配、使用和调整等工作。

◇　货位管理不仅是一种管理方式，更是一种管理思想。

◇　货位优化的方法：周期波动法、总量变化法、货物特征法、分拣频率法。

◇　盘点作业是指定期或不定期地对库存货物的数量进行清点和查核，查清其在库中的质量情况，从而对货物库存进行有效控制的一种作业方式。

◇　企业的盘点工作主要围绕以下任务进行：查清数量、查明质量、检查保管条件、检查仓库安全。

◇　分拣作业是根据具有出库指令的单据，将对应物品迅速、准确地从其货位或其他区位拣取出来，并按一定的方式进行分类、集中的作业过程。

◇　仓储作业中常见的分拣方法有两种：摘果法和播种法。

◇　复核与包装作业主要起到确保商品能按正确的品种、正确的数量、符合要求的质量以及合适的包装方式出库的作用。

◇ 复核作业主要是指核对出库物品的单货一致性。

◇ 出库作业是依据法定的仓库出库凭证将货物发出的作业过程。

◇ 在仓储企业和企业仓储中，常见的出库方式主要有送货、自提、过户、取样、转仓等几种。

◇ 本章中给出的仓储作业绩效考核指标公式仅作参考，不能普遍应用。绩效考评者需要根据企业的具体情况，制定适合自己的指标体系。

微应用

应用 1　电商企业拣选方式实践

消费者从网站下单后，订单会经相关处理程序进入仓库配货环节。网络订单商品的主要特点是品种少、数量少，因而电商仓库的配货以拆零为主，对应的配货拣选方式主要是摘果法和播种法，以及由此衍生出的播种+摘果法、播种+播种法、播种摘果一次完成法等。但是，不管采用哪种拣选方法，都必须考虑以下几个关键要素：仓库面积、仓库布局、货架类型、货架布局、每笔订单商品的数量、不同订单商品的重复度、商品本身的外观及内在特点等。请综合考虑以下电商企业中上述各要素之间的关系，并选择合适的商品分拣方式：

(1) 某服装商家。该商家的仓库面积为 400～500 平方米(面积偏小)，库区呈正方形，货架横式排放，货架间距 80 厘米(偏窄)，每份订单商品数量平均为 1～3 件，各单商品重合率较低，每单商品分布在仓库的多个货位，商品体积小、重量轻，采用塑料包装袋包装。该商家货区布置如图 4-12 所示。

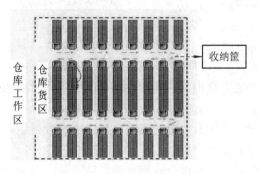

图 4-12　某商家货区分布图

该商家拣选复核作业的特点是：货好拿，可以不借助装货器具；拣货人员可以很轻便地在货架之间移动，整体速度要快于推车配货；复核人员的工作效率也很高，整个拣货复核过程连贯性好。请分析该商家宜采用哪种分拣方式。

(2) 某数码商家。该商家的仓库面积为 2000 平方米左右(面积适中)，货区呈正方形，货架竖式方向排列，货架间距 100 厘米，货架之间可以通过超市购物小推车，每单商品件数均值为 4～6 件(小件较多，且较贵重、怕摔)，各单商品重合率一般，每单商品集中度一般，商品小，重量一般，包装多为纸盒子。该商家的货区布置大致如图 4-13 所示。请分析该商家宜采用哪种分拣方式。

(3) 某母婴用品及服饰商家。该商家的仓库分为楼上和楼下两层，楼上是服饰，楼下是奶粉、辅食等，订单品种杂，较大比例订单的一些货品要在楼上配，另外一些货品要在楼下配，这使得摘果法或者播种摘果一次完成方法都不适合采用。另外，该商家的商品不好识别，当分拣人员拿到订单，要从一堆货中很快地挑出属于该笔订单的商品很困难(如同类商品，多种口味)。该商家的货区布置大致如图 4-14 所示。请分析该商家宜采用哪种分拣方式。

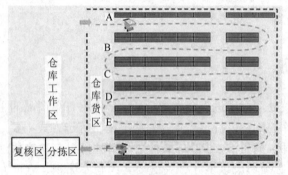
图 4-13　某商家货区布置简图

图 4-14　某商家货区布置示意图

某化妆品商家。该商家的仓库面积为 200 平方米左右(面积小)，横式货架，货架间距 100 厘米，每份订单商品平均数量为 3～4 件，订单商品重复率较高，且集中在一些畅销品上，大多数商品都易碎。请分析该商家宜采用哪种分拣方式。

应用2　仓储作业表单设计

在仓储作业管理中，物品的流动离不开表单的支持。有些表单可以通过软件系统自动生成，有些表单则需要人工进行制作。请读者在学习本章知识拓展中表单相关内容的基础上，根据自己对仓储作业的理解，为以下作业设计相应表单，并分析其可行性。

(1) 假设某生产企业的仓库接收到车间送来的一批成品，请设计这批成品的入库单。

(2) 假设要在软件系统中查询某生产企业库存的某项原材料的库存情况，请写出该库存查询表应包含的内容。

(3) 请读者留意网购时供货商发货的出库单是由哪些项目组成的，并以此为参考，试着设计一份电商出库商品的送货单。

(4) 仓库验收合格的物品需要进行入库处理，请设计一份采购入库单，主要考虑该入库单应包含哪些要素。

(5) 仓储管理中的货位管理非常重要，当物品的货位需要调整时，需要使用货位调整单，请予以设计。

应用3　仓储作业管理情景分析

在实际的仓储作业管理中，进、出、存的各个环节作业是紧密相关的，并且有许多需要注意的细节。如果在细节或衔接方面有缺失，就会发生重复作业等低效率、低准确率的情况。阅读下面的实景描述，根据本章学到的知识，试分析其中管理的不合理之处，并提出改进意见。

(1) 公司的某供应商通过第三方物流的集装箱送货，下午 16:30 货物抵达仓库，距下班时间还有 1 个小时。司机通知收货人员收货，并要求收货人员自行卸车。但收货部主管未曾接到该批货物于今日到达的通知，因而拒绝接收此批货物。送货司机以收货人员不配合为理由，向供应商交涉，欲当日将货物拉回第三方物流公司的仓库存放。但此批货恰恰是本公司的采购人员极力要求供应商今日务必送达的，以满足公司明日开始的促销活动。

供应商大为恼火，直接电话联系公司采购经理，表示由于公司的仓储部门不配合，致使他们的加急送货没有意义，还额外支出了一大笔加急送货费。采购经理得知此事后，立刻与仓储经理协商该批货的处理问题。仓储经理表示：此次到货量特别大，单件货物重量大，需要叉车作业，但叉车正在维修中，最快明天才能修好。而如果单纯依靠人力装卸，工作量太大，且临时外雇装卸人员需要费用支出，但本月并没有该项预算。采购经理则认为：公司的促销活动明天就要开始，这批货明天一定要出库分发到各个促销点，不能耽误。两个人在自己的立场上各有苦衷，该如何解决这个问题？产生这个问题的原因又有哪些？请读者进行分析。

(2) 某配送中心负责公司 15 家门店的日常配货，其中自有车辆 2 部，外租车辆 1 部。为了配合 10 月 1 日的黄金销售期及店庆开展的一系列促销活动，几天来配送中心在公司的统一安排下，马不停蹄地给各门店配货、送货，但截止到 9 月 30 日下午 5 点，仍然有最后一批货尚未出库。据配货部主管估计，这批货的量需要 4 部车才能装下，也就是说现有的 3 部车辆无法完成送货任务。配货主管经过与外租车辆司机的沟通，决定由外租车辆司机联系其朋友的一辆车临时来帮忙，由外租车辆司机支付费用。晚上 9 点，外租司机的朋友给配送主管打电话，说在给最后一家门店送货时发现缺了 2 件货物。配送主管表示，按照公司的规定，需要送货司机赔偿该部分损失，送货司机十分恼火，凭什么本来是帮忙的事，结果却要赔偿？请读者分析该种情况应如何处理，该事件产生的原因又是什么？

应用 4　仓储作业 KPI 指标设计

为了提高仓储作业水平，不可避免地要对作业人员进行考核。而考核指标的制定需要兼顾合理性与可达成性。请读者分别针对以下两项作业内容设计可行的 KPI 指标。

(1) 为提高入库环节的工作效率和准确率，提高作业质量，请读者设计一个 KPI 考核表，并注意各指标间占的比例问题。考核表通常需考虑以下因素：是否与供应商合作顺利、验收商品是否及时、验收数量是否准确、是否有次品没检验出等。

(2) 货位准确率是影响分拣作业的一个关键因素。请读者设计一套合理的货位管理考核指标，以确保物品货位的准确性和货位上物品不断货。考核指标通常需考虑以下因素：货位是否准确、货位是否缺货、货位是否空闲、良品货位上是否有残品等。

应用5　电商企业仓储作业方案设计

第 3 章的"微应用"环节列举了 A 公司的一些基本情况，请读者根据该公司的背景资料，回答以下问题：

(1) 请根据 A 公司的批发与零售业务的情况，为 A 公司设计一套入库作业流程。

(2) 请分析 A 公司适合采用怎样的货位管理策略。

(3) 针对 A 公司同城网购业务的特点，思考该公司应该执行怎样的分拣作业策略。

(4) A 公司司机运送某网购订单商品时，在与消费者交接过程中发现该订单少配了一瓶价值 120 元的红酒，请帮助司机想一个处理对策。

第5章 仓储现场管理

本章目标

- 了解仓储现场管理的概念
- 掌握 5S 管理的内容、实施步骤及实施要点
- 掌握 5S 管理各项内容之间的关系
- 掌握目视化管理的主要内容
- 掌握现场作业管理的实施要领

学习导航

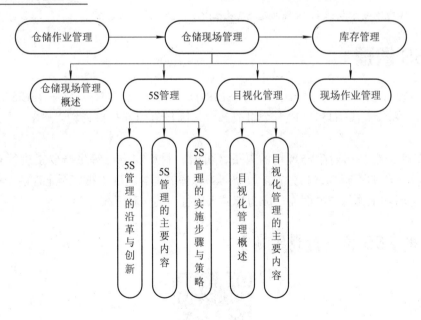

仓储现场管理是仓储管理的重要组成部分，是确保仓储作业顺利、高效运行的关键。仓储现场管理包含的内容较为丰富，本章在简要介绍仓储现场管理的概念、目标与内容的基础上，深入解析 5S 管理、目视化管理、现场作业管理的策略和要领，为有效地进行仓储现场管理打好理论基础。

5.1 仓储现场管理概述

仓储现场管理是指用科学的管理制度、标准和方法，对仓储现场中的各生产要素，如人(一线员工和管理人员)、机(设备、工具、工位器具)、料(物品)、作业方法、环境及信息等进行合理有效地计划、组织、协调和控制，使其处于良好的协作状态，实现优质、高效、低耗、均衡、安全生产的管理工作。

仓储现场管理是对仓储作业一线的综合管理，是对仓储系统合理布局的深入补充。如果把整个仓储作业系统比喻成一台高效运转的机器，那么仓储现场管理就是确保这台机器高效运转的润滑剂和改良剂。

仓储现场管理要解决的问题不仅有仓库的整体规划是否合理、工作分区是否合理、商品摆放是否整齐有序、货架是否干净、货位分布是否合理、地面是否清洁等，还包括工作人员的工作状态与精神面貌是否良好、现场作业是否有序、作业节奏是否合理、作业工具运用是否合理、现场出现的问题是否处理及时，等等。综合来看，可以把仓储现场管理的主要内容归结为 5S 管理、目视化管理和现场作业管理三个方面。

【微经验】笔者根据在仓储现场管理工作中的经验，总结了以下指导思想供读者参考："到现场去，客观地观察其过程，发现问题所在及原因，并预防问题的发生"。

5.2 5S 管理

5S 管理起源于日本，分为整理(SEIRI)、整顿(SEITON)、清扫(SEISO)、清洁(SEIKETSU)和素养(SHITSUKE)五个组成部分。因日语的罗马拼音均以"S"开头，所以简称"5S"。

5S 管理最初是指对生产现场的人员、机器、材料和方法等生产要素进行有效的管理，经过几十年的不断丰富和完善，如今 5S 管理的理念已经被推广至全球的企业，渗透到生产、生活和工作的方方面面，成为指导人们行为的一种思想。

【微视频】5S 管理的现实场景

5.2.1　5S 管理的沿革与创新

本小节从 5S 管理的提出、5S 管理的发展、5S 管理的创新三个方面，简要介绍 5S 管理的发展历程。

1. 5S 管理的提出

1955 年，5S 管理由日本人提出，此时只有"整理"和"整顿"阶段得到推行，目的是为了确保作业空间的整洁和安全。到 1986 年，关于 5S 管理的著作在日本逐渐问世，对当时的现场管理模式造成了巨大冲击，由此掀起了 5S 管理的热潮。

2. 5S 管理的发展

20 世纪 90 年代以后，日本企业普遍将 5S 管理作为管理工作的基础，推行各种品质管理方法，使得日本产品的品质在第二次世界大战后得以迅速提升，为其奠定了经济大国的地位。5S 管理在塑造企业形象、降低成本、准时交货、安全生产、改善现场环境等方面发挥了巨大的作用，逐渐被各国的企业管理界了解和认同。如今，5S 管理已成为生产管理的一股潮流，在制造业及服务业等领域被广泛用于改善现场环境质量及员工思维习惯，帮助越来越多的企业迈入全面质量管理的时代。

3. 5S 管理的创新

随着世界经济的发展，人们仍然在不断地丰富着 5S 管理的内涵，相继提出了 6S 管理、8S 管理、13S 管理等创新管理理念。

(1) 6S 管理。有的企业根据自身发展的需要，在 5S 管理的基础上增加了安全(SAFETY 或 SECURITY)要素，形成了"6S"理念，即重视全员安全教育，时刻树立安全第一的观念，注意防患于未然。目的是建立安全生产的环境，让企业的所有工作都建立在安全的前提下。

(2) 8S 管理。即在 6S 管理的基础上又增加了节约(SAVE)、学习(STUDY)两个要素。

节约，即是在全员、全生产要素的范围内，努力减少企业的人力、成本、空间、时间、库存及物料的消耗，对作业人员加强节约资源的教育，使之养成降低成本的习惯。

学习，即持续、深入学习各项专业技术知识，如从实践和书本中获取知识，或者不断向同事及上级主管学习技能，实现自我的完善与个人综合素质的提升，同时也使企业得到持续发展，成为学习型组织。注意，学习的范围不仅限于企业为员工提供的培训学习计划、员工的个人深造等，也包括企业与企业间的交流。

(3) 13S 管理。随着企业管理技术的日趋精密和完善，业界提出了"13S"的理念，即在 8S 管理的基础上，增加服务(SERVICE)、满意(SATISFACTION)、坚持(STICK)、共享(SHARE)、速度(SPEED)五个要素。

服务，即强化服务意识，倡导奉献精神，鼓励员工全心全意为集体(或个人)的利益和事业工作，服务好自己的同事和客户。

满意，即在工作中追求完美，做到领导满意、同事满意和客户满意。

坚持，即在企业的运作中或是个人的成长发展过程中，要不间断地坚持有效的管理方式，以保持持续的竞争力。

共享，即理解个人无法完成所有的事情，也无法学到所有的知识，需要通过相互分享知识和技能，才能达成目标。

速度，即工作要完成得迅速才能获取经济效益，要以最少的时间和费用换取最大的效能，做到快速反应，使命必达。

本书结合企业管理工作的实际，对 5S 管理进行了引申性思考：实现工作的标准化一直是企业管理者追求的目标，不仅从制度到流程各方面都要制定相应标准，具体工作执行时也都需要有标准化的操作模板作为参考，且标准化的操作模版也需要在实际工作中不断完善和提升。因此，标准化(STANDARD)也可以引申出一个"S"的管理。

> 【微经验】5S 管理虽然由来已久，但在很多企业中，管理层对仓储部门的重视程度相比销售、计划、采购、生产等部门要弱得多，只有在看到仓库内大量的库存积压时，才开始重视仓储。老板重金聘请经验丰富的人来管理公司仓储部门，经理人立功心切，大刀阔斧地实行 5S 管理，却往往无功而返。这是因为 5S 管理是一项系统工程，想要做好，至少需要三个基本条件：时间充裕、公司高层支持、扎实的管理基本功。

5.2.2 5S 管理的主要内容

5S 管理主要包括整理、整顿、清扫、清洁、素养五个阶段，对每个阶段所涵盖内容的描述如图 5-1 所示。

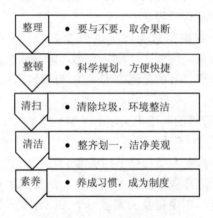

整理	● 要与不要，取舍果断
整顿	● 科学规划，方便快捷
清扫	● 清除垃圾，环境整洁
清洁	● 整齐划一，洁净美观
素养	● 养成习惯，成为制度

图 5-1 5S 管理的主要内容

1．整理

1）定义

对作业现场的物品进行区分和分类，分离出必需品，将非必需品清理出去，使作业现场只保留必需的物品。

2）目的

(1) 改善作业环境，增加作业面积，灵活运用仓储空间。

(2) 实现杂物单独管理，确保现场都为必需品，道路无阻碍。

(3) 物品无混放，无误拿，无失误，做到存取迅速、作业安全。

(4) 提高盘点精度，提供精确的库存数据。

(5) 减少无效库存量，减少呆滞物占用的空间和资金。

(6) 培养员工良好的工作作风与态度。

3) 实施要领

整理阶段的实施方案需要根据企业的具体情况而定，重点把握以下要领：

(1) 制定"要"与"不要"的判定标准。由谁来制定标准是关键的问题，一般而言，由仓储、采购、销售、财务等部门共同会商制定具体标准是比较好的做法，可以综合各自立场的意见，拟定标准草案，并根据公司授权权限，由公司高层领导确认执行。判定标准要切合实际，有充分的依据，能够量化的，必须量化。

扫一扫

【微思考】食品仓库需要把临近保质期的商品挑出，有三种备选判定标准：① 把保质期不好的挑出来；② 把差 3 个月过期的挑出来；③ 把保质期是 6 个月差 2 个月过期的挑出来，把过 2/3 保质期加 2 个月的挑出来。以上哪种标准更合适？

注意，"不要"的判定标准最好由专业人员进行二次审议，避免无谓的损失，若综合考虑采购、销售的意见会更好一些。"不要"的物品通常包括脏残的、积压的与现场非必需的物品。其中，积压的物品虽是良品，但占用资金和空间，是一种浪费；而现场的非必需品占用现场空间，影响对必需品的管理，同样也是一种浪费。

(2) 制定必需品与非必需品的具体判定标准。需要从现场作业的角度，对现场物品制定明确的判定标准，区分哪些是作业现场必须用到的，哪些是作业现场不必须用到的。该判定标准一般由仓储管理人员负责制定。

【微经验】根据实际需要，还要注意必需品与非必需品之间随时间、环境等因素变化而相互转化的情况。

(3) 制定废弃物及非必需品的处理办法。建议由仓储、采购、销售、财务等部门共同协商制定。废弃物的处理办法主要有以下几种：完全报废；由供应商调换新品；由供应商折价调换新品；折价销售；作为赠品。报废物品一般根据报废额度上报，由相关领导审批；涉及与供应商交涉的物品应由采购人员处理；涉及积压、折价、重新拼装、捐赠等物品的处理办法一般由采购、销售、财务部门共同确定。

非必需品通常分为临时不用、短期内不用、长期不用、何时用不清楚等几种。处理非必需品涉及现场作业的诸多方面，要求仓储管理人员具备过硬的专业知识和职业精神，根据具体情况制定合理方案，并确保方案执行的质量，以减少不必要的损失。

(4) 库区全面检查。对库区内各个货架及设施的前后、通道的左右、库区的内外、库区办公地及库内各个死角等进行地毯式搜索，彻底搜寻和清理杂物，达成现场无不用之物的目标。进行全面检查时，可以将整个库区划分为货架、通道、隔断等区域，每个区域安排专人负责，将责任落实到人，避免出现责任不清、模棱两可的盲区。

(5) 制定每日抽查与每月全面盘查计划，明确奖惩措施。在整理工作的初始阶段实行每日全面盘查，以便及时发现和解决问题，并对典型的问题召开现场会进行宣导；持续一段时间后，确保员工对规则和标准都已经清楚了，再按照公司的具体情况，制定并实施每月全面盘查计划。

4) 实施核心

在掌握上述要领的基础上，还要关注以下核心工作：

(1) 仓储、采购、销售、财务等相关部门要通力合作。

(2) 仓储管理者有能力、有授权决定哪些是不必要的物品。

(3) 处理不必要的物品要有可行的方案。

(4) 注意现场必需品与非必需品的判定准则与相互转化。

(5) 主管人员要经常与员工沟通，确保员工严格按照规范操作，并形成习惯。

(6) 制定并实施每日抽查与每月全面盘查计划，划分区域、责任到人，明确奖惩措施。

2. 整顿

1) 定义

将必需品分门别类之后按一定的规则和顺序摆放，做到整齐有序，标识明确。必需品指经过上一环节的整理工作后现场必然会用到的物品。整齐有序的摆放只是外在形式，真正目的是使员工能方便地取放物品，明确作业规则。

2) 目的

(1) 工作环境整洁、卫生、有序。

(2) 寻找物品迅速准确。

(3) 加强对不同类型呆滞品的管控与处理。

(4) 提高在库物品的周转率。

(5) 保障作业安全。

3) 实施要领

整顿阶段的实施方案需要根据企业的具体情况而定，重点把握以下要领：

(1) 将必需品进行定量和定位。定量指货位的存储量要与物品一个进出库周期的量相当，避免货位不够或仓库利用率低；定位是指不同物品都要有对应的货位(货位可以根据实际情况调整)。例如，根据出入库频率，经常动销的物品应靠近多层货架前端的中间部分(肩高与腰高之间)，偶尔使用或不常使用的东西则应放得远些(如货架末端顶部或底部)。基于前面整理阶段的成果，通过定量和定位，可以将现场的必需品进行科学合理的布置与摆放，以便快速取得所需之物。

(2) 在库设备要做到存放点固定。按照设备的类型、数量、大小等特点，合理规划出设备存放区，将不同设备安排在不同的存放区。作业结束或作业间歇期，设备要固定存放在这些存放区内，以方便不同人员使用。

【微经验】不要轻易变动设备的存放区。比如电动叉车需要充电，充电地点的选择与布线都有特别的消防规定，因此，电动叉车的存放位置一旦变化，需要对应改变很多条件。

(3) 物品摆放的目视化效果要好。物品或货架的标识要清晰；物品摆放应整齐且有规律；摆放不同大类物品的区域可采用不同的色彩和标记加以区别；对于非正常状态(如残损、长期不动销、临期等)的物品，要能直观地表现出来。

(4) 库内区域分区明确，采用划线定位；货架、货位、功能区等标识醒目。

(5) 能够迅速定位逆向流转的物品。

(6) 能达到一名员工经过简单培训，就能根据相关单据准确、快速地进行现场作业(一般要有软件系统支持)的目的。

(7) 制定每日抽查与月度全面盘查计划，划分区域、责任到人，明确奖惩措施。

4) 实施核心

在掌握上述实施要领的基础上，还要关注以下核心工作：

(1) 整顿工作是现场管理的基础，必须做到细化。

(2) 库内各区域划分要明确，各种必要的标识要清晰、完整、准确。

(3) 物品与货位需准确对应，存放合理。

(4) 需有一套切合实际应用的软件操作系统对整顿工作进行支持。

(5) 实施每日抽查与月度全面盘查计划，划分区域、责任到人，明确奖惩措施。

3. 清扫

1) 定义

字面含义就是打扫卫生，即清除现场内的脏污和作业区域的垃圾，将工作区域打扫干净，并保持清洁。5S 管理中清扫工作的核心目标是排除干扰正常作业的隐患，防止并杜绝污染源的产生，需要人人动手，用心来做，养成习惯。

2) 目的

(1) 保持现场干净、明亮。

(2) 减少作业现场的隐患，将工作场所的杂乱物品去除，使异常事件很容易被发现。

(3) 使员工保持良好的现场作业习惯，创造清洁的工作环境；保持物品的外在品质。

3) 实施要领

清扫阶段的实施方案需要根据企业的具体情况而定，重点把握以下要领：

(1) 全体员工要树立从我做起的意识，全员参与行动。

(2) 建立责任区，将责任落实到人。

(3) 实施例行清扫制度，经常关注现场卫生状况，发现问题及时处理。

(4) 调查污染源，从源头上减少污染。比如某种物品频繁地整进零出，拆零作业不断产生纸盒包装污染地面，为避免重复出现此问题，可将拆零作业放到物品上架环节完成，以便一次性清理掉所有垃圾。

(5) 管理人员需以身作则，通过参加一线具体作业，及时发现并解决问题。

(6) 制定并实施每日检查与月度排名制度，明确奖惩措施。

4) 实施核心

在掌握上述实施要领的基础上，还需关注以下核心要点：

(1) 寻找污染源头是关键。

(2) 划分区域，责任到人。

(3) 有相关的奖惩措施进行配合。

(4) 将清扫作为每天例行工作内容，发现问题及时处理，做到制度化。

4. 清洁

1) 定义

前面的整理、整顿、清扫工作营造了清洁的作业环境，此阶段则将这些工作的实施进一步制度化、规范化，以维持所取得的成果。以期通过全员参与，让所有员工都明白什么样的状态才算"清洁"，自己应该为此做哪些工作，以及如何制度化、规范化地去执行这些工作。

2) 目的

(1) 坚持并深入推进整理、整顿和清扫工作，保持已取得的成果，并使员工养成"清洁"的习惯。

(2) 创造一个良好的工作环境，使员工能愉快地工作，消除发生安全事故的根源。

(3) 提升员工的工作热情及团队配合能力，提升仓储系统的运营效率。

(4) 将前面几个阶段的成果规范化、制度化。

3) 实施要领

清洁阶段的实施方案需根据企业的具体情况而定，重点把握以下要领：

(1) 重在对整理、整顿、清扫工作进行落实。

(2) 采用标语、荣誉、现场奖励等方式维持工作新鲜感，保持这种状态并养成习惯。

(3) 详细研究和梳理仓储各工作环节的内容，并提出优化措施。

(4) 提高仓储作业的自动化水平，尽量使用机械化设备，减少繁重的人力劳动。

(5) 注意对员工进行精神层面的培训，注重培养团队合作精神。

(6) 领导应对已取得的成果给予肯定和激励，使员工获得强烈的参与感和成就感。

(7) 制定并实施每日抽查与月度全面盘查计划，划分区域、责任到人，明确奖惩措施，并在告示板上张贴各责任区域检查成绩。

4) 实施核心

在掌握上述实施要领的基础上，还要关注以下核心工作：

(1) 前置工作是否深入落实。

(2) 注重培养员工积极向上的工作态度。

(3) 维持员工的新鲜感，使之养成符合 5S 管理要求的工作习惯。

(4) 对仓储作业的各个环节进行研究与优化。

(5) 提高机械化作业水平，必要时适度调整员工岗位。

(6) 将工作内容责任化、制度化，并与奖惩机制相结合。

> 【微经验】在这个阶段，主管人员可在对员工的个人能力、岗位内容、工作绩效等进行综合考察的基础上，安排其进行轮岗。在提高员工工作技能的同时，使其体会不同岗位的工作特点，并提出可能的改进方法。

5. 素养

1) 定义

5S 管理中的素养主要是指员工贯穿于工作始终的综合素质，主要表现在以下方面：

(1) 人人按章操作、依规行事，并养成良好的工作习惯。

(2) 每个人都是有教养的人，具有强烈的团队意识和集体荣誉感。

(3) 员工经过日常训练，参与并且认同工作，形成了良好的工作习惯。

(4) 员工自觉遵守企业的各种规章制度。

2) 目的

(1) 提升员工素质，培养员工良好的工作品行，让员工能通过实践 5S 管理获得个人综合素养的提升，为企业培养和储备人才。

(2) 降低员工的流动率，提升员工对企业的忠诚度。

(3) 稳定和提高仓储作业水平，提高工作效率，降低成本，保障作业安全。

(4) 提升公司形象，给客户留下深刻印象，从而带来长远的战略合作。

(5) 为顺利开展其他管理活动打下良好的基础。

3) 实施要领

素养阶段的实施方案需要根据企业的具体情况而定，重点把握以下要领：

(1) 进行企业形象设计，制作工装、员工牌、标识标语等识别物(该工作在 5S 管理实施之前就应形成确定的方案，并先于或部分先于整理阶段执行)。

(2) 制定合适且易于执行的守则，并对员工进行系统培训。一些理论上很合理的守则，实际执行起来却可能举步维艰。因此，管理人员要分清哪些守则是必须无条件执行的，哪些守则需要分步骤、分阶段执行，而哪些守则虽然很关键但当下无需执行。

(3) 制定系统且多样化的激励措施，开展各种活动，以提升员工的斗志，改善员工的工作态度。

(4) 进行长期系统的 5S 管理培训，使之成为新员工入职与老员工晋升的必要条件。这种培训可以采用外聘专家讲座的形式，也可以采用内部交流学习的形式，建议采用内外部相结合的培训形式。

(5) 要定时总结 5S 管理的实施情况，以发现问题，巩固成果。总结周期可以由开始时的每天一次，调整为每周一次，然后逐步调整到每月一次，并形成制度执行下来。

(6) 制定适时、长期的公司规章，并根据环境变化及效果评价进行阶段性补充调整，但尽量不要出现与最初的规章有冲突的地方。

(7) 强调工作执行力，从公司领导到普通员工需要共同努力，将 5S 管理落到实处。

(8) 要认识到 5S 管理是一个闭环的、逐步推进且存在内容交叉的管理过程。

4) 实施核心

在掌握上述实施要领的基础上，还要关注以下核心工作：

(1) 各种激励措施的有效实施。

(2) 不断健全部门业务的 SOP(Standard Operation Procedure，标准作业程序)文件。

(3) 系统性、长期性的企业文化建设与 5S 管理培训。

(4) 健全的规章制度及公司决策层的长期大力支持。

6. 5S 之间的关系

通过上面的学习，可以将 5S 各阶段之间的关系表述为关联图和要素关系图的样式，如图 5-2 和图 5-3 所示。

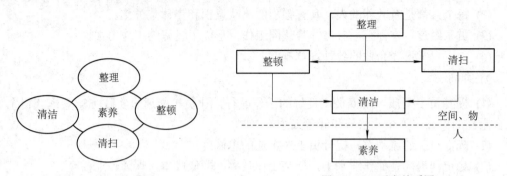

图 5-2　5S 关联图　　　　　　　图 5-3　5S 要素关系图

由图可知，5S 管理的各阶段既有渐进关系，又有并行关系，各阶段并非独立存在，而是相互之间存在关联。其中，整理是基础；整顿是关键，在整顿阶段可以同时进行清扫工作；整顿与清扫的结果导向了清洁，清洁是对前面阶段所取得成果的巩固与保持；素养则是 5S 管理的核心，前面各阶段的最终目标都是为了形成素养，同时素养也可以保证 5S 管理各阶段目标的有效实现。

5S 管理是一个动态循环的过程，通过对人、空间和物的管理，实现了仓储管理水平的不断提升。

【经典案例】K 公司的 5S 管理实录

K 公司是一家印刷企业，主要从事包装用瓦楞纸箱、丝网印刷和胶印业务。2011 年，公司新上了一套"印刷管理信息系统"，在竞争非常激烈的印刷市场上发挥了很大的作用。此时，公司总经理开始把目光投向全数字印刷领域。

1. 接受挑战

K 公司决定与香港某公司洽谈合资项目，引进新的数字印刷设备和工艺，同时改造公司的印刷信息系统。然而与港方的合资谈判进行得并不顺利，因为港方对 K 公司的工厂管理提出了很多太过"挑剔"的意见：比如仓库和车间里的纸张、油墨、工具的摆放不够整齐；地面不够清洁、印刷机上油污多得无法忍受，等等。最后，在合资条款里，港方执意将"引入现代生产企业现场管理的 5S 方法"作为一个必要的条件，写进了合同文本。刚开始的时候，公司管理层觉得港方有点"小题大做"，觉得"不就是做做卫生，把环境搞得优美一些"，这种事情太"小儿科"，与现代管理和信息化管理简直不沾边。不过，为了合资能顺利进行，K 公司还是满口答应下了这个条件。

2. 调查乱象

几天后，港方派来指导 5S 管理实施的 M 先生。M 通过实地调查，用大量现场照片和调查材料让 K 公司的领导和员工受到了一次强烈的震撼。

在印制车间里，M 看到，车间的地面上总是堆放着不同类型的纸张，有现在用的，也有"不知道谁搬过来的"；废弃的油墨和拆下来的辊筒、丝网躺在车间的一个角落里，沾满了油渍；工人使用的工具没有醒目的标记，要找一件合适的工具，得费很大的周折。

仓库里的情况也好不到哪里去。M 发现，堆放纸张、油墨和配件的货架与成品的货架之间只有一个窄窄的、没有隔离的通道；货号和货品不相符合的情况司空见惯；有时候车间返回来的剩余纸张与成令的新纸张混在一起，谁也说不清到底领用了多少。

M 还检查了 K 公司引以为荣的 MIS 系统，在查看了摆放在计划科、销售科和采购科的几台电脑后，发现硬盘上的文件同样混乱不堪。不仅文件的版本种类繁多，过时的、临时的、错误的文件或者一个文件多个副本的现象更是数不胜数。

M 发现，在 K 公司，长久以来大家都对以下现象习以为常：想要的东西，总是找不着；不要的东西又没有及时丢掉，好像随时都在"碍手碍脚"；车间里、办公桌上、文件柜里和计算机里，到处充斥着大量"不知道"的现象——不知道这个是谁的；不知道是什么时候放在这里的；不知道还有没有用；不知道该不该清除掉；不知道到底有多少，等等。

于是，M 直率地问 K 公司领导："你如何确保产品的质量？如何确信电脑里的数据是真实的？"

3. 实施 5S

M 把 5S 管理的实施工作分为两大步骤进行，首先推进前三个"S"的工作，即整理、整顿、清扫。

整理就是要明确在每个人、每个生产现场(如工位、机器、墙面等)、每张办公桌及每台电脑中，哪些东西是有用的，哪些是没用的、很少用的或者已经损坏的，然后把混在好材料、好工具、好配件、好文件中间的残次品、非必需品挑选出来，该处理的就地处理，该舍弃的毫不可惜。M 告诫管理人员，电脑中的"电子垃圾"尤其会让工作效率大打折扣，因其导致的非必要的文件查找、确认、比较工作会浪费大量的工作时间。

整顿就是要将所有清理出来的"有用"物品(包括工具、材料、电子文件等)有序地进行标识和区分，按照工作空间的布局以及工作的实际需要，摆放在伸手可及且醒目的地方，以保证随用随取。这项工作听上去很简单，但其实是很复杂的工作，需要认真细致地完成。

而 5S 管理中的另一项重要工作清扫也并不简单。传统意义上的清扫就是进行彻底的大扫除，发现卫生问题并及时纠正。但 5S 管理中的"清扫"与过去习惯说的"大扫除"还有一些不同，"大扫除"只是就事论事地解决环境卫生问题，而 5S"清扫"的落脚点则在于发现污染的源头。

4. 变化

随着 3S(整理、整顿、清扫)工作的逐步深入，车间和办公室的窗户干净了，卫生死角也清理出来了，库房、文件柜、电脑硬盘上的文件目录、各种表单台账等"重点整治对象"也有了全新的面貌。虽然所有人都没有觉得 M 先生引进的"灵丹妙药"有什么特别之处。但企业的整体状态还是发生了一些变化：工作时的心情似乎比过去好了一些；"不拘小节"的散漫习惯多少也有了收敛；报送的统计数据不再是过去那种"经不住问"的"糊涂账"；工作台面和办公环境也清爽多了。

但这些当然不是 5S 管理的全部。M 先生结合第一阶段整治的成果，指出："5S 管理的要点或者说难点，并非仅仅是纠正某处错误或者打扫某处垃圾，而是要通过持续有效的改善活动，塑造一丝不苟的敬业精神，培养勤奋、节俭、务实、守纪的职业素养。"

按照 M 的建议，公司开始了实施 5S 管理的第二步：推行后两个"S"的工作——清洁与素养。清洁的基本含义是"如何保持清洁状态"，也就是怎样使清洁、有序的工作现场成为日常工作的准则和规范；素养的基本含义是"陶冶情操，提高修养"，也就是全体员工要自觉自愿地在日常工作中贯彻这些基本的准则和规范，约束自己的行为，并形成一种风尚。

M 进一步说明，后两个"S"其实是公司文化的集中体现。很难想象客户会对一个到处是垃圾、灰尘的公司产生信任感；也很难想象员工会在一个纪律松弛、环境不佳、浪费随处可见的工作环境中产生巨大的责任心，并确保生产质量和劳动效率；更没法想象在一个"脏、乱、差"的企业中，信息系统能发挥应有的作用。

5. "零"报告

若干个月后，又是一个春光明媚的日子。当 K 公司的领导带领新的客户参观数字印刷车间的时候，客户们看到车间布局整齐有序，货物码放井井有条，印刷设备光亮可鉴，各类标识完整、醒目。公司的电脑网络和 MIS 系统，在没有增加新投资的情况下，也好像"焕发了青春"。这些改变带给公司的是一系列"零报告"：发货差错率为零，设备故障率为零，事故率为零，客户投诉率为零，员工缺勤率为零，浪费为零。在参观者啧啧有声的称赞中，公司领导感叹，在一套先进设备的引进背后，居然潜藏着如此浅显又深奥的修养工夫，真应了那句老话：工夫在"诗"外。

思考题 1 5S 管理对 K 公司的作用有哪些，请试着总结一下。

思考题 2 比较 K 公司实施 5S 管理前后的差别，说明港方坚持实施 5S 管理背后的意图。

【微视频】5S 实施常见问题举例

5.2.3 5S 管理的实施步骤与策略

5S 管理的实施是一项系统性工程，涉及面非常广泛，实施过程中也会遇到各种各样的棘手问题。管理人员在制定实施步骤与方案时，需要秉持缜密、渐进、灵活的原则，同时还要有较强的原则性，知进退，懂取舍。

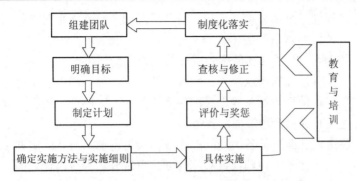

图 5-4　5S 管理实施流程

5S 管理的基本实施流程如图 5-4 所示：① 组建团队；② 明确目标；③ 制定计划；④ 确定实施方法与实施细则；⑤ 具体实施；⑥ 评价与奖惩；⑦ 查核与修正；⑧ 制度化落实。然后在取得一定成果的基础上，继续提高要求，实施下一轮 5S 管理活动。5S 管理的整个实施过程要始终伴随教育与培训活动的开展。

1. 教育与培训

在 5S 管理的实施过程中，教育与培训工作起着非常重要的作用，其实施要点有二：

(1) 针对全员，贯穿始终。5S 管理的实施过程也是对员工思想改造的过程。但在短时间内，员工的固有思想和工作习惯很难改变，即使通过强制性的措施能够改变，也难以见到理想的效果。若要让员工由被动去做变为主动去做，就需要对他们进行必要的教育与培训。

> 【微经验】5S 管理是一项长期的工作，产生的效果并非立竿见影，短期内能产生多少效益难以衡量，而人力和物力的投入却是实实在在的。因此，除了对员工进行教育与培训外，还必须对公司领导进行教育与培训，以排除对 5S 管理工作的质疑情绪。

(2) 形式多样，注重示范。教育与培训可以通过专家讲座、业内公认模范企业的讲座、参观优秀企业工作现场、部门内部全员学习讨论会等形式进行，也可以通过管理层与员工面对面交流讨论、开辟 5S 宣传专栏、展示实际实施效果等形式进行。目的是让 5S 管理的思想深入人心，使全体员工都受到潜移默化的感染。

5S 管理培训方案的主要内容包括 5S 管理的理念、5S 管理的好处、5S 管理的目的及内容、5S 管理的实施方法、实施 5S 管理的奖惩方案等。根据 5S 管理不同实施阶段的需要，可以选用不同的培训内容。比如在 5S 管理启动期注重士气的鼓舞和 5S 管理理念的形成；在具体实施期注重具体操作内容和方法的培训以及奖惩方案的实施等；在实施后期注重效果的评定和制度的建设等。

2. 组建团队

一个优秀的领导团队是确保 5S 管理能否顺利实施的先决条件。5S 管理领导团队的组建要点主要包括团队人员的组成和成员各自的职责两方面的内容：

(1) 团队人员组成。一般由公司总经理或分管仓储工作的公司高层领导担任主任；由仓储经理和仓储主管担任副主任；根据职责分工，在仓储作业的每个环节选拔一到二名表现优秀的一线员工担任组长和副组长；另外建议外聘一名 5S 管理实施专家，从专业的角度提供咨询与方案规划；公司采购、销售、财务等部门的负责人也可以作为顾问参与到执行团队当中。

(2) 团队成员职责。5S 领导团队中各成员的主要职责如下：

公司高层领导具有较强的组织领导力和较高的威望，能体现出公司对实施 5S 管理的决心，能保证与采购、销售、财务等平级部门间业务的及时协调，还能根据 5S 实施过程中遇到的具体问题及时提供公司层面的支持。

仓储经理主要协调仓储内部各组别间的业务和人员调剂，与 5S 实施主任及仓储主管制定实施计划和方案。仓储主管则根据实施计划，负责分管区域内计划的分解与执行，并督促执行情况，评价执行效果。

组长配合主管的工作，负责具体实施，同时注意了解和反馈一线员工的意见和建议，并及时与主管沟通。而由一线员工担任组长，既体现了公司对员工的重视，又能及时掌握员工动态，就执行中出现的问题提出较好的解决方案。

外部 5S 实施专家的介入，有利于迅速有效地开展工作，减少自己摸索的时间，加快 5S 管理推进的步伐。而相关部门顾问的介入，便于在涉及流程改进等问题时能及时得知对方的意见，避免方案执行过程中的争执与反复修改。

3. 明确目标

目标是 5S 管理的实施导向。此阶段通常需要完成两项任务：制定目标，提出口号。

(1) 制定目标。制定 5S 管理的目标，既要有总体目标，又要有分解目标，还要细分出更小的阶段目标。一般总体目标和分解目标由 5S 实施团队制定；而更细小的目标(如具体到单个工作日或某个区域要达到怎样的效果)则由各区域负责人制定。这样，员工就有明确的工作内容和时间节点作为依据，便于开展工作，也便于对工作的考核与督促。

(2) 提出口号。推行 5S 管理还要在制定目标的基础上提出相应的工作口号。口号要易读易记，朗朗上口，提升士气，能被广为宣传。例如：做好服务，打造一流电商仓储；服务一流，快速响应等。

4. 制定计划

计划是逐步推行 5S 管理的依据。此阶段的任务主要是收集资料、外部调研与拟定实施计划。

(1) 收集资料。科学详实的资料对于制定可行性实施计划有着至关重要的作用。资料的收集途径及收集内容要多样化，一般由仓储经理与主管收集 5S 管理具体实施方面的资料，并将资料进行合理整合。

(2) 外部调研。组织团队调研行业内 5S 管理优秀的企业，进行现场学习，为本企业 5S 管理的实施提供一定的思路和方法。调研人员一般由 5S 管理实施团队主任、副主任、组长及部分组员、顾问、专家等组成。使公司高层及基层人员通过参与调研活动，切身感受到 5S 管理给企业带来的好处，发现自身存在的不足，对于后续工作开展起到重要的作用。

(3) 拟定实施计划。建议由团队副主任具体操作，专家协助，共同制定出 5S 管理的实施计划，包括总体推进计划和分解到库内各区的具体执行计划。

5. 确定实施方法与实施细则

实施方法与实施细则是推行 5S 管理的具体手段。此阶段的任务主要是确定有效的实施方法，并明确具体的实施细则。

(1) 确定实施方法。在 5S 管理的实施阶段，根据阶段目标的不同需要采用不同的实施方法。以下是对部分常用方法的简要介绍：

① 抽屉法。把所有资源视做无用的，从中选出有用的。

② 疑问法。思考"该资源需要吗？需要出现在这里吗？现场需要这么多数量吗？"

③ 流程法。按流程化的思想将实施细则进行系统化规范，使之有序化。

④ 标签法。对所有资源进行标签化管理，建立有效的资源信息库。

⑤ 流程再造。流程问题是根本问题，解决不好的话是对工作的一种无谓消耗，因此需要根据实际作业情况，进行必要的流程调整。

⑥ 教练法。通过监控式的监督和教练般的训练使规范变为真正的习惯。

⑦ 疏导法。对严重影响 5S 管理的因素进行疏导。

【微经验】根据企业自身情况，上述方法既可以单一运用，也可以组合运用，以顺利实现管理目标。方法的选择一般由5S管理专家与实施团队副主任共同确定。

(2) 制定实施细则。实施细则可在前面提到的 5S "实施要领"基础上进行细化分解与扩展，建议由团队副主任制定，专家协助，同时要注意一线员工的意见。

实施方法与细则一旦确定，就需要对员工进行细致地培训，为具体实施打下基础。

6．具体实施

前期所做的工作，都是为了 5S 管理的具体实施。此阶段，需注意选择合适的实施时机，并采用一定的策略。

(1) 选择时机。实施 5S 管理的过程不能中断，要保持连续性。因此，当公司业务处于平稳期或平稳增长期，部门人员处于稳定期或发展期时是开展 5S 管理的有利时机。当公司工作重心全部放在业务运作上的时候，就不适合 5S 管理的开展。

实施 5S 管理应该避开以下两种情况：一是部门人员不稳定，如团队组建时间短，新入职员工多，老员工对工作环境、工资待遇不是很满意，处于观望状态等；二是公司业务处于高速发展期，如原有储备团队对于业务量的增加不能应付自如，从仓库面积到作业流程、人员组织等都面临着调整等。还有一种会对 5S 实施造成较大影响的情况就是核心管理人员的离职。若 5S 实施团队的核心人员调岗或离职，接替者可能会有一套新的思路，难以融合到已有的实施过程中来，因此计划的制定要体现较高的管理水平，尽量做到不会由于个别成员的变动而影响整个体系的运行。

(2) 明确策略。5S 的实施要根据既定的计划与内容，分工到人，明确岗位责任，同时兼顾日常仓储作业的效率与准确率。同时安排晨会等简短活动进行总结，并进行必要的激励，以保持 5S 实施的气氛，充分调动员工的工作积极性。

【微经验】关于激励方式的选择及组成，建议参考人力资源部门的意见。

7．评价与奖惩

评价与奖惩是 5S 管理实施的催化剂。管理者要在实施 5S 管理的过程中，科学地对活动结果进行评价与奖惩。下面从必要性和合理性两个方面对其进行介绍：

(1) 必要性。如果 5S 工作没有对应的指标来衡量，则很难评价其实施效果；同样 5S

工作如果没有根据指标而采取一定的奖惩措施,也很难达到预期效果。奖是对工作的肯定与促进,罚是对工作的督促与改进。奖罚分明则是为了创造公平公正、激浊扬清的工作氛围。

(2) 合理性。评价的口径要相同,要能用数字量化,具备公正性和可操作性。比如评价货架的脏污程度,满分按 10 分计,有人觉得可以打 8 分,有人觉得只能打 6 分,这就给受评者造成了一定的不公平,正确的做法是对于脏污程度对应的分值事先要给出明确的标准,什么样的程度打 8 分,什么样的程度打 6 分。因此,制定奖惩细则,特别是惩罚方面的指标时,要体现出较高的管理水平,注意操作方法,不要起到适得其反的作用。

8. 查核与修正

查核与修正是一个自 5S 开始实施就贯穿始终的关键项。每一项任务必须经过查核方能评价其有效性,并确保其实现了预期标准。没有经过查核的工作不能判定为有效,且对查核中发现的问题要及时修正,只查核而不修正也是无效的。

9. 制度化落实

以文字来表述和规范工作中的行为标准,并形成制度固定下来,可以作为管理人员开展日常工作的依据,也可以作为员工日常工作的具体指导。在 5S 管理中,任何经验和做法如果经过检验是可行的,就可以作为工作守则固化下来,经过一段时间的积累,就能使制度逐步得到完善。

总之,5S 管理实施的过程非常复杂,每一步都非常关键。在实施过程中,要注意随时把握整体状态,及时处理具体问题。积极向上的团队氛围对 5S 管理的成功实施有很大帮助。当 5S 实行到制度化管理阶段时,并不意味着 5S 的结束,而是又一个新的开始,只不过起点比原来高了,目标也比原来更高。

5.3 目视化管理

目视化管理属于 5S 管理的一部分,其注重对现场环境、工作内容的直观化改造。实施目视化管理时,投入一定的人力物力可以很快显现出效果,但切忌仅停留在“形象”的阶段。下面重点介绍目视化管理的含义和主要内容。

5.3.1 目视化管理概述

目视化管理是现场管理工作的重要组成部分。下面分别对目视化管理的定义、发展历程与作用进行介绍。

1. 定义

目视化管理是使用形象直观且色彩适宜的各种视觉感知信息组织现场生产活动,以提高劳动生产率的一种管理手段,是一种以公开化和视觉化为特征的管理方式。目视化管理通过将管理事项转化为浅显易懂的颜色、文字、图表和照片,使之成为一目了然的状态,以利用人的感官,达到提醒、控制、警示、预防的作用和目的。

2. 发展历程

1955 年,日本丰田公司董事长在美国某大型超级市场看到顾客一边推着购物车,一边将自己需要的商品取出相应的数量放进去，因此有感而发，将这一"所见即所得"的目视化管理思路移植到生产线上。经过 30 年的不懈努力，目视化管理已逐渐成熟。

随着科技发展及社会生产力水平的提高，先后出现了三种不同的工业生产方式，分别是大批量生产、多品种少量生产和柔性生产。为了适应生产方式的改变，目视化管理借助先进的管理方式及网络技术，也经历了三个发展阶段。

(1) 目视化管理第一阶段的特点是：事后研究对策；强调对异常、个别情况的管理；管理缺乏体系。

(2) 目视化管理第二阶段的特点是：管理内容系统化、重点化且全员参与，但复杂的数据处理得比较慢，必须依靠人工进行处理并作出决策。

(3) 目视化管理第三阶段的特点是：事前管理、流动管理以及现代多媒体的运用。

3. 作用

在仓储管理中，目视化管理除了一些显而易见的作用，还有一些不易察觉的作用，主要表现在以下几个方面：

(1) 形象直观地将潜在的问题和浪费现象显现出来。

(2) 有利于作业对象的识别。

(3) 判断结果不会因人而异。

(4) 迅速快捷地传递信息。

(5) 实现信息的标准化传递。

(6) 省却无谓的请示、命令和询问，使日常作业高效运作。

(7) 实现员工的自主管理。

(8) 能够提高士气，让全体员工上下一心地完成工作。

(9) 强调客观、公正、透明化。

(10) 促进企业文化的建立和形成。

【微视频】目视化管理的现实场景

5.3.2　目视化管理的主要内容

目视化管理包含的内容众多，本节主要从规章与标准公开化、作业数据图表化、现场控制直观化、物品存放标准化、着装标准化、现场标识标准化、用好色彩管理、常见实施方法几个方面对其进行介绍。

1. 规章与标准公开化

首先要有相应的规章与标准文件，然后再做到这些文件的可视化、公开化。

(1) 形成制度与标准。首先，管理人员要将仓库的各种规章制度和作业标准形成书面文件。然后，将其中具有代表性的规章制度或作业标准的核心部分提炼出来，制作成易于公开展示的媒介，使员工可以很方便地通过这些媒介(电子版或纸质版形式)了解规章制度与作业标准。

(2) 做到规章可视化。目视化管理重视规章制度的可视化，如将规章制度张贴于库区显眼位置，或者作为晨会的学习内容之一。可视化的重点是使员工领会制度的理念，受到潜移默化的教育，同时鼓励员工在学习现有作业标准的基础上，结合工作中的实际情况创造出改进工作的方法。

> 【微经验】规章与标准的公开化只是起到辅助管理的作用，管理人员同时还要依靠对员工的培训、教育以及在作业现场的指导与纠正，不断优化规章与工作标准。

2．作业数据图表化

数据统计是对员工日常作业情况的直观反映，数据图表化则是对这些情况的形象化描述。管理人员通过分析数据和图表发现作业中存在的非正常因素，为作业的改进提供一手资料。特别是在多任务交叉进行的情况下，通过图表标示出每项任务的开始时间、结束时间以及当前的完成进度，有助于使参与者明确工作进展，自主调整工作进度。

3．现场控制直观化

仓储作业的现场控制是日常仓储管理的重要内容，直接决定着当天的生产任务是否能够按质按量完成。现场控制的目视化管理体现为将现场控制直观化，主要从两个方面入手：作业进度和作业准确率。

以作业进度的直观化为例，可以将某项任务的作业进度通过展示已完成部分和未完成部分的方式直观地表现出来。例如，在收货作业中，将已验收完毕的商品存到 A 区，待收货验收商品存到 B 区，这样作业人员一眼就能看出还剩多少商品未验收；同时上架人员在将已验收商品进行上架作业时，看到 A 区商品的剩余数量，就能知道还有多少商品未完成上架。这样，上下游工作环节的员工与管理人员都可以直观地了解上架作业的进度，有助于作业人员合理调整工作节奏或者管理人员现场调配资源，保证作业进度。

以作业准确率的直观化为例，可以通过张贴明显的标识或者显示实时的作业差错率数据，协助工作人员提高作业准确率。例如，在每个货架的货位上张贴清晰的货位号标识，这样能大大提高工作人员的分拣准确率。

4．物品存放标准化

通常，库内物品的存放可分为三部分：货架区物品的存放、非货架区物品的存放、库内其他物品的存放(如叉车等)。每一部分物品的存放都要遵循一定的标准：

(1) 货架区物品的存放要注意存取货的方便性、整齐性和存取规则的统一性。以存放拆零散货为例，货位上的物品应尽量采用中包装或小包装存放，并按一定的规则存取物品，且货架上的物品不能超高、超宽、超长等。

(2) 非货架区物品的存放要注意存取货的品类集中性、物品码放的规律性和存取物品的方便性、安全性。以存放整件货为例，应全部采用大包装存放，在确保安全的前提下，压缝排列并尽量向高处码放，品类相同的应尽量集中，并按规则整齐划一码放。

(3) 库内其他物品的存放要注意以下原则：专物有专用存放地(如用贴地胶带划定专门区域用于存放搬运车，该区域不允许出现其他物品)；专物有专门的存取规则(如在托盘存放区，托盘垛必须四角对齐，高度不允许超过 1.5 米)；专物要专人专用(比如某辆叉车，只能由员工张三操作)等。

【微经验】在仓储作业中，要注意考虑物品的进出频率与数量，不能为了追求目视效果好而不顾工作效率与强度，也不能只考虑工作效率与强度而忽视目视效果。实际工作当中，经常会发现员工为了追求短期内工作的高效率和低强度而不重视目视效果的情况。但随着物品品种的增多，频繁的出入库作业会造成仓储空间"参差不齐"、利用率不高的情况，导致整体作业效率和准确率下降。

5. 着装标准化

仓储作业员工应穿着统一的工装，即着装标准化。着装标准化至少可以带来三个方面的好处：一是工装有利于操作人员全身心投入到工作中，不用担心衣服被弄脏、弄破；二是有利于树立企业形象，提升员工士气，营造团队气氛；三是可以加强对工作人员的人身安全防护。

在一些规模比较大的企业中，仓储作业人员多，工作节奏紧张，因此常采用不同工种着不同工装的做法。比如收货入库人员着蓝色工装、分拣作业人员着橙色工装、复核包装作业人员着军绿色工装等。这种做法值得参考，但注意工装的颜色不宜过多。

6. 现场标识标准化

现场标识可以有效解决"这是什么"的问题。标识的设计应遵循颜色鲜明简约、设计思路统一的原则，既要视觉感强烈，又不能太过夸张。可由仓储部门与市场、企划等具备专业设计能力的部门合作设计标识方案。例如，作业现场的标示牌要进行统一设计，对其种类、颜色、大小、悬挂位置、悬挂方式等都要予以专业的考量，并注意与仓库整体的协调性，避免因标识而显得现场杂乱无章的情况出现。

以某仓库内部为例，一般需要制作以下几类标识：大区域标识(办公区、收货区、仓储区、复核区的标识等)；中区域标识(为大区标识的细化，如经理室、入库审核处、分拣暂存区的标识等)；小区域标识(货架 A、货架 B、消防标识、饮水处、更衣室、设备 A 的标识等)。

【微思考】某公司仓库分为两个区：图书区和服装区。服装区按品牌分为 A 区、B 区等。假设张三是一名新入职的员工，去拣选一件货号为 CNQ-OO5L 的蓝色 A 品牌上衣。如何通过目视化信息的展示，使张三快速完成任务？

扫一扫

7. 用好色彩管理

仓储现场管理中的色彩管理，指的是利用颜色的区别或变化，协助仓储工作人员日常作业的一种行为。掌握色彩管理的操作思路可以大大提高仓储工作的效率与准确率。

色彩管理可以分为两个方面：例行化的色彩管理与例外化的色彩管理。

例行化的色彩管理主要针对于常态化的项目。比如工装、货架标示等采用企业色，出库单不同颜色联由不同岗位人员签字保管等。

例外化的色彩管理是在常规颜色的基础上通过不同颜色来标示例外事件。比如在管理带保质期的商品时，对正常商品所在货位不做特别标记，对临期商品在货位上标记红色标签，提醒发货人员优先发出。

8．常见实施方法

目视化管理的实施方法具有鲜明的特征，下面介绍几种常见的方法：

(1) 定位法：将需要的物品放在规划的固定位置，用定位线标出该位置的四个角或区域轮廓。

(2) 影绘法：将物品的形状画在要存放的位置，使员工一目了然，不会放错。

(3) 地图法：将库区的整体布置及各区的平面图用地图的形式直观地展现出来。

(4) 标示法：将区域、场所、物料、设备等用醒目的字体标示。

(5) 分区法：用在地面上划线的方式表示不同性质的区域，如通道、作业区域等。

(6) 图形法：用大众都能识别的图形表示公共设施或者允许/禁止事项。

(7) 颜色法：用不同的颜色区别不同作业对象的状态。

(8) 方向法：指示行动或前进的方向。

(9) 监察法：用某种标识使员工能够随时注意事务的动向。

5.4　现场作业管理

现场作业管理作为现场管理的主要部分，起着仓储管理润滑剂与改良剂的作用。通过有效的现场作业管理，可以预防作业问题的发生。下面对现场作业管理的实施要领进行阐述。

1．遵循作业指导书

作业指导书是仓储作业的依据，与当下最有效的操作方法相符，因此员工须严格按照指导书的要求进行作业，但这并不意味着否认创新，管理人员要鼓励一线员工提出自己对实际作业的见解，研究出更可行的作业标准。

2．试行新方法

源于一线的作业优化方法往往具有很高的实用价值，因为实际操作的人更容易知道问题的根源在哪里，以及如何改善。管理者要善于鼓励员工提出新方法，也要善于通过现场的观察提出自己的新方法，而一个新方法成形后，单纯对其进行分析与思考并无实际意义，只有经过试行，才会发现意想不到的问题或惊喜。

3．不掩饰失误

如果员工通过各种途径去掩饰发生的失误或掩盖失误发生的原因，就会产生更多的失误。例如，假设库内存放有玻璃制的奶瓶，张三分拣时失手摔碎了一个，隔几天后他又摔碎了一个，再隔几天李四又摔碎一个。为什么会产生这种情况？因为倘若只有张三摔碎奶瓶，可能是因为张三操作不规范，也可能是奶瓶的存放位置有问题；若李四也摔碎了，则极有可能是奶瓶的存放位置有问题，容易让人失手。如果张三怕承担责任，试图掩盖失误，那么以后仍旧会发生类似损耗。

因此，针对失误，管理者应该做好以下工作：一是制定适当的措施，让员工出现失误后能第一时间反馈处理，而不是怕赔偿损失；二是查明该失误的根源究竟在哪里，是操作标准不当，还是商品的存放位置、包装等的缺陷，抑或纯属偶然事件。

4．控制作业节奏

仓储作业的工作量往往带有不确定性，各作业岗位的人员配置却是固定的。为了实现整个仓储作业系统的高效率，把握好每个环节的作业节奏非常关键，这就需要根据不同环节的工作进度，即时采取协调措施，以保证整体作业节奏的最优化。因此平时要注意对员工多岗位、多工作技能的培养，以便更加顺畅地对不同工作环节的人员进行调配。

5．设置信息反馈机制

管理人员要在仓储作业现场设置便捷迅速的信息反馈机制，如使用对讲机沟通；就地现场答疑；进行典型问题处理标准的培训；培养员工自主解决问题的能力等。通过设置这些信息沟通渠道，可以提高管理人员沟通与解决现场问题的效率。

> 【微经验】工作中经常发现有些员工心里有疑问，却不愿意表达出来，或者只在员工之间私下讨论，不愿意反馈给管理人员。管理人员要营造良好的沟通氛围，鼓励员工提出问题，共同进步。

6．奖罚得当

奖惩员工要依据标准，赏罚有度。表扬要不漏听，不漏看，关注员工取得的成果，进行及时表扬、当众表扬或通过他人来表扬，要做到恰到好处，注意分寸。批评要掌握尺度，就事论事，不涉及他人，不翻旧账；另外要认真听取员工的解释，帮助其分析问题；如果需要经济处罚，要及时进行，不要事后处罚。奖惩务必要及时，事过境迁的表扬或批评，不能让员工及时获得奖励或惩罚，就无法达到管理目的。

7．改善现场环境与氛围

可以从以下角度来改善现场环境与工作氛围：从目视化管理的角度，需注重现场作业通道是否堵塞、地面是否清洁等；从安全管理的角度，需注重作业安全管理及隐患排查，比如员工是否正常使用叉车等；从现场工作气氛的角度，需注重现场工作气氛的调节，比如不定时播放音乐等。

良好工作氛围的营造对工作十分重要。一个团结向上，充满工作乐趣的团队，既能提高工作效率，又能降低工作的疲劳度。另外，工作氛围的营造不仅体现在日常工作中，也体现在户外拓展、同事聚餐、员工生日庆祝、困难家庭帮扶等方面。

8．不断改进作业方法

管理人员要引导员工分析作业动作、梳理作业流程、研究作业改进方法。分析作业动作，旨在发现有无方便可行且有效的动作创新；梳理作业流程，旨在思考流程有无优化的可能；研究当前的作业方法，旨在探索有无更加合适的改进方法。只有这样，才能根据作业的实际情况，创造出更合理的作业方式、方法和流程，不断提高仓储运营水平。

【微视频】现场作业的现实场景

【经典案例】快递暴力分拣 有多远扔多远

　　深圳某快递公司，每天有近万件快递从这里进进出出。在公司的分拣中心，虽然墙上粘贴着各种规章制度，而工人们却是我行我素。记者看到，一个泡沫箱不堪折磨，里面的食品散落一地。中午休息的时候，有的工人坐在邮件上，有的工人躺在邮件上。

　　记者：这是易碎品也坐啊？速递员工：没事啊，有啥事？

　　记者：这是玻璃制品啊。速递员工：管他是什么制品不用理它。

　　记者：那坏了不要赔吗？速递员工：咱们这里保丢不保损。

　　记者：保丢不保损是什么意思？

　　速递员工：坏了不赔，公司说了保丢不保损，损坏了没得赔的。

　　原来公司的快递服务协议早为他们想好了开脱之策。只要物品在，里面的物品是否损坏跟公司没有任何关系。

　　在另一个快递公司的某中转站，记者也见到了暴力分拣的场景。工人将快件随意抛扔，能扔多远就扔多远。在一旁的传送带上，不管是普通件还是易碎件，享受的都是同样的待遇。有几个贴有易碎标签的邮件直接从高高的货架台上掉到了地上。

　　记者：这扔来扔去不会扔坏吗？

　　速递员工：方便嘛，如果不是很贵重的东西都无所谓啊，不怕压、不怕扔。

　　另外，在这里装车并不是按照快件的易损程度码放，而是依据大小随意抛扔。

　　速递员工：大件码到外面，小件就往里面撂。

　　除了司空见惯的暴力分拣，在快递公司里，对于消费者投诉的包裹丢失、破碎等问题，他们又是如何处理的呢？在某速递仓库门外的一个角落里，放着一堆明显被拆过的快件，员工说这些问题件已经被他们处理过了。

　　速递员工：就把它打开看一下，有用的自己就截留，没用的直接扔掉。

　　在该快递公司，有一个区域是专门摆放因各种原因要求退回的邮件。这个邮件上的寄件单已经被撕坏，除了寄件人信息外，右边收件人信息处写上了"没地址没电话"六个大字。记者根据快递单号查询后发现，这个邮件竟然在这里放了整整3个月了。寄件人信息清晰可见，这么长时间，公司为何没有退回给寄件人呢？

　　速递员工：这是个问题件，联系不到收件人而且打寄件人电话打不通。

　　说着，这位工作人员熟练地撕开了一个小口，抽出了里面的物品，看了看后，扔到了一旁。真的像工作人员所说的寄件人电话打不通吗？根据快递单上留下的手机号码，记者很快就联系上了寄件人。李女士说，3 个月内，快递公司没有人主动联系过她，反而是她自己多次向快递员询问邮件的下落，可快递公司百般推脱。

　　像这样私自拆阅问题件的事情时有发生。这天，一位工作人员手里拿着几条内裤向记者炫耀了起来。工人将这几条内裤扔进了一旁的塑料筐，随手将包装袋扔进了垃圾箱。

　　快递员：这个现在装不进去啦，不要啦，丢掉。

　　记者：那人家要是寄件人打电话过来怎么办？

　　快递员：报遗失呗。

　　记者将这个被丢弃的包装袋捡了回来，查阅发现，这个邮件十天前就被退了回来。对于这样一个已经被丢弃的邮件，快递公司会怎样应对寄件人的查询呢？记者以寄件人身份拨通了快递公司的电话。

　　客服：我同事那边还在忙，还在找。如果找到了下午叫同事带过去给你好吗？

　　快件明明已经被丢弃，客服却说还在寻找。随后，记者再次拨通了客服电话。

　　客服：现在就在仓库嘛，这个件已经退回来了，回头带给您，不好意思，这是我们公司的失误。

　　是真的还在找，还是找不到呢？记者第三次拨通了公司客服电话。

　　客服：昨天找件的那个同事没上班。

　　对于这个已经被丢弃的邮件，面对记者再三询问，快递公司永远是同样的答复。

　　第四次拨通电话。

　　客服：我找一下。

　　第五次拨通电话。

　　客服：我再找一下吧。

　　思考题　对于案例中提到的一些现场作业问题，有何解决办法？

本 章 小 结

　　✧　仓储现场管理是对仓储作业一线的综合管理，是对仓储系统合理布局的深入补充。如果把整个仓储作业系统比喻成一台高效运转的机器，那么仓储现场管理就是确保这台机器高效运转的润滑剂和改良剂。

　　✧　5S 管理主要包括整理、整顿、清扫、清洁、素养五个阶段。

　　✧　5S 管理的各阶段既有渐进关系，又有并行关系，各阶段并非独立存在，而是相互之间存在关联。其中，整理是基础；整顿是关键，在整顿阶段可以同时进行清扫工作；整顿与清扫的结果导向了清洁，清洁是对前面阶段所取得成果的巩固与保持；素养则是5S 管理的核心，前面各阶段的最终目标都是为了形成素养，同时素养也可以确保 5S 管理各阶段目标的有效实现。

　　✧　5S 管理是一个动态循环的过程，通过对人、空间和物的管理，实现了仓储管理水平的不断提升。

❖ 实施 5S 管理的基本步骤：① 组建团队；② 明确目标；③ 制定计划；④ 确定实施方法与实施细则；⑤ 具体实施；⑥ 评价与奖惩；⑦ 查核与修正；⑧ 制度化落实。然后在取得一定成果的基础上，继续提高要求，实施下一轮 5S 管理活动。5S 管理的整个实施过程要始终伴随教育与培训活动的开展。

❖ 目视化管理是使用形象直观且色彩适宜的各种视觉感知信息组织现场生产活动，以提高劳动生产率的一种管理手段，是一种以公开化和视觉化为特征的管理方式。目视化管理通过将管理事项转化为浅显易懂的颜色、文字、图表和照片，使之成为一目了然的状态，以利用人的感官，达到提醒、控制、警示、预防的作用和目的。

❖ 目视化管理的主要内容包括：规章与标准公开化、作业数据图表化、现场控制直观化、物品存放标准化、着装标准化、现场标识标准化、用好色彩管理、常见实施方法。

❖ 现场作业管理的实施要领：遵循作业指导书、试行新方法、不掩饰失误、控制作业节奏、设置信息反馈机制、奖罚得当、改善现场环境与氛围、不断改进作业方法。

微应用

应用1 5S 管理计划与实施细则制定

5S 管理主要包括整理、整顿、清扫、清洁和素养五个方面的内容。这五个方面既有渐进关系，又有并行关系，每个方面都不是独立存在的。认清 5S 管理五个方面之间的关系，是有效实施 5S 管理的关键。

(1) 以仓库 A 的 5S 整理阶段为例：首先，要制定一个部门层面的总整理计划，明确是各仓库区域全部齐头并进整理，还是先整理一个区域作为样板。这些区域包括存储区、残品区、退货区、交货区、复核区、出库区、收货区、暂存区、办公区等，每一个区域都要指定一位负责人。假设整理计划规定仓库 A 的各区域同时开始整理，则在总的整理计划制定完成后，各区要在总计划的指导下，制定更细致的执行计划。该计划一般由各区的负责人制定。注意，并不是完成整理就算成功了，而是要边整理，边对已有的整理成果进行巩固。

请根据以上信息，制作仓库 A 的 5S 整理总计划表和巩固整理成果计划表；并以存储区为例，制作具体到存储区的整理计划表和巩固整理成果计划表。

(2) 5S 管理对整理、整顿、清扫、清洁和素养五个方面的要求是总领性的，在实际执行时还应制定具体的标准。比如，就清洁方面的标准而言，地面的标准是地面无废弃物，且经常拖地保持地面无积攒灰尘；地面通道的标准是各通道有明确的标识；货架的标准是货架上的货位贴要标识清楚、无污损等。如此才能使 5S 管理实施起来标准明确、有的放矢。

以下是一些常见的仓库作业设施及项目：地面、货架、作业工具、标识板、库房空间、现场区划、垃圾管理、文件单据、复核工作台、各种水电管线等。请尽可能详细地对每项设施的 5S 管理标准进行完善，以便于作业人员参照执行，成为日常规范。

应用 2　仓库目视化管理分析与实践

仓库目视化管理包含的内容比较广泛，是仓储现场管理的重要组成部分。下面分别从仓储现场图片分析、制作仓储管理文件分类表、设计仓库作业通道标准三个方面，对目视化管理的知识进行实践。

1) 看图熟悉知识点

请观察下面的图 5-5，结合所学内容，分别指出两张图片中各有哪些元素应用了本书中目视化管理的知识点。

图 5-5　目视化管理现场图片

2) 制作仓储管理文件分类表

仓储管理文件为各种作业活动提供书面指导，是作业内容与规则标准的书面化反映。有些仓储管理文件的内容可以标牌的形式悬挂起来，有些内容则需要通过培训、翻阅等方式进行学习。

仓储管理文件主要由财务管理、仓储作业管理、采购管理、组织结构管理、设备管理、库存周转管理、安全管理、应急措施、人员管理等方面的文件组成，请对这些文件进行汇总整理，并制作一张仓储管理文件分类表，作为仓储管理的要点内容，张贴在仓库的显要位置。

3) 设计仓库作业通道标准

仓库内的作业通道看上去很简单，但如果要按照作业标准化、仓储面积利用最大化、通道标示醒目化的要求将其明确地标识出来，就需要认真考虑多种因素，如标识所用材料、通道宽度、标线与设备间的距离、车辆与人行道路的区分等。

请结合所学习的目视化管理知识，查询相关资料，对仓库内通道的标识进行设计。

应用3 目视化管理方案设计

B 公司是一家销售孕婴童商品的公司，在线上有自己的网站，在线下有 20 余家专卖店。公司有一个 4000 平方米的仓库，用于支持线上和线下业务的商品进出库作业。仓库内部分为收货区、存储区(同时也是分拣区)、复核包装区和办公区，其中存储区分为货架区和平库区。请根据以上信息，为 B 公司的仓库设计一套目视化管理的方案。

第6章 库存管理

本章目标

- 熟悉库存与库存管理的含义
- 了解库存的分类和作用
- 熟悉供应链库存管理的三种模型及其各自特点
- 了解零库存管理的内涵
- 熟悉定量不定期订货法和定期不定量订货法的内容与适用条件
- 掌握库存管理 ABC 分类法的指导思想与具体应用
- 掌握库存周转率的算法
- 掌握降低库存成本的方法

学习导航

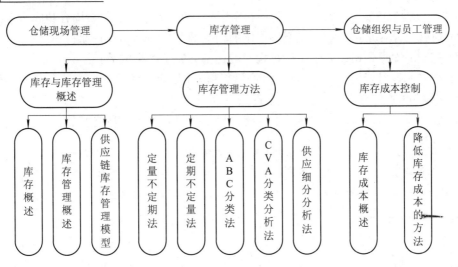

库存管理是仓储管理的重要组成部分，有些企业甚至成立专门的部门来管理企业物品的库存。库存管理的部分内容还与采购管理密切相关。本章从库存与库存管理概述、库存管理方法、库存成本控制三个方面入手，对库存管理进行介绍。

6.1 库存与库存管理概述

"库存"在企业经营中的地位很纠结：没有，企业很难运转；有却管不好，对企业来说就是一座大山。另外，由库存引起的企业管理问题往往具有一定的隐蔽性。运用恰当的库存管理方法，管理好库存成本是解决库存问题的关键。

6.1.1 库存概述

"库存"包含的内容比较丰富，本节主要从库存的概念、库存的分类、库存的作用、积压库存产生的原因四个方面对其进行介绍。

1. 库存的概念

库存是指暂时闲置的用于满足将来需要的资源，通常存放在仓库中。在企业生产经营过程中，有许多未来的需求变化是人们无法预测或难以完全预测的，人们不得不采用一些必要的方法和手段应付外界变化，出于经济目的的考虑，就出现了库存。

库存无论对制造业还是服务业都十分重要。传统上，制造业库存是指生产制造企业为实现产成品生产所需要的原材料、备件、低值易耗品与在制品等资源。服务业库存是指用于销售的有形商品以及用于管理服务的消耗品。

2. 库存的分类

按照不同的分类标准，可以将库存分成不同的类别。下面介绍五种主要的库存分类。

1) 按生产过程分类

从生产过程的角度，可将库存分为原材料库存、在制品库存、维修库存和成品库存等。

(1) 原材料库存是指企业在生产过程中所需要的合乎标准的各种原料和材料。

(2) 在制品库存是指仍处于生产过程中的已部分完工的半成品。

(3) 维修库存是指用于维修与维护的经常性消耗品或者备件，如机油、易损零件等，但不包括维护产成品所需要的物品或备件。

(4) 成品库存是指可以出售、分配并能提供给消费者购买的最终产品。

> 【微经验】需要注意，上述库存类别有一定的相对性。举例来讲，对服装厂来说，生产服装用的面料是原材料，产成品是服装；对于纺织厂来说，其原材料是纱线，产成品是面料；而对于纱线厂来说，其原材料是棉花，产成品则是纱线；棉花则是自然生长的产物，属于原材料。但如果说生产服装用到的原材料是棉花，这种说法就是欠妥当的。

另外，产品生产过程中用到的包装物、低值易耗品等一般称为包装物低值易耗品库存。包装物的概念容易理解，如包装产成品用的纸箱等。低值易耗品是指劳动资料中单位价值在 10 元以上、2000 元以下，或者使用年限在一年以内，不能作为固定资产的劳动资料，如工具、管理用具、玻璃器皿、劳动保护用品以及在经营过程中周转使用的容器等。其特点是单位价值较低，使用期限相对于固定资产较短，且在使用过程中基本保持其原有实物形态不变。

2) 按经营过程分类

从经营过程的角度，可将库存分为周转库存、安全库存、生产加工库存、季节性库存、增值库存、积压库存、在途库存、调节库存和投资库存等。

(1) 周转库存是指企业在正常经营环境下为满足日常需要而建立的库存。周转库存量的大小与采购量直接相关。企业为了降低物流成本或生产成本，需要批量采购、批量运输和批量生产，这样便形成了周期性的周转库存。这种库存随着每天的消耗而减少，当降低到一定水平时需要进行补充。

(2) 安全库存是指为防止不确定因素的影响而准备的缓冲库存。比如为应对供应商交货突然延期而准备的库存。

(3) 生产加工库存是指处于加工状态的、或者为应对生产所需而暂时处于储存状态的零部件、半成品或成品等。

(4) 季节性库存是指为了满足特定季节中出现的特殊需要而建立的库存。比如在出产季节大量收购的季节性原材料的库存。

(5) 增值库存是指企业为了实现物品增值而囤积的库存。比如在某商品的销售淡季，厂商有时会采取超低的折扣吸引经销商大量进货，而经销商在对销售乐观的预期下，往往会为了追求利润最大化囤积商品，从而形成库存。

(6) 积压库存是指因货物品质变坏而不再有用的库存，以及没有市场销路的库存。

(7) 在途库存是指处于运输中或者停放在相邻工序或组织之间的库存。在途库存量的大小取决于运输时间以及该期间内的平均需求。

【微经验】以电商零售业为例，在不影响销售的情况下，如果能实现商品的在途库存到达仓库时，该商品的库存恰好为 0，则说明商品的库存量合理，仓库的利用率高。采购人员和库存管理人员应该以此为目标，结合现实条件，确定合理的采购量和库存保有量。

(8) 调节库存是指用于调节需求与供应的不均衡、生产速度与供应的不均衡以及各个生产阶段的产出不均衡而设置的库存。

(9) 投资库存是指由于价格上涨、物料短缺等原因而囤积的库存。这种库存不是为了满足当前的需求，而是以投资为目的的。

3) 按库存的可预测性分类

根据库存的可预测性，可将库存分为独立需求库存和相关需求库存。

(1) 独立需求库存是指需求的时间及数量与其他变量的相互关系不确定，而主要受消费市场影响的库存。通常来自客户的对产品和服务的需求都为独立需求。

(2) 相关需求库存是指需求的时间及数量与其他变量存在确定的相互关系，可以通过一定的数学方法推演出来的库存。通常生产制造企业的内部物料转化各环节间产生的需求都为相关需求。比如，客户对企业某产品的需求一旦确定，与该产品有关的零部件、原材料的需求也就会随之确定，而对这些零部件、原材料的需求就是相关需求。

4) 按对物品需求的重复次数分类

根据对物品需求的重复次数，可将库存分为单周期需求库存和多周期需求库存。

(1) 单周期需求库存是指用于满足在较短时间内偶尔出现的对某种物品的需求的库存，或者需求时间不可能太长的库存，或者对某些生命周期短的物品的经常性不定量需求的库存。

(2) 多周期需求库存是指用于满足在长时间内对某种物品重复、连续的需求的库存，该库存需要不断地得到补充。

5) 按照物品的需求满足条件分类

按照物品的需求满足条件，可将库存分为确定型库存和随机型库存。

(1) 确定型库存是指物品的需求量已知或确定的库存，补充库存的前置时间是固定的，且与订货量无关。

(2) 随机型库存是指物品的库存需求量与补充库存的所需时间至少有一个是随机变量的库存。

【微视频】不同类型的库存

3. 库存的作用

在企业的经营管理中，库存起着重要的作用。这些作用既有积极的方面，也有消极的方面。

1) 积极方面

库存的积极作用主要表现在维持生产和销售链条稳定、平衡企业物流、平衡流通资金占用、平衡供需矛盾、防止并化解不确定因素等方面。

(1) 维持生产和销售的稳定。从采购的角度讲，由于采购物品需要一定的提前期(从下达采购订单到实际交货所需的时间)，而提前期是根据统计数据以及在供应商生产稳定的前提下制订的，所以存在一定的不确定性，有可能会因交货期延后而影响到企业的正常生产。为了降低这种风险，企业就要增加物品的库存量。

从生产的角度讲，企业在进行生产的时候并不能提前知道市场真正需要什么，只能按照对市场需求的预测进行生产，因而产生一定数量的库存是必然的。从销售的角度讲，企业在销售时同样不能准确把握市场的需求，出于最大化满足客户需求、降低物流成本等的考虑，也会预留一部分库存。

从消费者的角度讲，消费者只愿意选择可以尽快使用的最终成品，不会愿意花时间去等待产品生产出来。而企业保持一定量的库存，就可以缩短或者消除消费者的等待时间，满足消费者需求，提高产品的竞争力。

(2) 平衡企业物流。就生产型企业而言，在采购原材料、生产用料，以及企业的在制品物流、销售物流等方面，库存起着重要的平衡作用。企业应根据库存能力安排采购的材料收货入库；而在生产部门领料时，应在考虑库存能力和生产线物流情况(场地、人力等)的基础上平衡物料发放，并协调在制品的库存管理。

(3) 平衡流通资金占用。库存的原材料、在制品及成品是企业流通资金的主要占用者，因此控制库存量本质上也是在平衡流通资金占用。例如，加大订货批量会获得一定的价格优惠，降低企业的订货费用，但会占用大量的资金，此时，就必须在库存与流通资金占用之间找到一个最佳平衡点。

(4) 平衡供需矛盾。有些产品的生产时间相对集中，而消费则相对均衡，往往会形成库存；还有一些季节性产品或者批量加工的产品在生产出来以后，需要先进行储存，再持续地向消费者提供，以协调产品供给和消费需求之间的时间差。另外，集中生产的产品如果一下子推向市场销售，会造成短时间内市场上产品供大于求，使产品价格下跌，这时也需要用库存进行调节，稳定市场。因此，库存可以起到维护正常的生产秩序和消费秩序的作用，可以缓解、调节和消除供求之间的不平衡状态。

(5) 防止并化解不确定因素。库存具有一定的保险功能，可以防止和化解不确定因素对企业正常运营的影响。一般来说，不确定因素主要有两种类型：一种是需求的变化，即市场波动；另一种是采购前置时间的变化，即供应商供货能力的波动。

2) 消极方面

库存的消极作用，可以用库存冰山模型来展示，如图 6-1 所示。

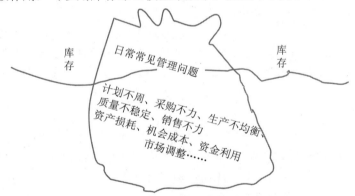

图 6-1 库存冰山模型

从冰山模型中可以看到，库存的存在掩盖了企业的许多管理问题。例如，库存增加了企业的管理成本，必须付出额外开支以实现对库存的有效管理。同时，库存也占用了大量的企业资金。

【微思考】像图 6-1 中所展示的这些问题，企业在生产运营过程中会遇到很多，有些问题还会重复出现，管理者也想出了很多办法去解决这些问题。那么，管理者是否找到了这些问题产生的根本原因？

扫一扫

4. 积压库存产生的原因

通过前面对库存的介绍，能帮助我们直观地理解部分积压库存产生的原因，比如为了缩短交货期，为了规避无库存产生的风险，为了缓解季节性的需求变动等。下面重点探讨形成积压库存的非正常原因。

(1) 营销管理问题。在买方市场为主导的市场环境下，很难正确地预测市场的反应与变化。在可掌控范围内产生的预测结果与现实情况的偏差，可以认为是成功的市场预测，但当偏差超出可以掌控调节的范围时，就容易形成库存积压。比如客户关系管理欠缺，客户转向替代品或替代供应商，导致订单部分或全部终止；部分地区缺货，而其他地区销售不畅，调货不及时，失去销售机会；产品最终没有销售给消费者而是积压在经销商那里；供应链环节上的库存过多等。这些问题都会导致库存积压。

(2) 生产管理问题。生产批量与生产计划有出入、各生产流程产能不均衡、各道生产工序的合格率不均衡、产品加工过程较长、生产供货周期严重超出货品上市时间、错过销售的黄金时间而造成滞销等因素均可以导致库存积压。

(3) 物料供应来源问题。物料供应商从接到订单到交货的间隔时间太长，会迫使企业预留一定量的库存作为缓冲，缓冲库存的量与间隔时间的长短一般成正相关关系。供应商的产能不稳定，供应商的供应能力出现问题，供应产品的质量不稳定等因素都会促使企业通过增加库存来规避风险。而一旦市场或客户波动较大，就会形成积压库存。

(4) 供货的最小批量和订单交付的准确率问题。供应商进行多频次、小批量供货，其销售成本会增加，但购买方的库存压力会减小，市场反应更灵活；而供应商订单交付的准确率、满足率越高，购买方需要留存的库存就越少。

最小供货批量是供应方与购买方之间的博弈均衡问题，在现实中双方通常总能找到一个平衡点；而订单交付的准确率主要依赖于供货方的供货能力及双方的友好协商。这两个问题本质上都是库存转移的问题，因为库存要么由供货方承担，要么由购货方承担，如果双方的管理与协作水平比较高，可以共同努力降低整体的库存量，但如果以上两个问题没有解决好，一旦市场或客户波动较大，就会形成积压库存。

(5) 产品开发定位问题。在生产型企业，一个新产品的问世，通常会牵扯到三个部门：开发、营销和生产。各部门在各自的领域里，都会有足够的理由支持自己的方案，但各自为政带来的是无法消化的库存。商品结构是否合理，设计风格是否迎合客户喜好，生产过程中的品质、货期等是否影响市场销售，生产过程中是否能够发现改进产品工艺、降低产品成本的方法以及改进是否有效等因素都会影响到库存量。所以需要多个部门保持沟通协调，确保产品在开发前、生产中、销售中的定位准确。

(6) 诡异的"长鞭效应"。"长鞭效应"是对需求信息在供应链中传递时出现扭曲的一种形象描述。其基本思想是：在供应链上的各个节点，企业如果只根据来自相邻下级企业的需求信息进行生产或者供应决策，则需求信息的不真实性会沿着供应链逆流而上，产生逐级放大的现象。当信息达到源头的供应商时，较之实际市场中的消费需求信息已经出现了相当大的偏差。由于这种效应的影响，供应方往往会维持比实际需求更高的库存水平或者生产计划，供给大于需求必然会引起库存积压。

例如，二级分销商需要订购 A 商品 10 个，考虑到到货效率、销售预测等因素，其向一级分销商下单订货 12 个；而一级分销商向地区经销商订货时也考虑了这些原因，其下单订货 14 个；地区经销商向总经销商订货时同样会考虑这些原因，其下单订货 16 个；总经销商向厂家订货时再次考虑了这些原因，最后下单订货 18 个。于是，实际需求被放大了 80%，结果是整个供应链的链条上多出了 80% 的无用库存。

(7) 不可抗力原因。如自然灾害造成的物流系统瘫痪、季节气候的突发异常转变(暖冬、凉夏等)、原材料产地爆发战争等非人力所能控制的因素，均属不可抗力原因。

【经典案例】海尔从"砸冰箱"到"库存在车上"

2009 年的两会上，金融危机大背景下企业应如何过冬成了备受各界关注的话题。3 月 4 日，全国人大代表、海尔总裁杨绵绵在接受人民网记者采访时表示：如果企业制造的产品恰好能满足消费者的需求，企业就不该有仓库，有仓库反而影响了企业去满足消费者的需求，也证明了企业的产品可能根本不是消费者所需要的，只是放在仓库里而已。

杨绵绵介绍，过去海尔"砸冰箱"，就是把质量不合格的产品砸掉，把不能保证质量合格的内部系统砸掉。这个是自我强化，自我优化的过程。现在海尔"砸仓库"，因为企业不是为仓库而生产的，企业所有的资源投入不是为了放到仓库里变成死物，而是为了要增值。所以海尔就提出来，应该把仓库砸掉，实现"零库存下的即需即供"，这种做法让海尔在金融危机中避免了很多损失。

张瑞敏在多个场合阐释过海尔的零库存思想：零库存是让整个体系都围着市场转，都要围着自己的用户转。从前的企业是为仓库制造产品，而不是为用户制造产品。制造出来的产品到底谁要呢？企业不知道，先放在库里，再去促销。理想状态下，产品应该在最后总装线上的时候就能确定是给谁的，但是多数企业现在没有做到这一点，只有 20% 的产品在生产线上可以确定就是给谁的，下线后就能直接发到那个地方去，另外的 80% 都确定不了。而对于海尔来说，真正的库存在车上，即用户从生产线环节就下单，服务商根据用户的实时需求完成产品的中转和运输。过去，海尔的产品是从工厂运到产品仓库，再到渠道仓库，最后送到用户家中；而现在，海尔这种按约送达的一站式运输，极大地节约了中间的物流、装卸成本。

2013 年春，一场史无前例的大规模电商 C2B 定制预售拉开了序幕。2 月 27 日至 3 月 8 日，海尔联手天猫推出了"2013，海尔我的家，定了！"大型家电预售活动。期间，海尔在天猫旗舰店开放了冰箱等 8 大类 17 种商品的预售，预售活动的尾款支付时间定为 3 月 9 日至 3 月 11 日。厂家在接到客户预售订单之后开始生产，从尾款支付完成开始发货，从生产到最终发货仅仅十余天时间。使消费者获得了比线下类似产品 15% 以上的优惠，部分家电甚至低至 5 折起，而海尔方面仅预售金额就达到了上千万。无论消费者、海尔还是天猫，都成为了 C2B 定制预售模式的受益者。

优化供应链，精准锁定消费者，提前备货，消除库存，更有效地管理上下游供应链……电子商务将会极大地促进 C2B 模式的发展。

思考题 1　海尔为什么要"砸仓库"？

思考题 2　如何理解"真正的库存在车上"？

6.1.2　库存管理概述

库存管理的内涵和外延比较宽泛。本节从基本的库存管理的概念、传统库存管理和供应链库存管理三个方面入手，概述相关内容。

1. 库存管理的概念

库存管理的概念可以从狭义和广义两种角度来理解。

(1) 狭义角度的库存管理。指对仓库内的物料进行盘点、保管、发放、数据处理等作业，并采用防腐、温湿度控制等手段，使保管的实物库存保持最佳状态的一种管理活动。

(2) 广义角度的库存管理。指为了达到公司的财务运营(特别是现金流运作)的目标，优化整个需求与供应流程，合理设置 ERP 控制策略，并辅之以相应的工具和信息处理手段，从而能在保证及时交货的前提下尽可能地降低库存水平，以减少库存积压与报废、贬值风险的一种管理活动。

【微思考】上文分别从狭义与广义的角度介绍了库存管理的概念，但我们还会经常提到另一个相关概念：仓库管理。请根据所学内容，思考两者的区别。

扫一扫

2. 传统库存管理

传统库存管理是指供应链上的各节点企业独立管理自有物料的进、销、存业务，并从各自企业利益最大化的角度寻求降低库存、减少缺货及抵抗需求不确定性风险的一种管理方法。传统库存的主要特点如下：

(1) 传统库存管理侧重于单个企业库存的优化管理。企业内部的供产销各个环节都可能与库存管理发生一定的冲突。如采购部门倾向于用规模采购获取较低的价格，或者销售部门倾向于备齐货品并维持较高的库存水平以提高订单满足率，都可能导致库存增加。此时，传统库存管理的主要任务就是解决企业内部各部门之间的矛盾，协调作业活动问题，以使整个企业的利益最大化。

> 【微经验】以生产企业为例，在日常经营中，当追查订单不能如期完成的原因时，经常发现相关业务部门互相推脱责任，难以明确谁该对问题负主要责任。仔细分析后不难发现，出现这种问题，主要原因是库存管理不到位以及部门间沟通效率低。

(2) 传统库存管理存在供应链范围内的矛盾。传统库存管理的模式是企业之间各自为政，零售商、经销商和供应商都有库存，各自间的库存策略不同且相互封闭，少有合作与共享。在这种模式下，每个企业都会保有一定"保险"性质的库存，由此导致从零售商、经销商、制造商再到供应商依次累积越来越多的"保险"库存，最终导致大量商品分别滞留在各个企业的仓库里，严重增加供应链整体库存成本，最终使商品价格攀升，造成顾客满意度下降。

这是一个有趣的悖论：库存的初衷是提高客户满意度，但实际操作中却往往会导致客户满意度下降。而传统库存管理模式在解决这种矛盾时显得捉襟见肘。显而易见，当企业面临的经营环境变化，传统库存管理的许多理念与方法已经与现实渐行渐远时，意味着需要使用一种新的库存管理体系。

3. 供应链库存管理

供应链是指围绕核心企业，通过对商流、信息流、物流和资金流的控制，从采购原材料开始，到制成中间产品以及生成产成品，最后经销售网络把产品送到消费者手中，并将供应商、制造商、分销商、零售商直到最终用户连成一体的具有整体功能的网链结构。

在供应链管理的环境下，供应链各个环节的活动应该是协调同步进行的，因此库存管理职能也应当进行必要的整合，于是供应链库存管理思想应运而生。

供应链库存管理是指将库存管理置于供应链之中，以降低库存成本和提高企业市场反应能力为目的，采取从点到链、从链到面的库存管理方法，通过对整个供应链上的库存进行计划、组织、控制和协调，将各阶段库存控制在最小限度，从而削减库存管理成本，减少资源闲置与浪费，使供应链上的整体库存成本降至最低。

与传统库存管理相比，供应链库存管理不再是作为维持生产和销售的措施，而是作为一种平衡机制，以消除企业管理中的薄弱环节，实现供应链的总体平衡。

6.1.3　供应链库存管理模型

供应链库存管理的模型主要有三种：供应商管理库存模型，联合库存管理模型和共同预测、计划与补给模型。

1. 供应商管理库存模型

供应商管理库存模型(Vendor Managed Inventory，VMI)是通过信息共享，由供应链上的上游企业根据下游企业的销售信息和库存量，主动对下游企业的库存进行管理和控制的管理模式。在此模型中，合作双方尽最大可能减少由于独立预测的不确定性而导致的商流、物流和信息流的浪费，降低了供应链的总成本。

1) VMI 的运作模式

通常供应链中的核心企业分为下游核心企业和上游核心企业。核心企业在 VMI 系统中的位置不同，与其合作伙伴的合作方式(即 VMI 的运作模式)也不同。VMI 的运作模式主要有三种：供应商——制造商(核心企业)运作模式，供应商——零售商(核心企业)运作模式，核心企业(一般为制造商)——分销商(或零售商)运作模式。

(1) 供应商——制造商(核心企业)运作模式。在该模式中，制造商为核心企业，生产规模大，每天对零配件或原材料的需求量变化不大；每次要求供应商供货的数量比较小，一般满足 1 天的需求，有的甚至是几个小时；要求的供货频率较高，有时甚至是一天两到三次的供货频率；一般不允许发生缺货现象。

由于这种模式中的制造商可能会有几十家甚至上百家的供应商为其供应零配件或原材料，如果让每一个供应商都在制造商附近建立仓库，显然是不经济的。因此，可以在制造商附近建立一个 VMI HUB(供应商库存管理中心)，对不同供应商的物品进行统一管理。供应商与 HUB 之间共享库存情况、生产计划、需求计划、采购计划、历史数据等信息。出于效率与成本的考虑，特殊情况下供应商还可以不经过 HUB 直接向制造商补货，称之为越库直拨(Cross-Docking)。

【微经验】越库是取消或压缩物品在仓库存储的过程。供应商到货后，直接按客户的需求进行分配；或者将多个供应商的到货集中后分配给客户；或者由供应商将货物直接送到客户处等方式都属于越库行为。越库能够加快物品周转，降低存储成本，降低物品破损率等，但对物流管理水平要求较高。

(2) 供应商——零售商(核心企业)运作模式。当零售商把销售等相关信息通过 EDI(电子数据交换)传输给供应商后(通常是一个补货周期的数据，如 3 天)，供应商根据接收到的信息对需求进行预测，然后将预测的信息输入物料需求计划系统(MRP)，并根据企业现有的库存量和零售商仓库的库存量，生成补货订单，安排生产计划，进行生产。生产出的成品经过仓储、分拣、包装等作业后运送给零售商。

(3) 核心企业(一般为制造商)——分销商(或零售商)运作模式。该模式由核心企业充当 VMI 中的供应商角色，运作模式与前两种大致相同，由核心企业收集各个分销商的销售信息并进行预测，然后按照预测结果对分销商的库存统一管理与配送。由于该模式下的供应商只有一个，所以没有要在分销商附近建立仓库的问题。核心企业可以根据各个分销商的实际情况，统一安排配送，优化发货批量与路线安排。

2) 实施 VMI 的优点

实施 VMI 主要利于经销商，可以使库存管理更主动、灵活，有效预防"长鞭效应"。

(1) 利于经销商。由供应商管理库存，可以把经销商从库存的漩涡中解放出来，减少经销商的资金占用和库存管理环节，使其能集中精力专注于核心业务，追求整个供应链的效益最优。

(2) 库存管理更主动、灵活。供应商可以根据最终消费市场的情况及时调整生产和供应计划，减少库存积压，灵活应对市场变化。

(3) 有效预防"长鞭效应"。通过供应链上游企业对下游企业库存的管理，有效地打破"长鞭效应"产生的机制，有助于整个供应链库存的降低。

3) 实施 VMI 的缺点

VMI 也存在一定的缺点，主要表现在以下四个方面：

(1) VMI 建立在合作双方高度信任的基础上，整个过程中的销售情况和库存情况都是共享的，因此可能存在信息滥用和泄露的问题。

(2) VMI 合作双方中供方拥有更多的主动权和决策权，可能增加双方在决策过程中公平协商的难度，造成决策失误。

(3) VMI 虽然降低了整个供应链的库存，但增加了供应商的管理成本，如库存费用、运输费用、物料耗损等，对供应商不利。

(4) 建立 VMI 信息系统在前期需要较高的投资。

扫一扫

【微思考】寄售库存(Consignment Stock，CS)是指供应商将货物存放在生产商或零售商的仓库里，货物没有被厂商或零售商使用前，货物的所有权归供应商所有，厂商或零售商只有在使用货物时才支付费用。CS 与 VMI 的区别是什么？

2. 联合库存管理模型

联合库存管理模型(Joint Managed Inventory，JMI)是指供应链成员企业共同制定库存计划并实施库存控制的供应链库存管理模式。JMI 与 VMI 的主要区别在于：JMI 强调供应链中各节点企业同时参与，共同制定库存计划，保持各节点之间对需求的预期一致，保持各节点的责权平衡，风险共担。

JMI 也存在一些缺点，如：决策数据不准确；决策失误较多；供应链集成度不高；库存水平仍然较高；处理订单的速度偏慢；当发现供应出现问题时，留给供应商解决的时间较紧迫，应变性较差等。

3. 共同预测、计划与补给模型

共同预测、计划与补给模型(Collaborative Planning Forecasting and Replenishment，CPFR)是一种覆盖整个供应链合作过程的供应链库存管理模型，它应用一系列的信息处理技术和模型技术，通过共同管理业务过程和共享信息，改善零售商和供应商之间的计划协调性，提高预测精度，最终达成提高供应链效率、减少库存、提高客户满意度的目的。

CPFR 的特点主要体现在以下几个方面：

(1) CPFR 要求合作方始终做到公开沟通和信息分享，在信任与承诺的基础上确立协同性的经营战略，以取得长期的共同发展。

(2) 企业合作方共同进行业务规划。如在品类确定、品牌运作、关键品种的选择与维护等方面，再如订单满足率、商品定价、安全库存的设定、库存水平的维持、毛利率控制等方面，都需要合作进行规划。此外，为了实现共同的目标，还需要合作方协同制定促销计划、库存政策变化计划、产品导入和中止计划等。

(3) CPFR 强调合作方必须作出最终的协同预测，以减少整个供应链体系的低效率、资源浪费等情况。这种协同预测还强调双方都应参与预测反馈信息的处理和预测模型的制定与修正，特别是处理预测数据的波动等问题，从而使协同预测真正落在实处。

CPFR 采取了一种"双赢"的原则，强调始终从全局的观点出发，制定统一的管理目标和方案实施办法，以库存管理为核心，兼顾供应链上其他方面的管理。因此，CPFR 可以实现合作者之间更广泛和深入的合作。

4. 实施供应链库存管理的问题

实施供应链库存管理虽然有诸多好处，但在实际执行过程中往往并不顺畅，而是存在各种各样的问题，典型的问题主要包括以下五个方面：

(1) 企业全局观念意识不强。有些供应链体系的节点企业自行其道，追逐微小利益，没有从全局的角度关注供应链的整体效益，导致供应链整体效率低下。

(2) 信息传递体系建设缓慢。供应链库存管理强调各成员间的协作和信息实时共享，企业要对客户需求作出快速有效的反应，企业了解到的客户需求信息一旦延迟或失真，则不能发挥供应链体系的优势。但高效信息共享系统的建立并非一日之功。

(3) 供应链具有不确定性。企业的库存包括企业运营所必需的库存和为应对不确定因素而设置的安全库存。供应链体系越复杂，不确定的因素就越多、越难把握，库存量波动就会越大，而库存的总体保有量就会越高。

(4) 供应链成员间缺乏合作与协调精神。受种种因素的影响，供应链中的各成员企业较难实现彼此的坦诚合作、相互信任和相互协调，合作过程中易出现各种问题。

(5) 成本的转移。虽然供应链某个节点上的成本可能降低了，但供应链的总成本可能没变，甚至更高，只不过从一个节点转移到了另一个节点上。比如，在生产环节节省的成本有可能被供应链上的分销与库存成本抵消。

5. 完善供应链库存管理的方法

综合考虑供应链库存管理的思路、优点以及实施中遇到的问题，可以通过树立供应链整体观念、精简供应链结构、有效集成供应链上的各环节等方法，完善供应链库存管理。

(1) 树立供应链整体观念。要在确保优化供应链整体绩效的基础上，实现供应链中各成员企业间的库存管理合作，从整体上对各种直接或间接影响供应链库存管理的因素进行分析；要在信息充分共享的基础上，通过协调各企业的效益指标，使供应链中各成员企业对库存管理达成共识，树立"共赢"的经营理念，自觉协调相互需求；要使供应链库存管理的所有参与者在绩效评价的内容和方法上达成一致，充分共享库存信息。

(2) 精简供应链结构。供应链的结构对供应链库存管理有着重要影响。优化供应链结构，保证供应链各节点之间的信息传递顺畅，是搞好供应链库存管理的基础。如果供应链过长，或者供应链上各节点之间关系过于复杂，会造成信息在供应链中传递不畅、供应链库存成本过高等问题。因此，应尽量使供应链结构朝扁平化方向发展，精简供应链系统中的节点数，简化供应链上各节点企业之间的关系。

(3) 有效集成供应链上的各环节。所谓有效集成，就是在共同目标的基础上，将供应链上的各环节组成一个"虚拟组织"，通过对组织内成员采用信息共享、资源相互调剂等手段，使供应链库存管理数据能够实时、快速地在各节点间传递，从而大大降低供应链库存成本，对客户需求作出快速有效的反应，提高供应链库存管理的整体绩效。

【知识拓展】零库存管理

零库存管理(Zero Inventory)是指在生产、流通、销售等环节中，在提高资本增值率和降低库存积压风险的前提下，少量商品以仓库储存形式存在，其余大部分商品处于周转状态的一种库存管理方式。

零库存管理的起源可以追溯到 20 世纪 60 年代，当时日本丰田汽车公司实施准时制生产(Just In Time)，在管理手段上采用了看板管理、单元化生产等技术，实行拉动式生产，实现了生产过程中基本上没有积压的原材料和半成品的目标，同时大大降低了生产过程中的库存及资金的积压率，且提高了对相关生产环节的管理效率。此后在日本，零库存管理不仅被广泛应用于生产过程中，而且延伸到了原材料供应、物流配送、产品销售等各个领域，成为了企业降低库存成本、提高经营效率的利器。

零库存管理的内涵主要包括以下四个方面：

(1) 零库存采购。零库存采购即根据制造需求，向供应商下达采购订单。供应商备货完成后，直接送货到加工工厂的仓库，加工工厂收到货后即可进入加工流程。为提高供货的质量和可靠性，还可以由工厂安排质检人员直接入驻供应商处，以确保采购物品的质量。

(2) 零库存生产。零库存生产是指依靠对生产计划的严格实施，使生产的各个工序之间紧密衔接，以实现生产的同步和协调，使在制品的库存为零，消除库存浪费。零库存生产依赖于以下几个要素：看板制、生产标准化、工作标准化和零库存采购。注意，看板系统是零库存生产的核心，但零库存不等于看板管理的全部内容。

(3) 零库存配送。零库存配送又叫准时制配送或协同物流，就是在运输途中做到一体化协同运作，减少中间仓储和搬运等环节，将成本控制在最低水平。这需要各个协作企业之间建立方便的信息交换平台。

(4) 零库存销售。零库存销售是指在产品制造完成后立即交付给客户，从而使产成品的库存为零。在零库存的生产方式下，企业只有在接到客户订单后才开始生产，生产产量与需求数量一致，因而不会出现制成品库存，且大大提高了客户服务水平及应对需求变动的灵活性。

总之，如果企业能够在不同环节实现零库存，则可以有效地减少库存占用资金，优化应收和应付账款，加快资金周转，降低库存管理成本，规避由市场变化或产品更新换代而产生的降价、滞销风险等。实现企业效益的持续提升。

【经典案例】京东物流 VMI 为商家库存解压

当今电商行业竞争日益加剧，多平台、全渠道成为互联网电商发展的大势所趋。在这种模式下，商家通常会有多家线上平台店铺，甚至还有线下实体门店，这必然会导致商家面临各个电商仓库和线下门店仓库的备货及库存问题。如何实现库存最优，避免库存积压及缺断货，实现成本效益最优，是商家最为头痛的问题。

针对电商多平台、全渠道发展过程中的物流难题，京东物流推出创新产品——VMI 库存融合方案，如图 6-2 所示。

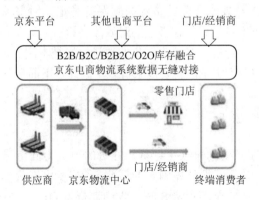

图 6-2 京东 VMI 库存融合方案简图

京东的 VMI 方案通过对大数据的融合运用，帮助商家打通物流和信息流，解决多平台库存共享难题，满足多平台、全渠道的业务发展需求。在这种模式中，商家可以"多仓合一"，进行线上线下"一盘货"管理，实现 B2B、B2C、B2B2C 等电商业态的库存共享和订单集成处理，降低库存压力和断货风险，获得存货最低及成本最优的双重效益。

此外，京东物流还结合大数据技术，对前端销售预测、补货策略、库存分布等流通大数据进行分析，为客户提供全生命周期、全供应链的物流服务，从而加快物流反应速度，提升消费者体验。

例如，对于食品商家，保质期管理尤为重要。京东的 VMI 方案帮助商家即时监测库存产品信息，包括 SKU、生产日期等，并按照先进先出原则出货。使商家可结合库存状态制定合理的促销计划，加快产品消化，避免库存锁死在平台或渠道，无法进行销售。

(资料来源: http://www.chinawuliu.com.cn/zixun/201606/01/312583.shtml)

思考题 1 京东物流推出 VMI 服务的背景是什么，有哪些优势？

思考题 2 京东物流推出 VMI 服务有哪些好处？

6.2 库存管理方法

库存管理方法有多种。本节先介绍两种常见的订货方法，再介绍当前库存管理中常用的 ABC 分类法、CVA 分类法分析法与供应细分分析法。作为知识拓展，本节还会简要介绍从 MRP 系统到 ERP 系统的演变过程。

【微经验】订货行为是物品进入仓库形成库存的前提。一般订货行为涉及订货时机与订货数量两个方面的因素。订货时机分为定期和不定期，而订货数量分为定量与不定量。所谓定期，是指每间隔一个固定的时间段(如一个月或一周)订货一次；不定期是指每当必需时才会订货；所谓定量，是指每次订货均订购固定的数量；不定量是指每次订货均订购必需的数量。

常见的订货方法有以下几种：定量不定期法、定期不定量法、定期定量法、不定期不定量法。其中，定期定量法是指在固定的时间间隔内，到了时间点就下订货单，下单的数量是固定不变的。这种方法要求所需的货量必须保持稳定，但市场通常是变化不定的，因此很少使用。而不定期不定量法就是在必需的时候才会订货，订货的数量即当下所需要的数量。因为这种方法可以随时订货，且每次订货的数量恰好是本次所需要的，所以不会产生库存。而定量不定期法和定期不定量法就要复杂得多，因此，下面着重介绍这两种订货方法。

6.2.1 定量不定期法

定量不定期法是指在必要的时候才订货，订货的数量为固定量。该方法的思路是：当库存量下降到订货点 R 时，即按预先确定的订购量 Q 发出订货单，经过订货提前期时间 L，库存量继续下降，到达安全库存量 S 时，收到订货量 Q，于是库存水平恢复。

1. 实施方法

该方法的主要决策变量为订货点 R 和订货量 Q。其中，订货点是指提示需要开始订货的某个临界库存量水平；订货提前期是指从开始订货到商品到货所间隔的时间段；安全库存是指为了防止不确定因素(订货期间需求增长、到货延期等)的发生影响正常供应而准备的缓冲库存。通常安全库存在正常情况下不会动用，在库存量使用过量或送货延迟等情况下才可使用。

1) 订货点的确定

订货点的确定与三个因素相关：订货提前期、安全库存量、平均需求量。在需求确定、订货提前期不变的情况下，由于不存在突发的需求，也就不需要设置安全库存，因此可以根据需求和提前期的时间直接求出订货点，公式如下：

$$订货点 = \frac{订货提前期(天) \times 全年需求量}{360}$$

在需求和订货提前期都不确定的情况下，就需要设置安全库存，并将求订货点的公式调整如下：

订货点 = 订货提前期的平均需求量 + 安全库存量 = 平均需求量 × 最大订货提前期
$\qquad$ +安全库存量

$$R = DL + S$$

式中：R 为订货点，D 为平均需求量，L 为最大订货提前期，S 为安全库存量。

对于安全库存量，可以用以下两种方法求得：

$$安全库存量 = (预计日最大需求量 - 日正常需求量) \times 订货提前期(天)$$

$$安全库存量 = 安全系数 \times \sqrt{最大订货提前期} \times 需求变动值$$

式中，安全系数可根据缺货概率查询安全系数表得到；最大订货提前期可根据历史订货数据分析得到；需求变动值可根据下面的公式求得：

$$需求变动值 = \sqrt{\frac{\sum(yi - \bar{y})^2}{n}}$$

式中：yi 为第 i 期的需求量，$\bar{y}$ 为 i 期内的平均需求量，n 为 i 期的个数。

【例 6-1】 某商品在过去三个月中的实际需求量分别为：1 月份 100 箱，2 月份 123 箱，3 月份 125 箱，最大订货提前期为 1 个月，缺货概率根据经验统计为 5%，求该商品的订货点。

解 $\qquad$ $平均月需求量 = \dfrac{100 + 123 + 125}{3} = 116(箱)$

缺货概率为 5%，查表得安全系数 = 1.65，则：

$$需求变动值 = \sqrt{\frac{(100-116)^2 + (123-116)^2 + (125-116)^2}{3}} \approx 11.34\,(箱)$$

$安全库存 = 安全系数 \times \sqrt{最大订货提前期} \times 需求变动值 = 1.65 \times \sqrt{1} \times 11.34 \approx 18.71(箱)$

订货点 = 平均需求量 × 最大订货提前期 + 安全库存量 = 116 × 1 + 18.71 = 134.71(箱)
则该题的订货点为 134 箱。

【例 6-2】 某企业某种材料经济订货批量为 460 kg，订货提前期为 10 天，平均每天正常耗用量为 10 kg，每天最大耗用量为 15 kg，求该材料的订货点。

解 　安全库存量 = (预计日最大需求量−日正常需求量) × 订货提前期(天)

$$= (15−10) × 10 = 50(kg)$$

订货点 = 平均需求量 × 最大订货提前期 + 安全库存量 = 10 × 10 + 50 = 150(kg)

则该题的订货点为 150 kg。

> **【微经验】**使用上述方法求得的订货点具备一定的参考价值，如果再结合经验方面的需求变动预测、对供应商到货时间的分析以及对订单商品满足率的分析，基本上就可以得出比较合理的订货点了。同时，根据市场的反应及对市场数据的分析，也可以对订货点进行临时调整。例如，若预测到某商品供应商的供货能力会在未来的一定时间内出现问题，则可以在未达到订货点时提前安排采购订单。

2) 基本经济订货批量

基本经济订货批量(Economic Order Quantity，EOQ)是一种简单、理想的订货状态，即通过平衡采购进货成本和保管仓储成本的方法确定的，能使总库存成本最低的订货量。当企业按照基本经济订货批量订货时，可实现订货成本和储存成本之和最小，如图 6-3 所示。

EOQ 的假设前提：

(1) 企业能够及时补充存货，且能集中一次性到货，无缺货发生。

(2) 需求量稳定且能预测。

(3) 存货单价为已知常量。

(4) 企业现金充足，不会影响到进货。

基本经济订货批量的计算公式如下：

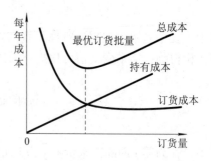

图 6-3　EOQ 的基本模型

$$Q^* = \sqrt{\frac{2\,D×C}{H}}$$

式中：D 为年需求总量，C 为每次订货费用，H 为单位商品年保管费。

该公式中 D 的数据容易获得，下面介绍每次订货费用 C 和 H 单位商务年保管费的数据获取方法。

(1) 每次订货费用 C。如果企业设有专职的采购部门，订货费用就比较容易估算。因为在会计核算里会有明确的采购部门管理费用，可具体统计采购部门全年的采购订货单，将管理费用分摊到每一个订单，每一种单品。订单不同，单品不同，则所占的权重不同，可以用总的购买价格或总的购买量为基础，通过一定的加权计算求得订货费用。但要十分注意这个方法是否对每一种情况都适用，因为每个订货单实际需要的费用差别很大，有些低到只需几角钱，有些则高达上百元、上千元。谈判巨额供货合同时，谈判费用也可能会占到订货费用的相当大一部分。所以，对每次订货费用 C 的最终确定需要进行系统的综合分析。

(2) 单位商品年保管费 H。商品的年保管费分为固定费用和可变费用两种。在一定的时期内，租金、税金、员工工资、折旧费等属于固定费用，不受库存总额的影响；而像供暖、照明、用于操作的设备等的费用就有一部分是固定不变的，有一部分是变动的；保险费的开支则一般根据平均库存量来计算，并受一些其他因素的影响，属于可变费用。上述固定保管费用加上随库存数量增加而变化的变动费用，就是总的保管费用，由此可推算出单位商品年保管费 H。

2. 特点与适用范围

定量不定期法具有显著的特点，在特定的范围内才能应用。

1) 定量不定期法的主要特点

定量不定期法的主要特点表现在以下几个方面：

(1) 订货时间不固定，依赖于库存的消耗状况而定。

(2) 原则上每次的订货量固定。例如规定在化妆品 A 的库存量达到 5 个时追加库存，每次订货量为 80 个。如果出现销售量变动幅度较大的情况，则通过调整订货的次数和频率来应对。

(3) 控制参数确定后，实际操作非常简单，订货时间与订货量不受人为判断的影响。如果采用软件系统进行管理，当满足设定的订货条件时，系统会自动生成订货单；如果未采用软件系统管理，则可以考虑采用"双仓法"来订货。

(4) 充分发挥了经济订货批量的作用，能降低库存成本，节约费用，提高经济效益。

【微思考】双仓法是指将某商品分成两个储位存放，储位 B 作为订货点的库存准备；储位 A 作为日常库存，正常发货。当正常发货的储位空了，仓库人员一看就知道该订货了。开始订货后，发货时发出储位 B 的商品，订货商品到货后补充至储位 A。请思考双仓法的优缺点是什么？

扫一扫

2) 定量不定期法的适用范围

定量不定期法主要适用于三类物品：单价便宜、不便于少量定购的物品；需求预测困难、消费量计算复杂的物品；通用性强，需求总量比较稳定的物品。

3. 主要缺陷

定量不定期法的缺陷主要表现在以下几个方面：

(1) 订货模式比较机械，缺乏灵活性。

(2) 订货时间不能提前确定，对于资金、业务等方面安排的计划性较差。

(3) 通常每个品种单独进行批量订货作业，单品间组合订货的能力差，容易增加订货成本和运输成本。

【微经验】假定 A 供应商供应 B、C、D 三种商品，商品 B 库存在周一到达订货点，商品 C 库存在周二到达订货点，商品 D 库存在周三到达订货点。如果订货方周一、周二、周三每日下达一张订货单分别订货，则供应商需在 3 天内连续送货。假设订货方的这种订货方式不是偶然行为，供应商就会倾向于在周一能送商品 B 到仓库的情况下，等待 C 和 D 的订单下单后一起送货，这样可能会直接影响到商品 B 的正常销售。

6.2.2 定期不定量法

定期不定量法是指在固定的时期订货，订货的数量由每次的需求预测决定。该方法的思路是：每隔一个固定的时间周期对库存项目的库存量进行检查，然后根据库存量与预定目标库存水平的差额确定每次的订购批量。这里假设需求为随机变化，因此每次订货时的库存量都是不同的，为达到目标库存水平所需要补充的数量也不同。

1. 实施方法

该方法的主要决策变量为检查时间周期 T 和目标库存水平 Q_0。

1) 订货周期的确定

通过两种方式可以确定订货周期：一是经验，二是经济订货批量。

(1) 根据经验确定。指在对历史进货量、消耗情况、与供应商合作情况、断货情况等因素进行综合判断后，确定合理的订货间隔期。

【微经验】在小规模的企业里，凭经验进行订货、库存管理的不在少数。实际上这种"经验"并非凭空臆想，而是经过长时间多种因素的互相影响博弈产生的结果，给予完全否定的态度是欠妥的，但要注意思考：多种因素博弈的结果是否具备科学性？是否存在更科学的操作方式使博弈结果更优？

(2) 根据经济订货批量确定。指将全年某商品的需求总量与订货的经济订货批量相除得到该商品的全年订货次数，然后根据订货次数划分出合适的订货间隔期。

【微经验】运用 EOQ 计算公式需要满足假设性的前提条件，而在现实中有些条件往往难以被满足，因此 EOQ 的实际应用受到一定限制。虽然 EOQ 模型给人们提供了分析问题的思路和方法，应用该模型得出的结果是最优的，但在现实条件不能满足的情况下，围绕最优的结果寻求合理范围内的次优结果，然后通过人为因素使次优结果趋向于最优，也是可行的。所以，很多企业除了借助软件系统自动生成订货单，还会配有相关采购人员来对某些订单的采购量进行人为干预，在由他们进行进一步的数据分析与经验判断之后，再形成采购单。可见，计算机与软件系统仅是一种管理工具，可以协助订货人员或管理人员更好地完善库存管理。如何使软件最大限度地发挥其效能，关键还是在于"人"的因素。

2) 目标库存水平的确定

目标库存水平是能满足订货期和提前期内需求量的库存量。目标库存水平包括两部分：一部分是订货周期加提前期内的平均需求量；另一部分是根据服务水平能保证供货概率的保险储备量。目标库存水平 Q_0 可以用下面的公式表示：

$$Q_0 = (T + L) r + ZS_2$$

式中：T 为订货周期(两次订货行为之间所间隔的时间段)，L 为订货提前期，r 为平均日需求量，Z 为服务水平保证的供货概率在正态分布表上对应的值，S_2 为订货期和提前期内需求变动的标准差，ZS_2 为安全库存量。

若给出需求的日变动标准差 S_0，则：

$$S_2 = S_0 \times \sqrt{T + L}$$

依据目标库存水平，可得到每次检查库存后所需的订货批量：

$$Q = Q_0 - Q_t$$

式中：Q_t 为在第 t 期检查时的实际库存量。

根据确定目标库存水平量的公式及其影响条件可以看出：如果把 Q_0 设为一个定值，则每到一个固定的间隔时间点，根据当下的库存余量即可得到该点的订货量。

2. 特点与适用范围

定期不定量法具有显著的特点，在特定的范围内才能应用。

1) 定期不定量法的特点

定期不定量法的特点主要表现在以下几个方面：

(1) 订货的间隔期固定，不同订货时间的间隔期相等。

(2) 订货间隔期的长短直接决定了最高库存量的大小，也决定了仓库的库存水平。因此订货周期不宜太长，否则会使库存水平过高；也不宜太短，否则会使订货批次增加，订货费用上升。从供应商的角度看，频繁地送货会增加送货成本，从而带来商品价格、供应效率等方面的问题。

(3) 订货周期可以根据具体情况进行调整。与前述的不定期的区别是：不定期是不管什么时候需要就马上采购，没有规律性；而定期的可调整性是根据市场变化而进行的调整，不是即时性的无规律调整。

(4) 没有固定不变的订货批量，每个周期的订货量大小都是由当时的实际库存量确定的。这里的"实际库存量"包括已订但尚未到达的在途商品的数量，还要扣除已售未出库商品的数量。

2) 定期不定量法的适用范围

定期不定量法主要适用于以下类型的物品：

(1) 需要实施严密管理的重要物品，以及需要经常调整生产或采购数量的物品。

(2) 需求量变动幅度大，且变动具有周期性，可以正确作出变动判断的物品。

(3) 设计变更风险大的物品。

(4) 需要定期制造的物品。

(5) 共同采购时可以节省费用的多种物品集合。

3. 主要缺陷

定期不定量法的缺陷主要有以下几个方面：

(1) 订货周期虽然可以根据具体情况进行调整，但灵活性不够。

(2) 订货行为缺乏一定的计划性，会加大与供应商合作的难度。

(3) 对库存管理水平的要求较高，管理不当可能会使企业面临断货的风险。

【知识拓展】移动平均法预测订货量

移动平均法是用一组最近期的实际数据来预测未来一期或几期内企业产品的需求量、产能等数据的一种常用方法，分为简单移动平均法和加权移动平均法。

当产品需求波动不大，且不存在季节性因素时，移动平均法能够有效地消除预测中的随机波动。它的基本思路是：根据时间序列资料，逐项推移，依次计算包含一定项数的序时平均值，以反映长期的趋势。因此，当时间序列的数值由于受周期变动和随机波动的影响，起伏较大而不易显示事件的发展趋势时，使用移动平均法可以消除这些因素的影响，揭示出事件的发展方向与趋势(即趋势线)，然后依据该趋势线，就可分析预测时间序列的长期趋势。

但移动平均法也存在以下问题：

(1) 加大移动平均法的期数(即加大 n 值)会使平滑波动的效果更好，但会使预测值对数据实际变动更不敏感。

(2) 移动平均值并不总能很好地反映出趋势。由于是平均值，预测值总是停留在过去的水平上而无法预计将来的波动情况。

(3) 移动平均法要有大量的历史数据作为依据。

1. 简单移动平均法

简单移动平均法中各元素的权重都相等，计算公式如下：

$$F_t = (A_{t-1} + A_{t-2} + A_{t-3} + \cdots + A_{t-n})/n$$

式中：F_t 为对第 t 期的预测值；n 为移动平均的时期个数；A_{t-1} 为第 t–1 期实际值；A_{t-2}，A_{t-3}，…，A_{t-n} 分别为第 t–2 期、第 t–3 期直至第 t–n 期的实际值。

【例6-3】 某公司商品 A 在 2016 年度每月的订货情况和 2017 年前四个月的订货情况如表 6-1 所示，请用移动平均法预测 2017 年第 5 个月的订货量 M。

表6-1 某公司商品 A 订货情况

商品	2016 年												2017 年				
	1月	2月	3月	4月	5月	6月	7月	8月	9月	10月	11月	12月	1月	2月	3月	4月	5月
A	120	80	140	130	100	110	90	80	120	130	110	140	125	90	135	145	

例题分析 从表 6-1 中可以看出，各月的订货量受某些不确定因素的影响，时高时低，变动较大。如果把每几个月的订货量加起来计算其移动平均数，建立一个移动平均数时间序列，就可以从平滑的发展趋势中明显地看出其发展变动的方向和程度，进而可以预测未来的订货量。

在计算移动平均数时，移动平均时期个数的选择，需要根据时间序列的序数和变动周期来决定。如果序数多，变动周期长，则可以采用每 6 个月甚至每 12 个月一个时期来计算；反之，可以采用每 2 个月或每 5 个月一个时期来计算。对于本例中2016 及部分 2017 年度的订货量而言，可以采用每 4 个月为一个时期计算其移动平均数。

解 把 2016 年 1～4 月的订货量相加除以 4 得 117.5，把 2～5 月的订货量相加除以 4 得 112.5，依此类推，即可得出 2017 年第 5 个月的订货量 M，如表 6-2 所示。

表 6-2　移动序列平均值计算表

年月	实际订货值	每 4 个月的移动平均数
2016.1	120	—
2016.2	80	—
2016.3	140	—
2016.4	130	—
2016.5	100	117.5
2016.6	110	112.5
2016.7	90	120
2016.8	80	107.5
2016.9	120	95
2016.10	130	100
2016.11	110	105
2016.12	140	110
2017.1	125	125
2017.2	90	126.3
2017.3	135	116.3
2017.4	145	122.5
2017.5	M	123.8

移动平均法又可分为一次移动平均法和二次移动平均法：

(1) 一次移动平均法。表 6-2 的算法称为一次移动平均法，一般只适用于没有明显的上升或下降趋势的现象，若时间序列呈直线趋势，就要用到二次移动平均法。

(2) 二次移动平均法。二次移动平均法就是在一次移动平均的基础上再进行一次移动平均，然后以一次移动平均值和二次移动平均值为基础建立预测模型，并计算预测值的方法。二次移动平均预测法的预测模型公式为

$$Y_{t+T} = a_t + b_t \times T$$

式中：$a_t = 2M_t^{(1)} - M_t^{(2)}$，$b_t = \dfrac{2}{n-1}(M_t^{(1)} - M_t^{(2)})$，T 为由 t 期向后推移的期数。

$M_t^{(1)}$、$M_t^{(2)}$ 的计算公式为

$$M_t^{(1)} = \frac{Y_t + Y_{t-1} + \cdots Y_{t-n+1}}{n}, \qquad M_t^{(2)} = \frac{M_t^{(1)} + M_{t-1}^{(1)} + \cdots + M_{t-n+1}^{(1)}}{n}$$

式中：$M_t^{(1)}$ 为第 t 期的一次移动平均值，$M_t^{(2)}$ 为第 t 期的二次移动平均值，Y_t 为时间序列中第 t 期的观察值，n 为计算移动平均值的跨越期。

【例 6-4】已知某公司商品 A 从 2002 年到 2017 年的订货量，试用二次移动平均法预测 2019 年的订货量，如表 6-3 所示。

表 6-3　某公司商品 A 订货量及移动平均值预测计算表

年份	序号	实际订货量/件	一次移动平均	二次移动平均
2002	1	116		
2003	2	349		
2004	3	499		
2005	4	356		
2006	5	616	387.2	
2007	6	976	559.2	
2008	7	1529	795.2	
2009	8	2302	1155.8	
2010	9	2193	1523.2	884.12
2011	10	2269	1853.8	1177.44
2012	11	1864	2031.4	1471.88
2013	12	2368	2199.2	1752.68
2014	13	2454	2229.6	1967.44
2015	14	3082	2407.4	2144.28
2016	15	3106	2574.8	2288.48
2017	16	3699	2941.8	2470.56

解　该题中一次移动平均时选择的期数为 5。如 2006 年的一次移动平均数为

$$\frac{116+349+499+356+616}{5}=387.2$$

以后逐年类推,将二次移动平均数在一次移动平均数基础上再进行移动平均,如 2010 年的二次移动平均数为

$$\frac{387.2+559.2+795.2+1155.8+1523.2}{5}=884.12$$

根据公式:

$$Y_{t+T}=a_t+b_t\times T$$

$$a_t=2M_t^{(1)}-M_t^{(2)},\qquad b_t=\frac{2}{n-1}(M_t^{(1)}-M_t^{(2)})$$

该题目中,$M_t^{(1)}=2941.8$,$M_t^{(2)}=2470.56$,则:

$$a_t=2M_t^{(1)}-M_t^{(2)}=2\times2941.8-2470.56=3413.04$$

$$b_t=\frac{2}{n-1}(M_t^{(1)}-M_t^{(2)})=\frac{2}{5-1}(2941.8-2470.56)=235.62$$

$$t=16$$

$$Y_{t+T}=a_t+b_t\times T$$

如果要预测 2019 年的订货量，即 T=2，则：

$$Y = 3413.04 + 235.62 \times 2 = 3884.28(件)$$

2. 加权移动平均法

加权移动平均法是指给固定跨越期限内的每个变量值赋予不同的权重，然后进行移动平均以预测未来值的一种方法。其原理是：历史各期产品需求的数据信息对预测未来期内的需求量的作用不同。因此，除了以 n 为周期的周期性变化外，远离目标期的变量值的影响力相对较低，应赋予较低的权重。计算公式如下：

$$F_t = w_1 A_{t-1} + w_2 A_{t-2} + w_3 A_{t-3} + \cdots + w_n A_{t-n}$$

式中：w_1 为第 t−1 期实际值的权重；w_2 为第 t−2 期实际值的权重；w_n 为第 t−n 期实际值的权重；n 为预测的时期数；$w_1 + w_2 + \cdots + w_n = 1$；$A_{t-1}$ 为第 t−1 期实际值；A_{t-2}，A_{t-3}，$\cdots$，A_{t-n} 分别表示第 t−2 期、第 t−3 期直至第 t−n 期的实际值。

在运用加权平均法时，需要注意权重的赋予问题。一般而言，近期的数据最能预示未来的情况，因而所占权重较大。例如，根据前一个月的订货量比起根据前几个月的能更好地估测下个月的订货量。但是，如果数据是季节性的，则权重也应该是季节性的。对于各期权重的占比分配，可以根据经验判断，也可以结合历史统计数据进行分析，综合判定更能够接近真实情况的占比分配。

注意：运用统计方法得出的预测值与真实值之间大多会有一个差额，因为预测不够精确是正常的。需要做的是尽可能地缩小预测值与真实值的差距，这个差距就是经常说的误差，误差的绝对值越小，说明预测的准确度越高。通过对误差的分析，可以评价所用预测方法的实用性，以期选择更合适的预测方法，获取更精确的预测值。

6.2.3 ABC 分类法

ABC 分类法又称重点管理法，是根据物品在技术或经济等方面的特征进行分类排队，分清重点和一般，从而有区别地确定管理方式的一种管理方法。ABC 分类法的核心思想是：在影响一个事物的众多因素中分清主次，识别出少数的、但对事物起决定作用的关键因素和多数的、但对事物影响较小的次要因素。

库存管理 ABC 分类法的基本原理是：对企业库存(原材料、在制品、成品等)按照重要程度、价值高低、资金占用、消耗数量等因素进行分类和排序，以分清主次、抓住重点，并分别采用不同的控制方法。其要点是从中找出关键的少数(A 类)和次要的多数(B 类和 C 类)，并对关键的少数进行重点管理，以提高管理效率。

1. 分类方式

对库存物品的 ABC 分类一般通过两种方式实现：一种是定量方式，即基于一定的数学统计方法；另一种是定性方式，即基于相关作业人员的经验判断。ABC 分类的定性方式与作业人员的工作能力、经验水平等因素关系较大，在此不作详细介绍。下面重点介绍 ABC 分类的定量方式。

1) ABC 分类的步骤

ABC 分类主要包括三个步骤：收集数据；整理数据；按照一定标准进行分类，并列出 ABC 分析表(或绘制分析图)。

(1) 收集数据。先确定作为分类标准的某特征的相关影响因素，然后收集相应的数据资料。如将库存物品的销售额作为参考特征，则应收集该物品的年销售量、物品单价、月销售额等数据资料。

(2) 整理数据。对收集的数据进行加工整理与分析，并按要求进行计算，包括计算特征数值、特征数值占总计特征数值的百分数、累计百分数、因素数目、因素数目占总因素数目的百分数等。

【微经验】对数据的搜集整理和分析，需要依据一定的规则对数据进行分类，并排除一些特例。比如商品 A 的日常销售量一般，库存保有量有限，但由于某个客户的某次特别要求而产生了大量的进出库，此种情况产生的数据就不能作为评价商品 A 进出库数量的参考。

(3) 按照一定标准进行分类，并列出 ABC 分析表(或绘制分析图)。因素的划分标准并无严格规定，但在习惯上，常把主要特征值累计百分数达 70%～80%的若干因素称为 A 类；累计百分数在 10%～20%区间的若干因素称为 B 类；累计百分数在 10%左右的若干因素称为 C 类。

2) 实例分析

参考表 6-4 所示的数据，以商品出库金额为分类标准对库存商品进行 ABC 分类，步骤如下：

(1) 计算每一种商品的出库金额。

(2) 将商品按照出库金额由大到小排序并列成表格。

(3) 计算每一种商品出库金额占库存总金额的比率。

(4) 计算累计比率。

(5) 分类(此处累计比率分别取 65%、88%作为界定 ABC 分类的标准点)。

表 6-4　库存 ABC 金额分析表

商品名称	单价/元	年出库数量/个	出库金额/元	占总金额比率	累计比率	分类
12	550	7236	3 979 800	26%	26%	
20	57	52 896	3 015 072	20%	46%	A
14	65	23 684	1 539 460	10%	56%	
18	22	45 612	1 003 464	7%	63%	
15	80	12 378	990 240	7%	70%	
7	1208	800	966 400	6%	76%	
16	74	7210	533 540	4%	80%	B
11	0.8	650 000	520 000	3%	83%	
2	2.4	182 563	438 151.2	3%	86%	
9	109	3562	388 258	3%	89%	
1	1.5	250 895	376 342.5	2%	91%	
17	8	36 521	292 168	2%	93%	C
6	17	12 653	215 101	1%	94%	
19	301	656	197 456	1%	95%	

续表

商品名称	单价/元	年出库数量/个	出库金额/元	占总金额比率	累计比率	分类
13	230	856	196 880	1%	96%	
5	350	500	175 000	1%	97%	
4	18	5263	94 734	1%	98%	C
3	10	7898	78 980	1%	99%	
8	100	702	70 200	0.5%	99.5%	
10	800	15	12 000	0.5%	100%	

对于不同的库存商品，分类时可以采用不同的标准。如库存管理可以采用存货价值作为指标；客户管理可以采用客户进货额或者毛利贡献额作为指标；投资管理可以采用投资回报额作为指标，等等。

采用不同的标准来划分商品的 ABC 分类，得到的结果差异会很大，一般情况下，应选择合适的标准来对商品进行划分。比如，"出库总额"是一个不错的约束条件，但对于某些体积不规则的商品，虽然出库总额并不高，但占用的仓储面积特别大，考虑到仓储的空间利用问题，就可以将其作为重点 A 类商品进行管理；也可以将这类商品单独拿出来作为 A 类商品，然后将其他的商品从出库总额角度进行比较分析，再划分出 ABC 类，则最后的 A 类商品就包括两种：体积不规则的商品和出库总额占比大的商品。

采用出库总额标准对商品进行 ABC 分类后，为了加强对 C 类商品的管控，也可以再对 C 类商品单独进行 ABC 分类，这次分类的约束条件可以选择出库总数量；而如果 B 类商品中某些商品的出库总金额占比不是太高，但出入库频率比较高，也可以把这些商品人为地划为 A 类商品对待。

总而言之，库存管理 ABC 分类法的核心思想是：分清主次，抓住重点。

扫一扫

【微思考】根据库存管理 ABC 分类法的核心思想，请读者扩展思考一下，商品只可以分为 ABC 三类吗？分成 ABCDE 五类可以吗？人员管理可不可以分成 ABC 三类？这种方法还可以用在管理工作的哪些方面？

2. 应用方法和局限性

应用 ABC 分类法能对各类物品分别进行管理，取得比较好的库存管理效果，但这种方法也存在一定的局限性。

1）ABC 分类法的应用

应用 ABC 分类法，可以将库存物品分为 A 类、B 类、C 类分别管理，对不同类别的物品采取不同的管理方式。

(1) A 类物品在品种数量上占比少，管理好 A 类物品，就能管理好占总金额 70% 左右的年消耗品。对生产企业而言，应该千方百计降低 A 类物品的消耗量；对商业企业而言，则要想方设法增加 A 类物品的销售额。在仓储管理中，对 A 类物品要在保证安全库存的前提下，进行小批量、多批次的按需储存，尽可能地降低库存总量，减少仓储管理成本，减少资金占用成本，提高库存周转率。下面介绍几种管理 A 类物品的方法和要点：

① 按照需求小批量、多批次地采购入库，尽可能缩短订货提前期，加强对供应商交货效率和满足率的控制。

② 提高库存周转率，保持库存最优的效期，降低仓储管理费用。

③ 重点监控需求的变化，分析变化波动的原因，使库存与需求相契合。

④ 合理设置最低库存量、安全库存量和订货点，防止缺货的发生。

⑤ 了解供方与需方的库存情况，作好库存预测。

⑥ 与供应商和用户共同研究替代品的可能性，尽可能降低单价。

⑦ 建立对商品的重点盘点和检查制度。

⑧ 规划好物品的存储货位，使之便于进出，实现库存商品的高效运转。

⑨ 提前制定应急预案和补救措施。

(2) 对 B 类物品进行次重点管理和常规管理。如采用定量订货方法、建立次重点的盘点和检查制度、适量采购等。

(3) C 类物品品种数量多，消耗金额比重小，不宜投入过多的管理精力。如适度加大采购量，以获得价格优惠并减少库存报警；建立非重点的盘点和检查制度(如每月盘点一轮)等。

2) ABC 分类法的局限性

ABC 分类法的分类标准单一，因此不能完全适用于存在需求关联的多品类商品的库存管理，具有一定的局限性。

(1) 分类标准过于单一。ABC 分类法在多影响因素综合分析方面存在欠缺，可能会造成分类不当，导致管理失误。比如按库存物品所占资金数量进行分类时，就并没有考虑到采购难易度、采购提前期、供方垄断等因素。

(2) 不完全适用于有关联性需求的多品类库存管理。例如，某生产型企业的产品 W 由 120 种零部件组成，按一定的标准把这 120 种零部件进行 ABC 分类后，其中 20 种为 A 类零部件，40 种为 B 类零部件，60 种为 C 类零部件。由于对 A 类及 B 类零件进行了严格的库存管理，账物相符，补货及时，而对 C 类零部件的库存管理较松散，出现了 1 种库存账物不符并且补货不及时的情况，导致 C 类零部件缺货 2 天。但是，由于产品 W 需要由 A、B、C 三类零部件共同组成，因此在 C 类零部件新货未到之前，必然出现产品 W 无法组装完成的情况。

可见，对于连续均衡的生产过程而言，每一种关联物品都具有同样重要的作用。因此也要注意一些 C 类关键物料的管理，不能一味地只重视 A 类物品。而为解决 C 类物品得不到足够重视的问题，库存管理的另一种方法——CVA 分类分析法应运而生。

【知识拓展】库存周转率

库存周转率是指某时间段的出库总金额(总数量)与该时间段库存平均金额(或数量)的比，表示在一定期间内库存周转的速度。一般使用下面的两个公式来计算：

$$库存周转率 = \frac{使用数量}{库存数量} \times 100\%$$

$$库存周转率 = \frac{使用金额}{库存金额} \times 100\%$$

使用数量可能不等于出库数量，因为出库数量中可能包含一定的备用数量。同理，使用金额也可能并不等于出库金额。

但不管是使用金额还是库存金额，是何时发生的金额很关键，因此在研究某个期间的金额时，需使用以下公式：

$$库存周转率 = \frac{该期间的出库总金额}{该期间的平均库存金额} \times 100\%$$
$$= \frac{该期间的出库总金额 \times 2}{期初库存金额 + 期末库存金额} \times 100\%$$

比如，某企业在 2014 年一季度的销售物料成本为 200 万元，其季度初的库存价值为 30 万元，季度末的库存价值为 50 万元，则其库存周转率为 200÷[(30+50)÷2]＝5 次，相当于该企业用平均 40 万的现金在一个季度里周转了 5 次，赚了 5 次利润。照此计算，如果每季度平均销售物料成本不变，每季度底的库存平均值也不变，那么该企业的年库存周转率就变为 200×4/40＝20 次，相当于该企业一年用 40 万的现金赚了 20 次利润。

6.2.4　CVA 分类分析法

CVA 分类分析法即关键因素分析法，是将物品按照关键性分成 3～4 类，一般为最高优先级、较高优先级、中等优先级和较低优先级。该分类方法比 ABC 分类法有着更强的目的性。

ABC 分类法的不足之处表现为 C 类物品因为金额的占比小而得不到应有的重视。但 C 类物品中的某些物品也可能起着关键的作用，应给予最高优先级。因此，一般情况下 ABC 分类法注重的是物品的金额，CVA 分类分析法则强调物品的功能。不同优先级物品的管理措施及特点如表 6-5 所示。

表 6-5　CVA 库存类型及特点和管理措施

库存类型	特　　点	管理措施
最高优先级	经营管理中的关键物品，A 类存货	不可缺货
较高优先级	经营管理中的基础物品，B 类存货	允许偶尔缺货
中等优先级	经营管理中比较重要的物品，C 类存货	允许合理范围内缺货
较低优先级	经营管理中需要，但可替代的物品	允许缺货

在实际操作中，人们往往倾向于为物品制定较高的优先级，造成高优先级的物品很多，最终导致样样都要重视，样样重视得不够。因此，将 CVA 分类分析法与 ABC 分类法结合起来应用是一种不错的选择。但是，在将这两种方法结合运用的时候，会发现其无法解决一些问题，比如：商品 A 设定的价值高，优先级也高，但还是会断货，因为

A 是市场上的紧俏商品，常出现供不应求的局面；而商品 B 设定的价值低，优先级高，同样会断货，因为商品 B 的供应商距离远，且能满足要求的供应商不多。

为了弥补上述 ABC 分类法和 CVA 分类分析法的缺陷，人们从物品采购的角度引进了另一种库存管理方法——供应细分分析法。

6.2.5 供应细分分析法

供应细分分析法综合使用两种标准对库存物品进行分类：一是成本/价值，为横坐标；二是风险和不确定性，也就是在市场上获得某种物品的难易程度，为纵坐标。因此，根据供应细分分析法，可以将库存物品分为四类，如图 6-4 所示。

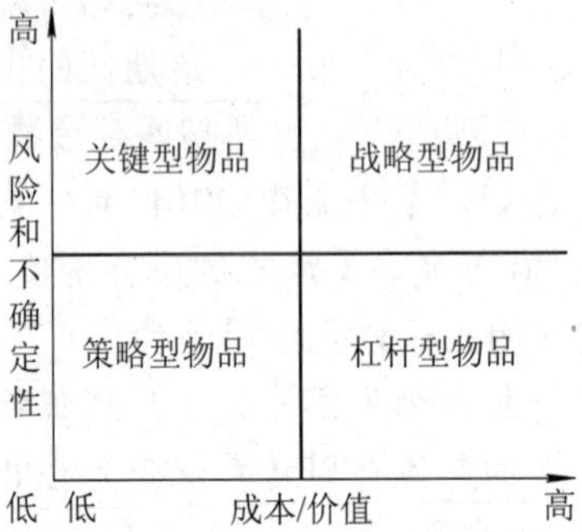

1. 策略型物品

策略型物品的特点是：价值偏低，容易购买，缺货风险较小。对其管理的重点主要包括库存成本控制、交易过程的管理以及降低采购过程成本等方面。

2. 杠杆型物品

杠杆型物品的特点是：价值偏高，供应充足，缺货风险较小，但库存成本高。对其管理的重点主要放在库存成本控制上，在不影响供应的基础上，以各种方法有效地降低采购成本，不断寻求成本更低的资源。

图 6-4　物品供应细分分析图

3. 关键型物品

关键型物品的特点是：价值偏低，较难采购，缺货风险较大。对其管理的重点主要有二：首先，考虑如何减少或消除它们，或者采用替代品；其次，设置较高的安全库存，与垄断性的生产商或供应商要建立稳定的供应关系。

4. 战略型物品

战略型物品的特点是：价值和风险这两个指标都比较高，且库存成本高，而恰恰是这类物品能保障企业产品在市场上的竞争力和竞争优势，应该成为库存管理的重点。首先，管理的重点应放在与优质供应商建立长期的战略合作伙伴关系上，力求与这些供应商签订长期协议，在保障供应的基础上降低缺货风险和成本。另外，企业要根据销售计划，合理制定物品需求计划，设置一定量的安全库存，并进行严格的库存控制，降低库存成本和缺货风险。

【知识拓展】从 MRP 到 ERP

计算机和软件技术在库存管理中起着越来越重要的作用，从 MRP 到 ERP，软件技术越来越完善，越来越强调多种因素对库存管理的影响，越来越强调从供应链的角度管理库存问题。

1. MRP

在流通企业中，各种需求往往是独立的，而在生产系统中，需求具有相关性。因此，物料需求计划(Material Requirement Planning，MRP)应运而生。MRP 是一种用于确定材料加工进度和材料订货日程的实用技术，其根据市场需求预测和顾客订单制定产品的生产计划，然后基于此计划制作产品的材料结构表(BOM)，并结合材料的库存状况，使用计算机将所需材料的需求量和需求时间计算出来。

MRP 的基本原理是：根据反工艺路线的原理，按照主生产计划要求的产品生产数量与期限，利用产品结构、零部件数量、在制品库存情况、各生产(或采购)阶段的提前期、安全库存等信息，推算出各个零部件的生产数量和期限。比如，确定生产产品 A 后，根据其产品结构表就可推算出组成产品 A 的所有零部件的需求数量、需求时间、工艺流程等。

但 MRP 也存在一些问题，比如在企业现有的生产能力达不到要求的时候，或在生产设备、工时、原材料等不足的时候，就难以应用 MRP 处理。因此在 20 世纪 70 年代，从 MRP 衍生出了闭环 MRP 系统。

2. 闭环 MRP

闭环 MRP 是在 MRP 的基础上产生的，所谓"闭环"有两重含义：一方面，它不单纯考虑物料需求计划，而是将与之相关的能力需求、车间生产作业计划和采购计划等因素也考虑进来，使整个问题形成一个环形回路；另一方面，它需要在计划制定与实施后取得反馈信息，以便对计划进行修改与控制，从而又形成了一个环形回路。

因此，闭环 MRP 系统除了要编制物料需求计划以外，还要制定能力需求计划(CRP)，平衡各个工作环节的能力。只有在做到能力与资源均满足负荷需求时，才开始执行计划。所以，可以说闭环 MRP 是一个完整的生产计划与控制系统。

虽然闭环 MRP 系统使生产活动的各个子系统得到了统一管理，但企业管理不单是对生产进行管理，还要对相关的物流、资金流等进行管理。因此在闭环 MRP 的基础上，又诞生了一种新的系统 MRP Ⅱ。

3. MRP Ⅱ

在 20 世纪 80 年代，人们尝试将生产、财务、销售、工程技术、采购等各个子系统集成为一个一体化的系统，称为制造资源计划(Manufacturing Resource Planning，MRP)，为了与同样缩写为 MRP 的物料需求计划相区别，而记为 MRP Ⅱ。

MRP Ⅱ 的基本原理是：把企业作为一个有机整体，从系统优化的角度出发，通过运用科学的方法，对企业的各种资源及各个部门进行统一、有效的计划、组织和控制，使它们得以协调工作，并充分地发挥作用。

MRP Ⅱ 系统比较完善，在计划的统一性、管理的系统性和信息的共享程度等方面都产生了良好的效果。但其本身仍然存在一定的局限性，因其主要侧重于对企业内部人、财、物等资源的管理，并未进一步考虑外部的资源(如供应商等)应如何管理，于是 ERP 出现了。

4. ERP

ERP(Enterprise Resource Planning，企业资源计划)是 20 世纪 90 年代初由美国著名的 IT 分析公司 Gartner Group Inc.提出的，它在 MRP Ⅱ 的基础上扩展了管理的范围，是基于"优化企业供应链"的管理思想，将企业的物质资源、资金资源和信息资源进行集成的一体化企业管理系统。

ERP 强调对整个供应链资源的有效管理，涉及供应链的所有环节，如订单、采购、库存、计划、制造、质量控制、分销、财务管理、人事管理及项目管理等。ERP系统充分利用了现代信息技术，适应了网络时代的需求，其应用已经远超出了制造业的范畴，被推广到了各种类型的组织，如银行、保险、零售业、政府部门等。

【微视频】某电商的库存管理

6.3　库存成本控制

库存成本控制是企业在经营过程中，根据一定的标准对实际发生的库存成本进行严格审核，发现浪费，进而采取降低库存成本的措施，以实现既定库存成本目标的管理活动。

进行库存成本控制，首先需要了解库存成本的组成，然后再有针对性地实施降低库存成本的方法。

6.3.1　库存成本概述

库存成本是指存储在仓库内的货物所需的成本，主要包括采购成本、库存持有成本和缺货成本。组成库存成本的三种成本之间存在一定的关联性。下面分别介绍三种成本的主要内容，然后再分析它们之间的关系。

1. 采购成本

企业发出采购订单后，会产生一系列与订单处理、准备、传输、操作、购买等相关的成本，这些成本往往是决定采购数量的重要因素。例如，采购成本会产生于以下的具体情形中：不同订货批量下产品的价格或制造成本；订单经过财务、采购部门的处理成本；订单传输到供应商处的成本；买方承担运费情况下的货物运输成本；在采购方收货地点的物品搬运成本等。

上述采购成本中，有些成本相对每个订单而言是固定的，不随订单订货规模而变化；有些成本如运输成本、搬运成本等则会随着订单订货规模变化。因此在分析采购成本时，要注意对不同情况区别对待。

2. 库存持有成本

库存持有成本是因在一段时期内存储或持有物品而发生的成本，主要分为储存空间成本、资金成本、库存服务成本和库存风险成本。

(1) 储存空间成本。企业通过自有仓库、租赁仓库、公共仓库三种方式获取仓储空间。其中，企业自有仓库或者租赁仓库的费用与企业的库存水平没有直接关系，属于仓储成本；而公共仓库的收费通常按物品流转的数量和储存的物品数量计算，存储费用与库存水平有直接关系，属于储存空间成本。

(2) 资金成本。资金成本也称为机会成本，这是一种较为隐蔽的成本。企业持有的库存实际上占用了可用于其他投资项目的资金，包括内部生产的资金和从企业外部获取的资金。企业的存货也会占用企业一定的流动资金，存货越多则占用的流动资金越多。如果把这些资金投入到企业经营的其他方面，会给企业带来一定价值的回报；而资金被库存占用，就失去了取得该回报的机会，对企业来说是一种隐性损失。

注意，库存是企业短期资产和长期资产的混合，因为有些库存仅为满足季节性需求而存放，有些则是为满足长期需求而持有。这些原因决定了库存的资金成本具有一定的不确定性，计算起来有一定的难度。

(3) 库存服务成本。库存服务成本主要是指因持有库存而支付的保险及税金，与持有的库存量相关。

保险可以帮助企业预防火灾、偷盗等造成的财产损失。根据产品价值和类型的不同以及丢失或损坏的风险高低，需要支付不同额度的保险费用。保险政策与库存水平关系密切，库存水平变化小时，保险政策可能不会随之变动；库存水平变化大时，保险政策会根据预期的库存变化水平作出调整。另外，保险政策还与仓储建筑物所使用的材料、建成年代、安装的消防设备类型等因素相关。

国外通常会对企业持有的库存征收税金。比如美国的有些州会向企业征收库存税，不同州的税率可能不同。库存税金等于库存产品的价值与税率的乘积，随库存水平变化。

(4) 库存风险成本。指库存物品的积压、滞销、短缺、贬值、报废等造成的损失，这些损失都需要企业自己承担。市场环境的变化、突发事件的发生、仓储管理水平的限制等原因都可能会导致上述损失，而且有些原因是企业无法改变的，在这种情况下，企业的成本风险就会很大。风险成本可以用产品价值的直接损失来估算，也可用重新生产产品的成本或是从备用仓库供货的成本来估算。

3. 缺货成本

缺货成本是指客户下达了订单，但企业库存无法满足订单需求时产生的成本，主要包括失销成本和保留订单成本。

如果库存实物数量小于账务数量，将导致库存不能满足客户的需求，客户就可能会转向其他供应商，导致企业销售损失，此时的缺货成本就是失销成本，即企业应该在本次销售中获得的利润。而如果从此之后客户一直向其他供应商订货，则企业的损失将会更大。

如果客户愿意等待履行订单，那么就不会发生失销的情况，但会产生保留订单成本。如果保留订单不是通过正常的手续来履行，那么可能由于处理订单、额外运输和搬运等产生额外的办公费用和销售成本。这些成本容易衡量，但无形中失去未来销售机会的成本则较难衡量。

【微经验】库存成本中还有一个容易被忽视的在途库存成本，即已订购但尚未到达的货物的成本。在途物品在交给客户之前仍然属于企业库存，虽然仓储运作和维护成本与在途库存不相关，但仍然应该考虑保险费等因素。另外，企业缩短物品的在途时间可能意味着发生更高的运输成本和管理费用，需要予以关注。

综合来看，采购成本、库存持有成本和缺货成本之间存在一定的悖反关系：随着库存持有成本上升，采购成本和缺货成本不断下降，库存总相关成本不断下降；当库存持有成本上升到一个临界点后，再上升就会导致库存总相关成本上升。

6.3.2 降低库存成本的方法

不同企业降低库存成本的方法并不相同。以下分别从降低采购成本、降低库存持有成本与降低缺货成本的角度，介绍降低库存成本的几种主要方法。

1. 降低采购成本的方法

降低采购成本是降低库存成本比较直接的方法，通常通过选择合适的供应商、科学采购、信息化采购等方式实现，但容易造成一些隐性成本的增加。

(1) 选择合适的供应商。合适的供应商需要在送货准确率、送货及时性、送货订单的满足率、物品质量、物品价格等方面都具有良好的综合表现。企业要在多个供应商中筛选出这些方面表现较好的作为长期合作伙伴。

【微经验】很多采购人员把压低价格作为与供应商谈判的首要条件，这也是很多管理者看重的一点。实际上，供应商为了获得订单可能会提供较低的价格作为吸引，但会在后续的供货服务、物品质量、供货及时性等方面降低成本，使企业的综合采购成本上升。而物品质量降低导致的综合采购成本上升问题具有一定的隐蔽性。

(2) 科学采购。综合物品的历史采购数据与到货、出库情况，结合工作经验，制定合理的采购策略，使采购量尽可能围绕在经济订货批量附近波动。

(3) 信息化采购。企业与供应商间的信息往来尽量采用信息化传输方式，以提高沟通效率，降低沟通成本，并实现某些信息的即时共享。

2. 降低库存持有成本的方法

库存持有成本主要受库存周转率和库存水平的影响。企业库存周转的速度加快，库存持有成本会不断下降，但其下降速度会逐步减弱。当库存周转率达到一定水平时，仅能引起库存持有成本的少量下降。同时，库存水平越高，库存持有成本越高，两者呈同向变化趋势。因此，降低库存持有成本可以从以下几个方面入手：

(1) 适当提高物品的库存周转率。可以根据库存周转率的计算公式，调整相关影响因素的值，以实现较高的库存周转率。但是，在提高库存周转率的同时，往往会引起运输成本、仓库备货成本、订单处理成本等的上升，因此要综合考虑多种成本，使总成本实现最低。

(2) 控制库存水平。选择合适的订购点，确定合适的订购批量，实行零库存管理，采用 ABC 分类法、CVA 分类分析法、供应细分分析法，使用 ERP 系统等都是控制库存水平的有效方法。

3. 降低缺货成本的方法

降低缺货成本主要通过做到账实相符、预测出库、与供应商建立合作伙伴关系、维护好与客户的关系等方法来实现。

(1) 账实相符。加强库存物品的盘点工作，确保信息系统能够提供库存现场真实的数据信息，最大限度做到账实相符。与之相关的包括货位管理、入库管理、订单复核等工作都要做到无差异，即便出现差异也要迅速调整库存，再追查原因。

(2) 预测出库。根据物品的历史出库数据和相关人员的日常经验积累，合理预测两次订货期间的出库量，并留出合理的安全库存量。

(3) 与供应商建立合作伙伴关系。企业应加强与供应商的战略合作，建立双赢的合作关系，争取供应商在供货方面的支持。

(4) 维护与客户的关系。企业应针对不同客户实行个性化的客户关系管理策略，洞察客户需求，培养客户忠诚度，使客户能够稳定、有计划性地或者提前告知性地下订单。

【知识拓展】仓储成本

仓储成本是一个与库存成本相关的概念，二者有一定的区别和联系。下面简要介绍仓储成本的概念和组成以及降低仓储成本的措施。

1. 仓储成本的概念和组成

仓储成本主要是因保管物品而产生的各种支出，包含对仓储设施和设备的投资、仓储保管作业中的活劳动或物化劳动的消耗等。仓储成本主要由以下几部分组成：

(1) 保管费。为存储物品而支出的物品养护、保管等费用。包括用于物品保管的货架、托盘的费用开支及仓库场地的房地产税等。

(2) 应付职工薪酬。仓库工作人员的应付薪酬，一般包括工资、奖金、津贴和补贴，职工福利费，医疗、养老、失业、工伤及生育等社会保险费等。

(3) 折旧费或租赁费。有的仓储企业是以自己拥有所有权的仓库以及设备对外承接仓储业务，有的是以承包租赁的仓库及设备对外承接业务。自营仓库的固定资产需要每年提取折旧费，对外承包租赁的固定资产需要每年支付租赁费。对仓库固定资产的折旧费按折旧期分年提取，主要包括库房、堆场等基础设施的折旧和机械设备的折旧等。

(4) 维修费。维修费是指主要用于维护修理仓储作业设备与仓储设施的费用。可以按设备与设施投资额的一定比率每年提取。

(5) 装卸搬运费。物品验收、入库、码垛和出库等环节发生的装卸搬运费用。

(6) 管理费。仓储企业为管理仓储活动和开展仓储业务而发生的各种间接费用，主要包括仓库设备的保险费、办公费、招聘培训费、市场推广费及水电费等。

(7) 仓储损失。仓储损失是指因物品在保管过程中发生损失而需要仓储企业赔付的费用。造成物品损失的原因一般包括仓库本身的保管条件、作业人员的人为因素、物品本身的物理和化学性质等。

(8) 流通加工成本。流通加工成本是指在仓储流通加工环节所消耗的物化劳动和活劳动的货币表现，包括人工成本、材料成本、折旧和维修费等。

2. 降低仓储成本的措施

仓储成本与客户服务质量之间存在二律背反的现象。即高服务质量意味着高的成本投入，低成本意味着服务质量的降低。在保证企业总体服务水平的前提下，如何才

能降低仓储成本且能保证仓储物流总成本最低,是企业管理人员必须要解决的问题。下面介绍几种常用的方法:

(1) 进行企业经营的可行性研究。根据企业现有资源及后续可得资源的情况、市场的现状及未来发展预期、企业的定位及发展方向等因素,重点考虑影响企业发展的主要问题,在此基础上,再有针对性地进行仓储成本管理。

(2) 研究仓库内部的空间与布局。仓库内物品存得越多,单位面积产生的价值越高;物品的总出入库运输路径越短,单位时间内产生的效率越高;仓库空间的利用率越高,越能支持高吞吐量。这些都与仓库内部的空间与布局有关,但同时也要考虑到仓库空间利用率的提高会带来仓储货架及相关设备投资的增加。

(3) 降低装卸搬运成本。物品的进出库实际上是在恰当的时间和地点,以恰当的数量和品种满足恰当需求的物品流动过程,这个过程由若干个装卸与搬运动作连接而成,因而降低装卸搬运成本可以有效地降低仓储成本。

(4) 选择合理的作业方式。没有一种作业方式是万能高效的,都需要在掌握其基本运作原理的基础上,结合企业的实际情况,采取合理的作业方式。比如根据企业的业务特点,采用语音分拣系统、RFID 分拣系统、自动立体库等先进作业方法,对企业的作业方式进行根本变革。

(5) 分析作业成本。仓储作业系统是由若干个作业环节组成的一个整体,上下环节之间存在衔接关系,不同环节之间也存在一定的关联。所以对作业成本的分析要从两个角度考虑:一是本作业环节;二是本作业环节的改变给其他环节带来的影响。比如在分拣作业环节,缩减人员编制虽然降低了薪酬成本,但会造成人均日工作量增加,导致分拣准确率降低,影响到本环节和下游环节的作业,如此则不能起到降低成本的作用。

(6) 加强劳动管理。仓储作业是一项繁琐且需要支出大量体力的工作,对作业人员的管理尤为重要。培训、奖惩、激励、沟通、晋升等方式可以提高作业人员的劳动贡献率,从而降低总成本。因此,如果一定数额的成本支出能实现人员劳动贡献率的大幅提升,从仓储总成本上来看是可取的,但很多管理人员对此意识淡漠。

(7) 发挥信息化的优势。管理人员应借助信息化的技术优势,努力使物流、信息流、资金流保持一致,增强管理的有效性;并充分利用仓储管理信息化、网络化、智能化的优势,有效地控制进销存系统,提升仓储服务的水平。

本 章 小 结

❖ 库存是指暂时闲置的用于满足将来需要的资源,通常存放在仓库中。

❖ 库存的积极作用主要表现在维持生产和销售链条的稳定、平衡企业物流、平衡流通资金占用、平衡供需矛盾、防止并化解不确定因素等方面。同时,库存的存在也会掩盖企业的许多管理问题。

❖ 供应链库存管理是指将库存管理置于供应链之中,以降低库存成本和提高企业市场反应能力为目的,采取从点到链、从链到面的库存管理方法,通过对整个供应链上的库存进行计划、组织、控制和协调,将各阶段库存控制在最小限度,从而削减库存管理成本,减少资源闲置与浪费,使供应链上的整体库存成本降至最低。

◇ 定量不定期法是指在必要的时候才订货，订货的数量为固定量。该方法的思路是：当库存量下降到订货点 R 时，即按预先确定的订购量 Q 发出订货单，经过订货提前期时间 L，库存量继续下降，到达安全库存量 S 时，收到订货量 Q，于是库存水平恢复。

◇ 定期不定量法是指在固定的时期订货，订货的数量由每次的需求预测决定。该方法的思路是：每隔一个固定的时间周期对库存项目的库存量进行检查，然后根据库存量与预定目标库存水平的差额确定每次的订购批量。这里假设需求为随机变化，因此每次订货时的库存量都是不同的，为达到目标库存水平所需要补充的数量也不同。

◇ ABC 分类法又称重点管理法，是根据物品在技术或经济等方面的特征进行分类排队，分清重点和一般，从而有区别地确定管理方式的一种管理方法。ABC 分类法的核心思想是：在影响一个事物的众多因素中分清主次，识别出少数的、但对事物起决定作用的关键因素和多数的、但对事物影响较小的次要因素。

◇ ABC 分类主要包括三个步骤：收集数据；整理数据；按照一定标准进行分类，并列出 ABC 分析表(或绘制分析图)。

◇ CVA 分类分析法即关键因素分析法，是将物品按照关键性分成 3~4 类，一般分为最高优先级、较高优先级、中等优先级和较低优先级。

◇ 库存成本是指存储在仓库内的货物所需的成本，主要包括采购成本、库存持有成本和缺货成本。组成库存成本的三种成本之间存在一定的关联性。

◇ 不同企业降低库存成本的方法并不相同，但需要多从降低采购成本、库存持有成本与缺货成本的角度进行考虑。

微应用

应用 1　订货量影响因素与控制方法分析

对订货量的控制是库存管理中的一个重要环节。确定订货量时主要应考虑的因素有：需要订购多少物品；订购物品时库存还有多少；需要设定的安全库存量是多少；订货提前期内物品能够出库多少；供应商的订单满足能力如何；订货多长时间内能够到货，等等。操作过程中会涉及采购、销售、仓储三个部门的协调与合作。

请根据本章所学的库存管理知识，总结影响订货量目标实现的主要因素及控制订货量的主要方法。

应用 2　应用加权移动平均法预测订货量

加权移动平均法是给固定跨越期限内的每个变量值赋予不同的权重。其原理是：历史各期产品的需求数据对预测未来目标期内需求量的作用是不同的。除了以 n 为周期的周期性变化外，远离目标期的变量值的影响力相对较弱，应赋予较低的权重；而近期的数据最能预示未来的情况，所以权重应大些。计算公式为：

$$F_t = w_1 A_{t-1} + w_2 A_{t-2} + w_3 A_{t-3} + \cdots + w_n A_{t-n}$$

其中，w_1 为第 $t-1$ 期实际值的权重；w_2 为第 $t-2$ 期实际值的权重；w_n 为第 $t-n$ 期实际值的权重；n 为预测的时期数；$w_1+w_2+\ldots+w_n=1$；A_{t-1} 为第 $t-1$ 期实际值；A_{t-2}、A_{t-3} 和 A_{t-n} 分别表示第 $t-2$ 期、第 $t-3$ 期直至第 $t-n$ 期的实际值。

6.2.2 小节的例 6-3 采用了一次移动平均法对订货量进行预测，取值以每 4 个月为一个变动周期(参考表 6-2)。假设将变动周期中的每个月从前到后依次赋予 0.1、0.2、0.3、0.4 的权重，则第五个月的加权平均移动预测值 $M=120\times0.1+80\times0.2+140\times0.3+130\times0.4=122$。根据这一思路，试计算例题 6-3 设定权重后的订货量预测。

应用 3　不同分类标准下商品 ABC 分类品种的变化

库存管理 ABC 分类法的核心思想是：分清主次、抓住重点。但选择哪一个指标作为 ABC 分类的标准则是一个需要认真思考的问题。本章的表 6-4 中以商品金额为标准对商品进行了 ABC 分类，现在请读者以商品单价和出库量为标准对该实例中的商品进行 ABC 分类，并观察各分类的商品品种出现了哪些变化。读者需制作三张分析表：第一张以单价为分类标准；第二张以出库数量为分类标准；第三张则用于对比三种分类标准(金额、单价、出库数量)所导致的商品 ABC 分类品种的变化。

应用 4　制作库存分析表

仓库中的物品始终处于进和出的流动中，因此经过一段时间后，就需要对库存数据进行分析，以掌握企业运营状况，并从中发现企业运营存在的一些问题。根据数据应用目的的不同，需要分析的库存数据项目也不同。从改善仓储运营的目的出发，建议分析以下项目：库存周转、商品在库时间、库存金额、呆滞品、出入库情况、人员作业效率、残品情况、货位应用情况、盘点情况。

请读者根据以上提示，结合对本章知识的学习，制作一张库存分析简表，并分别简述表中各项目的内容。

第7章 仓储组织与员工管理

本章目标

- 了解常见的仓储组织结构类型、各自的优缺点及适用条件
- 熟悉仓储员工管理的主要内容
- 掌握仓储员工招聘的原则与方法
- 掌握仓储员工入职培训的方式与注意事项
- 掌握仓储员工绩效考评的原则、模式与方法
- 掌握仓储员工激励的原则与方法
- 熟悉不同仓储岗位的职责要求与素质要求

学习导航

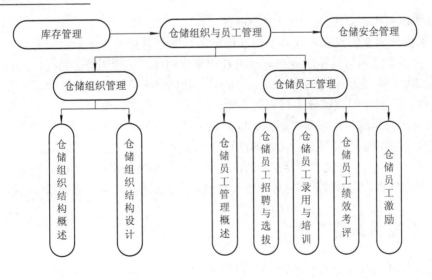

仓储组织与员工管理是仓储管理的难点和重点，也是本书的特色内容。在本章中，笔者将根据多年的管理实战经验，从仓储组织结构分析、员工招聘与选拔、员工录用与培训、员工绩效考评、员工激励等方面，对仓储组织与员工管理的要点进行系统全面的介绍。

7.1　仓储组织管理

"组织"一词通常可以作两种解释：一种是动词意义上的，指将人或物资有目的、有系统地集合起来，属于管理活动的一种，例如组织员工集体出游；另一种是名词意义上的，指按照一定的宗旨和目标建立起来的集体，如工厂、机关、企业、部门等。在前面的章节中，已经对前者(如何组织仓储作业活动)进行了介绍；而本章将从后者的角度，介绍如何对仓储组织进行有效管理。

7.1.1　仓储组织结构概述

从组织的名词意义来看，仓储企业或者企业中的仓储部门都属于组织，且都存在一定的结构。仓储组织结构是组织的全体成员为实现组织目标，在仓储管理工作中进行分工协作，依据职务范围、责任和权利等形成的结构体系，是整个仓储管理系统的框架。仓储组织结构必须随着仓储组织战略目标的调整而调整。

> 【微经验】企业规模比较小的时候，企业仓储部门的负责人可以对员工和业务进行直接管理，这样有利于解决问题，也有利于与员工沟通，甚至不需要专门的管理技能就可以把工作做好。但随着业务量增加，在员工管理方面就会出现问题，仓储部门负责人无法凭一己之力进行有效协调，就必须通过搭建组织结构来划分管理职责、设定管理权限。对于仓储企业而言，部门越多，涉及的管理面越广，组织结构、岗位职责等问题就会越加突显。

仓储组织结构主要包含三个方面的内容：

(1) 部门和岗位的设置。设置部门和岗位的目的不是把一个企业组织分成几个部分，而是因为企业必须由与具体职能相对应的若干部分构成，才能服务于特定的目标。具体到企业的仓储组织，表现出来的形式就是仓储部、仓储部收货组、收货组验货岗等。

(2) 部门和岗位的职责分工与权力界定。职责分工是对岗位工作内容的界定，目的是解决职责不清的问题，是保障组织内部成员顺利达成目标的必要手段；与职责分工相对应的是对职责范围内权力的界定，二者的结合有助于维系组织机能的正常运转。

(3) 部门和岗位相互关系的界定。对部门和岗位的相互关系进行界定，有助于明确组织的各个部分在发挥作用时彼此间应如何进行协调、配合及补充，从而提高组织的运转效率。

7.1.2　仓储组织结构设计

仓储组织结构与仓储管理的诸多方面有直接的关系，因此，设计并搭建合理的仓储组织结构是仓储管理的一项基础性工作。管理者在设计仓储组织结构时，必须对相关要素进行综合分析，然后再确定合适的组织结构形式。

1．仓储组织结构分析

进行仓储组织结构设计，需重点考虑以下因素：

(1) 工作内容的细分。首先将整个仓储工作的内容分为几个主要环节，例如分为验收货物、保管货物和出库货物三个环节；然后对各环节的工作内容再进行细分，具体到每个岗位，如验收货物工作可以再细分为装卸分类、货物检验、退货处理等工作；最后，对细分后的工作内容进行系统梳理，将相关联的工作组成工作单元小组，作为组织结构设计的基础单元。

【微经验】组成单元小组的相关工作之间的联系要紧密，衔接要自然，便于小组负责人统一管理；同一个小组内的工作内容项目数量要适当，且每项内容应简单高效，同时单元小组间的协调需求应尽量少；需要相互监督的工作不宜设在同一个单元小组，如上架作业与验收作业就应分别归入不同的小组。

(2) 岗位职责的设计。在对工作内容进行细分的基础上，设置相应的工作岗位，确定每一岗位的具体职责，对岗位职责进行具体、明确的描述，并分析其可行性。

(3) 组织层级的设置。层级设置主要需解决以下问题：谁向谁汇报？谁是谁的直接上级？某项工作一个人可以有效地指导多少个员工？每一个层级领导的职责和权限是什么？设立几个层级最合适？等等。通过设置层级构建组织内部的沟通与合作机制，是对组织进行有效领导的一个关键手段。组织层级不能设置得过于扁平，否则易导致管理的粗放化；组织层级也不能设置得太多，否则易导致沟通缓慢、官僚化、决策效率低等问题。

上述仓储组织结构设计时需重点考虑的三个因素是相互关联、相互影响的，没有绝对的先后顺序。除此之外，管理者还要综合考虑本企业与仓储管理相关的其他因素，在对各种因素进行系统性分析的基础上，设计出最符合本企业需求的仓储组织结构。

2．常见仓储组织结构形式

常见的仓储组织结构形式主要有直线制、直线—职能制、矩阵制、事业部制等，它们各自有不同的优缺点，适用于不同类型的企业或组织部门。

1) 直线制结构

直线制结构是一种最早、最简单的组织结构形式。其实行自上而下的垂直领导，呈金字塔结构，下属只接受一个上级的指令，各级主管负责人对所属单位的一切问题负责。直线制结构的仓储组织如图 7-1 所示。

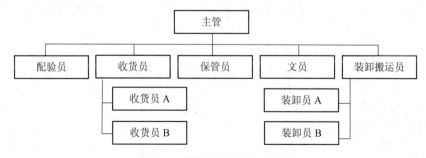

图 7-1 直线制结构的仓储组织

(1) 优点：一个下级只受一个上级领导管理，上下级关系简明清晰，层级制度严格明确，保密程度好，决策与执行工作效率较高；信息来源与基本流向固定，渠道简单固定，客观上速度和准确性有一定保证。

(2) 缺点：主管人员需要掌握多种知识与技能，难以应付较为复杂的业务情况；信息的来源与流向单一，沟通质量差，容易导致信息传递失误或不畅。

(3) 对策：加强主管人员的职业技能培养，不断提高其管理水平和生产技能水平。

(4) 适用范围：规模较小、业务内容较简单、人员数量较少的仓储企业或部门。

2) 直线—职能制结构

直线—职能制结构是在直线制结构的基础上增设职能部门，由各职能部门分管不同工作内容的一种组织结构形式。这种结构下的组织管理部门分为两类：一类是直线领导部门，对各级组织行使指挥权；另一类是职能部门，按专业化原则从事组织的各项职能管理工作。直线领导部门在自己的职责范围内有一定的决定权和对所属下级部门的指挥权，并对自己职责范围内的工作负全部责任；而职能部门是直线领导部门的参谋，不能直接对其他部门发号施令，只能对其进行业务指导。直线—职能制结构的仓储组织如图7-2所示。

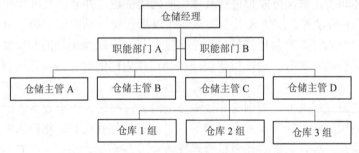

图 7-2　直线—职能制结构的仓储组织

(1) 优点：直线—职能制结构既保持了直线制结构集中统一指挥的优点，又克服了直线制结构下管理者精力和工作时间有限的缺点，还吸收了职能部门分工和注重专业化管理的长处，从而有效提高了仓储管理工作的水平。

(2) 缺点：权力过于集中在管理层，下级缺乏必要的自主权；各职能部门只注重本部门职能范围内的业务，相互之间的协作和配合性较差；职能部门指导业务时需要向上级请示，容易造成效率低下；职能部门与直线部门在业务上易产生摩擦，特别是在实施需要多部门合作的工作时，往往会出现责任不明确的现象。

(3) 对策：明确直线部门和职能部门各自的权限和作用，提高直线部门对职能部门职责与服务的认可程度；建立直线部门和职能部门之间的沟通协调机制，如定期会议、专题会议等。

(4) 适用范围：该结构适用范围较广，被很多企业采用。

【微思考】某集团企业以连锁零售为主，全国下设六个分公司，每个分公司都设有仓储部。在集团总部设有防损部，其职能之一是负责各分公司仓库的防损工作，并派人入驻仓库办公。请从组织结构和岗位职能的角度思考这种做法的合理性。（防损工作主要包括仓库安全、账物核查、作业监督等）

扫一扫

3) 矩阵制结构

矩阵制结构是在一个机构确定的组织形态下，为某种特别任务单独成立项目小组，并与原组织具有一定交叉职能、能与原组织配合工作的组织形式。

矩阵制结构是为克服直线—职能制结构横向联系差、缺乏弹性等缺点而设计的一种组织形式。其特点是以任务为导向、跨多个职能，并由来自不同职能部门的员工组成。比如为应对某单品的销售高峰，某电商企业仓储部门会直接从企业各职能部门抽调员工，临时组成一个特别工作小组，负责加急订单从到货、验收到发出的全部过程，快速地处理大批量订单。高峰过后，该小组就会解散，小组成员各自回到原工作岗位。矩阵制结构的仓储组织如图 7-3 所示。

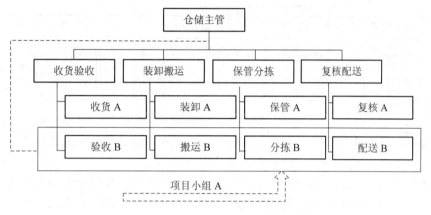

图 7-3 矩阵制结构的仓储组织

(1) 优点：矩阵制结构将工作的横向与纵向关系相结合，有利于协同工作；针对特定的工作任务进行员工配给，有利于发挥个体优势，集众人之所长，提高工作的完成质量；各职能员工的不定期组合，有利于信息交流，增加相互沟通的机会，提高协作能力。总的来说，矩阵制结构既发挥了专业化的优势，职责分明，又能够灵活机动地应对变化。

(2) 缺点：参加项目小组的员工来自不同的职能部门，隶属关系仍在原岗位，只是为"特别工作"临时聚集，容易产生临时观念，对工作效率有一定影响，也不利于项目负责人进行有效管理，部分员工甚至会对项目负责人的安排产生抗拒心理和行为，影响团队工作情绪及工作进展。

(3) 对策：赋予项目负责人一定的考核权限。在对参加项目小组的员工进行绩效、晋升等考核时，对其项目工作的评定应占有一定的分值，由项目负责人根据该员工的工作表现和工作成绩来评定，以此督促项目小组员工积极认真工作。此外，在选择项目负责人时，可以优先选用具有一定威望和影响力的员工。

(4) 适用范围：适用于完成涉及面广的、临时性的、复杂的重大项目或改革任务，尤其是以软件系统开发为主的工作，如 WMS 系统开发与优化。

【微经验】同一个公司当中，不同部门的人做事风格、沟通习惯等可能会存在比较大的差异，因此，项目小组的领导除了要有较高的专业素养，还要具备优秀的沟通协调能力，要能以工作目标为导向，在短时间内磨合团队，并做到团队内部分工明确、职责清晰。

4) 事业部制结构

事业部制结构是按照企业所经营的事业，按产品、地区、顾客(市场)等来划分组织部门的一种组织形式。各事业部在总公司的统一领导之下，拥有完全的经营自主权，实行独立经营、独立核算。事业部制结构的仓储组织如图7-4所示。

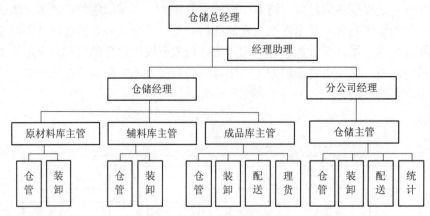

图 7-4　事业部制结构的仓储组织

(1) 优点：各事业部都有自己的业务范围，既能独立地对自身未来发展进行规划，也能够灵活自主地对市场的新情况迅速作出反应，既有高度的稳定性，又有良好的适应性；最高领导权力下放，能充分发挥各事业部的积极性和创造性，激发企业的发展活力；事业部类似于一个小企业，直接面临复杂多变的环境，有利于企业管理人才的培养。

(2) 缺点：各事业部都需建立一套完整的管理机构，容易造成管理层次多，机构重叠，管理费用高；且由于各事业部都是独立经营，员工互换困难，相互支援能力差，容易滋长本位主义。

(3) 对策：提高总公司的管理水平，是有效实施事业部制管理的关键。

(4) 适用范围：产业多元化、产品多样化、各产品的市场彼此独立且面临较快市场环境变化的大型企业。

【经典案例】从组织结构调整看产品变革

一般而言，对企业组织结构进行的调整往往会涉及企业资源分配协调、决策权调整等多个方面，每一次调整都对应着企业经营机制的变革。下面以国内知名的三家物流公司为例，说明企业组织结构调整对企业运营成效的影响。

1. 顺丰、德邦、韵达的组织结构调整

顺丰、德邦、韵达是当今物流行业的三大知名企业，近年来，为了适应业务发展的需要，三家企业都经历了不同程度的组织结构调整。

(1) 顺丰的组织结构调整。2015 年，顺丰进行了一次组织结构变革，以实现"三流(物流、信息流、资金流)合一"，并推动自身多元化发展。在这次变革中，顺丰管理层适当放权，使集团从总部集权管理模式逐步过渡到各部门独立分权的管理模式，把之前全部集中在集团总部的三大职能——战略规划、经营与服务，打造成三个大的管理集团，分别负责战略研究、产品运营、资源型服务三个方面的工作；并将自有的业务板块划分为五大独立运营的事业群，分别为：速运事业群、商业事业群、供应链事业群、仓配物流事业群、金融服务事业群。

(2) 德邦的组织结构调整。2016 年，德邦进行了一次大型的组织结构调整，此次调整的主要内容为：① 将市场营销本部更名为零担本部；② 成立快运事业群，直接隶属于总裁，下辖零担本部、快递本部、运营本部；③ 成立营管管理部，隶属于快运事业群；④ 成立流程与 IT 本部，直接隶属于总裁，下辖流程支持部、营运流程支撑中心等。2017 年初，德邦再次调整企业组织结构，主要变动有三：① 成立营运事业群、职能事业群，直接隶属于总裁；② 成立枢纽中心本部、营运办公室，隶属于营运事业群；③ 成立资本运营本部，隶属于职能事业部。

(3) 韵达的组织结构调整。韵达于 2016 年 12 月启动多元化发展战略，在总裁办成立快运项目组，承揽快运业务。2017 年初，在完成重大资产重组之后，韵达大规模调整公司组织结构，新增了四大事业部 —— 仓储事业部、国际事业部、终端事业部与商业事业部，调整后的组织结构如图 7-5 所示。

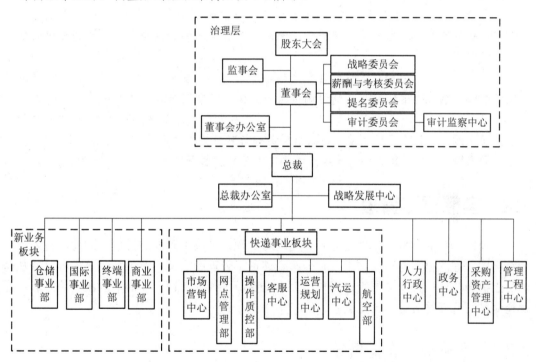

图 7-5　韵达 2017 年调整后的公司组织结构

综上所述，从三大快递公司近年来的组织结构调整情况来看，将业务板块进一步细分已成为一种趋势，这种细分主要体现为物流产品的细化和精准化，以及物流产品生产运营体系的迭代和优化。业务板块的细分，有助于企业各部门最大程度地发挥自身的专业特长，使企业为客户提供更好更专业的物流产品。

2. 组织结构调整后的业务变化

顺丰、德邦、韵达三家企业的组织结构调整，都对应着业务的变化与产品的变革，有效提高了企业的竞争力。

(1) 顺丰。顺丰的五大事业群相继推出了各自的创新产品，旨在适应市场变化，提升企业的长期发展潜力。如商业事业群推出了嘿客、优选服务；供应链事业群推出了普运、冷运服务；仓配物流事业群推出了电商、海淘服务；金融服务事业群推出了顺手付服务；速运事业群也推出了顺丰即日、顺丰次晨、顺丰次日、顺丰隔日、顺丰标快(港澳台)等多种服务产品。

(2) 德邦。2016 年德邦将零担、快运和运营服务"三合一"，统一为快运事业群，并推出了相应的快运产品。在进行了多次组织结构调整后，目前德邦的主营产品有 3.60 特惠件(3 公斤为首重，低续重，属高性价比的经济型快递)、商务专递、电商尊享、精准空运、精准卡航(空运速度，汽运价格，保障货物准时、安全送达)、精准城运、德邦仓管家(根据客户需求，提供灵活建仓、大促处理、多渠道管理、干线运输及最后一公里送达等仓配一体化的供应链解决方案)、金融小贷等。

(3) 韵达。韵达组织结构的调整揭示了其未来发展的雄心——"打通上下游、拓展产业链，画大同心圆、构建生态圈"，以提供更广泛的服务。目前，韵达提供的服务总体上可分为快递服务与仓配服务。其中，快递服务包括电子商务快递服务、OFFICE 快递服务、当天件快递服务、国际快递服务等；仓储服务则主要是提供仓配一体化服务。

总之，顺丰、德邦、韵达都在努力地丰富、创新、变革物流产品，尝试开拓物流服务的多种领域。他们都希望通过调整组织架构，以顺应物流行业发展趋势。

(资料来源：以上资料整理于网络上的相关文章)

思考题 1　上述三家公司的组织结构调整与其所推出的产品有什么关联？

思考题 2　根据韵达公司的组织结构图，分析其属于哪一种组织结构形式？

7.2　仓储员工管理

管理者制定的体系与流程无论多么先进与合理，都离不开人的操作。因此，对人的管理是仓储管理的根本与核心。本节将介绍仓储员工管理的定义、特征和主要内容，并从仓储员工招聘与选拔、仓储员工录用与培训、仓储员工绩效考评、仓储员工激励等方面，详解仓储员工管理的实用工作要点。

7.2.1　仓储员工管理概述

企业的业务量越大，员工数量越多，管理人员就要耗费越多的时间和精力来思考如何做好员工管理。要做好仓储员工管理工作，首先要掌握员工管理的一些基本知识。下面对仓储员工管理的定义、特征和主要内容进行介绍。

1. 定义

仓储员工管理是指根据企业制定的仓储发展战略要求，有计划地合理配置人力资源，通过招聘、培训、考核、激励等工作，实现对仓储员工的组织、指挥、控制和协调，最终实现企业发展目标的一种管理行为。

2．特征

仓储员工管理工作具备以下四个方面的突出特征：

(1) 以人为本。目前，从事仓储工作的以 70 后、80 后、90 后员工为主，不同年龄段的人，其成长环境与思想差别很大，对他们的管理方式也不同，但都要坚持"以人为本"。当今社会环境下，员工拥有更多的就业选择权与工作自主权，而不是只能简单地通过劳动获得工资收入，因此，管理者需要尊重员工的选择权和工作自主权，站在员工内在需求的角度去赢得员工的满意与忠诚。

(2) 把员工当作企业的客户。企业总是想方设法为客户提供满意的服务，以争取客户与企业的长期合作。类似地，企业也应提供一系列的激励措施，提升员工的满足感和忠诚度，比如富有竞争力的薪酬体系和岗位晋升体系等。同时，企业还应通过培训、竞赛、拓展等方式，注重提升员工的个人素养，使之满足企业发展的要求，实现企业与员工双赢的可持续发展。

(3) 重视员工综合技能的开发和培养。过去仓储业务以"存"为主，相对简单，工作内容多为大批量进出、手工记账及体力搬运，对员工技能方面的要求不是很严格；而现代的仓储业务注重信息技术的应用，以货物"流通"、小批量多批次进出、供应链内各环节的高效衔接与协调为主，并正在向机械化、自动化操作转型，对员工的技能要求日益提高。简单的技能已经不能满足现代仓储作业的需要，因此，重视开发并培养员工的多方面综合技能已成为现代仓储员工管理的一个显著特征。

(4) 仓储管理人员需要掌握的知识具有综合性。现代企业中，供应链管理思想日益得到广泛的应用与重视，使得仓储物流的操作环节更加复杂；而电子商务的迅猛发展，不仅对仓储物流的管理与运作水平构成了全新的挑战，对管理人员的综合知识素养也提出了更高的要求。因此，管理人员要特别重视学习采购、仓储、物流、供应链、管理信息系统、统计、运筹、财务、人力资源管理等方面的知识，做到融会贯通、与时俱进。

【微经验】在工作中，经常会发现某些企业仓储基层员工的流失率较大、工作效率不高。之所以出现这种现象，除了工作环境、工作内容等客观因素以外，对人、物、作业方式等的传统粗放式管理已不适应电子商务时代仓储管理的发展需要也是一个重要原因。现代仓储企业需要大量技术与管理方面的专业人才，管理者需要转变思维方式，跟上时代发展，考虑仓储员工管理的特征，展现出较高的管理水平。

3．主要内容

仓储员工管理涵盖的内容比较广泛，主要包括岗位分析与设计、仓储员工规划、员工招聘与选拔、薪酬管理与绩效考评、员工激励、员工培训与潜能开发等。

(1) 岗位分析与设计。主要指对部门各个工作岗位的性质、结构、职责以及该岗位工作人员的素质、知识、技能等方面进行综合分析，并在此基础上编写职务说明书和岗位操作规范等管理文件。这项工作一般需要与企业人力资源部门合作完成。而随着企业的发展，部门业务及工作模式都会随之调整，相应地，对应的岗位设置、岗位职责以及对岗位员工的素质要求都要进行适时、适当地调整。

(2) 仓储员工规划。管理者要把人力资源规划转化为中长期目标、计划和政策措施，包括仓储员工现状分析以及未来员工供需预测等，确保在需要时能及时获得符合要求的人力资源。员工规划的内容既包括对所需员工数量、结构的规划，也包括对所需员工技能的规划。比如公司业务扩大需要更换仓库，但新仓库的位置较为偏远，此时就要预先考虑到员工居住地与工作地的距离问题，是否会因为交通问题导致员工离职；再如有必要了解公司多数员工的年龄、性别、学历及技能水平如何，是否能够适应公司的发展等。

(3) 员工招聘与选拔。管理者根据员工规划和工作分析的要求，招聘与选拔所需要的员工并录用安排到合适的岗位上。

(4) 薪酬管理与绩效考评。员工薪酬通常由以下几个部分组成：基本工资、绩效工资(考核工资)、奖金、津贴及福利等。一般来说，薪酬的具体操作方案由人力资源部门与仓储部门共同制定，仓储部门提供必要的数据支持。如何进行薪酬的设计与管理，以激发员工的工作积极性，是仓储员工管理的重要工作之一。

绩效考评可以理解为：对员工在一定时间内的贡献和工作中取得的效果进行考核和评价，并及时作出反馈，以提高员工的工作能力，并为员工晋升、调薪等决策提供依据。

(5) 员工激励。采用激励理论和方法，对员工的各种需要予以不同程度的满足或限制，以激发员工向企业所期望的目标努力。

(6) 员工培训与潜能开发。通过对员工的培训和锻炼，提高员工个人和团队的知识水平与能力素养，改善员工的工作态度和工作绩效，进一步激发其工作潜能，增强人力资源的贡献率。同时帮助员工制定或明确个人的职业发展规划，以激发其工作积极性和创造力。

【微经验】可能有些人认为仓储员工管理的工作只是人力资源部门的职责，这是一个误区。很多时候，需要仓储部门与人力资源部门在各自的立场上相互协作、互为补充，才能做好仓储员工管理工作。

【经典案例】顺丰总裁谈如何管理员工(节选)

在顺丰，我们要坚持以人为本的管理理念。因为我们要成为"最值得信赖和尊敬的速运公司"，首先要获得员工的信赖和尊敬。17 年来，许多 60、70 后的同事伴随公司一路走到现在，为公司作了很多的贡献；接下来，我们将看到越来越多的 80 后甚至 90 后走上工作岗位，成为我们的接班人。我们会明显地感受到，不同年龄的就业群体对工作本身的认识和个人追求是有很大差异的，这对公司的管理提出了一个挑战。我们所努力要做的，不仅仅是不断调整管理思路，最大限度地满足员工需求，还要真正将这些行动方案落实到位。

1. 管理要因人而变

新一代的年轻人进入公司，对公司的管理尤其是基层管理来说是一个挑战，但这同时也是一种机遇。随着就业群体的改变，公司调整就业模式和管理思路的难度和紧迫性增强了。但值得庆幸的是，我们对此早有准备，因为我们一直坚持以人为本的管理理念。

一个好的企业，首先要做到奖罚分明。这也是我们现阶段在做的工作，这样做的目的，就是要让员工明白奖罚是有依据的，并不由某个人的偏好来决定。在接下来的三年里，我希望能做到奖罚对称，有奖有罚，多增加一些鼓励的成分。最终我们要达到的是以鼓励为主来推动我们共同事业的发展，让大家在这种良性机制下，自觉地规范自身的行为，并形成一个良性循环。这些工作，我们会坚持一步步地推行下去，并最终达到目标。同时，面对新一代的就业群体，我们除了积极地调整用人理念、管理制度和奖惩办法外，也一直在努力提高公司的信息化程度和改善员工的工作环境。投放大量的资源去改善工作环境虽然会带来成本的增加，但却是必须且百分之百值得的。

从去年开始，公司就组织了中、高层管理人员到基层岗位去学习体验。目的就是让管理者亲身感受一下一、二线的工作环境，换位思考，提升自己的管理能力，为员工提供更好的服务支持。

2. 让沟通无障碍

如何真正地化战略为行动，让每一个管理者都能切实地将这些因人而变的管理办法执行到位，始终跟上调整的步伐，是公司最大的挑战。非常坦白地说，我对现在的这种管理状态也有不满意的地方。比如说，当一些问题暴露出来，去跟踪处理的时候，会发现其实很多问题并没有那么复杂，只是在沟通的过程中把问题复杂化了。很多基层管理者是和公司一起成长起来的，对公司作出了不可或缺的贡献，但为什么还会存在沟通上的问题呢？这是因为当就业群体发生改变，管理模式和思路也随之要进行调整的时候，我们却没有对基层管理者进行相应的指引，如沟通技巧的辅导等，导致出现一些基层管理上的问题。当然，其中也确实有一些是管理者的责任，我们对此会严肃处理。

为了让沟通更顺畅，公司设有公开的沟通渠道。我们从来都不回避问题，有什么话大家都可以摊开来讲。换个角度想想，大家除了家人朋友之外，大部分时间和同事在一起，员工之间其实也像是家人，有什么问题不能慢慢讲，有什么问题讲不清楚呢？我一直相信，只要能够认真看待员工提出的每一个问题，并真诚地为员工而改变，同时愿意投放资源去解决这些问题，就一定能做好。当然，这需要大家的共同努力。

3. 让最好的员工最快地成长

我们不能苛求每一个基层管理者的管理才能都是天生的，而且公司在发展，我们也不能等待他们慢慢成长，所以必须从公司层面来帮助他们以最快的速度成长。比如，我们正在努力将基层管理岗位的需求更加清晰化，并配套设置相对应的技能培训，然后打包传授给基层管理者，包括教会他们如何驾轻就熟地工作，如何服务好一、二线员工和客户，同时还要学会如何使用配套的管理工具并将这些知识的价值发挥到最大化。

随着我们对每个管理岗位需求了解的清晰化，一些相对应的认证和课程会出台。只要你具备了晋升的基本条件，就可以根据自己的发展方向去选择学习相对应的课程，并获得相关的管理资格认证。当你达到了岗位发展所需要的业绩之后，公司将通过绩效面谈，考核你是否符合我们的价值观。结合这三方面，并根据内部不记名投票考评来衡量你是否符合所申请的管理岗位要求。在顺丰，个人的成长不靠关系，自己的命运只掌握在自己手里。员工是因，企业是果，有员工们成长了企业才能够成长，而在员工的成长过程中，还要做到让最好的员工最快地成长。

2016 年 4 月 17 日，北京某小区内一轿车车主因车辆遭剐蹭打骂一顺丰快递小哥。此事引起了顺丰集团的高度重视，事后公安机关经调查对打人者依法进行了处理。

2017 年 2 月 24 日，顺丰在深交所上市。敲钟当日，王卫携一位快递员代表现身敲钟仪式，参与上市敲钟。该名快递员就是去年在"北京汽车剐蹭"事件中被打的快递员。王卫表示公司上市后对员工关爱不变，公司的成就不是他个人的，是来自员工的血汗付出。这也正印证了案例开始那句话：在顺丰，我们要坚持以人为本的管理理念。

思考题 1 如何理解顺丰"因人而变"的管理理念？

思考题 2 结合案例分析"沟通"与"培训"在员工管理中的重要性。

7.2.2 仓储员工招聘与选拔

员工招聘与选拔是员工进入到企业或相关岗位的首个环节，做好该项工作可以节约大量的招聘成本，促进业务的稳步发展。下面分别从员工招聘与选拔的含义、原则和方法三个方面学习相关内容。

1. 含义

员工招聘与选拔指通过一定的途径和方式，采用一定的技巧与方法吸引应聘者，并从中选拔、录用与部门空缺岗位相匹配的，具有相应知识背景、技术能力、个性特点以及其他胜任特征的候选人的动态过程。

员工招聘与选拔的过程具有双向性，既是仓储用人单位对应聘者的甄选过程，也是应聘者对仓储用人单位的选择过程。在该过程中双方的地位对等，而不是应聘者处于弱势的被选择状态。通过双方的沟通，若仓储用人单位的需求与应聘者的个人素质能够契合，应聘者的个人待遇、发展需求等亦与仓储用人单位所提供的条件相符，双方互相满意，则可进入试用阶段。

2. 原则

员工的招聘与选拔需要重点把握以下原则：

(1) 合适原则。不少招聘者反映，近几年企业招聘仓储员工越来越难，求职者的要求越来越高，在岗员工的稳定性则越来越差。这导致在多数情况下，只要应聘者有意向，用人单位就会欣然接受，最后造成仓储员工素质参差不齐，影响工作效能。所以用人单位务必要本着合适的原则，对求职者的质量进行严格把关。

(2) 真实原则。一方面，仓储用人单位要把工作环境、主要工作内容、工资水平、福利待遇、公司发展规划等信息如实地介绍给应聘者，把应聘者关心的问题实事求是地反馈给应聘者，切勿出现含糊不清或画饼式的回答；另一方面，仓储用人单位对应聘者的各种情况也要全面了解，并对信息的真实性作出判断，必要时还可以作背景调查。

(3) 用人所长原则。招聘者在与应聘者沟通的过程中，会发现应聘者存在这样或那样的不足，此时应杜绝"选美"心态，不能一味追求应聘者素质的完美，而是要根据岗位要求，更多地关注应聘者的专长，量材而用。这样，不仅应聘者能得到发挥自己专长的平台，用人单位的岗位需求也得到了满足。但是要注意应聘者的"不完美"体现在哪些方面，例如，倘若应聘者的价值观与企业相左，即使其他各方面都比较优秀，也不能聘用。

(4) 效益原则。招聘者既不能为了招聘到合适的人而不惜投入成本，也不能为了节约成本而削减招聘费用。要以尽可能少的成本，招聘到尽可能合适的人。

3. 方法

员工招聘与选拔的方法有多种，下面分别从内部招聘和外部招聘两个方面进行介绍。

1) 内部招聘

内部招聘一般通过发布内部招聘公告、查询在职人员综合技能档案以及员工推荐等方式实现。其中，员工推荐可以是推荐内部人员，也可以是推荐亲戚朋友等外部人员。

内部招聘主要有三种类型，分别为内部提升、工作轮换和返聘。

(1) 内部提升。内部提升即部门出现管理岗位空缺时，从企业内部现有员工中提拔聘用新的管理人员。据有关统计数据显示，90%以上美国企业的管理人员都是从内部职工中提拔的。

(2) 工作轮换。工作轮换即在平级岗位间调动或调换员工。一方面，工作轮换可以帮助员工了解不同岗位的工作流程和特点，提升员工的综合技能，找到其最适合的工作岗位，使员工的职业生涯得到较好发展；另一方面，工作轮换也有助于提高企业的活力。

(3) 返聘。返聘即将原来在企业工作过的合格员工重新聘用到合适岗位上的一种招聘方式。返聘的员工工作适应快，工作技能丰富，而且再次回到企业的员工往往非常珍惜工作机会，与企业感情深，员工的忠诚度与归属感强。

内部招聘的优点很多：首先，内部招聘有利于激发员工的内在工作积极性，营造积极向上的团队工作气氛；同时，企业对聘用的员工"知根知底"，降低了用人风险，也降低了培训、招聘费用等支出，有助于提高企业的效益；更重要的是，内部招聘还能带动整个企业人力资源系统的"活性"，能帮助合适的人找到合适的岗位，实现企业人力资源的优化配置。

但内部招聘也存在一定的局限性：若企业长期只在内部招聘，员工易形成思维和行为定势，使企业缺乏创新性与活力；内部提升也易引发企业的内部矛盾，例如员工可能会因为没被提升而影响工作效率。所以内部招聘必须辅以系统的员工管理与培训计划，同时管理人员必须将晋升条件制作为可量化的参考数据，并做好与员工的沟通。

有些大型企业有专门的职业生涯开发系统，这是一种将个人职业生涯目标与企业人力资源需要联系起来，以期实现个人目标与企业需要之间最佳匹配的内部招聘方式。采用职业生涯开发系统的企业不鼓励所有合格的员工去竞争同一个岗位，而是将高潜能的员工置于最合适的职业生涯路径上，接受持续培养以适应未来的特定工作。

2) 外部招聘

外部招聘是企业通过外部的一些渠道吸引并招收外部人员来填补职位空缺的一种招聘方法。常见的外部招聘渠道有以下几种：

(1) 报纸、杂志、广播媒体等。

(2) 人才中介机构，如劳务市场、职业介绍所、各种人才市场、猎头公司等。

(3) 校园招聘，包括各大院校的应届毕业生或未毕业需要实习的学生。

(4) 招聘会，一般都是由政府组织的各种定期或不定期人才交流会、人才市场和人才集市等，有利于供需方的现场交流。

(5) 互联网招聘，企业通过自己的网站或第三方招聘网站发布招聘信息。该方式具有信息传播速度快、范围广、不受时间和空间限制等天然优势。

外部招聘的优势主要表现在以下方面：

① 有助于树立企业形象。

② 有利于拓展企业视野。

③ 新鲜血液的注入能激发企业的活力。

④ 能避免内部提升带来的矛盾。

⑤ 外部人员的技能与空缺岗位的要求匹配性好。

⑥ 能够降低企业的培训成本。

外部招聘也存在一定的劣势，主要表现在以下方面：

① 招聘成本高，人力物力投入较多。

② 从发布招聘信息到人员开始实习，时间跨度较长。

③ 新员工需要磨合的时间较长，其个人价值观等方面与现行企业文化可能存在一定的差异，难以在短时间内融入企业。

④ 涉及管理人员的招聘可能会影响老员工的士气，打击员工的工作积极性，甚至可能导致部分员工的离职。

⑤ 用人风险较大，受到信息的不对称性和主客观因素的影响，企业的选择可能并非客观合理。

⑥ 应聘者可能具有其他窥探性目的，会给企业造成直接或间接的损失。

【微视频】招聘策略

【微经验】不同的招聘渠道适合招聘不同岗位的员工。在报纸上刊登招聘信息适合招聘仓储作业人员；猎头公司适合招聘较高端的技术和管理人才；互联网招聘等适合招聘初、中级仓储人才；一般而言，中专、高职、大专、本科等院校的学生都是仓储管理人才的培养首选。

【知识拓展】如何面试应聘者

面试是在组织者设计的特定场景下，以面对面的观察、交谈等双向沟通为主要手段，以求了解应聘者的基本信息(个人简介、言谈举止、工作经验等)、基本素质(决策素质、效率素质、文化素质等)、情感智能(自我管理、沟通协作等)和职业安全性(自我实现需求、人格品质等)的人员甄选方式。

进行面试前，首先要确定由谁负责面试。根据应聘者岗位的职级，一般建议由人力资源部门进行初试，仓储部门应聘岗位的直接负责人进行复试；而对于主管及主管以上级别的应聘者，建议由公司级领导进行再次复试，并作出最终选择。不管面试哪个职级的应聘者，都要注意以下问题：

(1) 面试前，面试官要做好充足的准备工作。主要包括：① 面试的针对性要强，要明确应收集应聘者的哪些信息，以及应向应聘者提供公司的哪些信息；② 明确空缺岗位的职能及素质要求，抓住岗位重点；③ 详细分析应聘者的简历，并将疑点部分作出标记以便重点了解。

(2) 面试开始时，面试官要营造一种轻松愉快的氛围，以便提升沟通的效果，比如谈谈当下的热点新闻；面试官还应该对应聘者有一个整体、直观的、不限于工作技能方面的了解，注意提出合适的问题，并对应聘者的回答进行认真分析，初步形成对应聘者的评价。

(3) 面试后期，面试官要查漏补缺，看有无关键问题遗漏。在对应聘者的了解较为全面后，面试官应提供给应聘者了解公司、部门、工作内容、薪资待遇等问题的机会。至此，双方基本上可以确定是否达到初步合作意向。

在面试的形式方面，仓储普通岗位面试一般采取一对一的面对面交谈；仓储管理岗位面试一般采取一对多的面对面交谈，并辅以逻辑思维、问题解决能力、人际交往能力、领导力等方面的测试。

7.2.3　仓储员工录用与培训

录用经过招聘与选拔环节的新员工需要遵循一定的规则。在新员工入职后，还要采用合适方式进行必要的培训，在培训中还需注意一些事项。

1. 员工录用

录用主管级以下员工，建议由人力资源部门提出建议，再由仓储部门作最终决定。人力资源部门负责入职员工手续的办理，并对入职员工作必要的背景调查，特别是对入职的主管级以上管理人员，需要进行相关背景的详细调查。背景调查一般需要向应聘者原单位领导、同事、培训机构等了解应聘人员相关工作品行、工作业绩、员工关系、工作经历、教育培训经历等方面的资料。但在调查的过程中要注意分寸，要恰当地选择访查人员，并注意资料收集的全面性，预防偏见的产生，同时不要过多涉及应聘者的个人隐私，避免因为调查而使应聘者产生心理波动。必要的背景调查是用人单位与应聘者之间相互负责的一种表现。背景调查通过后，企业文化及企业制度方面的培训等由人力资源部门负责，仓储部门则主要对新员工进行部门制度、工作流程、工作标准、部门运作体系等方面的培训。

2. 员工入职培训

员工入职培训是使员工迅速融入企业、进入工作角色的重要方式。仓储管理人员需要选择合适的培训方式，避免培训中的一些误区。

1) 培训方式

对仓储员工的入职培训可以采取以下几种方式：

(1) 言传。使新员工通过书面资料的学习，熟悉仓储作业的整体运作流程及企业的主要业务内容。

(2) 身教。让新员工进入工作岗位，观察并学习老员工是如何工作的。此时新员工可以提出自己的疑问和想法，由老员工或主管人员给予解答。

(3) 释疑。由老员工或主管人员把每一个作业步骤的设定缘由解释给新员工，同时把关键点、易出问题点、不允许的做法、出现问题时的处理方法等教授给新员工。

(4) 践行。新员工开始自己动手作业，主管或老员工从旁指导，进一步明确"释疑"环节的内容，使新员工尽快熟悉操作。

(5) 总结。令新员工将操作流程、操作标准、出现问题的处理方式、有哪些新思路等通过书面的形式体现出来，向主管人员汇报自己的工作内容和想法。

2) 注意事项

在新员工培训过程中需注意以下事项：

(1) 部门规章制度、企业文化和部门运作体系等方面要进行系统、详细的学习，不能简单地"走过场"，因为这些内容对新员工尽快融入团队起着很大的作用。

(2) 鼓励新员工提出自己的想法和意见。尤其是原来从事过类似工作的员工，主管应与新员工一起分析意见的优劣，对合理的意见要予以肯定并施行，对与现行部门文化不符的或尚未达到实施阶段的意见要与新员工进行有效沟通。

(3) 注意沟通及指导的持续性。经常性的、不局限于工作内容的沟通交流，有助于新员工迅速成长并快速融入到团队中。

(4) 实习培训期间，若发现新员工虽经努力，但在部门文化、工作内容等方面仍然难以达到要求的，要提前结束实习。

【微经验】以上内容侧重对新员工的入职培训，而为了使工作达到更好的效果，有时也需要对老员工进行一定的培训。可以考虑在部门中培养一批具有带"徒弟"资格的"师父"，在工作现场言传身教，构建"师徒制"的培训方式，效果会更好。

7.2.4 仓储员工绩效考评

员工绩效考评是反映员工工作成绩的一种方式。良好的绩效考评策略，能够大大提高员工的工作效率和效果。下面分别从员工绩效考评的含义、原则、模式、方法等方面介绍相关内容。

1. 含义

绩效考评是指运用数理统计、运筹学原理和特定指标体系，对照统一的标准，按照一定的程序，通过定量或定性的对比分析，对不同岗位员工一定时间段内的工作业绩作出客观、公正、准确的综合评判的一种管理方法。绩效考评的结果直接影响到薪酬调整、奖金发放、职务升降等诸多与员工切身利益相关的方面，能够促使员工总是沿着使自己获得高绩效分值的方向前进。

【微经验】绩效考评是一把双刃剑，用好了，可以促进组织目标达成，激发组织活力；用不好，就成了引起矛盾的导火索。因此，进行员工绩效考评管理需要管理者具备较高的水平。但是，即使是科学的绩效考评也不见得就一定能取得良好的效果，因为良好的工作效果还与激励等因素相关。

2. 原则

绩效考评策略可以因企业而异、因工作而异、因管理者的管理风格而异，但都要遵循以下基本原则：

(1) 可量化与合理性。管理者设定的考核指标要能够用数据的形式表现出来。工作效果的好或差是相对的，单纯好或差的评价是主观判断，而主观判断容易导致对现实的误判。比如在随机分拣商品时，单人在单个工作日里分别处理 200 单和 220 单，这是一种直观的工作效率体现，但处理 200 单的人可能并不承认自己效率低，认为工作量的差距是分拣工作有难易之分所导致的；而如果取一个月的分拣单数量为依据，处理 5000 单和处理 6000 单的差距基本就可以真实反映工作效率的高低了，这个月度指标就是合理的可量化指标。

(2) 易得性与真实性。如果可量化的数据需要投入较大的人力、物力才能获得，或者得到的数据准确性不高，则不宜采用；如果岗位作业人员为了获得较好的指标成绩而采取一些不当的操作技巧，所得的数据就不是真实的数据，也不宜采用。

(3) 可操作性。绩效指标必须具备可操作性，必须在工作中严格落实绩效指标考核规范，理论上完善的指标如果难以在实际工作中实施，则意义不大。

(4) 公平性与客观性。公开、客观的绩效考核资料容易赢得员工的信赖，也容易被有效地实施。由客观数据直观反映出的工作业绩也能有效提升员工的工作热情。

(5) 评估结果反馈及时性。一般可以采用周统计或月统计的方式，在设定的周期结束后及时得出评估结果。这样有利于员工自行查找原因、改进自身工作，也便于管理人员及时掌握工作情况，分析问题，并采取必要的工作优化措施。

(6) 考核指标精简性。现代仓储作业的高复杂性以及对高准确率、高效率的要求，决定了不适宜使用多个指标同时考核。要尽可能地让员工的工作内容保持单一，每项工作内容的核心考核指标不超过两个。否则，员工往往会顾此失彼，只注重考核占比高的工作而忽略其他工作。

3. 模式

在仓储员工的绩效考评中，经常使用的考评模式有以下三种：

1) 关键绩效指标(Key Performance Indicator，KPI)考评

KPI 考评是通过分析不同工作岗位的绩效特征，提炼出最能代表工作水平的若干关键指标，并以此为基础进行绩效考核的一种模式。KPI 考评实施过程中的常见问题如下：

(1) 指标描述不清。管理者应将考评指标描述清楚，使员工一看就明白，一看就知道怎么去做，否则就存在指标描述不清的问题。例如，指标①：工作态度【差、一般、好、优秀】；指标②：团队配合情况【差、一般、好、优秀】。在这两个指标中，差和一般的区别，以及好和优秀的衡量标准，都是难以确定的，这种指标就不是合格的指标。

(2) 关注数据而不是问题。KPI 是一个协助管理者更好地管理员工的工具，其目标是发现工作中的问题，使员工更高效地工作。

(3) 考评指标取舍不当。KPI 的指标数量适度为宜，过多或过少都不好。事事是重点，则事事无重点，指标多了是一种干扰，会让员工找不到方向。所以 KPI 指标应尽量精简，切实反映管理者在当前时期最关注的目标。

(4) 考评标准不合理。考评标准定高了，员工难以达到，拿到的工资和付出不成比例，反而会挫伤员工的积极性；标准定低了，员工很容易达到，则失去了考评的意义。因此，管理者应采用大量的历史数据作为基础，合理测算后再制定 KPI 指标的标准值。

(5) 考评结果的利用不当。KPI 考评结果若仅作为核算绩效的依据，核算完毕后就将其归档并束之高阁，则失去了考评的意义。KPI 考评的根本目的是为了改善和提高，如改善员工的能力与工作态度，或者改革工作流程的不合理之处等，从而提高整个团队的绩效。而要做到这些，管理者就必须常用、善用考评资料，对考评结果进行合理分析，发现其中反映出的问题。

2) 360 度考评

顾名思义，就是全方位的考评，即由被考评人的上级、同级、下级和业务关联人员等对其进行评价，使被考评人知晓各方对自己的意见，看清自己的长处和短处，达到自我提升的目的。该模式一般用于对中层以上管理人员的考评，以作为季度或年度员工职级升降、工资调整等的参考依据。

360 度考评实际上是员工参与管理的一种方式，一定程度上可以增加员工的工作自主性和工作管控力，提高员工的积极性和对组织的忠诚度。

360 度考评的最大优点是兼具全面性、匿名性与客观性，而且由于企业员工参与整个反馈过程，因此考评结果也能更真实地反映员工的意愿和呼声，容易被员工所接受。

但是 360 度考评也存在一些很明显的缺点：部分员工可能对被考评人有主观感情色彩，因而作出的评价不能正确反映被考评人的业务水平；考评是匿名形式，因此考评者对于考评结果不负任何责任，也缺少必要的监督，使考评有很大可能流于形式；员工普遍对考评工具缺乏了解，许多考评人并不会主动学习和掌握考评方法，而仅是接受人事部门的考评安排。因此管理者要慎重对待 360 度考评的评价结果。

3) 述职评价

述职评价是由员工写作述职报告，在报告中将自己的工作完成情况、知识、技能、经验等反映出来的一种考评模式。述职报告的重点是报告员工本人履行岗位职责的情况，即该岗位在管理权限范围内完成各项任务中的个人行为、在本岗位上发挥的作用、工作中遇到的问题与取得的经验等。该模式一般适用于仓储部门组长、主管级别的管理人员，用来向部门负责人汇报工作或部门负责人向企业更高级别的领导汇报工作。

综上所述，以上三种常用考评模式各有侧重及优缺点，需要根据管理工作的具体情况选用最合适的方式，或者综合运用不同的方式。

4. 方法

每一种绩效考评模式都可以灵活选择考评方法。下面介绍三种常用的绩效考评方法：

(1) 等级评定法：根据一定的标准给被考评人评出等级，如 A、B、C 等。

(2) 排名法：通过打分或评价等方式给被考评人排出名次，确定奖惩。比如考评结果排名前 5%则予以升职并相应调整工资；前 10%予以调整工资；后 5%予以调整岗位；后

10%予以降级并调整工资等。

(3) 目标与标准评定法：对照考评期初制定的目标对绩效考评指标进行评价，并根据评价结果确定奖惩。比如，年初制定的本年度仓储物资损耗额度为出库金额的万分之一，而实际盘点结果显示损耗额度为出库金额的万分之二，则应予以一定的惩罚；如果损耗额度为万分之零点五，则应予以一定的奖励。

【微思考】请读者根据以上内容，思考自己所在企业的绩效考评工作存在哪些优点和问题，又有哪些相应的解决方案。在校学生可以结合所学内容，分析优秀学生或奖学金评定方法的合理性。

扫一扫

【微视频】绩效考评策略

【经典案例】KPI 指标设置举例

以某生产型企业仓储部门为例，对仓储运营水平影响较大的指标有四个：账物相符率、发货准确率、发货及时率和单据输入/输出准确率。这四个指标的相关作业内容与财务部门、生产部门及计划部门有关联，因此指标数据的统计既要指定统计部门，又要指定监督部门。根据以上信息，制作该部门的 KPI 考核表，如表 7-1 所示。

表 7-1　某生产企业仓储部门 KPI 指标

负责部门	项目	计算公式	目标	统计频率	分解目标	实际达成情况			统计部门	监督部门
						1 月	2 月	3 月		
仓储部	账物相符率	相符项数/月度盘点物料总项数*100%	100%	每月	目标	100%	100%	100%	仓储部	财务部
					达成					
	发货准确率	发放准确项数/月度发放总项数*100%	98%	每月	目标	98%	98%	98%	生产部	计划部
					达成					
	发货及时情况	未及时发放单数	≤3	每月	目标	≤3	≤3	≤3	生产部	计划部
					达成					
	单据输入/输出准确率	单据输入/输出错误次数	≤1	每月	目标	≤1	≤1	≤1	仓储部	财务部
					达成					

思考题　表 7-1 中的考评方案是否合理？如何才能获得这些考评数据？

7.2.5 仓储员工激励

员工激励是开发员工工作潜能的重要方式。管理者要深刻理解员工激励的含义，掌握基本的激励原则，采用合适的激励方法，努力提升员工的工作积极性和工作完成质量。

1. 含义

员工激励是指通过各种有效手段，对员工的需求给予不同程度的满足或限制，以激发员工的需求、动机和欲望，使员工形成某一特定的目标，并在追求这一目标的过程中始终保持高昂的情绪和持续积极的状态，从而充分挖掘员工潜力，为企业创造更多的价值。激励可分为正向激励与负向激励两类方法，一般以正向激励为主，适当进行负向激励。

激励是对员工潜能的开发，无法通过精确的计算来进行预测、计划和控制。所以激励的结果是不能事先预知的，但可以根据实行情况对激励措施进行动态的调整，同时，也要清楚激励的作用是有限的，适度的、有持续作用的激励才是成功的激励。

2. 原则

员工激励策略因企业而异、因工作而异、因管理者的管理风格而异，但有以下基本原则可供参考：

(1) 适度原则。管理者应为员工制定切合实际的目标，这些目标既具有挑战性，又可以通过努力实现。

(2) 参与原则。有员工参与的激励往往能够取得良好的效果。管理者要为员工提供在实施激励政策前适当参与决策的机会，鼓励他们真实地表达出自己的意见与想法。

(3) 沟通原则。管理者要经常与员工交流，鼓励他们提出自己的想法，增进彼此了解，以加强员工对管理者的认同，促进激励的实施。

(4) 长期性与多样化原则。单一的激励措施可能只在某个时间段有效，时间长了就会缺乏活力。因此，管理者要注意激励方式的多样化，保持激励的活性与持续性。

(5) 适度放权原则。管理者要给予员工充分的自主发挥空间，鼓励他们在工作中加强自我管理能力，但要把握好放权的尺度，防止运营体系混乱。

【微经验】在掌握以上原则的基础上，管理者还要认识到激励的复杂性，多从员工心理和公司目标的角度考虑，最终赢得员工的"心"。比如当员工的需求与预期不同时，只有充分满足了员工的需求，并达到或超过其心理预期，才能起到激励的作用。

3. 方法

员工激励的方法多种多样，同样的方法不同的人应用也可能产生不同的效果。针对仓储员工的激励问题，下面列举几种参考方法：

(1) 物质激励与认同感并行。薪酬对人的刺激只是短期的，而认同感则能够产生源源不断的动力。因此，在物质激励的基础上，还要注意提升员工的认同感。例如，A 员工与 B 员工薪酬涨幅相同，但 A 员工认为自己比 B 员工更优秀，应该得到更高的薪酬，工作没有被认同，涨薪反而给 A 员工带来负面情绪。再如同样是提升薪酬，与其默默地提升，不如召开员工大会，以该员工的工作数据为依据，在大会上对其工作成就加以肯定，以此增强员工的荣誉感和认同感。

(2) 快乐工作。仓储工作是一项琐碎枯燥的工作，通常需要付出一定的体力，且对效率和准确率的要求特别高，但同时，仓储工作也是一项自由度比较高的工作，没有太多的条条框框与人际关系处理问题。因此，管理人员要尽量营造一种开放、宽松、快乐的工作氛围，让员工能快乐地参与工作。

(3) 破冰式沟通。破冰是培训中的专业术语，大意是通过一些方式方法，拉近彼此心灵的距离，打破人与人的隔阂，使相互之间的沟通无障碍，且发自内心地互相认可。诸多从事仓储物流行业的管理者已就破冰式沟通的必要性达成共识，认为要把员工当成朋友，帮助他们解决工作生活中遇到的困难，做到沟通无障碍。

(4) 统一激励体系下的因人而异。管理者要因人而异，给予不同心理需求的人不同的激励措施。比如，70后的员工可能更注重有一份稳定的工作，有一份不错的薪水，公司保险制度健全，不用经常加班等条件；80后可能更注重努力工作，增加技能，争取有晋升的机会，薪水能够不断增长等条件；90后可能更注重工作自由、个人想法能够得到认可、多岗位工作轮换、业余时间较多等条件。管理人员需要针对不同年龄段的员工实施不同的激励措施，但要注意公平性，在公平统一的激励体系下进行。

(5) 奖罚分明，采用适当的负激励措施。所谓负激励是相对于正激励而言，正向激励一般采用表扬、奖励等方式，负激励则是采用批评、扣罚、降级甚至辞退等方式。管理者不能只奖不罚，也不能只罚不奖，而是要做到奖罚分明。

【微经验】负激励涉及的面比较广，有效的执行是关键。笔者建议负激励要用，但要用得适当，这个尺度的把握只能靠自己在实践中去摸索。

【知识拓展】工作职责和岗位素质要求

仓储组织与员工管理离不开搭建组织结构、进行岗位分工、确定岗位职责、以及设定各岗位员工的任职要求等方面的工作。因此，下面以某电商企业的仓储部门为例，对仓储管理中常见的主要岗位名称、素质要求以及岗位职责进行详细介绍，一般公司的《岗位说明书》都会涉及此部分内容，但不同企业中的同类内容可能会存在较大差异，故本篇仅供读者参考。

1. 仓储经理

(1) 素质要求。经济、电子商务、物流相关专业或管理工程专业本科以上学历，拥有五年以上相关工作经验；熟悉仓储物流理论及电子商务、供应链管理等相关知识；掌握仓储物流业务流程与技能；熟练操作日常办公软件；具备良好的沟通和协作能力，踏实肯干；具备较强的经营决策能力，头脑清醒，处事稳健；具备优秀的计划、组织、协调、领导能力和团队协作精神。

(2) 岗位职责。负责建立仓库高效运营项目的标准化作业体系及与业务相关部门的协调体系；参与公司经营战略制定；根据公司年度经营计划，制定仓储部工作计划；负责全面质量管理工作；负责控制仓储部的预算，降低仓储费用成本；负责审查各种统计报表；能够对公司仓储、物流系统进行规划、分析、设计与优化；负责公司仓储管理队伍建设，选拔、配备、培训、评价员工；组织制定库房管理、出入库管理等各项制度和规定并监督实施；负责货物的出入库管理，组织仓库的现场管理；组织改善仓储环境和作业效率，提供准时、安全、有效的仓储作业服务；负责部门内的职责分工，指导下属员工制定阶段工作计划并督促执行。

2. 文员

(1) 素质要求。专科及以上学历，拥有二年以上相关工作经历；了解仓储作业流程，了解采购等业务相关部门的工作流程；头脑冷静，善用沟通；吃苦耐劳，具有团队精神和协调能力；能熟练使用办公软件编制各种统计报表及图表。

(2) 岗位职责。负责商品出入库单证审核发放、手续办理、信息录入、运营数据汇总、差异处理等工作；编制商品出入库的各种报表，统计相关数据，并及时上报；负责外部客户与仓储相关单货差异事项的协调处理；担任外部信息与仓储部门信息对接的第一联系人，负责将信息甄别后转相关人员处理；协调好本岗位与其他岗位的关系，保证各项作业的顺利进行；完成上级主管交付的其他工作；协助经理处理日常行政工作。

3. 分拣员

(1) 素质要求。高中及以上学历，拥有一年以上相关工作经历；了解仓储作业流程，熟悉仓储设施设备及其应用；身体健康，吃苦耐劳，头脑冷静；具有团队精神和协调能力。

(2) 岗位职责。熟悉存储商品的品种、规格、型号、性能及理化性质；根据分拣单分拣商品；及时上报分拣过程中发现的商品问题；熟悉库区的划分及货位的分配原则，能够迅速根据单据取到商品；协调好本岗位与其他岗位的关系，保证各项作业的顺利进行；完成上级主管交付的其他工作。

4. 收货员

(1) 素质要求。专科以上学历，从事相关工作两年以上；了解商品的理化性质，掌握商品验收的基本技术和方法；掌握包装要求及标准，认识包装标志；具有良好的身体素质，吃苦耐劳，踏实谨慎；具有良好的团队合作精神，善于协调、沟通；能够熟练应用办公软件。

(2) 岗位职责。负责入库商品的数量验收、质量验收和包装验收；对验收中发现的问题进行及时妥善的处理；详细做好验收记录，形成验收报告；根据验收结果给出改善性的意见或建议；选择合理的验收方法和验收设备，降低验收成本，提高验收效率；做好与相关岗位的协调工作，提高工作效率；完成上级布置的其他工作任务。

5. 保管员

(1) 素质要求。专科以上学历，从事相关工作一年以上；了解仓库保管的基本知识及商品的储存要求；能合理使用各种保管设备，懂得基本的养护方法；有敬业精神，踏实肯干，身体健康；具有良好的团队合作精神，善于协调和沟通；熟练应用办公软件与仓储管理信息系统。

(2) 岗位职责。做好商品的保管工作，严格遵守仓库保管制度；对保管的商品及时检查，做到账物相符；安排好货物的存放地点及存放方式，使其方便存取；加强仓库的温湿度管理，保持良好的货物存放条件；定期清扫保管区域，做好防虫、防鼠工作；定期检查通风、照明、防火、防潮等设施的情况，确保其正常运行；定期检查保管货物的品种、数量及质量状况，发现问题及时处理，并做好相应的记录；不定期对保管货物进行盘点，做好盘点记录以及盘点结果的盈亏处理；做好与相关岗位的协调工作，提高工作效率；完成上级布置的其他工作任务。

6．仓库管理员

(1) 素质要求。本科以上学历，从事相关工作三年以上；掌握库存管理的相关知识与库存控制的方法；掌握目视管理、5S 管理等管理方法，能运用这些方法提升现场工作效率；能够编制、分析各种统计图表，并提出改善措施；具备库区规划、货位优化、分拣路径优化等专业知识；有敬业精神，思维清晰，耐心细致，具备一定的洞察能力；具有良好的团队合作精神，善于协调和沟通；熟练应用办公软件与仓储管理信息系统。

(2) 岗位职责。严格执行库存控制管理制度和管理流程；结合实际情况分析库存情况，并形成统计报表；负责开展库区优化、货位优化、分拣路径优化等工作；负责做好呆滞品、废品的处理工作；负责跟踪仓储作业运营数据，并对数据进行分析；负责与公司业务相关部门的有效沟通；负责部门信息化的建设，优化控制系统，降低成本；做好与相关岗位的协调工作，提高工作效率；完成上级布置的其他工作任务。

7．搬运入库员

(1) 素质要求。高中以上学历，一年以上相关工作经验；具有良好的身体素质，热爱本职工作；能够熟练使用各种搬运设备进行作业，掌握设施设备的保养方法；具备一定的商品知识，了解各类货物搬运时的注意事项；了解各种包装单元及储存单元的特点，能合理安排搬运作业；了解货位管理规则，能合理安排商品货位；具有敬业精神，踏实肯干，吃苦耐劳；具有良好的团队合作精神。

(2) 岗位职责。严格按照搬运流程及注意事项完成货物的装卸搬运工作；搬运时结合相关岗位的作业特点选用合理的搬运方式和搬运器具；严格遵守搬运要求，轻拿轻放，严禁野蛮作业；严格按照货位规则摆放商品，并能提出合理的改进意见；及时进行补货作业，确保货位商品能够满足拣货的数量要求；加强搬运作业的安全管理，避免事故的发生；作业后及时清扫现场，保持现场整洁；分析商品存放规则的合理性；做好与相关岗位的协调工作，提高工作效率；完成上级布置的其他工作任务。

8．安全员

(1) 素质要求。大专以上学历，二年以上相关工作经验；具有良好的身体素质，热爱本职工作；具有强烈的责任心，耐心细致，勤劳严谨；具有丰富的消防安全和生产安全知识；具有强烈的问题意识，善于发现安全隐患；具有一定的宣传能力；具有良好的团队合作精神。

(2) 岗位职责。负责制定安全计划和防范措施；负责制定仓库安全管理制度，并拟定各岗位的安全生产管理制度；负责配备安全生产所需的各种设施设备，包括消防设备、安全标示、警示牌等；加强分拣、搬运作业的安全管理，避免事故的发生；定期进行安全检查，消除安全隐患；定期开展安全生产培训及安全知识宣传活动；做好与相关岗位的协调工作，提高工作效率；完成上级布置的其他工作任务。

9．设备管理员

(1) 素质要求。大专以上学历，二年以上相关工作经验；具有良好的身体素质，热爱本职工作；具有强烈的责任心和责任感，踏实肯干；具备较丰富的机械知识，能够看懂机械原理图；能够操纵、调试仓库内的各种设施设备；懂得设备的机械性能和工作原理；能够检测出设备的故障并及时排除；具有良好的团队合作精神。

(2) 岗位职责。负责制定设施设备的使用和保养制度；负责仓库内设施设备的维护与管理；定期对库内设备进行检查调试，排除故障；定期开展设备操作人员的技术培训，传授设备的维护及保养方法；加强对设备的技术改造，提高生产效率；做好与相关岗位的协调工作，提高工作效率；完成上级布置的其他工作任务。

10. 复核员

(1) 素质要求。高中以上学历，一年以上相关工作经验；具有良好的身体素质，热爱本职工作；具有强烈的责任心和责任感，踏实肯干；具备较全面的商品知识，能够使用相关电子设备；具有良好的团队合作精神。

(2) 岗位职责。负责分拣商品的单货二次复核；负责分拣商品的打包、贴面单；按一定规则对打包商品进行分类存放；能够提出工作流程改进方案；做好与相关岗位的协调工作，提高工作效率，降低差错率；完成上级布置的其他工作任务。

11. 发货员

(1) 素质要求。专科以上学历，一年以上相关工作经验；具有良好的身体素质，热爱本职工作；具有强烈的责任感，踏实肯干；具备较全面的商品知识，能够使用相关电子设备；对数字敏感；具有良好的团队合作精神。

(2) 岗位职责。负责已打包商品的单货二次确认；根据发货规则与快递或第三方物流公司进行商品的交接；处理与快递或第三方物流公司往来业务的差异事项；做好与相关岗位的协调工作，提高工作效率；完成上级布置的其他工作任务。

12. 储备干部

顾名思义，这是一个培养管理人才的岗位，该岗位的晋升方向一般是部门主管或经理。从事仓储物流管理方向的工作需要扎实的理论基础和现场实践经验的结合，因此作为储备干部人员，需要对仓储物流部门各个岗位的工作都非常熟悉。而由于仓储物流管理工作的系统性、复杂性以及现阶段从业人员的整体素质层次偏低等因素，高素质的仓储管理人才往往相当稀缺，需要企业及时发现，并重点培养。

本 章 小 结

◇ 仓储组织结构主要包含三个方面的内容：部门和岗位的设置、部门和岗位的职责分工与权力界定、部门和岗位相互关系的界定。

◇ 进行仓储组织结构设计，需重点考虑以下因素：工作内容的细分、岗位职责的设计、组织层级的设置。

◇ 仓储员工的招聘与选拔需要重点把握以下四项原则：合适原则、真实原则、用人所长原则、效益原则。

◇ 内部招聘主要有三种形式，分别为内部提升、工作轮换和返聘。

◇ 员工入职培训是使员工迅速融入企业、进入工作角色的重要方式。仓储管理人员需要根据情况选择合适的培训方式，避免培训中的一些误区。

◇　绩效考评策略可以因企业而异、因工作而异、因管理者的管理风格而异，但都要遵循以下基本原则：可量化与合理性、易得性与真实性、可操作性、公平性与客观性、评估结果反馈及时性、考核指标精简性。

◇　在仓储员工的绩效考评中，经常使用的考评模式有以下三种：KPI 考评、360 度考评、述职评价。

◇　激励可分为正向激励与负向激励两类方法，一般以正向激励为主，适当进行负向激励。激励是对员工潜能的开发，无法通过精确的计算来进行预测、计划和控制。所以激励的结果是不能事先预知的，但可以根据实行情况对激励措施进行动态的调整，同时，也要清楚激励的作用是有限的，适度的、有持续作用的激励才是成功的激励。

◇　员工激励策略因企业而异、因工作而异、因管理者的管理风格而异，但有以下基本原则可供参考：适度原则、参与原则、沟通原则、长期性与多样化原则、适度放权原则。

微应用

应用 1　仓储组织结构设计

对仓储组织结构进行设计时，要综合考虑企业的性质、工作内容的划分、岗位的设置、不同岗位相互间的衔接与制约关系、层级的设置等多种因素。请根据所学知识，完成以下练习：

(1) 某连锁超市公司的经营情况如下：公司自建仓储，主要经营百货类、生鲜类和食品类商品；仓库年进出库商品金额总量在 8 亿左右；超市经营的三大类商品差异很大，且每大类商品的出入库都非常频繁，量也很大；仓储作业人员包括保管员、理货员、配货员、装卸工等；现指定一名仓储经理全权负责仓储部门的管理。请根据以上信息，设计适用于该公司仓储部门的组织结构。

(2) 某中型企业，仓库占地面积 32 000 平方米；仓储物品出入库以整件进、整件和零散货同时出为主；货物出入库量大，需要借助至少 8 台叉车进行装卸；货物外包装不规则，需要 10 人左右的装卸人员辅助出入库作业；货物进出库的往来单据处理及业务联系由文员负责；因为货物的性质原因不需要太多的保管作业人员，一般控制在 15 人左右。请根据以上信息，设计适用于该企业仓储部门的组织结构。

应用 2　仓储员工招聘策略选择

7.2.2 小节中介绍了内部招聘和外部招聘的相关知识，并对二者各自的优缺点进行了阐述。在实际的仓储管理工作中，对于不同岗位会采用不同的招聘策略。请根据所学内容，思考在招聘仓储普通作业人员、仓储组长人员、仓储主管人员、仓储经理及总监级人员时，分别应采用哪种招聘策略更为合适。

应用3 绩效考评指标设计

很多人都有网上购物和签收快递的经历。请根据所学内容，结合自己与快递员接触的经历，设计一套考核快递员绩效的 KPI 指标，并将设计完成的指标与快递员交流，在听取他们意见的基础上，对该指标加以完善。

第8章 仓储安全管理

本章目标

- 了解仓储合同订立的原则和程序
- 熟悉仓储合同的内容
- 了解燃烧的基本知识
- 掌握灭火的基本原理和主要方法
- 掌握常见消防工具的操作规范与注意事项
- 掌握仓库的门禁管理和防盗管理的主要内容
- 掌握仓库工作人员安全管理的主要内容
- 掌握仓库不同等级事故相应的处理方式
- 掌握仓库安全作业的主要控制内容
- 熟悉仓库安全管理制度的主要内容

学习导航

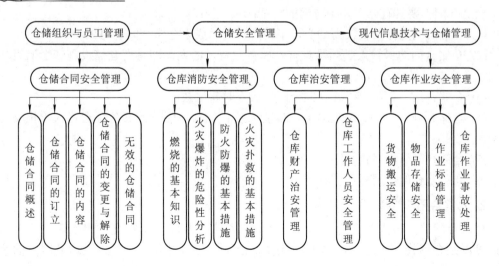

安全生产大于天，仓储安全管理是仓储管理的根本。仓储安全管理包含的面比较广，本章分别从仓储合同安全管理、仓库消防安全管理、仓库治安管理、仓库作业安全管理四个方面入手，对仓储安全管理的相关知识进行讲解。

8.1　仓储合同安全管理

合同是当事人协商一致的产物，是两个以上当事人的意思表示相一致的协议。只有当事人所作出的意思表示合法，合同才具有法律约束力。仓储合同的订立、内容、变更与解除、违约与免责，以及无效仓储合同的表现形式等都必须受到合同法的约束。

8.1.1　仓储合同概述

《中华人民共和国合同法》(以下简称《合同法》)第 381 条规定：仓储合同是保管人储存存货人交付的仓储物，存货人支付仓储费的合同。

仓储合同是指存货人与保管人双方协商约定，由保管人接收存货人交付的物品，并进行妥善保管，在保管期满后将保管物完好地交还给存货人，存货人交付双方约定的保管费给保管人的协议。以下是几个与合同相关的概念：

(1) 标的物：指当事人双方权利义务指向的对象。

(2) 诺成合同：指仅以当事人意思表示一致为成立要件的合同。

(3) 双务合同：指当事人双方互负对待给付义务的合同。

(4) 有偿合同：指当事人一方在享有合同规定的权益，必须向对方当事人偿付相应代价的合同。

(5) 不要式合同：指当事人订立的合同依法并不需要采取特定的形式。当事人可以采取口头方式，也可以采取书面方式。

(6) 实践合同：指除当事人意思表示一致外，还须交付标的物方能成立的合同。

1. 仓储合同的特征

仓储合同主要具有以下几个方面的特征：

(1) 仓储合同的标的物仅为动产，不动产不可以成为仓储合同的对象。

(2) 仓储合同的保管人必须是具有仓库营业资质的人，即具有仓储设施和仓储设备，专门从事仓储保管业务的人。

(3) 仓储合同为诺成合同。仓储合同自成立时起生效。

(4) 仓储合同是双务、有偿合同。保管人提供储存、保管的义务，存货人承担支付仓储费的义务。

(5) 仓储合同为不要式合同。

(6) 仓单是仓储合同的重要特征。

2. 仓储合同的当事人

仓储合同的当事人为存货人和保管人。存货人是指将仓储物交付出来以供仓储的一方，可以是仓储物的所有人，也可以是仅有仓储权利的占有人。如提供运输服务的承运人，又如被海关查封的货物——由海关作为存货人，货物暂时被某仓储企业封存。

保管人是对仓储物进行仓储保管的一方。保管人必须具有仓储设备和专门从事仓储保管业务资格。保管人必须具有仓库、货架、装卸搬运设备、安全及消防等基本条件，必须取得工商、公安、消防及税务等部门的许可。

3．仓储合同的标的物

保管人利用自己所具有的保管资质和条件保管存货人的仓储物，该仓储物就是合同的标的物。仓储物必须是具备实体的、有物理性质的、能够被搬运到保管人仓库的物质，存货人的厂房、专利权、数据信息等不能作为标的物。

4．仓储合同的种类

仓储合同主要分为一般仓储合同、混藏式仓储合同、消费式仓储合同、仓库租赁合同四种类型，它们分别具有明显的特点：

(1) 一般仓储合同。这是要求仓储经营人提供完善的仓储条件，接收存货人的仓储物进行保管，保持仓储物的物理化学性质不变，并在保管期满时，将该仓储物原样交还给存货人的仓储合同。这类合同强调仓储物必须在约定的时间原样、原品质归还存货人。

(2) 混藏式仓储合同。混藏式仓储合同的标的物为确定种类物，不确定原物，保管人仅以相同种类、品质、数量的货物返还给存货人，无法返还存货人的原物。保管人严格按照合同中所描述的仓储物数量、质量承担返还责任。当保管人向存货人交还的仓储物与合同的描述不符时，需按合同约定赔偿存货人的损失。混藏式仓储合同具有保持仓储物价值的功能，在储存粮食、油品或保鲜期较短的货物时常签订此类合同。

(3) 消费式仓储合同。这类合同的显著特点是仓储物的所有权归保管人所有，保管人的收益既来自仓储费又来自仓储物的消费带来的收益差额，因此比较适合于因存放时间、存放条件等造成品质改变的物品。

(4) 仓库租赁合同。它是仓库出租人将仓库交付承租人使用，承租人支付租金的合同。仓库出租人既可以是仓库所有人，也可以是进行转租的仓库承租人，但承租人必须与仓库所有人有合同约定。仓库出租人只提供基本的仓储条件，进行环境管理、安全管理等一般性仓储管理，而由存货人自行保管其商品。

5．仓储合同的形式

《合同法》第 10 条规定：当事人订立合同，有书面形式、口头形式和其他形式。仓储合同因涉及财产的保管，故多采用书面形式，以确保合同双方的权利和义务。在合同执行过程中出现有争议的问题时，可以通过合同条款来确定，或为第三方的裁决提供依据。仓储合同最常用的书面格式是合同书。

合同书由合同名称、合同编号、条款约定及当事人签署等部分构成，其中合同条款可以在双方友好协商的基础上共同制定。一般仓储企业都会根据自身业务特点及经验准备出标准格式的合同，合同双方可以对合同内容进行约定与补充。合同书具有形式标准、内容涉及全面、程序完整等特点，便于合同的订立、履行、留存及争议处理。必要时，合同还可以经过权威部门的公证或鉴证。

扫一扫

【微思考】保管合同是保管人保管寄存人交付的保管物，并返还该物的合同。在保管合同中，寄存物品的一方称为寄存人，负责保管物品的一方称为保管人。请查询相关资料思考仓储合同与保管合同的区别。

8.1.2 仓储合同的订立

订立仓储合同是形成仓储合同的前提，订立过程中要以《合同法》的规定为基础，遵循一定的原则和程序。

1. 订立仓储合同的原则

仓储合同的订立主要需遵循平等、自愿、公平、诚实信用、善良风俗的原则。

(1) 平等原则。当事人的法律地位平等，在权力的拥有和义务的履行方面对等；合同条款是在双方协商一致的基础上制定的，通过不合法手段制定的合同是无效的。平等原则还包括订立合同的机会平等，不能采取歧视性的方式选择性地订立合同。

(2) 自愿原则。根据《合同法》第 4 条规定："当事人依法享有自愿订立合同的权利，任何单位和个人不得非法干预"。民事活动中由当事人自愿约定的合同，除法律强制性的规定外，在合同订立及执行过程中都需要贯彻自愿原则。

(3) 公平原则。根据《合同法》第 5 条规定："当事人应当遵循公平原则确定各方的权利和义务"。公平合理是合同订立和履行的基础条件之一。

(4) 诚实信用原则。根据《合同法》第 6 条规定："当事人行使权利、履行义务应当遵循诚实信用原则"。诚实信用原则同样贯穿合同从订立到终止的整个过程，即使在业务合同终结后，双方也有义务遵守信息处理的约定规范。

(5) 善良风俗原则。根据《合同法》第 7 条规定："当事人订立、履行合同，应当遵守法律、行政法规，尊重社会公德，不得扰乱社会经济秩序，损害社会公共利益"。

订立合同时，如违反以上任何一条原则，都可以判定合同无效。

2. 订立仓储合同的程序

一个完整的仓储合同订立程序包括三个主要步骤：市场调查、发出要约、作出承诺。

(1) 市场调查。存货人根据仓储物存储条件的需求，寻找合适的仓储提供方。通过电话咨询、网站了解、现场考察、行业口碑调查等方式，对仓储提供方进行市场考察，并对不同的仓储提供方进行对比分析。仓储提供方也可主动进行市场调查、推广活动，了解客户需求，介绍仓储业务，以满足客户需求。

(2) 发出要约。要约是指一方当事人向他人做出的以一定条件订立合同的意思表示。在市场调查阶段，存货方与保管方初步接触后，如果认为有进一步的合作可能，一方就可主动向另一方以具体明确的内容发出要约，表示希望合作订立合同的意向。

其中，"具体"是指要约内容必须具有足以使合同成立的主要条款；"明确"是指要约内容必须明确，不能含糊不清。要约应当使受要约人理解要约人的真实意思，否则无法承诺。其中发出要约的人称为"要约人"，接受要约的人称为"受要约人"。还有一种方式就是合同的一方不发出要约而是向另一方表明意思，希望对方发出要约。

(3) 作出承诺。承诺是指受要约人同意要约的意思表示。即承诺的内容与要约的内容一致。作出承诺有一定的时间限制，一般以要约的规定承诺时间为准。承诺一经发出并送达要约人，合同即告成立，要约人不得拒绝。当事人双方采用合同书形式订立合同的，合同自双方当事人签字或者盖章时成立。

如果存货方或者保管方作为受要约人对要约内容进行了更改，如仓储费率的改变、提供服务项目的减少、仓储费支付方法的调整等，都只能构成一项新的要约，不能作为有效的承诺。即受要约人的答复需要经双方再次确认才能促成合同的成立。

8.1.3　仓储合同的内容

仓储合同为不要式合同，没有严格的条款规定，当事人可以根据实际需要商定具体的合同内容及形式。一般情况下，仓储合同主要需包括以下方面的内容：确定仓储物、确定检验标准、约定保管条件和损耗标准、明确违约责任与处理方式以及其他事宜。

1. 确定仓储物

仓储合同中要体现对仓储物的明确描述，不能产生歧义，通常需要从仓储物的名称、数量、质量、包装、编号等几个方面进行描述。

(1) 仓储物的名称。仓储物的名称需使用全称，或者行业内的统一名称，不能使用企业内部的"俗称"；品种规格也要依照这一规则进行约定，即任何人根据"货物名称"和"品种规格"的具体描述所找到的都应是同一种货物。

(2) 仓储物的数量。仓储物的数量建议按最小包装数量计算，可以根据需要来约定包装的组成及最小包装的计量单位等信息，使任何人不管是否曾接触过这种货物，都能根据相同的"数量"和"单位"找到相同数量的货物。

(3) 仓储物的质量。仓储物的质量有统一标准的，按标准执行；没有统一标准的，可以参考约定俗成的标准，双方协定可以量化的标准准则，并依照执行。当事人对质量的描述要做到清楚、明确、详细、具体、指标可量化。

(4) 仓储物的包装。仓储物的包装有统一标准的，按标准执行；没有统一标准的，可以参考约定俗成的标准，双方协定可以量化的标准准则，并依照执行。包装的目的是为了保护仓储物不受损坏，若包装材料质量不佳或包装方式不妥，容易造成仓储物的损耗，给合同双方带来纠纷，因此要对包装提出严格的要求。

(5) 仓储物的编码。仓储物一般按照仓储企业对仓储物品的统一编码规则进行编码，并将该编码提供给存货方，在合同上体现出来，以便于合同执行中对仓储物进行管理。

对仓储物其他事项的描述标准，可以根据物品的具体特点，由合同双方协商确定。

2. 确定检验标准

仓储物的检验包括入库检验和出库检验两部分。除必要的书面交接检验手续外，抽检比例要有明确的约定，从到货到入库的时间间隔要有具体的规定，验收物品不合格的处理办法、让步接收后物品的存储方式、发货接收方的意见处理、因物品质量问题给检验带来额外费用的计算等问题都要在合同上约定清楚。

3. 约定保管条件和损耗标准

保管条件是影响物品保管效果的重要因素，即使保管条件再好，也不能百分之百确保商品没有损耗，因此在合同中要明确约定保管条件和损耗标准。

(1) 约定保管条件。不同物品对保管条件的要求可能差异较大，因此合同双方要对保管条件作出明确规定，如温度、湿度、通风、照明等。合同中要明确约定保管条件，以判断哪些情况下的货损是由保管和养护不当造成的。仓储企业在保管条件上负有告知义务，因为一旦出现货损，造成伤害的不仅是货物本身，还有企业的声誉、形象等。双方都必须对现有保管条件进行书面认可，若有一方不认可，就需要改进保管条件。

(2) 设定损耗。很多仓储物会不可避免地发生一定的损耗，有统一标准的按标准执行，无统一标准的，应由双方协商划分出正常损耗和非正常损耗的界限以及承担责任的比例。

4. 明确违约责任与处理方式

仓储的每一个环节都对应着明确的责任和义务。在仓储合同中明确违约责任的承担方式，明确违约的处理途径(如协商、调解、诉讼等)，明确违约金、赔偿金的事由和数额等，对于双方都是一种负责任的事前行为。责任划分不清、违约情况事先无约定、合同未涉及违约行为的处理等情况都会造成合同执行过程中的阻碍。

仓储合同违约责任的处理方式主要有以下几种：

(1) 支付违约金。违约金是指仓储合同当事人一方发生违约时，依照法律规定或合同约定，对造成损失金额的一定比例承担赔偿义务的行为。违约金可以分为法定违约金和约定违约金两种，前者由法律或法规明确规定，后者由仓储合同当事人在合同中事先约定。

(2) 损害赔偿。若仓储合同的一方当事人违约，在违约方支付违约金或采取其他补救措施后，如果对方还有其他损失，则违约方对此应承担赔偿责任。也就是说，不管仓储合同中有没有约定违约金事项，违约方都应该承担赔偿责任以弥补对方的损失。这些损失当中，直接经济损失——如货物的价值、处理损害的各种费用、为控制事态而进行的各种支出等——一般易于核算；而因为货物损害造成的利润损失、销售机会灭失、客户流失、信誉损失等则难以衡量。所以在合同无约定，且双方协商无果的情况下，通常会涉及到司法的介入。

(3) 继续履行。若仓储合同违约的受害方既不主张违约金也不主张赔偿金，而是要求违约方按照仓储合同的约定继续履行其义务，在对方未履行的情况下，可以向法院请求强制违约方按照合同的规定履行义务，合同法上称为强制履行。但如果合同确实存在不可能继续履行的要素，即使违约方再努力也不能达成履约的事实，则相当于强人所难，于法于理都是不当行为，不宜继续强求履行。

(4) 采取补救措施。补救措施是指能矫正合同履行不当或使履行缺陷得以消除的具体措施，是合同违约的当事人为了弥补失误而采取的一系列措施。比如对仓储物进行修理和更换，给予违约受害方仓储费率优惠，允许违约受害方无偿使用仓储设备等。采用何种补救措施要以仓储物的性质和损失大小为依据，同时受害方对补救措施享有选择权，但也要确保措施的合理性。

另外，在双方同意的情况下，还可以在合同中加入免责条款。比如可以约定如果出现某些情况而导致货损，货损当事人不承担赔偿责任。

5. 其他事宜

仓储合同的其他事宜，主要包括合同执行中针对合同变更或解除的利益调解、费用分摊、保密事宜；合同的公证问题；与合同有关的仓储物保险、运输方式等。这些事宜都应在合同中约定，需要另立合同的，也可以订立补充合同。

【经典案例】某企业仓储合同范本

×××企业仓储合同

合同编号：

存货方：　　　　　　　　　　　　　　　　　　　保管方：

合同签订地点：

根据《中华人民共和国合同法》的有关规定，保管人和存货人根据委托储存计划和仓储能力的情况，双方协商一致，签订本合同，共同遵守。

一、仓储物

编号	包装	品名	规格	单位	数量	质量	备注

二、仓储费用

保管人提供仓库＿＿＿＿＿平方米给存货人使用，租金按月包库制，每月每平方米＿＿＿＿＿元，合计月租金为＿＿＿＿＿元整。

三、保管期限

保管期限＿＿＿年，从＿＿＿年＿＿＿月＿＿＿日至＿＿＿年＿＿＿月＿＿＿日止。

四、出入库

入库和出库的手续按照有关入库、出库的规定办理；如无规定，按双方协议办理。入库和出库时，双方代表或经办人都应在场，检验后的记录要由双方代表或经办人签字。该记录应视为合同的有效组成部分，当事人双方各保存一份。

五、验收

1. 存货人应当向保管人提供必要的货物验收资料，如未提供必要的货物验收资料或提供的资料不齐全、不及时，所造成的验收差错及贻误索赔或者发生货物品种、数量、质量不符合合同规定时，保管人不承担赔偿责任。

2. 保管人应按照合同规定的包装外观、货物品种、数量和质量，对入库货物进行验收，如果发现入库货物与合同的规定不符，应及时通知存货人。保管人未按合同规定的项目、方法和期限验收，或验收不准确而造成的实际经济损失，由保管人负责。

3. 验收期限: ___天(国内货物不超过 10 天,国外到货不超过 30 天)。超过验收期限所造成的损失由保管人承担。货物验收期限是指货物和验收资料全部送达保管人之日起,至验收报告送出之日止。日期均以运输、邮电部门、电子邮件的标记或直接送达的签收日期为准。

六、货物的损耗

损耗标准和损耗处理按照有关规定办理;如无规定,按双方的协议办理。

七、付款

1. 在保管物交付保管时,存货人应先行交付保管费用的_____%。

2. 在保管期满,存货人提取保管物时,应交付其余保管费用。

3. 保管费用以_____(方式)支付。

八、保管人的责任

1. 在货物保管期间,保管人未按合同规定的储存条件和保管要求保管货物,造成货物灭失、短少、变质、污染、损坏的,应按约定条件承担赔偿责任。如属货物包装不符合合同规定或超过有效储存期而造成货物损坏、变质的,保管人不承担赔偿责任。

2. 对于危险物品和易腐物品等未按国家和合同规定的要求操作、储存而造成毁损的,应承担赔偿责任。

3. 由于保管人的责任造成退仓不能入库时,应按合同规定赔偿存货人运费和支付违约金_____元。

4. 由保管人负责发运的货物,不能按期发货,应赔偿存货人逾期交货的损失;错发到货地点的,除按合同规定无偿运到规定的到货地点外,还要赔偿存货人因此而造成的实际损失。

九、存货人的责任

1. 由于存货人的责任造成退仓不能入库时,存货人应偿付相应保管费_____%的违约金。超过议定储存量储存的,存货人除交纳保管费外,还应向保管人偿付违约金_____元,或按双方的协议处理。

2. 易燃、易爆、易渗漏、有毒等危险货物以及易腐、超限等特殊货物,必须在合同中注明,并向保管人提供必要的保管运输技术资料,否则造成的货物毁损、仓库毁损或人身伤亡,由存货人承担赔偿责任直至刑事责任。

3. 货物临近失效期或有异状的,在保管人通知后不及时处理,造成的损失由存货人承担。

4. 未按国家或合同规定的标准和要求对储存货物进行必要的包装,造成货物损坏、变质的,由存货人负责。

5. 存货人已通知出库或合同期已到,由于存货人(含用户)的原因致使货物不能如期出库,存货人除按合同的规定交付保管费外,并应偿付违约金_____元。由于出库凭证或调拨凭证上的差错所造成的损失,由存货人负责。

6. 按合同规定由保管人代运的货物,存货人未按规定及时提供包装材料或未按规定期限变更货物的运输方式、到站时间、接货人等,应承担延期的责任和因此增加的费用。

十、声明及保证

(一) 保管人

1. 保管人为一家依法设立并合法存续的企业，有权签署并有能力履行本合同。

2. 保管人签署和履行本合同所需的一切手续＿＿＿＿均已办妥并合法有效。

3. 在签署本合同时，任何法院、仲裁机构、行政机关或监管机构均未做出任何足以对保管人履行本合同产生重大不利影响的判决、裁定、裁决或具体行政行为。

4. 保管人为签署本合同所需的内部授权程序均已完成，本合同的签署人是保管人的法定代表人或授权代表人。本合同生效后即对合同双方具有法律约束力。

(二) 存货人

1. 存货人为一家依法设立并合法存续的企业，有权签署并有能力履行本合同。

2. 存货人签署和履行本合同所需的一切手续＿＿＿＿均已办妥并合法有效。

3. 在签署本合同时，任何法院、仲裁机构、行政机关或监管机构均未做出任何足以对存货人履行本合同产生重大不利影响的判决、裁定、裁决或具体行政行为。

4. 存货人为签署本合同所需的内部授权程序均已完成，本合同的签署人是存货人的法定代表人或授权代表人。本合同生效后即对合同双方具有法律约束力。

十一、保密

双方保证对从另一方取得且无法自公开渠道获得的商业秘密(技术信息、经营信息及其他商业秘密)予以保密。未经该商业秘密的原提供方同意，一方不得向任何第三方泄露该商业秘密的全部或部分内容。但法律、法规另有规定或双方另有约定的除外。保密期限为＿＿＿＿年。

一方违反上述保密义务的，应承担相应的违约责任并赔偿由此造成的损失。

十二、不可抗力

本合同所称不可抗力是指不能预见、不能克服、不能避免并对一方当事人造成重大影响的客观事件，包括但不限于洪水、地震、火灾和风暴等自然灾害以及战争、动乱、政府行为等社会事件。

如因不可抗力事件的发生导致合同无法履行时，遇不可抗力的一方应立即将事故情况书面告知另一方，并应在＿＿＿＿天内，提供事故详情及合同不能履行或者需要延期履行的书面资料，双方认可后协商终止合同或延迟合同的履行。

十三、通知

1. 根据本合同需要发出的全部通知以及双方的文件往来及与本合同有关的通知和要求等必须采用书面形式，可采用＿＿＿＿＿＿＿＿(书信、传真、邮件、当面送交等)方式传递。

以上方式无法送达的，方可采取公告送达的方式。

2. 各方通讯地址如下：＿＿＿＿＿＿＿＿＿＿＿＿＿＿＿＿＿＿＿＿。

3. 一方变更通知或通讯地址，应自变更之日起＿＿＿＿日内，以书面形式通知对方；否则，由未通知方承担由此而引起的相应责任。

十四、争议的处理

(一) 本合同受＿＿＿＿国法律管辖并按其进行解释。

(二)本合同在履行过程中发生的争议,由双方当事人协商解决,也可由有关部门调解;协商或调解不成的,按下列第____种方式解决:

1. 提交_____仲裁委员会仲裁。

2. 依法向人民法院起诉。

十五、解释

本合同的理解与解释应依据合同目的和文本原义进行,本合同的标题仅是为了阅读方便而设,不应影响本合同的解释。

十六、补充与附件

本合同未尽事宜,依照有关法律、法规执行;法律、法规未作规定的,双方可以达成书面补充协议。本合同的附件和补充协议均为本合同不可分割的组成部分,与本合同具有同等的法律效力。

十七、合同效力

本合同自双方或双方法定代表人或其授权代表人签字并加盖公章之日起生效。有效期为____年,自____年____月____日至____年____月____日。本合同正本一式____份,双方各执____份,具有同等法律效力;合同副本____份,送____留存一份。

保管人(盖章):　　　　　　　　　存货方:(盖章)

地址:　　　　　　　　　　　　　　地址:

法定代表人:　　　　　　　　　　　法定代表人:

委托代理人:　　　　　　　　　　　委托代理人:

电话:　　　　　　　　　　　　　　电话:

开户银行:　　　　　　　　　　　　开户银行:

账号:　　　　　　　　　　　　　　账号:

签订日期:　　　　　　　　　　　　签订日期:

鉴(公)证意见:

经办人:鉴(公)证机关(章)

鉴(公)证日期:

(注:除国家另有规定外,鉴(公)证实行自愿原则)

8.1.4　仓储合同的变更与解除

在仓储合同的执行过程中,由于企业经营战略的调整和市场环境的变化,原签订的合同可能出现不能满足业务发展需要的情况,这就需要对合同部分条款进行变更,甚至直接解除合同。因此,在双方当事人协商一致的前提下,可以在合同中约定变更与解除的事项。

1. 仓储合同的变更

仓储合同的变更要以原有仓储合同为基础,是对原合同内容的补充或修订,而不是对原合同的推翻。因此,仓储合同变更需要具备的条件如下:

(1)原仓储合同已存在,存储方与保管方事实上存在合同关系。

(2)原合同内容需要改变,且经过合同双方协商一致。

(3) 经过法院、仲裁机构等依据法律裁决的，也可以进行变更。

仓储合同的变更程序与合同的订立程序类似，即，要先发出变更请求的要约，若对方在规定期限内作出承诺，变更即可成立。但要注意：仓储合同变更后，被变更内容即失去效力，且不能用新变更的内容向上追溯原合同已经发生的行为；因合同变更而带来的损失由责任方承担，责任的承担方式按原合同对合同变更的约束条件执行。

2. 仓储合同的解除

签订仓储合同后，合同即宣布生效。仓储合同的解除，是指在合同尚未执行时或在合同执行过程中，由当事人双方或一方提出提前终止合同，从而使双方当事人的合同未执行部分的权利和义务归于灭失的一种行为。

除法定的合同解除条件外，还有其他的合同解除方式，常见的有协议解除与约定解除：若存货方与保管方在仓储合同的执行中，协商一致将签订的合同废弃，这种解除方式称为协议解除；若存货方与保管方在签订合同时或在之后签订的其他合同中，约定了某个条件出现时一方或双方即可行使合同的解除权，则称之为约定解除。

8.1.5　无效的仓储合同

仓储合同的当事人双方按照一定的程序签订了合同，对双方的行为约束提供了凭证，如果该合同受法律保护，则是有效的合同；如果该合同从形式上符合法律程序，但内容不被法律保护，则该合同是无效合同。

无效合同的特点是：合同已经成立，但欠缺生效要件，不具有法律约束力，不受国家法律保护；无效合同不分签订时间的长短，自签订之时起即确认无效，成立之后产生的一切行为都可以通过法律的途径进行已尽义务的追溯。具体而言，存在下列问题的仓储合同都应视为无效合同。

1. 订立仓储合同的主体无效

涉及到以下主体订立仓储合同的可以认定合同无效。

(1) 无民事行为能力或限制民事行为能力人订立合同，且法定代理人不予认可的，该合同无效。

(2) 代理人不合格且相对人有过失而订立的合同，该合同无效。

(3) 法人或其他组织的法定代表人、负责人超越自身权限订立的合同，且相对人知道或应当知道其超越权限的，该合同无效。

(4) 仓储经营企业未经国家相关部门核准而非法从事仓储经营的，与其签订仓储合同，该合同无效。

2. 仓储合同的内容不合法

仓储合同中涉及以下内容的可以认定合同无效。

(1) 违反法律、行政法规的强制性规定的，该合同无效。

(2) 违反社会公共利益的，该合同无效。

(3) 通过恶意串通，损害国家、集体或第三方利益的，该合同无效。

(4) 以合法形式掩盖非法目的的，该合同无效。

3. 部分无效合同

部分无效合同，即整个合同内容中存在合法有效的内容，也存在不合法或无效的内容。部分无效合同合法部分有法律效力，不合法部分不具有法律效力，法律不予支持。如提供格式条款一方免除自身责任、加重对方责任、排除对方主要权利的条款即属于无效内容。

4. 不是双方真实意思表示

如一方以胁迫、恐吓、欺诈、利诱、政治施压等手段，迫使对方订立合同，则该合同无效。

【知识拓展】仓单与仓单质押

在实务操作中，很多仓储企业都会面临仓单和仓单质押的安全管理问题。下面以知识拓展的形式介绍这部分内容。

1. 仓单

《合同法》第 385 条规定："存货人交付仓储物的，保管人应当给付仓单。"《合同法》第 386 条规定："保管人应当在仓单上签字或者盖章。"

仓单指仓储保管人收到存货人的仓储物，对仓储物检验合格入库后，给存货人开具的提取对应仓储物的书面凭证。仓单可以通过背书，将仓单项下的货物所有权进行转让。存货人在仓单上背书并经保管人签字或者盖章后，转让仓单即可生效。

1) 仓单的形式与内容

在我国仓单一般为两联，其中一联转给存货人，另一联由保管人存根保存。转给存货人的仓单需由保管人签字盖章，既可以作为收取仓储物和提取仓储物的凭证，又可以用于出质，通过存货人的背书还可以转让仓单项下货物的所有权。

仓单包括下列事项：存货人的名称或者姓名；仓储物的品种、数量、质量、包装、件数和标记、损耗标准、储存场所、储存期间、仓储费用；已经办理保险的仓储物的保险金额、期间以及保险人的名称；仓单填发人、填发地和填发日期等，如图 8-1 所示，此联为正本提货联。

×××仓储服务有限公司仓单

日期(大写)　　年　月　日　　　　NO.

存货人：＿＿＿＿＿＿　　　　账号：＿＿＿＿＿＿

×××仓储服务有限公司，已收到合同编号为：＿＿＿＿项下的货物代为保管，储存期从　　年　月　日至　　年　月　日，存储仓库：＿＿＿＿＿＿

仓储物名称	品种规格	性质	数量	包装	件数	标记	仓储费(元)
货值合计金额(大写)				￥(小写)			

凭单提货　　　　　　　　　　　　注：仓储物(已/未)办理保险

仓管人(签章)：＿＿＿＿＿＿　　　保险金额：￥＿＿＿＿元

　　　　　　　　　　　　　　　　保险期限：＿＿＿＿＿＿

经办：＿＿＿＿　复核：＿＿＿＿　保险人：＿＿＿＿＿＿

图 8-1　某仓储服务公司的仓单

2) 仓单的主要法律特征

(1) 仓单是提货凭证，提货人出示仓单才能够提取存货。

(2) 仓单是表明仓储物所有权的一种法律文书。仓单持有人拥有仓储物的所有权，仓单签发人只是有仓储物的保管责任，属于保管责任的转移而非所有权的转移。

(3) 仓单是有价证券，属于其中的商品证券，其本身无价值，但有价格。

(4) 仓单本身不是仓储合同，但它证明了当事人双方合同关系的存在。

(5) 仓单持有人将仓单转让给第三人时，须办理过户手续。即由存货人或者仓单持有人在仓单上背书并经保管人签字或者盖章，第三人才能取得货物的所有权。

3) 仓单的主要功能

(1) 仓单是保管人承担保管责任的证明。

(2) 仓单是提货凭证，通过合法途径取得仓单的仓单持有人拥有该仓单上所记载仓储物的所有权，可以凭单领取仓储物。

(3) 仓单具有融资和担保工具的功能。仓单具有很好的流动性，可以通过仓单的质押进行融资，是企业融资活动的一种途径。同时仓单也代表着仓储物的价值，可以作为一定价值的担保或信用的保证等。

(4) 物权交易。仓单可以方便地进行背书转让，代表仓储物所有权的转移。

4) 仓单的分割与转让

(1) 仓单的分割。有时在存货人将仓储物交给保管人保管后，出于转让的需要，会将原仓单分拆成几份，或者要求保管人同时签发几份仓单，以便向不同的人转让，这就是仓单的分割。仓单的分割在形式上体现的是单证的处理，在意义上是保管人对仓储物进行分割。仓单分割的前提是仓储物必须能够被分割，且分割后的仓储物所有单份数量的总和必须与仓储物的总数量相同。保管人对原已签发的仓单进行分割的，须将原仓单收回。由于仓单分割而产生的费用一般由存货人承担。

(2) 仓单的转让。是指存货人依法以买卖、赠与、质押等方式将仓单让与他人。在仓单转让中，存货人为转让人，接受仓单的人为受让人。《合同法》第 387 条规定："仓单是提取仓储物的凭证。存货人或者仓单持有人在仓单上背书并经保管人签字或者盖章的，可以转让提取仓储物的权利。"这就是仓单转让的法律依据。

仓单转让的背书形式要求背书完整，且仓单需由保管人签字盖章对背书进行确认。仓单可以经过多次的背书转让，但如果仓单中明确约定了不得背书的，该仓单不能背书；即使仓单持有者已经做了背书，该背书无效，不能取得仓单涉及仓储物的所有权。

5) 仓单灭失

在仓单损坏或者丢失后，原则上提货人不能提出仓储物，即使是提货人有仓储合同，保管方也要坚持见单出货的原则。在这种情况下，提货人可以采用的提货方法一般有两种：

(1) 通过人民法院的公示催告使仓单失效。在 60 天公示期满内无人争议的，法院可以判决仓单无效，提货人可以向保管人要求提取仓储物。

(2) 提供担保提货。提货人向保管人提供一定价值的担保财产，以防将来有人持仓单向保管人主张提货，保管人可以使用担保财产进行赔偿。若确定仓单已失效后，担保物返还提货人。

2. 仓单质押

仓单质押是以仓单为标的物而成立的一种质权。存货人以仓单出质与质权人签订质押合同，在仓单上背书并经保管人签字或者盖章，将仓单交付质权人后，质押合同即可生效。仓单质押是仓储业增值服务的重要组成部分，在国外已经成为企业与银行融通资金的重要手段，但在我国尚属新兴业务，与之配套的法律、安全、管理体制等还不健全，有待于进一步发展。

仓单质押业务主要涉及仓储企业、货主和银行三个方面，其业务程序如下：

(1) 仓储企业和货主(借款人)签订仓储保管协议，明确货物的入库验收和保管要求；随后货主将货物送往指定仓库，仓库经审核确认接收货物后，开具仓单。

(2) 货主以仓库开具的仓单为凭证，向银行申请贷款；银行以减少风险为前提对仓单进行审核。

(3) 货主、银行和仓储企业三方在协商的基础上，达成合作意向并签署仓单质押贷款三方合作协议；货主将仓单出质背书登记交给银行。

(4) 仓储企业同银行签订不可撤销的协助银行行使质押权的保证书，确定双方在合作中各自履行的责任。

(5) 仓单审核通过，在协议、手续齐备的基础上，银行向货主按货物价值的约定比例发放贷款。

(6) 货物质押期间，由仓储企业按仓储保管协议的相关规定对货物进行监管，货物的使用权归银行所有，仓库只接收银行的出库指令，并按指令将货物出库。

(7) 货主履行同银行约定的义务，银行解除仓单质押，并将仓单归还货主。

如若货主违约，银行有权处置质押在仓库的货物，并将处置指令下达给仓储企业；仓储企业接收处置指令后，依据货物性质，对其进行拍卖或回购，以回笼资金。

仓单质押贷款业务适用于有经常性货品贸易、销售量大、流动资产占比较高(动产占比高)、现金流量较大、没有大量厂房等固定资产可用于抵押且能提供合法仓单质押的贸易客户。

8.2 仓库消防安全管理

仓库人员应熟知基本的消防安全知识，坚持"预防为主，防消结合"的原则，做好仓库消防工作。本节分别从燃烧的基本知识、火灾爆炸的危险性分析、防火防爆的基本措施、火灾扑救的基本措施等方面，对仓库消防安全管理的要点进行介绍。

8.2.1 燃烧的基本知识

燃烧是一种剧烈的化学反应，其特征是发光、发热、生成新物质。物质必须满足一定的条件才能发生燃烧，所以预防燃烧即是要消灭引起燃烧的因素，或限制燃烧因素相互间的作用。

1. 燃烧的条件

发生燃烧必须具备三个条件：可燃物、助燃物(氧化剂)和着火源。但这三个条件同时具备时并不一定会发生燃烧，还需要三者发生相互结合与相互作用，并产生一定的物理化学反应。例如，同时存在着火源烟头、助燃物氧气和可燃物衣服，但如果烟头不接触到衣服，则不会引起燃烧。

(1) 可燃物。凡是能与空气中的氧或其他氧化剂起燃烧化学反应的物质均可称为可燃物。可燃物按其物理状态分为气体可燃物、液体可燃物和固体可燃物三种类别。在仓库中保管的物品以可燃物居多，比如服装仓库中的服装、家电仓库中的家电等都属于可燃物。

(2) 助燃物(氧化剂)。凡是具有较强的氧化能力，能与可燃物发生化学反应并引起燃烧的物质均可称为助燃物。燃烧过程中的助燃物主要是空气中游离的氧。在非特殊仓库的管理中，遇到的助燃物基本上都是空气中的氧。

(3) 着火源。凡是能引起可燃物产生燃烧的激发能量(如热能、光能、机械能、电能、化学能等)均可称为着火源。由于不同的氧化条件下产生燃烧所需的能量不同，因此同一着火源导致不同可燃物产生燃烧的可能性大小也不同。常见的着火源有明火、电火花、炽热的物体、冲击与摩擦的火花、聚集的日光等。

2. 不同物质的燃烧

自然界中，人们常见的物质分为三种状态：固体、液体和气体。这三种状态的物质燃烧过程是不同的：固体和液体发生燃烧时，需要经过分解和蒸发生成气体，然后由这些气体成分与氧化剂作用发生燃烧；气体物质则不需要经过蒸发，可以直接燃烧。下面分别介绍这三种物质的燃烧特点：

(1) 固体物质的燃烧。不同固体物质的熔点和受热分解的温度不同。正常情况下，熔点低、易分解的物质容易发生燃烧，需要重点管理。多数仓库中保管的都是固体物质，如面粉、纸张、小麦等。这些物质由多种元素组成，通常熔点和分解温度都比较高，但也要警惕高危情况的发生。例如，商品外包装的纸箱，即使在阳光下长时间曝晒也很难出现燃烧的情况，但如果纸箱与仓库内的发热源(如灯泡等)接触过近，则容易引发燃烧。

(2) 液体物质的燃烧。不同种类液体的化学成分不同，燃烧过程也不同。汽油、酒精等易燃液体的沸点低、易挥发，高温时可迅速蒸发生成与液体成分相同的气体，极易与氧化剂作用而燃烧。一般来说，对此类易燃液体物质的储存都会设有专门的仓库，如储存汽油、柴油的油库等。

(3) 气体物质的燃烧。气体燃烧有两种形式：一种是扩散燃烧，另一种是混合燃烧。所谓扩散燃烧是指可燃气体与空气边混合边燃烧，如做饭时燃烧天然气就是典型的扩散燃烧；所谓混合燃烧是指可燃气体与空气(或氧气等)先混合，而后进行的燃烧，这种燃烧容易引起爆炸。如煤气泄漏时，漏出的煤气与空气混合，一旦遇到着火源，在狭小的空间内就会产生剧烈的爆炸式燃烧，同时在漏气处还会产生扩散燃烧。

3. 燃烧的种类

燃烧现象按其发生瞬间的特点，可分为着火、自燃、闪燃、爆燃(或称燃爆)和阴燃五种。

(1) 着火。着火是指可燃物受到外界着火源的直接作用而开始持续燃烧的现象。这是日常生活中最常见的燃烧现象。

(2) 自燃。可燃物质无需直接的点火源作用就能发生自行燃烧的现象称为自燃。自燃可分为两种形式：受热自燃和本身自燃。

受热自燃是指可燃物被外部热源间接加热到一定温度时，未与明火直接接触就发生燃烧。比如仓库中的某些可燃物与屋顶的日光灯靠近到一定程度时，就可能被加热到临界温度而产生燃烧。

本身自燃是指可燃物在没有外部热源直接作用的情况下，由于其内部的物理作用(如吸附、辐射等)、化学作用(如氧化、分解、聚合等)或生物作用(如发酵、细菌腐败等)而发热，当热量积聚导致升温达一定程度时，未与明火接触而发生燃烧。比如煤堆、干草堆、堆积的油纸油布、白磷等的自燃都属于自燃现象。

(3) 闪燃。闪燃是指易燃或可燃液体挥发出来的蒸气与空气混合后，遇到着火源而发生的一闪即灭的燃烧现象。在一定条件下能使某易燃或可燃液体蒸发出足够的蒸气，以致能在液面上发生闪燃的最低温度称为该液体的闪点。当可燃液体的温度高于其闪点时，随时都有接触着火源而被点燃的危险。

(4) 爆燃(或称燃爆)。爆燃是指火药或燃爆性气体混合物的快速燃烧。闪燃现象出现后，受环境温度等因素的影响，液体蒸发速度往往会加快，这时遇着火源就会产生持续燃烧，在一定条件下就会出现爆燃现象。由于爆燃能够形成很高的燃烧速度和温度，因此有很高的危险性。

(5) 阴燃。阴燃是指没有火焰的缓慢燃烧，通常产生烟和温度上升等现象，是固体燃烧的一种特殊形式。纸张、锯末、纤维织物等都有可能发生阴燃，特别是当它们堆积起来的时候，在一定条件下，阴燃也可能转换为有焰燃烧。阴燃带有一定的迷惑性，当大火被扑灭后，火灾现场还会有些地方冒烟，如果不做进一步的处理，极有可能在一段时间后又出现着火的情况。比如在消防演习中，把燃烧的物质用干粉灭火器扑灭后，还要进一步用水枪进行喷射，直到火星彻底熄灭。

4. 爆炸

爆炸是一种极为迅速的物理或化学能量释放过程，是一种急速燃烧的现象。爆炸可分为多种类型，不管哪种类型爆炸都要满足一定的条件才能产生，而且一旦产生就会造成巨大的危害。下面从爆炸的分类、产生爆炸的条件、爆炸的危害三个方面，对爆炸的基本知识进行介绍。

(1) 爆炸的分类。爆炸按性质可以分为物理性爆炸、化学性爆炸和核爆炸。物理性爆炸是指因物理变化(如温度、体积、压力等因素)而引起的爆炸，爆炸前后，爆炸物质的性质及化学成分均不改变。例如，当高压锅受热升温时，如果锅内的气体不能被有效地排出，积累到一定限度就会瞬间释放，引发高压锅的爆炸，造成巨大的破坏。化学性爆炸是指因化学变化而引起的爆炸，爆炸前后，爆炸物质的性质及化学成分往往发生改变。例如，炸药的爆炸就是在高温下发生瞬间反应，释放出巨大的能量，具有强大的破坏性。

(2) 产生爆炸的条件。一般情况下，爆炸的产生必须具备五个条件：一是具有可燃性物质；二是具有辅助燃烧的助燃剂；三是可燃性物质与助燃剂均匀混合，充分接触；四是可燃性物质与助燃剂的均匀混合物处于相对封闭的空间内；五是有着火源，且着火源的能量足够。上述五个条件发生同时相互作用，就有可能在瞬间产生爆炸。

(3) 爆炸的危害。爆炸产生巨大的冲击波会以极快的速度向四周扩散，对四周的建筑物、设备及人员等具有强大的破坏力；爆炸可能会引起大规模火灾的发生，造成环境污染、财产损失、人身伤害等；固体物质爆炸后产生的碎片还会在相当大的范围内飞溅，对爆炸区域产生二次损害。因此预防爆炸是仓库消防安全工作的重中之重，特别是在管理油库、液化气库、特种气体库、粮库等爆炸高危场所时需要格外重视。

8.2.2　火灾爆炸的危险性分析

不同物品的火灾危险性产生的条件不同，特征也不同。每种物品的火灾危险性还对应着不同的等级。下面分别从物品的火灾危险性分类和火灾的危险等级分类两个方面介绍相关内容。

1. 物品的火灾危险性分类

按照物品的火灾危险性，可将物品分为生产物品、储存物品、可燃气体、可燃液体四种。其中，生产、储存物品的火灾危险性又可分为甲、乙、丙、丁、戊五级；可燃气体的火灾危险性可分为甲、乙两级；可燃液体的火灾危险性可分为甲、乙、丙三级。

(1) 生产物品的火灾危险性分类。按照 GB 50016—2006《建筑设计防火规范》的标准，生产物品的火灾危险性分类如表 8-1 所示。

表 8-1　生产物品的火灾危险性分类

危险类别	物 品 特 征
甲	闪点<28℃的液体；爆炸下限<10%的气体； 受到水或空气中水蒸气的作用，能产生爆炸下限<10%的气体的固体物； 常温下能自行分解或在空气中氧化能导致迅速自燃或爆炸的物质； 常温受到水或空气中水蒸气作用，产生可燃气体并引起燃烧或爆炸的； 遇酸、受热、撞击、摩擦、催化及遇有机物或硫黄等易燃的无机物，极易引起燃烧或爆炸的强氧化剂； 受撞击、摩擦或与氧化剂、有机物接触时能引起燃烧或爆炸的物质； 在密闭设备内操作温度大于等于物质本身自燃点的生产
乙	闪点≥28℃，但<60℃的液体； 爆炸下限≥10%的气体；助燃气体； 不属于甲类的氧化剂；不属于甲类的化学易燃危险固体； 与空气形成爆炸性混合物浮游态的粉尘、纤维，闪点≥60℃的液体雾滴； 常温下与空气接触能缓慢氧化，热量难以散发而易引起自燃的物品
丙	闪点≥60℃的液体； 不属于甲、乙类的可燃固体
丁	在高温或熔化状态下对不燃烧物进行加工，能产生强辐射热、火花或火焰的生产； 将气体、液体、固体作为燃料或将气体、液体进行燃烧作它用的生产； 常温下使用或加工难燃烧物质的生产；储存的难燃烧物品
戊	常温下使用或加工不燃烧物质的生产；储存的非燃烧物品

(2) 储存物品的火灾危险性分类。按照 GB 50016-2006《建筑设计防火规范》的标准，储存物品的火灾危险性分类如表 8-2 所示。

表 8-2 储存物品的火灾危险性分类

危险类别	物 品 特 征
甲	闪点<28℃的液体；爆炸下限<10%的气体；受到水或空气中水蒸气的作用能产生爆炸下限<10%气体的固体物质； 常温下能自行分解或在空气中氧化，导致迅速自燃或爆炸的物质；常温下受到水或空气水蒸气的作用，能产生可燃气体并引起燃烧或爆炸的物质； 受热、撞击、摩擦及遇有机物或硫黄等易燃的无机物；极易引起燃烧或爆炸的强氧化剂；受撞击、摩擦或与氧化剂、有机物接触会引起燃烧或爆炸的物质
乙	闪点≥28℃，但<60℃的液体；爆炸下限≥10%的气体；助燃气体； 不属于甲类的氧化剂；不属于甲类的化学易燃固体； 常温下与空气接触能缓慢氧化，热量难以散发而易引起自燃的物品
丙	闪点≥60℃的液体；不属于甲、乙类的可燃固体
丁	难燃烧的物品
戊	不燃烧的物品

特别注意：同一座仓库或仓库的任一防火分区内储存有不同的火灾危险性物品时，该仓库或防火分区的火灾危险性应按其中火灾危险性类别最高的物品而定；丁、戊类储存物品的可燃包装重量大于物品本身重量 1/4 的仓库，其火灾危险性应按丙类确定。

(3) 可燃气体、液体的火灾危险性分类。按照 GB 50160-2008《石油化工企业设计防火规范》的标准，可燃气体、液体的火灾危险性分类分别如表 8-3、表 8-4 所示。

表 8-3　可燃气体的火灾危险性分类

危险类别	物 品 特 征
甲	可燃气体与空气均匀混合物的爆炸下限<10%(体积)
乙	可燃气体与空气均匀混合物的爆炸下限≥10%(体积)

表 8-4　可燃液体的火灾危险性分类

危险类别		液体参数特征
甲	A	15℃时的蒸气压力>0.1 MPa 的烃类液体及其他类似的液体
	B	甲 A 类以外，闪点<28℃的液体
乙	A	45℃≥闪点≥28℃的液体
	B	60℃>闪点≥45℃的液体
丙	A	120℃≥闪点≥60℃的液体
	B	闪点>120℃的液体

2．火灾的危险等级分类

火灾的危险等级分为轻危险级、中危险级、严重危险级和仓库危险级四类。轻危险级指在建筑高度为 24 米以下的办公楼、旅馆中发生的火灾；中危险级指在高层民用建筑、公共建筑(含单、多高层)、文化遗产建筑、工业建筑中发生的火灾；严重危险级指在印刷厂、酒精制品、可燃液体制品等工厂的备料与车间中发生的火灾；仓库危险级指在存放食品、烟酒、纸箱包装的不燃或难燃物品的仓库，以及仓储式商场的货架区中发生的火灾。

【经典案例】某仓储物流中心大火事件探访

　　某仓储物流中心的仓库火灾已过去两天，记者再次来到现场发现，仍有少数余火在燃烧。一场普通的火灾，为何持续了近 9 个小时才基本被扑灭？为此，记者走访了该仓储物流中心与消防部门的相关负责人。下面是相关负责人反馈的信息：

　　(1) 保安：灭火器够不着火点。

　　一位不愿透露姓名的保安告诉记者，当晚仓库周围共有三人值班。当天凌晨两点多，他们突然发现位于物流中心 B 区仓库靠中间一侧的二楼冒起了烟，他们立即打电话报警，并找到灭火器。但当他们推着灭火器赶到冒烟处附近时，却发现灭火器根本够不着火点。

　　(2) 水枪：仓库封闭使不上。

　　"我们大概 2 点 40 分前后接到指挥中心通知，马上派出了三辆消防车。"位于天桥区的消防某中队副中队长告诉记者。到了现场进行观察后，消防员发现面临同样问题："当时整个仓库处于密闭状态，根本无法使用水枪灭火。"就在消防员准备强行打开冒烟点下方的卷帘门时，突然"砰砰砰"几声巨响，"仓库二层的玻璃窗被高温烤炸了。"几乎就在一瞬间，大火"忽"地一下蹿了出来。"窗户一开，密闭的仓库一下子灌进去很多空气，就像风箱使劲推进去一样，一下把火引得更大了。"当晚刮着西北风，短短几分钟之内，大火就扩散到 B 仓库西边 A 仓库北面的几个仓房附近。

　　(3) 消防车：附近找不到水源眼。

　　看形势不妙，该中队马上调整对策，来到 A 区西边，开始喷水。此时，市区其他中队消防车辆先后到达，并开始灭火。据业主们说，大批消防车赶到后，却发现面临一个问题：仓库所在地没水！据了解，该仓库所在地即将拆迁。该处一位王姓业主告诉记者，"年前就已经停水了"。无奈之下，消防水罐车只能从离仓库 200 米外的大路上将水送入现场。

　　(4) 易燃物：层层浇水难扑灭。

　　记者了解到，B 区二层全部是某运动品牌衣服帽子，一层则堆满板材。"都是易燃物，而且板材燃烧之后很难完全扑灭。"消防支队司令部某科长告诉记者。消防人员将这些材料"一层层摊开，再浇水"，试图逐层进行扑救。但是，"板材的性质是，即使你灭掉表面的火，内部的火也很难完全熄灭，而它们堆积达到一定时间后，聚集起来的能量很快就会把板材重新点燃，着火之后，我们只能再次浇水。"而此时，火借风势，已经越来越大。大火燃烧起来后，仓库顶部的钢架倒塌，造成扑救难度增大，也在一定程度上助长了火势。

　　此次仓储物流中心的大火使业主们损失惨重，现在两天三夜过去了，火灾的原因查明了吗？损失到底谁来赔呢？最让商户们上火的是物流中心给他们下的一项规定，需要进货单和出货单才能得以赔偿。但是，商户们表示，这些东西都锁在办公室，被大火烧没了。随后记者来到物流中心的办公室，一位工作人员接受了记者的采访并表示：此时火灾原因还没有查清楚，只能确定起火部位。需要将现场清理出来以后，由物价部门对损失进行核定，再由业主和市场确认，才能商讨赔偿的相关事宜。而对于不少业主的账目烧毁问题，工作人员也表示此类情况需从实际考虑。

思考题 1　该案例给了我们哪些启示？

思考题 2　对于善后的索赔问题你是如何考虑的？

8.2.3　防火防爆的基本措施

上文中提到，发生燃烧必须具备三个条件：可燃物、助燃物和着火源。因此，防火防爆也需要从控制与消除这三个条件入手。

1. 可燃物的控制与消除

仓储管理中的可燃物一般分为两种：一是本身可燃的物质，二是两种或两种以上物质相互作用而产生的可燃物质。控制可燃物可采取的措施主要有以下几种：

(1) 以难燃烧或不燃烧的材料代替可燃烧的材料。如用钢结构的仓库代替砖木混合结构的仓库。

(2) 降低可燃物质(可燃气体、蒸气、粉尘等)在空气中的浓度。如在车间或库房内采取全面通风或局部排风措施，使可燃物不易积聚，不至超过最高允许浓度。

(3) 防止可燃物的跑、冒、滴、漏；对那些相互作用会产生可燃物质的物品，应加以隔离或分开存放。

(4) 控制储存量。对大批量的物品采取隔离储存、分开储存等储存方式。

(5) 加强密闭。使设备和容器尽可能密闭，防止其与空气接触形成爆炸混合物。

(6) 安装可以实时检测空气中易燃、易爆物质含量的报警设备。

(7) 在车间或仓库内筑防火墙或防火门，或在建筑物之间留出防火间距，避免在发生火灾时形成新的燃烧条件，导致火灾范围扩大。

2. 助燃物的控制与消除

对于大多数仓库来说，火灾的助燃物就是空气(空气中的氧气)，因此，对助燃物的控制通常就是在燃烧发生后，通过灭火器、消防沙等消防物隔绝空气，属于事后措施。某些情况下也可以通过一些事前措施来控制助燃物，比如将钠存于煤油中，或将白磷存于水中等。但对助燃物进行单独控制的难度比较大，成本也高。例如，如果不将白磷存于水中而是置于真空中，就必须要有特殊打造的密闭空间，该空间内必须抽干空气，且要保持低温状态，这样虽然控制了助燃物，但耗费的成本会很高。

对助燃物的另一种控制措施是不消除、不隔绝，但及时进行有效处理。例如，很多可燃性气体即使存在泄漏情况，如果达不到一定的浓度也不会燃烧或爆炸，因此，可以通过机械通风或自然通风等措施加速空气流动，防止泄漏气体与空气充分混合而形成破坏性的爆炸混合物。

另外，有些作业必须要隔绝助燃物。比如在检修焊补某些燃料容器之前，必须要用惰性气体替换容器内的空气，否则，焊接的高温极易引发容器中燃料的爆炸或燃烧。

3. 着火源的控制与消除

控制与消除仓库中的着火源时，要先了解着火源的主要类型，然后再实施相应措施。

1) 仓库中着火源的主要类型

(1) 电火花。如仓库内的电路老化短路产生的火花；仓库内的设备功率太大超出电路的负荷产生的火花；物品存储搬运中产生的静电火花；无避雷设施或避雷效果不佳导致的雷击火花等。

(2) 明火。如在库区内或库区附近抽烟，或在库区内点燃打火机等。

(3) 化学反应热和生物热。如粮仓中堆积的粮食的呼吸作用会产生大量的热能。

(4) 电磁火花。如手机、电磁设备产生的电磁火花。在加油站内禁止接打电话，就是为了防止手机产生的电磁火花引发油库的火患。

(5) 聚集的热能。如氢气瓶长时间受日光照射，热量得不到散发，就容易引起爆炸。

2) 着火源的主要防控措施

可以参考以下措施对仓库中可能存在的着火源进行防控：

(1) 布线规范。仓库的线路布线应由专业的电工人员进行规划与设计，采用合格标准的电路设施；仓库人员要严格按照线路或设施的额定功率工作，还需要形成书面的电路检查与管理文件，并依照文件中的规定进行管理。

(2) 专人管理。对于容易产生静电的物品或设施要安排专人进行管理，采用定期与不定期相结合的方法，根据既定标准进行静电清除状况的管理与督查。从源头上进行控制，达到消除着火源的目的。

(3) 控制火种。对能够产生明火的打火机、火柴、烟头等日常火源要严格控制，杜绝携带火种进入库区的行为。

(4) 提前报备。库内的非生产作业，如设备的焊接、电路的更改、设备的移动搬迁等都要提前进行申请，由报备相关人员签字确认后再进行作业，并辅以相关的安全防范措施。特别在作业结束后要进行必要的排查，以免给日后的安全生产留下隐患。

(5) 存储规范。仓库内存储的物品与照明灯的距离不应小于 50 厘米，且照明灯必须采用防爆灯，以防止照明灯过于接近物品而发生火灾。特别是采用阁楼货架的仓库或仓储空间小的仓库，不能为了提高单位面积存储量而把物品堆得太高。

(6) 对特种仓库的管理。存储氢气或粮食时，仓库容易聚集热能而引起事故，必须制定严格的管理规定，并按照规定执行。存储易与光发生反应的化学物品时，应选用金属桶或暗色玻璃瓶作为储存容器；在库房的门窗玻璃上涂以白漆、采用磨砂玻璃或者遮阳窗帘；库房尽量避免东西走向布置等。

(7) 防止雷电的破坏。按照国家颁布的《建筑物防雷设计规范》的规定，建筑物应设置防雷装置并定期检测。对于易燃易爆场所每半年检测一次；对一般建筑物每年检测一次；对于储存、处理易燃易爆物的设备、管道等，均应进行防雷接地设置。

8.2.4　火灾扑救的基本措施

实施火灾扑救工作，首先要掌握灭火的基本原理与方法，然后选择合适的灭火剂和消防设施，并掌握常见消防工具的基本操作。

1. 灭火的基本原理与方法

灭火的基本原理是破坏已经形成的燃烧条件或者终止燃烧的连锁反应，目的是使火熄灭或将火势控制在一定范围内，以最大限度地减少火灾损失。灭火的基本方法有四种：冷却法、窒息法、隔离法和化学抑制法。

(1) 冷却法。对一般可燃物来说，能够持续燃烧的条件之一就是它们在火焰或热能的作用下达到了各自的着火点。因此，对一般可燃物火灾，将可燃物冷却到其燃点或闪点以下，燃烧反应就会中止。该方法中主要用到的灭火物质是水，通过水来大量吸收热量，使燃烧物的温度迅速降低，达到终止燃烧的目的。

(2) 窒息法。以氧气作为助燃物的可燃物，其燃烧都必须在最低氧气浓度以上进行，否则燃烧就不能持续。因此，通过降低可燃物周围的氧气浓度，使燃烧中的物质发生窒息，就可以起到灭火的作用。该方法中主要用到的灭火物质是二氧化碳、氮气、水蒸气、湿麻袋、湿棉布、沙土等。

(3) 隔离法。把可燃物与着火源或助燃物隔离，燃烧反应就会自行中止。如用泡沫灭火剂灭火，覆盖于燃烧体表面的泡沫在发挥冷却作用的同时，还能将可燃物与火焰和空气隔离开，达到灭火的目的。类似地，在发生森林火灾时，首先要将大火蔓延路线前一片树木砍掉并清理出去，目的也是将可燃物与火场隔离。

(4) 化学抑制法。让灭火剂参与到燃烧反应过程中，使燃烧过程中产生的游离基消失，形成稳定的分子或低活性游离基，燃烧反应就会停止。常用到的有干粉灭火剂、卤代烷灭火剂等。

2. 常见的灭火剂

常见的灭火剂主要有水、泡沫灭火剂、干粉灭火剂、二氧化碳灭火剂、卤代烷灭火剂等。

(1) 水。水是一种最常用的天然灭火剂。水的灭火作用主要体现在以下几个方面：对燃烧中的物质冷却降温；形成的水蒸气可以稀释燃烧区域氧的浓度；水流的冲击力可以冲散燃烧物，冲断火焰；如遇水溶性可燃液体，可以稀释液体浓度，降低燃烧强度，但仅适于少量可溶性液体引起的火灾。

(2) 泡沫灭火剂。由发泡剂、泡沫稳定剂和其他添加剂组成。火场上使用的灭火泡沫即是由泡沫灭火剂的水溶液，通过物理、化学作用，充填大量气体(二氧化碳或空气)后形成的。泡沫灭火剂的灭火作用主要体现在以下几个方面：灭火泡沫在燃烧物表面形成的泡沫覆盖层可使燃烧物表面与空气隔离，阻止燃烧物的挥发；泡沫析出的液体对燃烧表面可起到冷却作用；泡沫受热产生的水蒸气使燃烧区域的氧浓度降低。但泡沫灭火剂不适用于遇水燃烧物质的火灾、气体火灾和带电设备的火灾。

(3) 干粉灭火剂。干粉灭火剂是一种微细而干燥、易于流动的固体状粉末，主要成分为碳酸氢钠和少量的防潮剂(如硬脂酸钠和滑石粉等)。其灭火作用主要体现在以下两个方面：冷却并稀释可燃气体；与燃烧区的碳氢化合物起作用，抑制燃烧过程，使火焰熄灭。干粉灭火剂适用于扑救可燃气体火灾、电器设备火灾以及甲、乙、丙类液体火灾等。

(4) 二氧化碳灭火剂。二氧化碳灭火剂是将二氧化碳以液态的形式加压充装在灭火器中。其灭火原理主要是增加空气中不助燃的成分，使空气中的氧气含量减少，同时二氧化碳的气化还能对燃烧物起到一定冷却作用。二氧化碳灭火剂可用于液体或可熔固体物质火灾、气体火灾和带电火灾等。

(5) 卤代烷灭火剂。卤代烷灭火剂是用一种或多种卤族元素取代碳氢化合物中氢元素而制成的快速气化液体。最常用的卤代烷灭火剂多为甲烷和乙烷的卤化物，分子中的卤素原子为氟、氯、溴。卤代烷灭火剂灭火后不易留下痕迹，所以主要用于扑救各种易燃可燃气体火灾、可燃固体的表面火灾、电器设备火灾与甲、乙、丙类液体火灾等。

相较于二氧化碳灭火剂，卤代烷灭火剂效率高，是二氧化碳灭火剂的五倍；另外，二氧化碳易使人产生窒息，而卤代烷毒性较小。但卤代烷生产成本高、价格贵，且易对臭氧大气层造成破坏，因此应尽量减少使用。

3. 常见的消防设施

常见的消防设施主要包括火灾自动报警系统、自动灭火系统、消火栓系统、防烟排烟系统、安全疏散设施等。

(1) 火灾自动报警系统。由触发装置、火灾报警装置、联动输出装置以及具有其他辅助功能的装置组成。能在火灾初期将燃烧产生的烟雾、热量、火焰等物理量通过火灾探测器变成电信号，传输到火灾报警控制器，并以声或光的形式通知工作人员，使人们能够及时发现火灾，采取有效措施，最大限度地减少因火灾造成的损失。

(2) 自动灭火系统。主要分为自动喷水灭火系统和自动气体灭火系统两类。自动喷水灭火系统由洒水喷头、报警阀组、水流报警装置(水流指示器或压力开关)等组件以及管道和供水设施组成。在较大水压的状态下，消防水的出水处用喷头堵上，喷头上的玻璃管在温度较高的情况下会自动爆破，喷头就能均匀洒水，以达到灭火的目的。

(3) 消火栓系统。由蓄水池、加压送水装置(水泵)及室内消火栓等主要设备组成。这些设备可以控制水池的水位，并启动加压水泵等消防设施。

其中，室内消火栓系统由喷水枪、水龙带、消火栓、消防管道等组成。为保证喷水枪在灭火时具有足够的水压，需要采用加压设备，常用的加压设备是消防水泵和气压给水装置。采用消防水泵时，在每个消火栓内设置消防按钮，灭火时用小锤击碎按钮上的玻璃小窗，按钮不受压而复位，从而通过控制电路启动消防水泵，水压增高，灭火水管中注水，即可用水枪喷水灭火；采用气压给水装置时，由于采用了气压水罐，并以气水分离器来保证供水压力，所以水泵功率较小，可采用电接点压力表，通过测量供水压力来控制水泵的启动。

(4) 防烟排烟系统。可分为防烟系统和排烟系统。防烟系统是采用机械加压送风方式或自然通风方式防止烟气进入疏散通道的系统；排烟系统是采用机械排烟方式或自然通风方式将烟气排至建筑物外的系统。在发生火灾时，往往由于防烟排烟系统存在问题而导致人被烟呛晕，贻误逃生的时机。

(5) 安全疏散设施。包括安全出口、疏散楼梯、疏散走道、消防电梯、事故广播、事故照明和安全指示标志等。即使是长时间在某库区内工作、对库区非常熟悉的人，发生火灾时也往往会慌不择路，丧失正确的判断意识，因此安全疏散设施的设置必须简洁、明晰、易行。

【微经验】安全疏散设施的主要问题在于对其的后期管理。安全出口被货物阻挡，疏散楼梯被当作货物的临时存储地，疏散走道被货物占用，事故广播系统故障，事故照明设备损坏或从未更新过，安全指示标志损坏或被遮挡等都是在日常管理中能够时常遇到的情形，需要引起管理人员的注意。

如果不把对消防设施的维护与检查作为一项重要的管理制度来执行，消防设施就会沦为摆设。建议由公司高层管理人员监督制度的执行，发现问题立即进行消防整改，以引起管理人员与员工的高度重视，养成时时消防、人人消防的习惯。建议仓库管理人员应至少按季度为周期组织全员参与的消防演习，特别是对于新入职的员工，应将消防作为其一项重要的培训内容。

4. 常见消防工具的操作

在仓库管理和消防演习中经常见到的消防工具有两种：干粉灭火器和消防栓。在此简单介绍一下它们的操作方法。

1) 干粉灭火器的使用

以手提按压式干粉灭火器为例，其操作步骤和方法如图 8-2 所示。

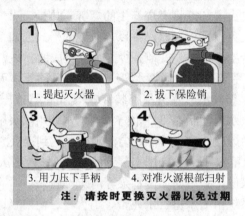

图 8-2　手提按压式干粉灭火器的操作步骤

使用干粉灭火器时，需要注意以下事项：

(1) 使用前先摇晃灭火器，但不要上下颠倒。

(2) 压下手柄后，灭火器内部压力开始释放，一手应始终压下手柄，不能放开，否则就会中断喷射。

(3) 选择在上风方向喷射。

(4) 使用干粉灭火器扑救可燃、易燃液体火灾时，应对准火焰腰部扫射；如果被扑救的液体火灾呈流淌燃烧时，应对准火焰根部由近而远，并左右扫射，直至把火焰全部扑灭；如果可燃液体在容器内燃烧，在扑救火灾时，不能将喷嘴直接对准液面喷射，防止喷流的冲击力使可燃液体溅出而扩大火势，造成灭火困难，正确做法是对准火焰根部左右晃动扫射，使喷射出的干粉流覆盖整个容器开口的表面，当火焰被赶出容器时，使用者应继续喷射，直至将火焰全部扑灭。

如果可燃液体在金属容器中燃烧时间过长，容器的壁温已高于扑救可燃液体的自燃点，此时极易造成灭火后再复燃的现象，此时若与泡沫类灭火器联用，灭火效果更佳。

使用干粉灭火器扑救固体可燃物火灾时，应对准燃烧最猛烈处喷射，然后进行上下左右分别扫射。如条件许可，使用者可提着灭火器沿着燃烧物的四周边走边喷，使干粉灭火剂均匀地喷在燃烧物的表面，直至将火焰全部扑灭。

(5) 灭火器应放置在库区指定位置，要求干燥通风且取用方便，并注意防潮和避免日晒；灭火器应保证密封性能，各连接件不得松动，喷嘴塞盖不能脱落；灭火器应按制造厂商要求定期检查，如发现灭火剂结块或储气量不足，应及时更换灭火剂或补充气量。

(6) 灭火器一经开启，必须进行再次充装。

2) 消防栓的使用

以室内消防栓为例，其操作步骤与方法如图 8-3 所示。

1. 打开室内消火栓箱　2. 取出消防水带，向着火点展开　3. 水带一端连接水管

4. 连接水枪　5. 打开水阀门　6. 手握水枪头及水带，对准火苗，即可灭火

图 8-3　室内消防栓的操作步骤

使用室内消防栓时，需注意以下事项：

(1) 建议 2～3 人配合使用。一人取出水枪头和水带跑向起火点上(侧上)风方向，行进过程中水枪头应始终连接水带，到达预定地点后，指挥另一人启闭水阀进行灭火。注意：联结好的水带不能有缠绕，刚开启水阀时必须牢牢控制住水枪头，因为此时的反作用力很大，水枪头控制不稳的话极有可能脱手，对操作人员造成人身伤害；另一人要第一时间启动消火栓的报警启泵按钮(一般室内消火栓都有)，连接水带和消火栓，等待持水枪者的指令后逆时针转动水阀至最大。

(2) 责任到人。指派专人定期检查消火栓是否完好，箱门是否损坏，门锁是否开启灵活，消火栓有无生锈、漏水现象，卷盘、水枪、水带是否损坏，阀门、卷盘转动是否灵活等，并由领导层随时进行监督检查。

(3) 检查接口垫圈是否完整无缺，消火栓阀杆上是否及时加注润滑油。

(4) 定期进行放水测压检查，以确保火灾发生时能及时打开放水，且水压正常。

(5) 灭火后，要把水带洗净晾干，按盘卷或折叠方式放入箱内，再把水枪卡在枪夹内，装好箱锁，换好玻璃，关好箱门。

【微视频】常见消防工具的操作

以下两个二维码中的视频分别介绍了灭火器的使用方法和消防栓的使用方法，请扫码观看视频，进一步强化对所学内容的理解。

灭火器的使用方法　　　　消防栓的使用方法

【知识拓展】消防安全组织结构与岗位职责

下面以某仓储企业为例，了解消防安全管理组织结构与各消防岗位的主要职责。该企业的消防安全组织结构如图8-4所示。

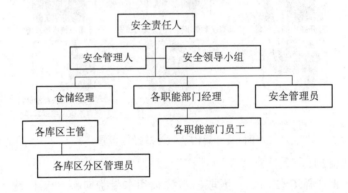

图8-4　某仓储企业消防组织结构图

(1) 安全责任人：公司总经理。主要职责：组织和领导本企业开展消防安全工作。

(2) 安全管理人：安保部经理(公司股东之一，直接汇报上级为公司总经理)。主要职责：对公司总经理负责，在总经理领导下，具体实施和组织落实消防安全管理工作，定期向总经理报告消防安全情况；日常消防安全检查中，发现重大问题及时向总经理汇报，一般性问题要求相关负责人即时改正；制定本公司的消防安全管理制度、消防安全操作规程、制定灭火和应急疏散预案；组织并实施消防演习、消防安全知识培训；进行消防设施、器材、标志的规划等。

(3) 安全领导小组：由安保部经理任组长，仓储经理、行政部门、财务部门、车辆管理部门、人事管理部门、业务部门任组员。主要职责：建立逐级消防安全责任制，实现全员参与消防，责任到人；在总经理的领导下研究和部署公司消防安全工作，解决消防安全管理中出现的问题，总结并推广消防安全经验；对出现的事故进行调查、分析与总结，查明原因，落实责任，严肃处理相关责任人。

(4) 安全管理职能人员：仓储经理、各库区主管、安全管理员、各库区分区管理员、各职能部门经理及各职能部门员工。主要职责：根据安保部经理的安排，具体实施并落实各项消防安全管理工作；对各负责区域进行消防设施的日常维护与检查；注意作业过程中的安全隐患并及时上报。

8.3　仓库治安管理

仓库治安管理可以分为仓库财产治安管理和仓库工作人员安全管理两个方面的内容。仓库财产治安管理主要包括门禁管理和防盗管理两项内容；仓库工作人员安全管理则主要包括上下班途中的安全管理、员工工作期间的争端处理、作业事故预防等内容。

8.3.1　仓库财产治安管理

仓库的财产治安管理主要包括门禁管理和防盗管理两项内容。

1. 门禁管理

对于较大规模的仓储企业或物流园区、物流中心等，应安排专职的门卫执行门禁管理，主要做法如下：

(1) 信息传达。信息传达的原则是：外来人员未经许可不得进入库区，经许可进入库区的，必须由本库区工作人员带领方能进入。

(2) 管理进出车辆。对于非本库区车辆，可分为偶尔进入库区的车辆(如某员工家属的私家车)和经常进入库区的车辆(如供应商的送货车)两种情况。对偶尔进入库区的车辆，应尽量令其停在库区以外；对供应商的送货车应先在本库区办理出入证，取得进出库的凭证，并在进出库区时登记车辆号、单位名称、进出库时间等信息。只要是进入库区的车辆，不管是本企业的还是外来的都必须遵循停车规则，严禁乱停乱放。

(3) 库区内严禁出现火种。一般在门卫室都设有专门的火种存放处，用于临时存放火机、火柴等消防禁止物，以从源头上消除消防隐患。

(4) 库区治安巡查。安保人员必须对库区进行治安巡查，要特别关注正常工作时间以外的时间段，该时段是盗、抢、破坏、火灾隐患等的高发期。

> 【微经验】安保人员除了要熟知各种门禁管理规则外，还要协助企业制定配套的管理制度，并由企业高层领导监督执行。

对于单个仓库而言，门禁管理的主要内容包括：禁止非仓库工作人员进入库区；监督本仓库工作人员是否按照规定程序进入库区，执行严格的商品的进出库流程等。下面对单个仓库门禁管理的工作要点进行介绍：

(1) 员工通道。仓库可采用门禁管理卡，本仓库员工需打卡进入，非本仓库员工则不能从员工通道进入。

(2) 员工更衣室。员工进入库区必须穿着统一工装，应在库区入口附近设置更衣室，更衣室附近要设置衣物存放设施。

(3) 仓库内要设置安检门。员工出入库区必须经过安检门。有些仓库内设有临时办公场所的，要在存储区入口设置安检门。

(4) 收货入口区应设有监控装置。物品只允许入，不允许出，有条件的可以请第三方部门参与，比如公司的安保人员。

(5) 物品出库区也应设有监控装置。物品只允许出，不允许入，有条件的可以通过第三方部门的参与。

(6) 外来人员不允许进入库区，如特殊情况确实需要入库的，必须由仓储经理签字确认后，经员工通道进出并由库区人员陪同。

2. 防盗管理

门禁管理本质上就是防盗管理的一种措施，下面再继续介绍一些常用的防盗方法。常用的防盗基本方法分为三种：人防、物防和技防。

(1) 人防。人防是依靠员工在平时工作中发现盗窃现象，从而及时作出反应来延迟或阻止盗窃的发生。一般晚上是仓库盗窃案件的多发时间段，安保人员要加大巡逻频次，提高防盗工作的有效性。

(2) 物防。物防是依靠实物进行的防范，比如使用防盗锁，防盗门等。物防的主要目的是延迟盗窃的发生，为及时发现盗窃行为提供时间。

(3) 技防。技防是现代科学技术在安全防范领域的应用，可以看作是人防和物防手段的补充和加强。随着科学技术的发展，物防越来越多地与技防配合应用。目前，技防中常用到的技术手段主要有红外线报警系统和闭路电视监控系统。

红外线报警系统一般由红外线探测器、主机、遥控器等设备构成。可以根据仓库的面积、欲监控的区域等参数布置探测器，并通过遥控器进行布防。一旦有盗贼闯入防范区域，探测器立刻会发送无线编码信号给主机，主机收到该信号后立即发出警笛声报警；有电话报警功能的还会同时自动拨打已绑定的电话号码，把险情通知号码的主人。该系统报警准确，操作方便。

闭路电视监控系统(CCTV)是一种先进的、防范能力极强的综合系统，人们可以通过遥控摄像机及其辅助设备(镜头、云台等)直接观看被监视场所的一切情况，且可提供录像供事后查询和分析。闭路电视监控系统还可以与防盗报警系统，门禁系统等其他安全技术防范体系联动运行，使其防范能力更加强大。

8.3.2　仓库工作人员安全管理

仓库工作人员的安全管理可以分为员工上下班途中的安全管理、员工工作期间的争端处理、作业事故预防三方面的内容。

1. 员工上下班途中的安全管理

很多仓库或物流园区处在比较偏远的地段，给员工上下班途中的安全造成了隐患。因此，有些公司配有专门的班车接送员工，或给员工安排住宿；有些公司则通过调整上下班的时间、避免加班、要求员工集体出行、指派安保人员护送等方式保证员工的安全。

2. 员工工作期间的争端处理

目前，多数仓库工作的形式还是以半机械化和体力劳动为主，当仓库规模大、业务量大、处理订单繁琐，人员众多等因素综合作用下，员工间可能会出现摩擦，如果处理不当，就有可能引发肢体上的冲突，危害员工人身安全，破坏正常工作秩序。因此管理人员要注重员工关系管理，及时了解员工动态，创造一个积极和谐的工作环境。而一旦出现摩擦事件，必须予以及时、公正、严厉的处理，以保证工作秩序的稳定和员工身心的健康。

3. 作业事故预防

此外还有一类严重威胁仓库员工人身安全的事故，就是因作业过程中的操作不当、违反流程而造成的伤害，这类事故需要管理人员加以重视。下面对仓库作业安全管理中的主要措施进行专题介绍，以供管理人员参考。

8.4　仓库作业安全管理

无论人力作业、机械作业还是人机混合作业，安全是完成一切生产任务的前提，没有作业的安全，一切都是空谈。因此，管理人员要特别重视货物搬运、物品存储、作业标准、仓库作业事故处理等方面的安全管理工作，做到防患于未然，一旦出现安全事故，要及时进行妥善的处理。

8.4.1　货物搬运安全

货物搬运分为人力搬运和机械搬运两种方式，无论采用哪种方式，都需要注意作业中的安全问题。

1. 人力搬运

人力搬运需要遵照特定的工作程序和技能进行，否则容易引发作业事故。

(1) 搬运重物之前，应采取防护措施，如戴防护手套、穿防护鞋、着工装等，同时应检查物体上是否有钉、尖物等，以免造成损伤。

(2) 搬运慎提打包带。打包带主要起到捆扎的作用，用于搬运重物易出现断裂，造成肌肉拉伤等伤害。作业人员要认真观察货物外包装上标明的信息，明确打包带是否可以用于搬运。

(3) 当传送重物时，要注意腿部、腰部、手部等动作的协调，切忌将力量集中到一点，造成个别部位的损伤。

(4) 搬运货物不要使用蛮力，避免迅速将重物提至腰以上的高度，而应先将重物放于半腰高的工作台或适当的地方，纠正好手掌的位置，然后再搬起；不能搬起或费很大力气才能搬起的货物，必须通过工具或其他同事的协助方可搬运。

(5) 搬运重物时，重物的高度应尽量控制在人下巴以下的位置。

(6) 对所搬运货物一定要固定好，以免中途散落，造成砸脚、绊倒等事故，且需重新返工，增加劳动量。

(7) 从事装卸搬运的员工，连续工作 2 小时后，应有不少于 15 分钟的休息时间。

(8) 人的体力是有限的，要根据工作量合理配置搬运工人的数量，并在工作中应用一些减压措施，如播放音乐等。

2. 机械搬运

机械搬运具有更多潜在的危险性，要遵循一定的搬运规则，特别要注意正确使用叉车作业。

(1) 正确码放。托盘上码放的物品必须按一定的规则码放整齐，不能无规则地散放，且物品码垛的边缘不能超出托盘的边缘。

(2) 明确搬运要求。搬运前要明确装卸物的装卸要求，按要求操作。比如"小心轻放""易碎""防湿""危险品""请勿倒置"等。

(3) 注意人机配合。机械搬运有时也需要人力的协助，如帮助其摆正、协助补齐、帮助捆扎等，要特别注意人与机械的配合，避免对人造成伤害。

(4) 指定机械设备专用通道与作业区域。机械设备必须沿指定的通道行进，必须在指定的区域内作业，未经允许任何人不得进入机械设备正在作业的区域。

(5) 做好设备养护。要明确规定不同机械设备的固定停放点，将对机械搬运设备的维护与保养责任落实到人，明确具体的时间点，做到早预防、早整治，避免事故的发生。

(6) 正确操作叉车。用叉车搬运前要看清周边的情况，禁止急停、急走、急转向，进入门口、货架等区域要提前鸣喇叭，且托盘装载物品的高度要适当，不能遮挡住叉车操作员的视线。叉车操作员必须戴安全帽，由专人操作专车。叉车在运行过程中不能对货物进行升降操作，且不允许有人员进入叉车的升降范围内。

8.4.2　物品存储安全

在存储物品的过程中，主要通过以下方式进行安全管理：

1. 遵守储位规则

物品只能存放在指定的位置，不允许出现为贪图一时方便而阻塞消防通道的情况发生。另外，物品不按规则存放会造成分拣困难、作业过程有隐患、账物不符等问题。

2. 控制堆放高度

根据现场的实际情况，确定不同物品的合理堆放高度，以避免物品存取困难或超高超重。比如在拆零分拣作业中，当物品堆放高度过高时，会使分拣物品不便，员工就有可能从中上部抽取所需物品，造成部分物品的堆放呈悬空状态，给物品和作业人员带来安全隐患。

3. 稳定堆放重心

物品堆放的重心要稳定，防止坍塌。比如在空气湿度比较大的时候，物品箱体会因吸收水分而逐渐变软，如果物品堆放的重心不稳定，极易导致上部物品的倾倒。

4. 特殊物品特别存放

应结合物品本身的特性及物品外包装的特性，对一些特殊物品实行分别管理。比如，玻璃制品存放不当容易破碎，因此可单独划定一片区域存放，并采取降低货架高度、安排专人管理、调整包装方式等措施。

5. 完善相关制度

制定盘点制度与安全责任制度。通过盘点及时发现残损和隐患，并查明原因，制定解决方案，明确责任归属，最后形成制度。盘点还可以与日常作业相结合，及时发现安全问题。

6. 责任到人

把仓库分成若干区域，在每个区域指定一名责任人，负责该区域内物品的安全管理。

这就会使全员都行动起来，共同为保障物品的安全而努力。

8.4.3 作业标准管理

安全作业的主旨思想是：要对各作业环节进行标准化操作，实行标准化管理。所谓标准化操作就是每一个作业环节、每一项作业内容都要有既定的书面标准供参照执行。

每个企业的仓库作业流程及具体操作规范既有通用的部分，又有各自独立的部分。比如搬运动作、叉车操作规范、商品码放规则等可以通用，但出入库流程、分拣方式、商品验收方式等会存在一定差异。因此仓库作业的标准没有统一的模板，而是需要管理人员在掌握一定原则与方法的基础上，结合仓库运作的现状，制定出符合自身需求的标准化操作规范，最大限度地确保作业安全。

【微经验】如搬运的标准动作：靠近物体，将身体蹲下，用伸直双腿的力量而不是背脊的力量，缓慢平稳地将物体搬起，不要突然猛举或扭转躯干。执行此动作的主要好处有省力、工作持久性好、身体不易受伤等；不执行此动作亦可完成搬运作业，但会造成工作持久性差、身体易受伤、搬运效率低、身体易疲劳等，长期不当的操作还会对身体造成职业性的伤害。

8.4.4 仓库作业事故处理

事故是可预防的，而一旦发生事故，就需要启动应急预案，最大限度地减少事故引起的损失。下面介绍由仓库作业造成的人身伤害事故的处理措施。

由仓库作业引起的人身伤害等级可以分为轻度(Ⅰ级)、较严重(Ⅱ级)、严重(Ⅲ级)、重大(Ⅳ级)和特大(Ⅴ级)，要根据事故的不同等级对应采取不同的措施。

1. 轻度(Ⅰ级)

作业中发生的刮伤、蹭伤、割伤、砸伤、扭伤等，经过简单处理并作稍事休息后，可以进行正常工作的，按Ⅰ级事故判定。比如商品外包装蹭破手指，搬运商品抻到手筋等情况给作业人员造成的轻微伤害，此类伤势经过简单包扎和恢复后不影响正常工作。

Ⅰ级事故可以由仓库组长协助处理。仓库一般都备有急救小药箱，应当每月补充或更新药物，以应对轻伤的处理。

2. 较严重(Ⅱ级)

作业中发生的刮伤、蹭伤、割伤、砸伤、扭伤等如果较为严重，经简单包扎后无法从事正常工作的，可以判定为Ⅱ级。此类伤势在可控的范围内，但作业人员需要较长时间的恢复才能重新投入到正常工作中。

该级事故需报告仓库主管处理。仓库主管可根据具体情况与受伤员工的个人判定作出是否需要去医院进一步检查的决定，并做好报备工伤事宜的准备。

3. 严重(Ⅲ级)

作业中发生的刮伤、蹭伤、砸伤、扭伤、中暑等情形若非常严重，如流血较多、伤口面积较大等，经简单处理后需要立即送医院进行诊治的，可以判定为Ⅲ级。

该级事故需报告仓储经理处理。仓储经理安排车辆及财务预借款等事宜，由仓库主管等员工陪同伤者第一时间赶往医院进行救治，或拨打急救电话等待医院急救人员的到达，同时通知受伤者家属，并上报公司相关领导说明具体情况。另外还要做好受伤员工的工伤报备事宜。

4. 重大(Ⅳ级)

作业中若发生重大的事故。管理人员要第一时间拨打急救电话，同时对伤者进行急救处理，稳定受伤员工及其他员工的情绪，保护好现场，不要轻易移动伤者，以防止伤者伤情的加重。另外，还要立即上报公司领导，说明情况。

安全生产、人身财产零事故是仓储管理人员必须坚持的原则，应当采取必要的措施预防事故的发生。管理人员要严格推行标准化的作业要求，对员工进行必要的安全教育活动，把安全生产的理念贯彻到每一天的工作中。而一旦出现事故，切忌慌乱，要根据预案有条不紊地展开营救活动。在事故后期要进行深刻的反思与分析，并通过举一反三的方式，进行安全生产的深度改革。

5. 特大(Ⅴ级)

作业中若发生特大的事故。管理人员要参照处理重大事故的要求采取措施。通常，这类事故除了对人身造成伤害，对财产造成损失外，还会造成很坏的社会影响。管理人员要从宏观和微观角度进行把控，坚决杜绝这种情况发生。

【经典案例】某仓库的安全管理制度

每个企业的仓库安全管理制度都不尽相同，但主旨思想大同小异。较大的仓储企业、物流中心等一般都制定有健全的安全管理制度及奖罚措施；小型企业的仓库安全管理制度则可能直接包含在仓库管理制度中，但不管怎样，仓库安全管理的内容必须要以制度的形式体现出来并贯彻执行。下面列出某公司制定的仓库安全管理制度的部分内容，以供大家参考。

名称	×××仓库安全管理制度	受控编号	WJ-01-002
		执行部门	仓储部
一、总则 第1条 为规范仓库物资的安全管理，特制定本制度。 第2条 本制度由仓储部、安保部负责制定，由仓储部负责解释，报总经理批准后执行，修改时亦同。 第3条 本制度自颁布之日起执行。由安保部监督执行。 二、仓库安全保障措施 第4条 仓库中必须安装防盗监视、自动报警设备，做好安全管理的各项工作。由专门的安全人员全面负责仓库的保卫工作。 第5条 设立安全保卫机构。为有效实施仓库的保卫工作，应根据企业仓库规模及作业特点成立专门的保卫队，由其全面负责仓库的保卫工作。保卫队的直属上级为安保部，业务上受安保部的领导，行政上受仓储部的领导。			

第 6 条 明确工作职责。安全保卫工作的主要内容是严防破坏盗窃事故，预防灾害性事故的发生，维护仓库内部的治安秩序，保证仓库及库存物资的安全。具体内容包括但不限于以下方面：

(1) 守卫仓库大门，掌握出入库人员及车辆的情况，并进行登记。

(2) 阻止非仓库人员进入仓库，严禁将火种、易燃等危险品带进仓库。

(3) 核对出库凭证，检查出库商品与出库凭证是否相符，并做好记录。

(4) 实行 24 小时值班制度，防范破坏活动，确保仓库的安全。

(5) 对仓库中的设施、人员及存储商品的安全负责，消除各种不安全因素，确保仓库的安全。

(6) 负责在本仓库开展安全教育，提高作业人员的安全意识。

(7) 全面落实防台风、防汛、防暑降温、防寒防冻等工作，以保障仓库及存储物资的安全。

(8) 配合消防部门进行消防训练和消防安全竞赛。

(9) 积极完成上级领导和公安机关交办的各项治安保卫工作。

(10) 定期对仓库的安全工作进行总结，提出改进意见。

第 7 条 仓库的安保员应遵守岗位职责，执行岗位规范，坚守岗位。具体要求如下：

(1) 仓库安保员必须严格遵守仓库保卫制度，坚守岗位，工作时间不得随意离开岗位。有事外出时，必须请假并获得批准。

(2) 为保证安保员的休息，仓库设立专供安保员休息的保卫室，并采用三班轮休的方法，保证 24 小时不断岗。

(3) 仓库安保员应熟悉仓库的工作人员、证件和出库手续，并严格按照制度进行各项检查。

(4) 对外来人员、车辆进行登记；核对商品出库凭证及商品。

(5) 进行定期和不定期的安全检查，记录检查情况，并上报领导。

(6) 仓库安保员要熟悉仓库附近的社会情况和地形情况，当发现不法分子行窃、破坏时，应坚决制止，并及时报警抓捕。

安保员除履行自己的职责外，还要严格遵守岗位文明规范，具体要求如下：

(1) 着装整齐，标识统一，仪容整洁。

(2) 热情服务，举止文明，礼貌待人，语言规范。

(3) 文明站岗执勤，及时指挥车辆、人员进出，保持仓库通道畅通，停车摆放整齐。

(4) 保持保卫室的干净、清洁。

(5) 保卫室不得兼作其他场所，不得放置无关物资，无关人员不得进入保卫室。

三、仓库安全管理规定

第 8 条 安保员须严格执行安保部的各项安全保卫规章制度，贯彻预防为主的方针，做好防火、防盗、防汛、防工伤事故等工作。

第 9 条 本着"谁主管谁负责，宣传教育在前"的原则，坚持部门责任制。建立健全各级安全组织，做到制度上墙责任到人，逐级把关不留死角。

第 10 条 库区配备的各种消防器材和工具不得私自挪用，实行责任到人的专门检查，填写检查记录，并由安保部负责监督抽查。

第 11 条 非仓库人员未经允许一律不得进入库房，对不听劝阻者应上报安保部，按过失处理。

第 12 条 各种生活危险品及车辆、油料、易燃品等严禁进入库区。

第 13 条 仓库区域内严禁烟火和明火作业,确因工作需要动用明火的,按安保部有关规定执行。

第 14 条 做好来宾登记,严禁留宿。特殊情况报公司安保部备案。

第 15 条 仓库管理员下班前要关闭水、暖、电源的开关,锁好门窗,消除一切安全隐患。安保部当班人员需要进行检查,对存在隐患的,按相关规定处理责任人;若发现库房内有被盗迹象,要保护现场并尽快通知相关部门。

编制人员	×××	审核人员	×××	批准人员	×××
编制日期	2017.05.15	审核日期	2017.05.25	批准日期	2017.06.01

本 章 小 结

✧ 仓储合同是指存货人与保管人双方协商约定,由保管人接收存货人交付的物品,并进行妥善保管,在保管期满后将保管物完好地交还给存货人,存货人交付双方约定的保管费给保管人的协议。

✧ 一般情况下,仓储合同主要需包括以下内容:确定仓储物、确定检验标准、约定保管条件和损耗标准、明确违约责任与处理方式、其他事宜。

✧ 仓储合同的变更要以原有仓储合同为基础,是对原合同内容的补充或修订,而不是对原合同的推翻。

✧ 仓储合同的解除,是指在合同尚未执行时或在合同执行过程中,由当事人双方或一方提出提前终止合同,从而使双方当事人的合同未执行部分的权利和义务归于灭失的一种行为。

✧ 发生燃烧必须具备三个条件:可燃物、助燃物(氧化剂)和着火源。因此,防火防爆也需要从控制与消除这三个条件入手。

✧ 灭火的基本方法有四种:冷却法、窒息法、隔离法和化学抑制法。

✧ 常见的消防设施主要包括火灾自动报警系统、自动灭火系统、消火栓系统、防烟排烟系统、安全疏散设施等。

✧ 仓库治安管理可以分为仓库财产治安管理和仓库工作人员安全管理两个方面。仓库财产治安管理主要包括门禁管理和防盗管理两项内容;仓库工作人员安全管理则主要包括员工上下班途中的安全管理、员工工作期间的争端处理、作业事故预防三方面的内容。

✧ 事故是可预防的,而一旦发生事故,就需要启动应急预案,最大限度地减少事故引起的损失。

微应用

应用 1 仓库租赁合同设计

甲方有仓库资源,是出租方;乙方需要租赁仓库,是承租方。乙方租赁甲方仓库后,自己承担日常的仓库管理工作。请读者根据以上内容，参考本章中企业仓储合同的范例，为甲乙双方设计一份仓库租赁合同。(通常情况下，仓库租赁合同的主要内容包括：租赁库房的概况、租赁期限、库房交付情况、租赁费用、仓库装修条款、仓库转租事宜的约定、合同的解除条款、合同免责条款、合同终止的约定、租赁双方的公司注册信息等。)

应用 2　仓库安全事故成因分析

仓库管理工作中，任何时候都要把仓库的安全放在首位，且要以预防为主。下面分别从作业安全和防盗两个方面，列举三个仓库安全事故的案例，请根据案例描述，结合所学内容，分析事故的成因：

(1) 2017 年 8 月 20 日晚上 8 时许，王先生到深圳某派出所报案称：公司地下仓库昨晚被盗，失窃某品牌手机及配件 2000 余个，价值人民币约 40 万元。仓库铁门紧锁且门锁完好，但仓库内的货物却离奇失踪了。经民警排查，两名嫌疑人是通过地下室通风口进入仓库盗窃。最终警方在 24 小时内迅速侦破该特大盗窃仓库手机案，并陆续追回被盗物资，为叶先生挽回了巨大的经济损失。

(2) 2017 年的 6 月和 8 月，位于某汽车城 6 楼的某品牌服装仓库内发生了多起盗窃案件，被盗货物金额累计达上百万元。从监控视频里可以看到：有三名男子驾轻就熟地走进仓库，趁着仓库管理员不在的空当，开始盗窃货物。而民警通过分析发现，这很有可能是一起内外勾结的盗窃案。2017 年 11 月 12 日中午，正当这三名犯罪嫌疑人再次来到仓库盗窃，并准备运送货物离开时，被现场布控的民警抓了个正着。经审讯，犯罪嫌疑人刘某曾是该仓库的送货员，而其余的同伙也曾是该公司员工，对公司仓库的构造非常熟悉，因此给作案带来了便利。

(3) 2017 年 9 月 10 日上午 11 时 50 分，某仓库内发生爆燃事故。至次日凌晨 4 时，现场清理和勘验结果显示，本次事故已造成 7 人死亡(主要是现场装卸工人)、36 人受伤，其中 15 名轻伤患者已出院。经省、市公安部门共同对现场进行勘验，事故原因初步认定为：该仓库 107 库房西侧的一辆集装箱货车在装卸儿童玩具枪用的某构件时，装卸的货物不慎发生爆炸，引起西侧库房内物品爆炸，从而使库房着火燃烧。

应用 3　制定仓库灭火应急预案

即使已经在仓库消防安全管理方面做了大量的预防性工作，但谁也不敢保证一定不会有火灾发生。因此，必须制定发生火灾时的应急处理预案，以在火灾发生的时候及时调动各种资源，将它们积极有效地投入到灭火工作中，最大限度地降低火灾损失。灭火应急预案的内容主要包括：消防组织机构的组成及各自的职责、消防安全措施、火场逃生指南等。

企业 A 的火灾扑救组织机构分为指挥部、报警组、抢险组、灭火组、现场协调组和事故调查处理组，其中每组设组长一名、组员多名，各组承担不同的灭火职责。请参考8.2 节知识拓展中某仓储企业的消防组织结构图及其中各岗位的职责，结合上述内容及相关资料，为企业 A 制定一份仓库灭火应急预案。

应用 4　制定仓库安全检查表

　　在本书的其他章节中也介绍了一些仓库安全管理方面的知识，比如操作叉车的注意事项、5S 管理的内容、盘点作业的内容等。请读者根据本章与前面各章节涉及的安全管理相关内容，以及日常生活中的安全常识，尝试对与仓库安全有关的一些问题进行整理，并制成表格，作为仓库日常安全管理的依据。(可从仓库管理的以下方面着手：标志和标示、通道、库房建筑、用电及照明、存储管理、消防管理、人员素质等。)

第9章　现代信息技术与仓储管理

本章目标

- 了解现代信息技术的特征
- 了解条形码的各种类型及应用领域
- 掌握仓储管理中条形码的系统编码规则
- 熟悉RFID技术在仓储管理中的应用
- 熟悉语音拣选技术在仓储管理中的应用
- 了解机器人技术在仓储管理中的应用
- 熟悉WMS的组成及各子系统的主要功能

学习导航

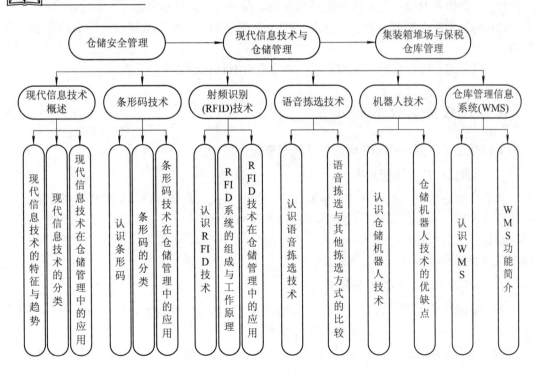

现代信息技术在仓储管理中的应用是现代仓储管理的显著特征，也是未来仓储管理发展的主要趋势。本章分别从现代信息技术概述、条形码技术、射频识别(RFID)技术、语音拣选技术、机器人技术、仓库管理信息系统(WMS)六个方面，对现代信息技术在仓储管理中应用的相关知识进行讲解。

9.1 现代信息技术概述

目前，很多企业都采用现代信息技术对仓储物流作业进行管理，特别是在电商企业中，先进硬件设备和软件系统的广泛结合应用，大大提高了企业的仓储管理水平。可以说，现代信息技术的应用程度是衡量一个企业仓储管理水平的重要标志。

9.1.1 现代信息技术的特征与趋势

现代信息技术以技术性与信息性为主要特征，涵盖了计算机技术、微电子技术和通信技术。其技术性主要体现在操作方法的科学性，作业设备的先进性，操作技能的熟练性，作业过程的流畅性，设备功能的高效性等方面；其信息性主要体现在其服务主体是信息数据，其核心功能是提高信息数据利用和处理的效率以及效益。同时，现代信息技术还具有普遍性、客观性、动态性、共享性、可转换性、可分析性及虚拟性等特征。

近年来，随着云计算和云存储等云技术的广泛应用、硬件设备的发展以及人们生活方式的转变，现代信息技术的发展日益呈现以下趋势：

(1) 硬件设备对信息的处理速度越来越快，存储的信息量越来越大。

(2) 信息的综合性越来越强，业务间的交叉越来越多，对大数据分析能力的要求越来越高。

(3) 信息的定制化色彩越来越明显，能够有针对性地满足个性化需求。

9.1.2 现代信息技术的分类

可以按照以下两种标准对现代信息技术进行分类。

1. 按表现形态的不同分类

按表现形态的不同，可将现代信息技术分为硬件技术和软件技术。硬件技术是具备一定物理性质的、看得见摸得着的实体信息设备及其具有的功能，如电脑、手持终端、语音拣选设备、机器人拣选设备等；软件技术是指与信息获取和处理有关的各种知识、方法和技能，如数据统计分析技术、拣选路径规划技术、数据传输技术等。

2. 按信息处理方式的不同分类

按作业流程环节的不同，可将现代信息技术分为信息获取技术、信息传递技术、信息存储技术、信息加工技术以及信息标准化技术。

(1) 信息获取技术指对信息的搜索、感知、接收、过滤等技术。如订单信息接收技术、无效订单信息过滤技术等。

(2) 信息传递技术指跨越空间共享信息的技术，又可分为单向传递与双向传递技术、单通道传递与多通道传递技术等多种类型。

(3) 信息存储技术指跨越时间保存信息的技术。例如，使用网络云盘、光盘、移动硬盘等保存信息的技术。

(4) 信息加工技术指对信息进行描述、分类、排序、转换、创新的技术。例如，网站程序可以根据客户浏览记录，分析客户的购买习惯和兴趣商品，然后自动向客户推送相应商品的促销信息；仓库的软件程序可以自动将订单信息整合后发送给配货终端，并对仓库货位信息与商品出入库频率的关联进行分析。这些都是对信息进行加工的行为。

(5) 信息标准化技术指使信息的获取、传递、存储、加工各环节有机衔接，从而提高信息交换共享能力的技术。例如条形码的统一编码规则、不同设备可以读取相同 RFID 标签存储内容的技术、EDI 技术在仓储物流管理中的应用等都属于信息标准化技术。

9.1.3　现代信息技术在仓储管理中的应用

现代信息技术在企业管理中的应用掀起了管理界的一场革命，导致传统的企业管理模式发生重大改变，对信息的搜集与处理能力逐渐成为企业竞争的核心要素。在我国电子商务的高速发展过程中，涌现出了阿里巴巴、腾讯、百度、京东等一批将电商巨头，这些公司将现代信息技术广泛应用于企业的仓储管理运营当中，代表了仓储管理信息化的较高水平。其应用的主要现代信息技术手段如下：

(1) 企业资源计划(ERP)/仓库管理信息系统(WMS)：这些系统致力于整合物流作业流程，改变物流运作方式，使业务相关方共享企业资源，实现了物流、信息流和资金流的整合。

(2) 条形码技术：使用条形码及相关配套设备对商品进行各种作业管理的技术。

(3) RFID 技术：使用 RFID 电子标签及相关配套设备对商品进行各种作业管理的技术。

(4) 仓储机器人技术：使用智能仓储机器人对商品进行各种作业管理的技术。

(5) EDI 技术：即电子数据交换技术，指在企业内部的应用系统之间或者企业与企业之间，通过计算机和公共信息网络以电子化方式传递商业文件的技术。

(6) POS 技术：即销售时点信息系统，指在销售商品时，通过自动读取设备(如收银机)直接读取商品的销售信息(如品名、单价、数量、销售时间、会员卡号等)，然后将这些信息经由通信网络和计算机系统传送至相关部门进行数据分析与加工，从而提高销售效益的一种技术。POS 技术多用于商场、超市、药店等零售业态中，对数据的采集实时、精准，并能通过计算机的处理，及时得知商品的销售状况、库存情况、进货周期、存货周期等信息，为企业的进、销、存决策提供依据。

(7) EOS 技术：即电子订货系统，是指企业之间使用通信网络(如互联网)和终端设备，以线上方式进行订货作业并交换订货信息的一种技术，EOS 工作流程如图 9-1 所示。EOS 技术使供应链上供应商到零售商的产品交易过程更加便捷，使供需双方的信息得到及时沟通,不仅缩短了订货周期,保障了商品的及时供应,还加速了资金的周转,且大大降低了库存量。

客户POS销售信息	库存达到订货点	客户生成订货单	供应商接收订单	供应商反馈订单

图 9-1　EOS 工作流程图

EOS 技术还可与 POS 技术配合使用,实现高质量、高效率的商品订货作业。

9.2　条形码技术

条形码技术是实现 POS 技术与 EDI 技术的基础,是目前电子商务与供应链管理的重要支撑技术。作为仓储物流管理信息化的主要技术手段之一,条形码技术是实现计算机管理和电子数据交换必不可少的前端采集技术,目前已被广泛应用于仓储作业的多个环节当中。

9.2.1　认识条形码

条形码又称条码(Bar Code),是由一组按既定编码规则排列的条、空符号组成的,表示特定的字符、数字或符号组合等信息的图形标识符。常见的商品条形码是由宽度不等、反射率相差很大的多个黑条和空白按照一定规则排列而成的平行线图案。

另外,生活中我们经常使用微信"扫一扫"来识别一种以几何图形呈现的条形码,并称其为"二维码"。二维码又称二维条形码,是一种用平面上(二维方向)按某种规律分布的黑白相间的图形来记录数据符号信息的图形标识符,如图 9-2 所示。

图 9-2　生活中常见的条码

条形码可以标识物品的生产国、制造厂家、名称、生产日期等信息,因而广泛应用于商品流通、仓储管理等领域。现代商业活动中的方方面面都会用到条形码,如产品防伪/溯源、广告推送、网站链接、数据下载、电子凭证、车辆管理等。

9.2.2　条形码的分类

条形码可分为一维条形码和二维条形码两种。一维条形码只在一个方向(一般是水平方向)上表达信息，并通常要保持一定的高度以方便阅读器的扫描。该条形码信息存储量小，仅能存储一个代号，使用时需要通过代号调取计算机网络中的数据。二维条形码可以在水平和垂直两个方向上表达信息，信息存储量大，可以包括文字、数字、图像等。

1．一维条形码

常用的一维条形码主要包括 EAN 码、UPC 码、39 码、库德巴码、UCC/EAN-128 码、ITF-25 码、ITF-14 码等。

1) EAN 码

EAN 全名为欧洲商品条码(European Article Number)，是由国际物品编码协会制定的一种商品用条码，全世界通用。人们日常购买的商品包装上所印的条码一般都是 EAN 码。EAN 码符号有标准版(EAN-13)和缩短版(EAN-8)两种。标准版表示 13 位数字，又称为 EAN-13 码(下文中的 EAN 码即是指 EAN-13 码)；缩短版表示 8 位数字，又称 EAN-8 码。下面就 EAN 码的相关知识进行介绍。

(1) EAN 码由前缀码、厂商识别码、商品项目代码和校验码组成。前缀码是国际 EAN 组织标识各会员组织的代码，如该组织赋予中国的前缀码为：690～695；厂商识别码是 EAN 组织在分配的前缀码基础上分配给厂商的编码；商品项目代码是由厂商按一定的规则自行编辑的代码；校验码是为了校验代码的正确性而设置的编码。一个完整 ENA-13 码的构成如图 9-3 所示。

图 9-3　EAN-13 码

(2) EAN 码特点。

① EAN 码只能储存数字，且条码长度固定，缺乏弹性。

② 扫描 EAN 码时，可由左向右扫，也可由右向左扫。

③ 最右面的检验码必须存在，以防读取信息时发生错误。

④ 具有起始符、中间分隔符及终止符，以限定条码范围、分隔条码上的不同区域，以占用适当的安全空间来处理信息。

⑤ 商品条码的标准尺寸为 37.29 mm × 26.26 mm，放大倍率为 0.9～2.0。在印刷面积

允许时，应选用 1.0 及以上倍率的尺寸，以满足识读要求。放大倍数越小的条码，印刷精度要求越高，当印刷精度不能满足要求时，就容易造成识读困难。

(3) EAN 码编码原则。

① 唯一性原则。确保一种商品只能有一个商品项目代码。

② 永久性原则。商品项目代码一经分配便不能更改，且终身使用，产品停产后，对应的代码则随之搁置。

③ 无含义原则。商品项目代码需采用无含义的顺序码，以确保有足够的容量适应产品更新换代的需要。

④ 条空的颜色对比性原则。EAN 码的识读通过条和空的颜色对比来实现，因此，通常情况下只要能满足对比度要求的颜色皆可使用。通常采用浅色作为空的颜色，如白色、橙色、黄色等；采用深色作为条的颜色，如黑色、暗绿色、深棕色等。黑条白空是最为常见的搭配。

(4) EAN 校验码的计算方法。

① 把 EAN 码从右往左依次编序号为 1、2、3、4…(校验码的序号为 1)。

② 从序号 2 开始，把所有偶数序号位上的数相加求和，用求出的和乘以 3。

③ 从序号 3 开始，把所有奇数序号位上的数相加求和，用求出的和加上刚才偶数序号位的运算结果，得出最终的和。

④ 用 10 减去这个最终和的个位数，就得出校验码。

例如，图 9-3 中的 EAN 码为 978842053231X(X 为校验码)，则根据上面的计算方法可得：

$$1 + 2 + 5 + 2 + 8 + 7 = 25$$
$$25 \times 3 = 75$$
$$3 + 3 + 0 + 4 + 8 + 9 = 27$$
$$27 + 75 = 102$$
$$10 - 2 = 8$$

即 X = 8。

(5) EAN-8 码。

EAN-8 码即 EAN 缩短码，编码规则基本与 EAN 标准码(EAN-13 码)相同，主要区别仅在于编码的位数。当包装面积小于 120 平方厘米的时候，可能因面积太小而无法使用 EAN-13 码，此时就可以申请 EAN-8 码。EAN-8 码的前缀码为 2 位，商品项目代码为 5 位，校验码为 1 位，如图 9-4 所示。

图 9-4 EAN-8 码

2) UPC 码

UPC 码(Universal Product Code)是最早被大规模应用的条形码，是一种长度固定且有连续性的条码。目前，UPC 码主要在美国和加拿大使用，在美国进口的商品上常会见到这种条形码。我国的商品出口到北美地区时，也需要申请 UPC 码。

常用的 UPC 码分为标准版(UPC-A 码)和缩短版(UPC-E 码)两种。标准版由 12 位数字构成；缩短版由 8 位数字构成。UPC 码仅可用来表示数字，其字符集为 0～9，如图 9-5 所示。

图 9-5　UPC 码

3) 39 码

39 码是一种可以表示数字、字母等信息的条形码，主要用于图书、票证等的自动化管理，如图 9-6 所示。

图 9-6　39 码

39 码主要具有以下特点：

(1) 条形码的长度没有限制，可随需求进行调整。但在规划长度时，应考虑条形码扫描器所能扫描的范围，以扫描时能够读取完整的信息为前提。

(2) 起始码和终止码必须固定为"*"字符，以允许条形码扫描器进行双向扫描。

(3) 39 码具有自检能力，校验码可有可无。

(4) 39 码占用的空间较大。

4) 库德巴码

库德巴码是一种长度可变的连续型自校验数字式条形码，也可用来表示数字和字母信息。其字符集为数字 0～9，A、B、C、D 4 个大写英文字母以及 6 个特殊字符(-、：、/、.、+、$)，共 20 个字符。其中，A、B、C、D 只用作起始符和终止符。

库德巴码常用于仓库物资管理、航空快递包裹管理、医疗卫生物资管理等领域，如图 9-7 所示。

图 9-7　库德巴码

5) UCC/EAN-128 码

UCC/EAN-128 码由起始字符、数据字符、校验符、终止符、左右侧空白区以及供人识读的字符组成。该条形码可表示可变长度的数据，条形码字符的长度依字符的数量、类型和放大系统的不同而变化，并可以将若干不同信息编码进一个条形码符号中。

UCC/EAN-128 码可编码的最大数据字符数为 48 个，包括空白区在内的物理长度不能超过 165 毫米，常用于标识物流单元，如图 9-8 所示。

图 9-8　UCC/EAN-128 码

6) ITF-25 码

ITF-25 码即交叉 25 码，是一种条和空都能表示信息、可嵌入任意数量数字且长度可变化的高密度数字条形码。在 ITF-25 码中，组成条形码的字符个数需为偶数，当字符个数为奇数时，应在左侧补 0 变为偶数。字符的顺序为从左到右，奇数位置的字符用条表示，偶数位置的字符用空表示，字符集为数字 0~9。

ITF-25 码的识读率高，主要用于仓库、机场等方面，如图 9-9 所示。

图 9-9　ITF-25 码

7) ITF-14 码

ITF-14 码是一种连续、定长、具有自校验功能且条和空都能表示信息的双向条形码。该条形码由矩形保护框、左侧空白区、右侧空白区和条形码字符组成，字符到任何一个直立边的距离都不小于 50 毫米。运输过程中，包装箱上一般会印有两个 ITF-14 码，分别放置在相邻的两个面上，以便于清点和扫描。

ITF-14 码主要用于标识非零售的商品，对印刷精度要求不高，常见于商品的整箱外包装，如图 9-10 所示。

图 9-10　ITF-14 码

2. 二维条形码

二维条形码分为堆叠式二维条形码和矩阵式二维条形码。比较有代表性的堆叠式二维条形码如 PDF417 码等，比较有代表性的矩阵式二维条形码如 QR Code 码等。

1) PDF417 码

PDF417 码既能表示字母、数字、ASCII 字符，也能表达二进制数，信息容量大，且可以使用多种阅读设备读取其中信息，具体样式如图 9-11 所示。

图 9-11　PDF417 码

PDF417 码具有强大的纠错功能。比如在 PDF417 码中，某一行除了含有本行记录的信息外，还会保存一些其他位置上的记录信息，即错误纠正码。这样，即使当条码的某一部分遭到损坏，也可以通过存在于其他位置的错误纠正码将其中的信息还原。

PDF417 码多被用于身份证、驾驶证、护照等各类证卡系统中，也经常被用来辅助仓储物流系统的运行。

2) QR Code

QR(Quick Response) Code(通常称为 QR 码)是一种常见的矩阵二维条形码。图 9-2 所示的二维条形码即为 QR 码，如微信收款使用的二维码。QR 码呈正方形，多为黑白两色。在 4 个角落的其中 3 个印有"回"字样的小正方形，这是帮助解码软件定位的图案，让使用者不需对准就能正确扫描读取。

QR 码的主要特点是信息容量大、安全可靠性高、成本低，不仅可以表示汉字及图像等多种文字信息，还具有超高的识读速度，因此在国际范围内被广泛使用。工业方面，QR 码多用于食品、百货、服装等商品的仓储物流以及自动化生产线管理领域。而随着手机内置的 QR 码解码软件以及移动互联网的发展，QR 码正越来越多地融入到人们的日常生活中。

【经典案例】PDF417 码在运输行业的应用

一个典型的运输业务过程通常要经过供应商到货运代理、货运代理到货运公司、货运公司到客户等几个环节，每个环节都要涉及对发货单据的处理。发货单据中含有大量的信息，包括发货人信息、收货人信息、货物清单及运输方式等，录入这些信息是处理发货单据的前提，但传统的人工录入方式存在效率低、差错率高等问题，已不能适应现代运输业的要求。

二维条形码在这方面提供了一个很好的解决方案:将单据的内容编成一个二维条形码,将其打印在发货单据上,在运输业务的各个环节中,只需使用二维条形码阅读器扫描该条形码,货物信息便会被录入到计算机管理系统中,既快速又准确。

在美国,虽然 EDI 技术的应用革新了业务流程的核心部分,但它却忽略了流程中的关键角色——货运公司。对于货运公司而言,许多 EDI 报文总是迟到,甚至由于不能及时确认运单信息而影响了货物运输与生成客户单据。鉴于此,美国货运协会(ATA)提出了纸上 EDI 系统的构想:发送方将 EDI 信息编成一张 PDF417 条形码标签,将其提交给货运公司,只需扫描条形码,信息就会立即传入货运公司的计算机系统。一切都在恰当的时间和地点完成,使得整个运输过程的效率大大提高。

思考题 该案例体现出了二维条形码的哪些优势?

【知识拓展】物流条形码

物流条形码是在供应链内标识物流领域中具体实物的一种特殊代码,用来使整个供应链过程,包括生产厂家、分销商、运输商、消费者等环节实现数据共享。物流条形码贯穿整个贸易过程,并可以通过对物流条形码数据的采集与反馈,提高整个物流系统的经济效益。

1. 物流条形码的码制

国际上通用和公认的物流条形码码制有三种:ITF-14 码、Code 128 码和 EAN-13 码。其中 Code 128 码与 39 码类似,能表现更多的字符,单位长度内的编码密度更高。选用何种码制的条形码,要根据物品及其包装的不同而定:单个大件商品,如电视机、电冰箱、洗衣机等商品的包装箱往往采用 EAN-13 码;储运包装箱则常常采用 ITF-14 码或 Code 128 码,包装箱内可以是单一商品,也可以是不同的商品或零散商品的小包装。常见的物流条形码如图 9-12 所示。

图 9-12　常见的物流条形码

2．物流条形码与商品条形码的主要区别

物流条形码与商品条形码的主要区别表现在以下几个方面：

(1) 物流条形码是储运单元的唯一标识，储运单元内可以是一种商品，也可以是多种商品的组合；而商品条形码只表示某一种商品。

(2) 物流条形码服务于供应链的全过程，从生产厂家到零售商店，中间要经过仓储、配送、运输等环节，这些环节都以物流条形码作为商品的流动依据；而商品条形码主要用于储运单元分拆出来的商品的仓储和销售等环节，如收银台结款、仓储分拣等。

(3) 物流条形码的信息更多，可表示物品的体积、重量、批次、生产日期等；而商品条形码是一个无含义的 13 位或 8 位的数字条形码。

(4) 物流条形码是可变的，能够根据合作方协商一致的需求调整而变化，需要经常进行维护，是一种有效的信息传递途径；而商品条形码则是一种商品的标准化、通用化标识手段，一经确定则不可更改。

扫一扫

【微思考】一维条形码应用广泛，但二维条形码的市场前景同样不容小觑，甚至有人预测：未来二维条形码的市场就是如今一维条形码的市场，只是受限于更换设备的巨额投资，市场的转换会有一个过程。请根据所学知识，分析一下二维条形码的优势和劣势。

9.2.3　条形码技术在仓储管理中的应用

条形码技术解决了仓储管理中物品信息采集和录入这一"瓶颈"问题，为仓储管理信息系统的应用提供了强有力的技术支持。物品在仓库内的各种信息，如名称、数量、货位、批次、出入库情况等，都可通过条形码技术在软件系统中清晰地显示出来。

1．物品编码

为仓储管理中的物品设置相应的编码是仓储管理信息化的基础，是将仓储现场的物品状态反映在软件系统中的桥梁。

一般情况下，在零售业范围内的商品都有附于商品上的通用码，即在国家相关部门注册登记的条形码。为了方便信息系统对商品数据的管理，每一个通用码都会对应一个企业内部码，但内部码一般不附于商品上，仅在系统中显示。

需要注意的是，在生产型企业中，条形码的使用方式有所不同。例如，在生产服装的企业中，作为原材料的面料是没有通用码的，但企业需要为其编辑内部码，以便于在软件系统中进行数据操作。而生产出来的成品服装因为要进入到流通领域，所以既要有通用码，也要有对应的企业内部码。

通常来说，企业内部码的字符集选用 0～9 的数字，位数保持在 6～10 位。不建议在内部码中编入字母、特殊字符等非数字符号，在编写和运算方面都不实用。

扫一扫

【微思考】我们在收到网购商品时，可能发现销售方随商品附带了出库单。出库单上有时会出现该商品在销售方仓库的内部码。那么，既然通用码已经能够唯一描述商品了，为什么还要再使用一个企业内部码？

2. 入库与出库

不同企业在入库与出库环节对条形码技术的应用水平参差不齐，主要表现在所用软件系统的功能及硬件设备的搭配情况两个方面。

(1) 有些企业仅能通过软件系统打印入库单和出库单，在单据上显示商品的条形码、名称、数量等信息。这种情况下，出入库作业需要仓库工作人员依据条形码信息与实物进行核对，从而对商品的数量、品质等方面予以确认。

(2) 有些企业在入库环节和出库环节都采用手持终端扫描条形码的方式。其入库环节的基本流程是：供应商送货前，手持终端已经存储了采购订单的信息；到货后，收货人员根据采购单号调出订单信息，然后使用手持终端扫描到货商品，以确认品种的正确性，并清点数量，确认数量的准确性；当然，对商品品质进行检验的环节仍然需由人工操作，具有免检资质的商品除外。出库环节的操作流程与入库环节类似。

3. 盘点

传统的盘点作业都是手工进行的，如手工盘点、手工出报表、手工核对等，手续繁琐，准确率低，作业效率低。而有了仓库管理信息系统、条形码和盘点手持终端的支持，盘点作业的效率和准确率都得到了很大的提升。应用上述技术进行盘点时，只需使用盘点手持终端扫描商品条形码及货位条形码，就能轻松完成对某商品的盘点工作，大大减少了手工漏盘、重复盘的情况，同时还可与电脑软件系统进行数据交换，根据盘点信息与系统信息的差异，及时进行盘点的复核工作。

【微经验】虽然有了现代信息化盘点设备的应用，在进行大型盘点作业的时候，还是建议采用手工盘点和设备盘点相结合的方式，即不能完全舍弃采用手工盘点表盘点的方式。手工与设备相结合，两者的数据互相印证，盘点效果会更好。

4. 分拣

很多生产型企业分拣物料的速度至今仍然取决于员工对物料的熟悉程度，一个重要的原因就是大多数物料并没有条形码，除了尽可能熟悉物料性状外没有其他更好的办法。但如果将采用软件系统管理物料、编制物料的企业内部码、编制物料货位号条形码等管理手段结合起来，就有可能改变这种情况。

同时，以电商企业为代表的零售业商品分拣则大大受益于条形码技术带来的便利。例如，有些企业的分拣单自带商品名称、条形码、货位号、数量等信息，让分拣员可以直接到货位拣取商品；有些企业实现了无纸化拣选，分拣员直接使用手持终端扫描条形码就可以完成拣选任务。条形码与软件系统的结合，在现代的仓储分拣作业中起到了非常关键的作用。

【微视频】条形码技术的应用

9.3　射频识别(RFID)技术

举一个例子：在军训中，教官认识所有人，如果要从众人中找到 5 个人，就要逐个去找；即使教官知道这 5 个人的位置，从行列中找到他们也需要一定的时间；而如果教官喊出这 5 个人的名字，这 5 个人举手回应，则教官很快就能找到——即使事前不知道 5 个人的位置，甚至不认识他们。

上面的例子可以对应仓储分拣管理的三种情况：情况一，分拣员基本认识商品，拿着拣选单在整个仓库中找货；情况二，拣选单标记着商品的货位，分拣员按货位找货，不认识商品也能操作；情况三，分拣员对货位和商品都不熟悉，但商品可以主动发出信息"我在这里"。而能够让商品"说话"的，就是射频识别(Radio Frequency Identification，RFID)技术。

9.3.1　认识 RFID 技术

射频识别(RFID)技术是一种非接触式的自动识别技术，该技术通过射频自动识别目标对象并读/写相关数据，而无需在识别系统与特定目标之间建立机械或光学接触。RFID 技术通常通过 RFID 系统实现。

从工作方式上来讲，RFID 技术类似于条形码扫描技术：条形码扫描技术是将已编码的条形码附着于目标物上，然后借助条形码读写器的扫描，将信息通过光信号由条形码传送到读写器上；而 RFID 技术则借助专用的 RFID 读写器以及可附着于目标物的 RFID 标签(电子标签)，将信息通过射频信号由电子标签传送至 RFID 读写器上。

在 RFID 系统中，电子标签可称为射频标签、应答器、数据载体；读写器则可称为读出装置、扫描器、通讯器、读取器。电子标签与读写器之间通过耦合元件实现射频信号的空间(无接触)耦合，在耦合通道内，根据时序关系实现数据的交换。

RFID 读写器(阅读器)是一种用来与电子标签进行数据沟通的设备。根据电子标签阅读频率的不同，RFID 读写器可分为不同的频段，常用的频段有低频、高频、超高频及微波等。

电子标签作为数据载体，能起到标识识别、物品跟踪、信息采集的作用。在国外，电子标签已经在各行各业得到了广泛应用；而中国的电子标签市场尚处于启动期，应用范围仅限于物流管理、医疗用品管理、货物和危险品的追踪监控、证卡系统管理、强制性检验、路桥不停车收费以及电子门票识别等领域，如就餐卡、公交卡、二代身份证、智能停车场、高速路 ETC 收费口等。

9.3.2 RFID 系统的组成与工作原理

了解 RFID 系统的组成和工作原理，可以帮助仓储管理者制定更好的 RFID 整体应用方案，提升仓储管理信息化水平。

1. RFID 系统的组成

RFID 系统一般由四部分组成：电子标签、阅读器、天线和应用软件系统，如图 9-13 所示。

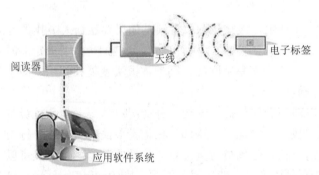

图 9-13　RFID 系统的组成

(1) 电子标签。电子标签由耦合元件和芯片组成。每个标签具有唯一的电子编码，此编码无法修改，无法仿造，安全性能高，可附着于物品上标识目标对象。

电子标签可分为被动标签(无源标签)、主动标签(有源标签)和半无源标签三种。其中，主动标签自身带有电池供电，读/写距离较远，同时体积较大，与被动标签相比成本更高；被动标签由阅读器产生的磁场中获得工作所需的能量，成本低且具有很长的使用寿命，也比主动标签更小更轻，但读写距离较近；半无源标签内的电池仅对标签内要求供电维持数据的电路或者标签芯片工作所需的电压提供辅助支持。

(2) 阅读器。阅读器是用于读取(或写入)电子标签信息的设备，可分为手持式和固定式两种，通常由耦合模块、收/发模块、控制模块和接口单元组成。阅读器可无接触地读取并识别电子标签中所保存的电子数据，从而自动识别物品。一般情况下，RFID 阅读器与计算机相连，所读取的电子标签信息会被传送到计算机系统中，等待下一步处理。

(3) 天线。天线用于在电子标签和阅读器间传递射频信号(电子标签的数据信息)。

(4) 应用软件系统。应用软件系统用于将阅读器收集的信息进行进一步处理，变成人们能够使用的信息，一般可与管理信息系统兼容，或与计算机管理软件系统构成一个整体。

2. RFID 系统的基本工作原理

RFID 系统的基本工作原理是：电子标签进入磁场后，接收解读器发出的射频信号，凭借感应电流所获得的能量发送出芯片中存储的产品信息(被动标签)，或者主动发送某一频率的信号(主动标签);解读器读取信息并解码后,将相关数据送至计算机系统进行处理。

【微思考】电子标签技术在仓储管理中的优势十分明显,有广阔的发展前景,但条形码技术在仓储管理中同样展现出了很高的价值。请读者根据本节内容,对电子标签与条形码这两种技术的优劣进行对比分析。

扫一扫

9.3.3 RFID 技术在仓储管理中的应用

电商仓储对收/发效率的高要求,在某种程度上给 RFID 技术带来了前所未有的发展机遇。在仓储管理中会经常遇到以下问题:库存不准确,货位不准确;分拣效率低,分拣准确率低;先进先出控制不严格;劳动力成本高,管理成本高;等等。而解决这些问题正是 RFID 技术的专长。RFID 技术带来的仓储管理效率与效益提升在实际应用中已经得到了印证。因此很多人预测,RFID 技术会是未来仓储管理的一个主要发展方向。

但是,RFID 技术的推广应用需要具备多方面的前提:软件方面,企业的仓储管理信息化平台要与 RFID 技术相结合;硬件方面,企业要实现相关配套设备的投入使用;人员方面,企业要提升仓储管理水平,提高作业人员综合素养;外部环境方面,要加大政策支持力度,加快相关行业标准的制定与执行,营造新技术能被普遍接受的社会氛围等。考虑到以上方面的现状,可见国内企业在仓储管理中对 RFID 技术的应用仍然处于打基础的起步阶段,需要一个逐步推进的过程。

【经典案例】迪卡侬的 RFID 项目

本质上,零售卖场也是一种"仓库",只不过是客户参与了商品的"出库"过程,人们更有切身的感受。因此,从仓储管理的角度来看,应用 RFID 技术可以管理商品的进货、存货和出货;而从零售卖场管理的角度看,应用 RFID 技术也可以管理商品的进货、上架和销售。下面通过案例来了解一下零售业商品管理从条形码技术向 RFID 技术的转变过程。

迪卡侬是全球最大的运动用品及运动服装零售商,门店分布于欧洲、中国、摩洛哥、印度及巴西。2015 年 12 月,迪卡侬 RFID 项目负责人 Jean-Marc Lieby 称:目前迪卡侬每年使用 50 000 个集装箱运送 65 亿件商品,其中大约 85%的商品已使用 RFID 标签标记。2014 年公司销售额提升了 11%,Jean-Marc Lieby 将其部分归功于 951 家门店及 43 个仓库物流中心部署的 RFID 技术上,并认为该技术同时还为公司减少了 9%的商品损失率。

Lieby 称,大约 5 年前,迪卡侬开始尝试使用 EPC 超高频 RFID 技术提升门店及物流中心内的库存准确率,从而确保在消费者需要时一定有货。因为根据调查,消费者不满的主要原因总是一样的:在货架上找不到商品。同时,迪卡侬还希望使收银台付款的过程更加快速简单,并试图使用 RFID 标签实现这一目标。

在调研了多家 RFID 公司和方案后，迪卡侬在 2010 年成立了自己的 RFID 公司。该公司名为 Embisphere(安壁斐)，不仅为迪卡侬设计、生产和部署 RFID 硬件及软件产品，也为其他零售商提供 RFID 技术的全套解决方案。

Embisphere 负责迪卡侬 RFID 标签的管理工作，包括选择标签供应商、把关标签质量等。Embisphere 还定义并设计了门店及物流中心的 RFID 技术方案，比如在将 RFID 标签附着到物品上后，标签 ID 就会自动绑定该物品的 SKU 信息，这些信息将存储到迪卡侬自有的软件系统中。

2013 年 7 月，迪卡侬开始在自有品牌商品上使用 RFID 标签，以实现对商品从配送中心到 RFID 门店的实时追踪。2014 年春天，物流中心内几乎所有的迪卡侬商品都标记了 RFID 标签。迪卡侬自有品牌的商品会在工厂中进行 RFID 标签标记，而第三方商品则在物流中心进行标记。同时，迪卡侬还在高价值物品上附着了 RFID EAS 坚硬标签以进行防盗。到 2014 年下半年，迪卡侬旗下 800 家门店的商品已全部安装了 RFID 标签，用于库存盘点、收银以及 EAS 防盗。

在迪卡侬的物流中心内，员工使用 Embisphere 读取器在接收及运输商品时读取商品的 RFID 标签，并使用内置读取器的可移动推车进行库存盘点，一些物流中心还把读取器安装到了分拣器上。这些读取器可以帮助员工确认接收、运输和分拣的商品是否正确。

而在迪卡侬的门店内，员工使用 Embisphere 手持读取器进行库存盘点。这种读取器的形状像一个小的羽毛球拍，轻巧便捷，可以轻松接触到货架上的物品。读取的数据可以通过蓝牙传送到员工携带的智能手机上，员工可以在智能手机上查看读取到的商品数量，并将数据上传到迪卡侬数据库中。Lieby 称，RFID 技术不仅提升了库存准确率，还减少了员工在库存盘点上花费的时间。大多数门店库存盘点的效率都提升了 5 倍，也将盘点频率提升了 2 倍。

所有门店的收银台也内置了 Embisphere 读取器，如图 9-14 所示。收银时，员工需将货物放置在读取器上进行 RFID 标签信息读取；对于 15% 的条形码标记商品，员工需单独进行扫描；如果商品上有 EAS 硬标签，员工可使用分离器将其分离，并进行循环利用。

图 9-14　迪卡侬门店收银终端的电子标签读取器

员工离开商店时，需通过大门上安装的 RFID 及 EAS 天线。该 EAS 天线可检测到经过大门的 EAS 硬标签，并将标签数据回传到软件上，判断检测到的商品是否已销售，如果商品未销售，系统就会发出警告进行提醒。

思考题　结合案例与所学知识，分析需要满足哪些条件才能实现从应用条形码技术管理商品向应用 RFID 技术管理商品的转变。

【微视频】RFID 技术的应用

分别扫描以下二维码观看视频，了解 RFID 技术在零售门店和仓库中的具体应用。

9.4　语音拣选技术

拣选作业在整个仓储作业中扮演着重要角色。在拣选作业的发展过程中，先后产生了以下几种常见的拣选方式：① 拣选人员拿着纸质拣选单和笔，穿梭于货架之间，边拣选边标记拣选结果，这是一种很常见的传统拣选方式；② 条形码技术以及配套的软件系统和设备的应用，使分拣人员可以拿着手持终端进行作业，但是需要单手持终端，另一只手持商品逐个扫描，分拣速度较慢；③ RFID 技术的应用，使得分拣设备识别商品的速度大大提高，但仍然需要两只手同时作业。可见，上述三种方式都使得双眼和双手的动作受到一定的束缚，没能充分用在商品的拣选作业上。

因此，如果有一种拣选方式，能够解放双眼和双手，使得双眼专注于分辨要分拣的商品，双手专注于拣取要分拣的商品，减少无效的动作，就能够提升工作效率，降低工作强度。语音拣选技术所解决的正是这个问题。

9.4.1　认识语音拣选技术

语音拣选是一种先进的拣选技术，能够通过利用语音识别并调动分拣人员听觉的方式实现高效拣选。通过语音系统，分拣人员可与仓库管理系统或专用主机系统进行通信，快速、高效地拣选货物，且无需使用任何手持设备或纸张来记录拣货情况。语音拣选将仓库分拣人员的双手和双眼全部解放出来，使其可以准确地拣货，并方便地往返于货位之间。分拣人员只需戴上一副带麦克风的轻型耳机，以及一个可配置在皮带上的工业型无线语音终端，即可进行拣选作业。

语音拣选的主要步骤如下：

(1) 分拣员从耳麦里接收到语音提示，指令了一个货架号和货位号。

(2) 系统要求分拣员说出货位的校验号。

(3) 分拣员读出校验号，系统确认后提示分拣员应取的商品名称和数量。

(4) 分拣员从货位上取下对应的商品及数量，操作完毕后向系统报告。

(5) 进入下一个取货流程。

这是一个很连贯的过程，简单、易操作、速度快且不需要分拣员具备太多的技能，但前提是货位的准确率需要达到100%。

9.4.2　语音拣选与其他拣选方式的比较

传统的拿着拣选单和笔走到商品前按单拣选的方式浪费人力和物力，且准确率低、效率低，其弊端不言而喻。相比之下，语音拣选可以节约人力成本的支出，降低员工的工作强度，有效节约纸张，且工作效率高、准确率高。

使用 RFID 技术拣选货品，尽管拣选的准确性很高，但单次拣选的时间仍然偏长，且不能解放员工的双眼和双手；而且，RFID 设备及其配套设施一次性投入大，电子标签的价格也比较昂贵；RFID 设备还容易在工作中跌落或损坏，维护成本相对较高。而语音拣选不仅有较高的准确率和效率，还解放了员工的双手和双眼，使其更能专注于拣选动作；语音终端佩戴在工作人员身上，被损坏的概率很低；语音拣选的主要前期投资是语音拣选系统软件，除此之外并不需要太多的设备及配套设备投资。

条形码拣选主要通过扫描条形码的方式进行，与 RFID 拣选相比，单次拣选时间更长，设备也易损坏。语音拣选与之相比更具有明显的优势。

【经典案例】语音拣选的应用实例

澳大利亚日用百货企业 Metcash 已开始应用语音拣选技术进行整箱拣选、拆零拣选及播种式储存等作业。Metcash 的总裁说："以往，仓库作业每天要发生 60 个错误，每次错误的纠正需要花费 22 澳元；而现在通过应用语音拣选，错误降到了每天4 到 5 个，让我们可以省下很多钱来回报顾客。"

专门销售家居用品、礼品和服装的 EziBuy 公司在从 RFID 拣选向语音拣选转换的过程中，订单拣选效率提高了 22%。EziBuy 的负责人表示："和语音终端比较，RFID 终端在拣选作业的过程中，需要操作员拿起终端进行扫描，然后放下它继续拣选，这容易造成很多错漏；而进行语音拣选时，操作员可以更多地关注货位和拣选的数量，使得错误率大大降低。我们的数据统计显示，语音拣选的准确率可以达到99.99%。"

同样采用这一技术的澳大利亚电子产品销售公司 Dick Smith Electronics 的负责人Nathan 表示，语音拣选 3 到 4 天的工作量，使用 RFID 拣选可能需要两个星期。而且，应用语音拣选后，"工作人员的心情也会更加愉快"，因为无需手持终端，省略了许多多余的动作(如拿终端放下终端、看纸质列表核对等),使工作人员可以更注意他们的拣选工作,规避一些不必要的麻烦,从而使工作更加舒适。

国内某大型零售集团物流中心的张经理说:"与 RFID 拣选相比,语音拣选的效率平均提高了 28%。在这么短的时间内达到这个水平很不容易,因为语音拣选刚应用了两个月。"张经理还谈到:"从目前零售行业战略角度来看,我认为,对于常温物流,用语音拣选比较理想;而如果是入库作业环节,由于要进行很多校验,比如录入保质期、批号批次等信息,进行条码校验、包装校验等,来确保入库信息准确,因此用 RFID 拣选比较方便;而经过了入库环节的多级把控检验,出库用语音拣选显然更加方便。也就是说,入库用 RFID,拣选和出库用语音,我认为目前这种模式是比较合理的。"

思考题　试分析应用语音拣选的优势和劣势。

【微视频】语音拣选技术的应用

9.5　机器人技术

机器人技术的应用是仓储管理的未来主要趋势之一,尤其对电商企业的发展起到了十分积极的作用。因为电商物流具有订单量大、单个订单商品少、用户时效要求高等特点,这要求电商企业必须采用高效率、低成本的仓储作业方式,以满足运营需求。机器人技术则可以在很大程度上解决这一问题。因此,随着近年来电商行业的蓬勃发展,机器人技术在仓储物流领域的应用步伐大大加快。

9.5.1　认识仓储机器人技术

仓储机器人技术是指使用机器人设备和人工智能技术来实现高度柔性化、智能化的仓储物流作业的技术。目前在仓储业界,机器人的应用已越来越广泛,推动着仓储系统向智能化发展,特别是仓储拣选作业环节已成为仓储机器人的重要应用领域。

仓储作业中应用的机器人技术主要包括机器人拣选系统、机器人搬运系统与机器人分拣系统:

(1) 机器人拣选系统。机器人拣选系统是指通过应用机器人搬运货架来实现"货到人"的拣选，以提高拣选效率，降低作业成本。应用该系统，拣选人员只需根据信息提示，等待机器人将指定货位送到眼前，然后从指定货位拣取相应数量的商品即可。

(2) 机器人搬运系统。机器人搬运系统是指通过应用机器人搬运货架/托盘来实现自动化搬运，以提高作业柔性，提高搬运效率，降低作业成本。该系统可以根据作业任务自动进行路径规划与取放货架/托盘操作，实现点对点的搬运。

(3) 机器人分拣系统。机器人分拣系统是指采用分拣机器人与快速读码设备配合进行自动分拣作业，将包裹运至条码对应的出口。该系统能够同时调度多台机器人，采用智能路径规划和拥塞控制算法，从而实现快速分拣的效果。

9.5.2 仓储机器人技术的优缺点

应用机器人技术进行仓储作业有着明显的优点，但在现阶段也有一些缺点。

1. 优点

在仓储作业中，机器人技术的优点主要体现在以下方面：

(1) 提高工作效率，降低用工成本。机器人能够根据系统指令不知疲倦地工作，能够根据算法自动规划出最优路径，这种最优是整体作业的最优，能够大大提高工作效率。因此，机器人技术的应用降低了用工数量的需求，也相应降低了用工成本、招聘成本与管理成本。

(2) 减少工作失误，将管理前置。机器人根据系统设置运行，动作精准，可以减少人为因素带来的工作失误。人们根据机器人记录的海量数据还能够进一步完善算法，不断优化仓储作业的各环节，形成预防为主、管理前置的工作方法，降低损耗，提高管理水平。

(3) 提高员工的贡献率。繁忙的体力劳动都可以由机器人来完成，使员工能有更多精力去从事一些技术性比较强或具有创新性的工作，为企业创造更高的价值。

(4) 增强企业的竞争力。机器人技术的应用并不仅仅是简单的购买硬件设备和软件系统，还涉及到企业管理的方方面面。因此，企业若能成熟运用机器人技术，会形成较强的行业竞争力，能够以更低的成本处理更多的订单，带动企业管理水平的提升。

2. 缺点

应用机器人技术前期的投资较高，且需要较成熟的供应链管理体系；机器人技术还存在一定的规模效应，当订单量不足时难以发挥其优势。因此，目前机器人技术的应用主流还是以京东、菜鸟、唯品会等一些大型电商企业为主。

【经典案例】机器人技术在仓储领域的应用

1. 电商领域

唯品会华南仓于 2016 年 8 月正式上线运营"货到人"机器人系统。该系统通过使用机器人搬运货架实现"货到人"拣选作业，员工在固定的拣选工位(部署于仓库一侧，可以实现拣货、上架等功能)上进行播种拣选操作，货品则自动送到工位。配合后台管理系统，可以实现全自动的存储布局动态优化、机器人调度和订单处理，使仓库成为一个自适应的系统。

唯品会该仓库的商品类目主要为服装和化妆品，作业模式为波次拣选+订单拣选组合。仓库面积为 6000 平方米，机器人数量有 120 台，货架数量有 2000 个，能够容纳商品库存量 100 万件，日出货能力达 8~10 万件。整套系统从实施部署到正式上线运营，前后历经 2 个月的时间。

机器人技术的应用产生了以下效果：

(1) 拣选效率提高，每工位的拣选效率达到了 400 件/小时，是人工效率的 3 倍。

(2) 人工成本降低，应用机器人技术后，仓库常驻员工仅有 16 人，比之前减少了 70%。

(3) 企业形象提升，机器人和人工智能概念为企业品牌宣传带来了附加价值，在电商领域形成一定的口碑效应。

2. 传统商超领域

2017 年 3 月，联华超市开始部署"货到人"机器人系统，7 月正式运营，这是"货到人"系统在零售行业的首次应用。

该超市仓库商品类目以商超/食品为主，作业信息为 B2B 门店订单拣选，每个工位的规划能力为 300 行/小时(是传统作业效率 3 倍左右)。"货到人"项目一期机器人数量为 30 余台，一期货架数量达 400 多组，储位数量约为 12 000 个。

针对商超行业的仓库作业特点，该机器人系统可以进行多批次、小批量的门店补货，将能实现当日配送的门店从全部门店数量的 40%提高到了 70%，同时减少了库存量。

3. 跨境电商领域

某国内物流公司是提供全方位跨境贸易综合服务的知名企业，致力于为从事跨境业务的客户提供最先进的智能物流仓库和服务。为了提高仓储服务的综合实力，该公司在某跨境电商仓库中引入了包括"货到人"机器人系统、传输线系统等先进物流设备的一体化智能仓库系统。应用该系统的仓库主要履行跨境电商的订单，商品类目为日用品和食品。仓库面积约 5000 平方米，投入机器人数量有 30 台，货架数量有 700 组。机器人技术应用于该仓库后，产生了以下效果：

(1) 拣选效率提高。每工位的拣选效率达 400 件/小时。

(2) 作业准确率提高。拣选工人按照电子标签提示作业，准确率达 99.99%。

(3) 作业流程优化。机器人拣选区的工位直接对接传输线，加快了整体作业速度。

(4) 企业形象提升。机器人和智能物流概念提升了企业的品牌价值。

思考题　试分析在仓储作业中应用机器人技术的优势和劣势。

【微视频】机器人技术

分别扫描以下二维码，了解机器人技术在仓库作业中的应用。

9.6　仓库管理信息系统(WMS)

仓库管理信息系统(Warehouse Management System，WMS)是一种专门用于仓储管理的软件系统。从软件开发的角度看，目前企业一般采用两种方式应用 WMS：一种是企业根据自身业务量身定做、自主研发系统，企业拥有系统的知识产权，并配有专门的研发团队和日常运营维护人员；一种是购买第三方软件公司的成品系统，并根据企业自身情况对系统进行必要的调整。由于第一种方式需要较大的投资和较长的开发周期，故一般规模较大的企业才会采用，而大多数的中小企业都采用购买成品软件的方式。

9.6.1　认识 WMS

WMS 通过不同的功能模块来支持企业的仓储配送作业，并不断适应变化着的商务策略和客户需求，以提高作业效率与资源利用率，降低物流成本、增强客户服务水平。WMS 可以实现对一个大型仓库或配送中心的所有仓储作业过程的有效管理，并帮助企业打造物流管理的核心竞争力，诠释现代化的物流管理理念。

WMS 主要由以下子系统组成：基础数据管理子系统、入库管理子系统、出库管理子系统、在库管理子系统、数据管理子系统、系统管理子系统、其他项管理子系统等。基本体系如图 9-15 所示。每个子系统中包含多个功能模块。

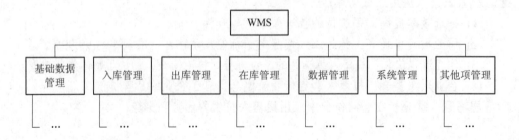

图 9-15　　WMS 的组成

例如，某电商企业 WMS 的子系统如图 9-16 所示。

图 9-16　某电商企业 WMS 所包含的子系统

9.6.2　WMS 功能简介

通常而言，一个完整的 WMS 主要包括基础数据管理、入库管理、出库管理、存货管理、系统管理等功能。下面对这些功能逐一进行介绍。

1. 基础数据管理

WMS 中的基础数据管理模块具有设定系统运行的基础信息的功能，主要包括以下几方面内容：

(1) 编码管理。编码的结构是树状的。对于商品，要在明确子项与父项关系的情况下，根据规则给每一个商品单品编码；而对于供应商，也要遵循一定的规则对其进行编码；另外，还有员工编码、设备编码、客户编码等。

(2) 设定库存量。一般需要设定三个量值，即最低库存量、最高库存量和安全库存量。这些量值都需要根据一定的算法生成，并需由人工根据实际情况审核后最终确定。

(3) 设定部门、客户、存货库别等。所有名称都要与编码唯一对应，并按照不同的逻辑在系统中体现出来。比如，不同物品存放的库别不同时，就需在系统中分属不同的模块，即不同的仓储现场。

(4) 设定货位。系统应如实体现仓库分区、货架行列、货架分层、货位区分、货架区与非货架区区分、残品与良品区区分等信息，并按照一定的规则进行表示。例如，仓库内的第四区 A 排货架第二组第三层的第四个货位就可以用货位号"4A0234"来准确表示。

(5) 设定单据类型、编号。对入库单与出库单、销售单与退货单、分拣单与分货单、

265

退库单与退厂单等不同类型的单据,系统需要设定不同的编码规则;同时每一份单据都要对应唯一编号,并由系统按照既定规则自动生成。

基础数据管理模块的设计核心是:在系统中体现的信息必须是真实、有规律可循的;仓储现场的各项不同元素体现在信息系统中也必不相同,也就是说,信息系统要以数据的形式反映出仓储管理的所有内容项。

2. 入库管理

WMS 中的入库管理模块具有生成入库单、上架单等功能,具体包括以下内容:

(1) 入库单一般由采购订单转化而来。供应商依据采购订单送货,仓库收货人员根据采购订单验收商品。对于验收合格的商品,在确认实际送货品种与数量后,要转相关单据操作人员在系统中对价格等进行审核,然后生成入库单。

(2) 上架单上一般会显示货位、商品名称、数量等信息,上架人员可依此信息进行上架作业,如果出现实际货位需调整的情况,要及时将新货位在系统中体现出来。

入库管理模块的设计核心是:商品是采购单的商品;价格是采购单的价格(就低不就高);能被系统识别的合格商品才能进入仓库的指定位置。

3. 出库管理

WMS 中的出库管理模块具有生成不同类型的出库单、生成拣选单以及分拣商品、复核已分拣商品等功能。

(1) 生成不同类型的出库单。对销售出库、调拨出库及异常出库等不同类型的出库单应有不同的生成机制与批准权限。

(2) 生成拣选单。拣选单一般有两种形式:一种是拣选单即出库单,可依此单执行出库的单货交接;另一种是只供拣选商品使用,拣选完成后根据配货情况生成出库单。

(3) 出库管理一般分为三个环节:分拣商品、复核已分拣商品的单货相符性、商品出库前交接,在后两个环节中,可借助 WMS 的功能实现报误与纠错。

(4) 出库管理模块的设计核心是:不同类型的出库方式对应不同类型的系统数据处理逻辑;在系统功能支持的情况下应选择最合适的分拣出库方式;复核程序不能形同虚设,必须有纠错机制。

4. 存货管理

WMS 中的存货管理模块具有商品批次管理、保质期管理、货位管理、盘点管理、自动补货管理等功能。

(1) 商品批次管理、保质期管理等。通过 WMS 可以实现商品的先进先出,进行批次预警和保质期预警,同时提供库存单品的在库时间查询。

(2) 货位管理。提供货位设定、货位更改、货位占用情况分析、历史货位查询等功能。支持对单个货位与批量货位的操作,能够根据历史出入库情况智能推荐货位与对应商品的匹配情况等。该项功能与分拣效率的关联性很强。

(3) 盘点管理。盘点前,所有出入库操作应停止,所有在途单据应全部处理完毕,确认没有未处理的在途账物信息之后,系统进入盘点状态。盘点时系统会生成盘点表,用于单品的盘点分析与差异对比,并进行权限范围内的系统账物信息调整。

(4) 自动补货管理。通过一定的算法,可及时提示最佳的订货量与库存量,提高仓储空间的利用率，降低资金占用，合理控制企业库存。自动补货数据在尚未十分完善的情况下，还需要人工参与修正。

存货管理模块的设计核心是：批次管理确保先进先出；货位管理实现一一对应；最大化库存合理性。

5. 系统管理

WMS 中的系统管理模块具有为系统使用者提供申请用户名、修改密码、找回密码等服务，备份数据库，以及进行系统的维护与改进等功能，具体包括以下内容：

(1) 为系统使用者提供申请用户名、修改密码、找回密码等服务。注意不同岗位、不同级别的人员对系统信息及功能的需求不同，因而需对应不同的使用权限。

(2) 数据库的备份。应做到每日运营数据的定时备份。

(3) 系统的维护与改进。这包括运行 WMS 所涉及的硬件维护与软件改进，以确保其正常运行并能更有效地契合企业的实际需求。

【微经验】以上仅为从一般角度对相关内容的介绍。企业在选用 WMS 时，一方面要考虑企业的现状与需求，另一方面要考虑软件系统所具备的功能，将两者结合起来，就能实现 WMS 与企业资源的整合。一般情况下，第三方软件通用性比较强，但灵活性比较差，因此在软件投入使用前，应与售前顾问进行充分沟通。

【微视频】WMS 操作示范

【知识拓展】运输管理信息系统(TMS)

1. TMS 的基本知识

运输管理系统(Transportation Management System，TMS)是综合现代计算机技术与物流管理方法设计而成的、专门用于现代运输业务管理的应用软件系统。TMS 可应用于多种类型的物流企业，如电商物流平台、提供配送服务的企业、第三方物流企业、自建物流配送体系的企业等。

TMS 通常包括系统管理、信息管理、运输作业管理、财务管理四大核心模块。其中，系统管理模块是技术后台，起到支持系统高效运转的作用；信息管理模块是决策数据库，起到促进企业整体运营优化的作用；运输作业管理模块是核心运营支持，反映运输任务的执行状况；财务管理模块是成本与费用核算中心，起到支持运输决策的作用。TMS 各核心模块包含的主要内容(子模块)如下：

(1) 系统管理。系统管理模块主要包括用户管理、权限管理、数据维护、日志管理等子模块。

(2) 信息管理。信息管理模块主要包括客户信息管理、车辆信息管理、人员信息管理等子模块。

(3) 运输作业管理。运输作业管理模块主要包括订单处理、调度配载、运输跟踪等子模块。

(4) 财务管理。财务管理模块主要包括统计报表管理、应收应付管理等子模块。财务管理可以通过对应收应付费用的管理及运输任务对应收支的核算，生成实时全面的统计报表，从而有效地促进运输决策。

2. TMS 案例介绍

目前，阿里巴巴公司开发的阿里云 TMS 解决方案是国内物流业界较为成熟的 TMS 解决方案。该方案通过对订单、运单、承运人、计划、财务等物流环节的智能管理，提高了物流效率，降低了物流费用。

阿里云 TMS 解决方案主要有以下三个方面的优势：

(1) 实时的车辆安全管控。使用物联网技术，可以实现百万级货车联网，实时分析上报车辆行驶数据，并对危险驾驶行为告警，从而降低行驶风险。系统通过分析行驶里程和油耗，可有效控制运输成本。同时系统还可以监控生鲜冷链运输车辆的温度传感器数据，预警车厢温度，保障运输过程中的货物安全。

(2) 大数据优化运输成本。基于阿里云大数据平台提供的路径优化算法，可以计算出最优的运输路线，节省运输成本。同时结合销量预测，可以根据实际销售情况作出库存规划，减少货物在不同仓储和产地之间的转移次数，提升运输效率。

(3) 安全稳定的业务系统。基于阿里云产品的架构稳定可靠，提升了系统的稳定性，多种安全防护手段，保护货运信息安全以及车主和货主的隐私。

本 章 小 结

✧　现代信息技术在企业管理中的应用掀起了管理界的一场革命，导致传统的企业管理模式发生重大改变，对信息的搜集与处理能力逐渐成为企业竞争的核心要素。

✧　条形码技术解决了仓储管理中物品信息采集和录入这一"瓶颈"问题，为仓储管理信息系统的应用提供了强有力的技术支持。物品在仓库内的各种信息，如名称、数量、货位、批次、出入库情况等，都可通过条形码技术在软件系统中清晰地显示出来。

✧　在仓储管理中会经常遇到以下问题：库存不准确，货位不准确；分拣效率低，分拣准确率低；先进先出控制不严格；劳动力成本高，管理成本高；等等。解决这些问题正是 RFID 技术的专长。

✧　语音拣选是一种先进的拣选技术，能够通过利用语音识别并调动分拣人员听觉的方式实现高效拣选。通过语音系统，分拣人员可与仓库管理系统或专用主机系统进行通信，快速、高效地拣选货物，且无需使用任何手持设备或纸张来记录拣货情况。

✧　仓储机器人技术是指使用机器人设备和人工智能来实现高度柔性化、智能化的仓储物流作业的技术。典型应用包括机器人拣选系统、机器人搬运系统、机器人分拣系统。

✧　WMS 通过不同的功能模块来支持企业的仓储配送作业，并能不断适应变化着的商务策略和客户需求，以提高作业效率与资源利用率，降低物流成本、提高客户服务水平。

微应用

应用 1　RFID 技术应用思路设计

(一) 案例概述

某企业在现有仓库管理中引入了 RFID 技术，实现了对仓库的到货检验、入库、出库、调拨、移库移位、库存盘点等各个作业环节数据的自动化采集，保证了作业数据输入的速度和准确性，使企业能及时准确地掌握库存的真实数据，合理保持和控制企业库存；同时，通过对商品进行科学的编码，还能方便地对物品的批次、保质期等进行管理；利用 RFID 系统的库位管理功能，还可以及时掌握所有库存物资的当前位置，提高了仓库管理的工作效率。

具体来说，采用 RFID 技术后，该企业主要取得了以下收益：

(1) 减少库存 10%～30%，库存空间利用率提高 20%。

(2) 降低劳动力成本 10%～40%，加快拣货、送货速度 10%。

(3) 减少 50%因偷盗、保管不善而造成的损失。

(4) 增加销售额 2%～10%，运输成本降低 2%～13%。

(5) 发运准确率达到 95%(采用托盘运输的公司准确率可以超过 99.9%)。

(二) 分析

1) 系统架构

本案例中，该企业的仓库管理系统采用如下三层架构：

第一层是采集(Capture)。即通过射频识别设备以及其他自动识别设备采集数据。应用的主要设备包括库位标签、货物标签、无线数据终端、AGV 车等。

第二层是移动(Movement)。即通过无线通信技术，把采集来的数据传递到中央数据库。应用的主要设备包括无线接入设备和相关的网络设备。

第三层是管理(Management)。即对采集的数据进行管理。应用的主要设备包括数据库服务器、网络服务器等设备以及仓库管理系统软件。

2) 系统构成

本案例中，该企业的仓库管理信息系统由三部分组成：

(1) 仓库管理中心子系统。该子系统负责仓库管理数据库的集中管理与维护，负责进货计划、出库计划的制定和指令下达，还负责打印生成各种管理报表。

(2) 仓库管理现场子系统。该子系统负责发行入库标签，进行实时库存管理(库位管理)，通过无线网络发布仓库管理作业指令。

(3) 仓库管理执行子系统。该子系统完成入库、出库、移库、盘库等作业的具体操作，并返回执行实况。

3) 仓库管理对象

该企业仓库管理的主体是仓库管理员，管理对象包括：

(1) 库存品。仓库中保管的物品称为库存品，是仓库管理的主要对象。库存品的存放形式可分为托盘、箱体和散装三种。鉴于目前 RFID 标签尚不能附加到每一个细小的单件物品上，因此 RFID 管理的单位是整箱和整个托盘(含大件单品)。

(2) 库位。库位指仓库中用来摆放库存物品的、在空间上互不重叠的区域。一般一个库位可以摆放多个库存品，一个较大的库存品也可以占用几个库位。

(3) 库管设备。库管设备指用于仓库管理的设备，如叉车、手推车等。在大型、繁忙的仓库中，需要对这些设备进行合理调度、实时定位，以提高设备的利用率。

4) 仓库管理的作业任务

该企业仓库管理的主要作业任务有：入库(进货检验)、出库(拣选)、移库(补货)、盘库。并根据需要制作相应的各种库存报表。

请读者根据上述信息，结合所学知识，为该企业仓库设计一套 RFID 系统应用方案，并列出较为详细的入库、出库、移库和盘库作业流程。

应用 2　WMS 应用架构设计

B 公司是一家经营连锁便利店的企业。为适应企业的发展，B 公司将投入资金建立自己的配送中心。目前，B 公司计划租赁一个 10 000 平方米的仓库用于商品管理，满足各便利店商品配送的需要。

请读者根据上述信息，结合所学知识，为 B 公司设计一套基本的 WMS 应用架构，包括各主要的子系统，以及每个子系统下包含的模块。(WMS 主要由以下子系统组成：基础数据管理、入库管理、出库管理、在库管理、数据管理、系统管理、其他项管理等。)

第10章 集装箱堆场与保税仓库管理

本章目标

- 了解集装箱及集装箱堆场的概念
- 了解集装箱的分类及标识方法
- 掌握集装箱堆场的职能、常见管理问题和处理策略
- 了解保税仓库的概念
- 熟悉与保税相关的几个概念
- 掌握保税仓库管理的常见管理问题和处理策略
- 了解跨境电子商务的概念
- 了解保税仓库与跨境电子商务的关系
- 了解海外仓与边境仓

学习导航

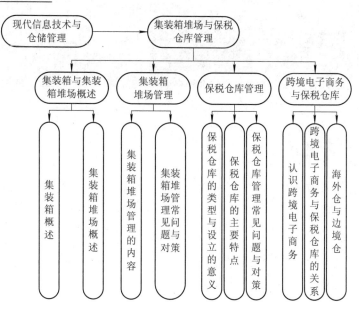

集装箱堆场与保税仓库是企业对外贸易活动中的重要组成部分。做好集装箱堆场和保税仓库的管理工作，有利于保障企业对外贸易业务的顺利进行。下面分别从集装箱与集装箱堆场概述、集装箱堆场管理、保税仓库管理、跨境电子商务与保税仓库四个方面介绍相关内容。

10.1　集装箱与集装箱堆场概述

集装箱(Container)又称货柜，是指具有一定强度、刚度和规格，专供周转使用的大型标准单元装货容器。集装箱的通用性强，因而运输货物的效率非常高。使用集装箱转运货物，可以直接在发货人的仓库装货，运到收货人的仓库再卸货，中途更换车、船时，无须将货物从箱内取出换装。

集装箱最大的优势在于其自身的标准化以及由此建立的一整套完善高效的运输体系。能够让一个载重几十吨的庞然大物实现标准化，并以此为基础逐步实现全球范围内的船舶、港口、航线、公路、铁路、多式联运等相配套的物流系统，可以说是人类在物流领域创造的一个奇迹。

集装箱堆场是指办理集装箱重箱或空箱装卸、转运、保管和交接的场所。集装箱堆场在集装箱的运输中起着重要的作用。例如对于海运出口而言，堆场的作用就是把所有出口客户的集装箱先集合起来(不论通关与否)，到了截港时间之后，再统一装船(此时已经通关)。

按仓库类型划分，集装箱堆场属于露天仓库，如图 10-1 所示。

图 10-1　某港口集装箱堆场

10.1.1　集装箱概述

与集装箱相关的知识点较多，本小节主要从集装箱分类、集装箱标准、集装箱租赁三个方面介绍相关内容。

1. 集装箱分类

按照不同的标准，可以将集装箱分成不同的类型。下面分别以集装箱所装货物的种类、制造材料、构成结构、规格尺寸为分类标准，介绍集装箱的主要类型。

1) 按所装货物种类分类

按集装箱所装的货物种类，可以把集装箱分为普通集装箱、冷藏集装箱、散装货集装箱、专用集装箱等。

(1) 普通集装箱。普通集装箱又称干货集装箱，是最常用的一种集装箱，占到集装箱总数的半数以上。该类集装箱通常用来装运杂货，如文化用品、日用百货、纺织品、工艺品、化工制品、五金制品等。

(2) 冷藏集装箱。冷藏集装箱是一种带有冷冻机设备，并在内壁敷设热传导率较低的材料的集装箱，用来装载需冷冻、保温、保鲜的货物。冷藏集装箱可分为内置式和外置式两种类型：内置式冷藏集装箱在运输过程中可随意启动冷冻机，使集装箱保持指定温度；而外置式冷藏集装箱则必须依靠集装箱专用车、船或专用堆场、车站上配备的冷冻机来制冷。

(3) 散装货集装箱。散装货集装箱是指用以装载粉末、颗粒状货物等各种散装货物(如水泥、粮食等)的集装箱。一般在集装箱顶部设有 2～3 个小舱口，以便装货；底部有升降架，可升高成 40°的倾斜角，便于卸货。

(4) 专用集装箱。如专门装载液体货物的液体货物集装箱，专门装运汽车的汽车集装箱，专门装运活牲畜的带有通风设施、喂料等装置的牲畜集装箱等都称为专用集装箱。

2) 按制造材料分类

此处的制造材料是指制造集装箱主体部件(侧壁、端壁、箱顶等)的材料，按这些材料的不同，可以将集装箱分为钢制集装箱、铝合金集装箱、玻璃钢集装箱等。

(1) 钢制集装箱。钢制集装箱是指用钢材制造而成的集装箱，具有强度大、结构牢、密封性好、价格低等优点，但自重偏大、防腐性差。

(2) 铝合金集装箱。铝合金集装箱是指用铝合金材料制造而成的集装箱，具有重量轻、防腐性好、有一定弹性、加工方便、加工及维护费用低等优点，但造价偏高、结构牢度偏低。

(3) 玻璃钢集装箱。玻璃钢集装箱是指用玻璃钢材料制造而成的集装箱，具有隔热、防腐、耐化学性好、容积大、强度大等特点，但易老化、重量偏大且螺栓连接处易损坏。

此外，还有一些用特殊材料制造而成的集装箱，如特种集装箱、木质集装箱、不锈钢集装箱等。

3) 按构成结构分类

按构成结构分，可以将集装箱分为固定式集装箱、折叠式集装箱、预制式和薄壳式集装箱等。

(1) 固定式集装箱。集装箱的侧壁、端壁和箱顶等主要部件都永久固定地组合在一起。可分为四种类型：① 密闭集装箱，即四周全是密闭的集装箱，大部分的集装箱都是密闭式的；② 开顶集装箱，即没有箱顶的集装箱，可用起重机从箱顶上面装卸货物，装运时用防水布覆盖顶部，其水密要求和干货箱一样，适合于装载体积高大的物体，如玻璃板等；③ 框架集装箱，即没有箱顶和两侧的集装箱，可以从集装箱的侧面进行装卸，主要用于装载超重物；④ 平台集装箱，只有一个底盘，适合装运大件的货物。

(2) 折叠式集装箱。集装箱的主要部件(侧壁、端壁和箱顶等)能简单地折叠或分解，再次使用时可以方便地再组合起来。该类集装箱在不用时占用的空间小，有利于集装箱的存放。

(3) 预制式和薄壳式集装箱。预制式集装箱的骨架由许多预制件组合而成，并承受主要载荷，外板和骨架用铆接或焊接的方式连为一体；薄壳式集装箱则把所有构件组合成一个刚体，重量轻，受扭力作用时不易造成永久变形。

4) 按规格尺寸分类

集装箱的尺寸分为外尺寸和内尺寸。集装箱外尺寸是指包括集装箱永久性附件在内的集装箱外部的最大长、宽、高尺寸，是确定集装箱能否在船舶、底盘车、货车、铁路车辆之间进行换装的主要参数；集装箱内尺寸是指集装箱内部的最大长、宽、高尺寸。

集装箱的装货容积(一般按立方算)即由内尺寸计算而来，是仓储部门或其他装箱人必须掌握的重要技术资料。同一规格的集装箱，由于结构和制造材料的不同，其装货容积会略有差异。常见的集装箱规格尺寸分类如表 10-1 所示。

表 10-1　常见的集装箱规格尺寸

集装箱规格	内长 × 宽 × 高/m	配货毛重/t	内体积/m³
20 尺柜	5.90 × 2.35 × 2.40	17.5	33.22
40 尺柜	12.03 × 2.35 × 2.40	22	67.77
40 尺高柜	12.03 × 2.35 × 2.70	22	76.40
45 尺高柜	13.56 × 2.35 × 2.70	29	86.09
20 尺开顶柜	5.89 × 2.32 × 2.31	20	31.57
40 尺开顶柜	12.01 × 2.33 × 2.15	30.4	60.16
20 尺平底柜	5.85 × 2.23 × 2.15	23	28.05
40 尺平底柜	12.05 × 2.12 × 1.96	36	50.07

【微视频】常见的集装箱样式

2. 集装箱标准

集装箱标准主要包括集装箱单位、集装箱箱号、集装箱铅封及其他标识等方面的标准。

1) 集装箱单位

集装箱的计算单位为 TEU(Twenty-feet Equivalent Units)，又称换算箱、标准箱、20 英尺换算单位，是以长度为 20 英尺的集装箱为换算单位的国际计量单位。该单位通常用来表示船舶装载集装箱的能力，也是集装箱和港口吞吐量的重要统计和换算单位。

世界各国的集装箱运输大多使用 20 英尺和 40 英尺长的两种集装箱。因此 TEU 将 20 英尺集装箱作为一个计算单位，将 40 英尺集装箱作为两个计算单位，以便于统一计算集装箱的营运量。

在统计集装箱数量时，还会经常遇到一个术语：自然箱，也称"实物箱"。自然箱就是不进行换算的实物箱，即不论是 40 英尺集装箱、30 英尺集装箱、20 英尺集装箱还是 10 英尺集装箱，均作为一个集装箱来进行统计。

2) 集装箱箱号

每一个集装箱都有一个箱号，每一个集装箱箱号都是唯一的。箱号类似于人们的居民身份证，用来标示唯一个体，以与其他同类相区别。每一个箱号都有 11 位编码，前 4 位是字母，后 5 位是数字。如图 10-2 所示。

图 10-2　集装箱箱号示例

一个标准的箱号编码由三部分组成：箱主代码、顺序号和校验码。

(1) 箱主代码是表示集装箱所有者的代码，由四位拉丁字母表示。前三位表示箱主、经营人，第四位说明集装箱的类型；前三位代码由箱主自己规定，并向国际集装箱局登记，第四位代码一般用字母 U，代表海运集装箱。

(2) 顺序号为集装箱箱体的注册码，是一个集装箱箱体持有的唯一标识，用六位阿拉伯数字表示，不足六位的用 0 补齐。

(3) 校验码由前四位字母和后六位数字经过一定的校验规则运算得出，用于核对箱主号与顺序号记录的正确性。校验码一般位于顺序号之后，用一位阿拉伯数字表示，并加以方框标识。

3) 集装箱铅封

集装箱装满货物后需要进行封箱上锁，给集装箱上锁的工具就是铅封。铅封只能用一次，打开之后就损坏了，不可修复；铅封上都有一个铅封号，每一个铅封号都是唯一存在的编号。如果收货人看到集装箱铅封上的号码跟提单上的一致，就代表集装箱没有打开过，货物完好无损。常见的铅封样式如图 10-3 所示。

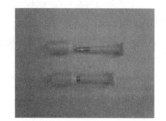

图 10-3　常见的几种铅封

4) 其他标识

集装箱上还会有一些其他标识，如图 10-4 所示。

图 10-4　集装箱上的其他标识

图中集装箱上各标识的含义如下：

(1) MAX. GROSS 表示集装箱的最大毛重，分别用千克(KG)和磅(LB)来表示。图中为 30 480KGS，67 200LBS。

(2) TARE 表示集装箱的皮重，分别用千克(KG)和磅(LB)表示。图中为 2200KGS，4850LBS。

(3) NET 表示集装箱的最大载货量(净重)，分别用千克(KG)和磅(LB)来表示。图中为 28 280KGS，62 350LBS，可见，NET 的值实际上就是 MAX. GROSS 减去 TARE 的值。

(4) CU. CAP. 表示集装箱的最大容积，分别用立方米(CU.M)和立方英尺(CU.FT)表示。图中为 33.2CU.M 立方米，1172CU.FT。

(5) 图中的 22G1，前两位用数字表示集装箱的尺寸代号，第三位用拉丁字母表示集装箱的类型，第四位用数字表示集装箱的特征。详解如下：

前两位尺寸代号的第一位数字表示箱长，例如 10 ft(英尺)箱长代号为"1"，20 ft 箱长代号为"2"，30 ft 箱长代号为"3"，40 ft 箱长代号为"4"，如果是特殊箱长的集装箱，则用英文字母表示；第二位数字表示箱高，例如在标准宽度为 8 ft 的情况下，8 ft 的箱高代号为"0"，8 ft 6 in(英寸)的箱高代号为"2"，9 ft 的箱高代号为"4"，9 ft 6 in 的箱高代号为"5"，高于 9 ft 6 in 的箱高代号为"6"，4 ft 3 in 的箱高(半箱高)代号为"8"，低于 4 ft 的箱高代号为"9"，箱宽不是 8 英尺的特殊宽度集装箱则用英文字母表示。因此，前两位的数字"22"表示箱长 20 英尺，箱高 8 英尺 6 英寸，箱宽为 8 英尺的货柜。

第三位的字母"G"表示通用集装箱(无通风装置)。另外，"V"表示通风式通用集装箱；"B"表示干散货集装箱；"R"表示冷藏集装箱；"T"表示罐式集装箱；"A"表示空陆水联运集装箱。

第四位的数字"1"表示货物的上方有透气罩。另外，"0"表示集装箱的一端或两端有箱门；"2"表示集装箱不仅在一端或两端有箱门，在一侧或两侧也设有"全开式"箱门；"3"表示一端或两端有箱门且在一侧或两侧设有"局部"箱门。

综上所述，图中的"22G1"即表示上方有透气罩的 20 英尺标准通用集装箱。

【微经验】集装箱常用尺寸单位换算标准：1 英尺 = 12 英寸；1 英寸 = 0.0254 米；1 英尺 = 0.3048 米；1 立方英尺 = 0.028 316 8 立方米；1 磅 = 0.453 592 4 千克。

【微视频】常见的集装箱标准

3. 集装箱租赁

集装箱租赁是指集装箱租赁公司(集装箱所有人)与承租人(一般为海运班轮公司，铁路、公路运输公司等)签订协议，以长期或短期的方式把集装箱租赁给承租人使用的一种租赁方式。在租赁期间，箱体由承租人管理，并负责其维修与保养；租赁期满后，承租人将集装箱返还给集装箱租赁公司的指定堆场，由堆场对损坏的箱体按协议中规定的技术标准修复，修理费用由承租人承担，然后承租人按照协议向租赁公司支付提还箱费及租金。

根据承租人的需要，集装箱租赁可以分为以下几种方式：

(1) 期租。即承租人根据业务的需要选择合适的租赁时间，租期可长可短。

(2) 程租。即承租人根据业务的需要，选择单程租赁，货到目的港后即结束集装箱的租赁；也可以选择来回程租赁，即往返双程都使用出租人的集装箱。

(3) 灵活租赁。灵活租赁在费用上类似于长期租赁，在使用上则与短期租赁相似，租期通常为一年。在集装箱货运量大、经营航线较多且来回程货运量不平衡的情况下，采用该租赁方式能比较好地适应市场需求的变化，便于承租人灵活运用。

集装箱的购买成本很高，一次性投入很大，而集装箱租赁既满足了企业的物流需求，又有利于企业资金的流动；企业对集装箱的需求是变动的，而集装箱租赁服务大大方便了企业对集装箱大小及数量的选择；集装箱通常在全球范围内流动，租赁使用的方式使企业可在全球范围内方便地提箱与还箱。但集装箱租赁属大规模业务，必须依靠专业的租赁公司才能完成。

10.1.2　集装箱堆场概述

集装箱堆场是集装箱存储、流动的主要场所，在集装箱相关业务处理中占有重要地位。下面从集装箱堆场的分类、条件要求、主要业务职能等方面，介绍集装箱堆场的相关内容。

1. 集装箱堆场的分类

通常来说，可以将集装箱堆场分为前方堆场、后方堆场、空箱堆场三种类型。

(1) 集装箱前方堆场。集装箱前方堆场是指为加速船舶装卸作业，在集装箱码头前方规划的暂时堆放集装箱的场地。当集装箱船到港前，应按照一定的计划和次序，根据集装箱船的装载要求，将出口集装箱预先集中堆放在前方堆场；卸船时，也要将进口集装箱按一定的规划暂时堆放在前方堆场，以加速船舶装卸作业。

(2) 集装箱后方堆场。集装箱后方堆场是集装箱重箱或空箱进行交接、保管和堆存的场所。集装箱后方堆场是集装箱装卸区的组成部分，是集装箱运输"场到场"(由起运地或装箱港的集装箱装卸区堆场至目的地或卸箱港的集装箱装卸区堆场)交接方式的整箱货办理交接的场所。有些国家对集装箱堆场并不分前方堆场或后方堆场，统称为堆场。

(3) 集装箱空箱堆场。集装箱空箱堆场是专门办理空箱收集、保管、堆存和交接业务的场地，一般当集装箱装卸区或转运站堆场不足时才予以设立。这类堆场可以单独经营，也可以在集装箱装卸区之外另行设立。

2. 集装箱堆场的条件要求

集装箱堆场是一个高密集、高效率、高运转、高复杂性的工作场所，同时集装箱及其装载的内容物一般都很重，因此对堆场的场地条件要求也很高，主要体现在以下方面：

(1) 地面要求平整，且单位面积能够承受高强度的压力。一般为了节约堆场的空间，都会向高处堆积集装箱，如果地面的抗压强度低，或不平整，就很容易引发事故。

(2) 有良好的消防、照明和排水设施。堆场内各通道的宽度设定及照明设施布置等都要确保合乎标准，特别是要保证夜间的正常作业；排水设施需合理安排，确保排水能力达标；尤其不能因为堆场的条件和储存物的性质而忽视了消防设施的建设。

(3) 在堆场区域内作业，需根据业务的实际需要配备必要的作业设备、交通设备、通讯设备等。如专业集装箱作业设备。

(4) 有完备的安全设施与管理制度。要从堆场物资安全的角度出发，建设完备的安保基础设施，如围墙、保卫处、安检处等；同时还要建立健全科学的管理制度，确保安全生产。

(5) 有现代化的集装箱堆场软件管理系统及电子计算机管理设备。采用根据集装箱堆场作业特点而研发的专业管理信息系统，实施现代化的管理方式，有助于提高堆场管理运作水平，提升吞吐能力，实现优质高效的物流管理目标。

(6) 其他辅助设施。如达到环保部门认可标准的污水处理设施等。

3. 集装箱堆场的主要业务职能

集装箱堆场的主要职能为办理集装箱的交接、堆存与保管、货运等，此外还负责集装箱的检验与维修工作。

(1) 集装箱的交接。集装箱的交接是指集装箱堆场与提(还)箱人之间进行的集装箱交接，是划分集装箱经营人(集装箱所有人、承运人等)与用箱人(集装箱货物的托运人、收货人或其委托代理人)责任界限的行为。由发货人或集装箱货运站及其代理人负责装载的集装箱运至码头堆场时，设在码头堆场的闸口会对进场的集装箱货物订舱单、码头收据、装箱单、出口许可证等单据进行核对，同时检查集装箱的数量、编码、铅封号码是否与场站收据记载相一致，以及箱子的外表与铅封有无异常，如发现有异常情况，门卫应在堆场收据栏内注明，如异常情况严重，影响运输安全，则应与有关方联系后，决定是否接受这批货物。对于进场的集装箱，堆场应向发货人、运箱人出具收据。

(2) 集装箱的堆存与保管。首先，不同的海上承运人应在堆场内的不同位置堆放集装箱，并将空箱和重箱分开堆放。堆场在集装箱的保管期间内对箱及箱内的货物负全责，未经承运人书面确认，场站不能将堆存的集装箱占用、出租或改装。一般来讲，承运人对集装箱的转运都有一个计划，堆场需要根据此计划合理安排发往不同目的地集装箱的存放位置，避免出现倒箱、等待吊装等情况。

（3）集装箱货运。当前，堆场的集装箱货运业务主要呈现以下三个方面的特点：

装拆箱服务。集装箱的装载量往往参差不齐，为了有效合理地利用集装箱的装载量，一般会在集装箱货运站进行装拆箱作业。在集装箱堆场内，货主众多，货物众多，进出频繁，且货物的运输和保管条件差别较大，因而装拆箱作业需要堆场具有较高的运营水平，同时也是堆场增值业务的体现之一。

港内外堆场分工。随着集装箱装卸业务量的增加，堆场的面积会越来越不够用，但既要保证集装箱运输周转的主功能，又要保证一些增值性的附加功能，于是在码头附近出现了港外堆场，并逐步形成了港内堆场专注于集装箱在堆场与船舶之间的运输，港外堆场专注于增值功能的职能区分，重点是提升对货主的服务水平。

内陆堆场。随着集装箱运输通过铁路、公路等方式向内陆发展，在内陆地区也出现了很多集装箱堆场，这就使得堆场从港口延伸到内陆，更有利于对内陆客户的服务，提高集装箱的运输效率，满足内陆集装箱货运的需求。

（4）集装箱的检验与维修。为了延长集装箱的使用寿命，必须对集装箱进行必要的检验与维修，一般的检验与维修工作都是在堆场中进行，而不是装船后在运输中进行。实施这项工作的除了堆场的集装箱管理人员外，通常还会聘请专业的第三方验箱师。一方面，验箱师更加专业，其检验结果更有权威性；另一方面，验箱师能够提前发现普通管理人员发现不了的问题隐患。因为集装箱的维修费用是一笔不小的开支，越早发现处理，越能够降低维修成本，并加快集装箱的周转速度。

【微经验】出于安全运输的考虑，一些特种集装箱对检修的要求更为严格，比如冷藏集装箱每次装货前都要在堆场做载前检验，需要检查的项目也更多。

为了有计划地开展集装箱的检验与维修工作，确保检修效果，有必要从制度层面进行规定与管理，形成完善的管理制度，并在制度中明确监督与考核机制。

10.2　集装箱堆场管理

现代集装箱堆场的作业具备安全、高效、标准化等特点，大部分通过先进的装卸设备和完善的软件信息系统来实现，以应对密集的进出口业务。下面分别从集装箱堆场管理的内容、集装箱堆物管理常见问题与对策两个方面介绍相关知识。

10.2.1　集装箱堆场管理的内容

集装箱堆场管理工作对集装箱作业的安全性、效率、准确率方面等有重要的影响，需要管理人员从多个方面入手，提升集装箱堆场管理的水平。

1．堆箱规则

堆箱规则要与装卸设备及装卸工艺系统相匹配，在装卸工艺系统确定的情况下，才能制定对应的符合高效运作要求的堆箱规则。因此，对装卸工艺系统的研究是判断堆箱规则是否合理的一个先决条件。

我国很多集装箱码头采用装卸桥轮胎式龙门吊装卸工艺系统，与该系统相对应的是

"六加一"堆箱规则，即六列集装箱加一个通道，堆层的高度视龙门吊的作业高度而定，如图 10-5 所示。

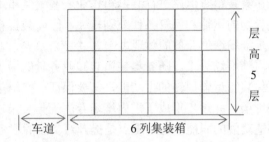

图 10-5　常见堆箱规则

2．堆场分区

堆场分区的规则与仓库分区规划的原则类似。比如按进口业务和出口业务区分为进口箱区和出口箱区；按集装箱内是否装有物资区分为重箱区和空箱区；按箱体的质量区分为良品区和残品区等。但不管按照怎样的标准划分区域，目的是能明确地将集装箱按类管理，提高周转效率。一般来说，对集装箱堆场进行分区时，要综合考虑堆场的空间容量、作业设备、作业方式等多种因素。例如，某公司堆场分区电子地图如图 10-6 所示。

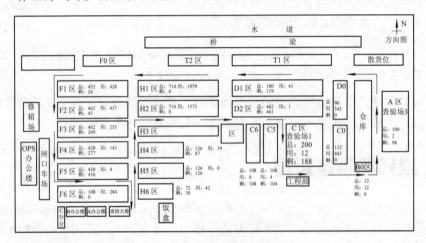

图 10-6　某公司堆场分区电子地图

3．出口箱的堆放

为了充分利用堆场的空间，通常集装箱码头在出口箱装船前的 3 天开始受理重箱进场业务。出口箱的堆放一般要考虑以下几个因素：一是要考虑货船的停泊位置及作业路线，出口箱应尽量靠近停泊位以减少搬运距离；二是要考虑货船的稳定性、吃水差规范等条件及沿线货场的靠港停泊作业要求，将不同卸港、不同吨级、不同箱型尺寸的集装箱分别存放；三是要综合考虑各种影响作业效率的因素，制定出作业及堆箱方案，最好能由软件系统根据出口箱的综合信息自动给出最优建议方案。

4．进口箱的堆放

进口箱卸船后，不会立即被客户提走，因此进口箱的堆放要兼顾货船的卸船作业和货主的提箱作业两个方面：一是要指定合理的堆存区，考虑货船停靠的泊位和作业路线，提高卸船的效率；二是要尽量确定合适的分区堆放标准，集中堆放，以提高机械作业的效率。

5. 集装箱的搬移

堆场内的集装箱不一定始终处于精准的进出预测范围内，而是会涉及二次或多次的搬移。要根据堆场空间的利用率最大化和搬运效率的最优化等原则，对各种因素进行综合考虑，作出集装箱搬移作业的合理规划。

【经典案例】青岛前湾集装箱码头装卸优化系统

青岛前湾集装箱码头拥有 11 个深水集装箱船舶专用泊位，码头岸线长达 3400 米，是中国最大的单体集装箱码头。

传统的集装箱作业模式下，货主提箱时按照箱号进行提箱，且时间不定，因此提箱时翻倒箱成为集装箱码头常有的现象。此外由于采用传统固定机械配置的生产组织模式，使得一组装卸机械只为指定的一条作业线服务，造成设备空载率较高，浪费作业资源。针对上述情况，青岛港(集团)有限公司研发了集装箱码头装卸工艺优化系统，自 2008 年上线以来，通过不断地优化调整，目前已基本成熟。该系统着重对收发箱和装卸船两大核心业务进行流程改造：在集装箱的收发箱方面推行"按提单号提箱"的新模式；在装卸船方面研发了"集卡最优路径"系统，大大提高了作业效率，节能减排效果显著。

"按提单号提箱"的新模式是对原有码头提箱模式的重大变革，其主要特点有两个：一个是进口重箱预约提箱，另一个是由按箱号提箱改为按提单号提箱。预约提箱可以有效缩短集装箱卡车在码头的逗留时间，减少转场次数，节约耗能；而按提单号提箱能有效减少翻倒箱，提高码头堆场利用率，从而减少场地机械的能耗，降低设备的磨损及维修成本，同时缩短了客户车辆的周转周期。据客户反馈，原本车辆一天可循环 4 次，改为"按提单提箱"新模式以来，车辆一天可循环 7 次。

传统的装卸工艺流程由于固定机械配置，造成机械和能源的大量浪费。卸船时集装箱卡车空来重去，装船时集装箱卡车重来空去。因此卡车有很多时间在空驶，浪费了宝贵的能源和设备资源。而新的优化系统采用新装卸工艺，动态实现了码头不同集装箱船舶的边装边卸，打破了当前机械分配的惯用方式。使作业机械不再仅属于一条固定作业线，而是为整个码头所共享，能在整个码头范围内获取最优化的作业指令，从而最大限度地实现了集装箱卡车的重来重去，减少轮胎吊和桥吊的等待时间，提高了设备利用率，降低了单箱作业能耗，减少了污染排放。

该集装箱码头装卸优化系统前期投资额 2300 万元，此外还有系统运行的维护、管理费用等，实施后预计每年可降低总成本费用 772 万元，投资回收期为 3 年。专家认为，该系统在国内同类码头中应用较少，推广潜力大。但由于该系统需要专业人员投入大量时间进行研发、测试、改进及用户培训等工作，因此更加适宜在大型集装箱码头进行推广。

思考题 有条件的读者，请到就近的港口看一下集装箱装卸的现场，并与案例中描述的情形进行对比，分析两者的区别。

10.2.2 集装箱堆场管理常见问题与对策

我国对外经济贸易的发展，带动了码头集装箱吞吐量的剧增，也凸显了一些管理问题。在码头的基础设施建设水平既定的情况下，堆场管理就成了解决堆场作业效率、业务量与服务水平之间矛盾的核心方法。下面依次介绍集装箱堆场管理的常见问题以及解决对策。

1. 常见问题

在集装箱堆场管理中，常见的问题包括翻箱；堆物作业时进提箱与装卸船的冲突；业务繁忙，但资源利用率低等。

(1) 翻箱。翻箱是指所需要的集装箱被压在其他集装箱下面，需要把上面的移开，把需要的集装箱翻出来。在堆场面积一定的情况下，要提高堆的利用率，向高处要空间是最直接的办法，但随之而来的就是需要解决翻箱导致的额外人力物力投入与装卸船效率低下等问题。

(2) 堆场作业时进提箱与装卸船的冲突。进提箱与装卸船的冲突问题，多由于对作业条件的可控性差而导致。比如当货船的准班率不高时，就容易出现装船与卸船在时间上产生冲突的情况，这种情况的出现往往难以控制。要想解决这种冲突，实现作业的高效率，理想的情况是把现有资源充分调动起来，并作好完善的作业规划与调整方案，但在实际中却并不容易实现。

(3) 业务繁忙，但资源的利用率低。在业务量少的时候，很容易发现资源闲置问题；在业务繁忙的时候，繁忙无序的作业及无法充分利用现有资源同样是常见的问题。因此，在堆场吞吐量变化不定的情况下，如果不根据实际作业状况进行必要的作业调整，则很容易出现设备、人员等资源利用率低的情况。

2. 解决对策

针对集装箱堆场管理中存在的常见问题，可以采取以下几种对策：

(1) 场区规划与箱位整理。场区规划要具备科学性。比如重点航线的、重点货船的出口箱，应优先安排在靠近泊位的位置，其他的根据重点程度依次向后排；装同一条船的出口箱应集中堆存，这样能够迅速连贯地完成装船，减少装运设备的移动。

【微经验】加强堆场的移箱整理工作，需要降低翻箱率，提升堆场利用率，提高装卸船效率。当不断地进行集装箱的进出堆场操作时，起初认为合理的堆放规则可能不再符合实际需要，如果要使堆箱规则保持合理性，必须在原有规则的基础上进行再次规划与设定。

(2) 灵活运用缓冲区。针对不同的区域和不同的作业设备，按一定的节拍进行作业是容易实现的，但当某些环节的作业突然异常时，作业节拍就会被打乱，此时就要通过缓冲区域进行调整，使作业整体的运转不受影响。而且对缓冲区的应用要足够灵活，让其充分发挥不同的"调整"作用。比如某缓冲区在一天中的某个时间段会起到一定的作用，但其他时间段则处于"闲置"状态，这就需要管理人员根据现场作业情况，充分利用该区域，以达到提高整体作业效率的目的。

(3) 提高管理水平，采用先进的系统与设备。作业资源是有限的，而不同的管理水平对资源的利用程度不同，较高的管理水平能够使资源得到较好的利用。这就需要管理人员精通业务，能运用多种方法努力提高堆场的管理水平。

> 【微经验】先进的软件系统与硬件设备给管理人员进行堆场管理带来了很大的便利，也是现代堆场管理的一大特色。因此，管理人员要在衡量成本与效益的基础上，尽可能采用适合本企业发展的先进软件系统与硬件设备，以提高管理水平。

【经典案例】RFID 码头集装箱管理系统的应用

1. 问题与需求

码头集装箱管理曾令许多管理者十分头疼。在未使用 RFID 技术之前，使用龙门吊或起重机装卸集装箱时，因设备操作员距离集装箱较远，为准确找到指定的集装箱，通常需要使用望远镜寻找并查看集装箱信息。即便如此，也会经常出现集装箱错装、错卸和错发等情况，使得码头集装箱管理工作效率十分低下。随着业务需求的扩大，客户希望能准确地追踪装载集装箱的卡车，知道每一辆卡车或集装箱当前的位置，如正在通过哪个门，或者在哪个监测区域，港口的起重机和龙门吊正在装卸哪个卡车上的哪个集装箱等。

2. 解决办法

RFID 码头集装箱管理系统的应用很好地满足了客户的需求：首先，将 RFID 标签安装在集装箱上以及卡车的保险杠背面，并在大门口或者货场将通过 OCR 识别的集装箱号和卡车号写入对应的 RFID 标签中，这样，当集装箱卡车通过码头服务站时，OCR 图像识别技术就能读取到集装箱箱号和卡车号；同时，在吊装设备上也安装 RFID 读写设备，这样，在集装箱装卸过程中，数据库就可以汇集这些 OCR 和 RFID 技术收集的信息并进行分析，准确判断出哪一个集装箱应该放到哪辆卡车上，或者哪一个集装箱应该卸放在堆场的哪一个位置。

3. RFID 系统优点

采用 RFID 系统后，码头的每个出入口检查站都可以准确地识别每一辆通过的集装箱卡车，而每辆卡车进入码头工作区后，都可以通过这套系统得到准确详细的行车路线图。RFID 系统的应用使得集装箱装卸流程更加可视化，码头集装箱装卸速度和管理效率大大提高。

思考题 1　RFID 技术还能应用于集装箱堆场管理的哪些方面？

思考题 2　RFID 技术能够给堆场管理带来哪些好处？

10.3　保税仓库管理

保税是针对货物而言。根据《中华人民共和国海关法》，保税货物指经海关批准未办理纳税手续进境，在境内储存、加工、装配后复运出境的货物。保税仓库指经海关批准设立的专门存放保税货物及其他未办结海关手续货物的仓库。本节将从保税仓库的类型与设立的意义、保税仓库的主要特点、保税仓库管理常见问题与对策几个方面介绍相关内容。

10.3.1 保税仓库的类型与设立的意义

明确了保税仓库的概念后，下面介绍保税仓库的类型与设立的意义。

1. 保税仓库的主要类型

保税仓库主要包括以下类型：

(1) 按照使用主体不同，可将保税仓库分为公用型保税仓库和自用型保税仓库。公用型保税仓库在我国是一种最普遍的保税仓库形式，由主营仓储业务的中国境内独立企业法人经营，面向公众开放，向社会提供保税仓储服务。为满足海关的监管要求，公用型保税仓库的选址、建筑形式及经营管理等都必须经过海关批准，并须经国家财政部审批方能设立。自用型保税仓库是由从事国际贸易的企业自己建立、管理并使用的仓库，仓库存储的物资仅限于企业自身经营的保税货物。

(2) 保税仓库中有一种专用型保税仓库，用于存储特定用途的或特殊种类的货物，包括液体危险品保税仓库、备料保税仓库、寄售维修保税仓库和其他专用型保税仓库等。液体危险品保税仓库是指符合国家关于危险化学品仓储规定的，专门提供石油、成品油或者其他散装液体危险化学品保税仓储服务的保税仓库；备料保税仓库是指加工贸易企业专门存储为加工复出口产品而进口的原材料、设备及其零部件的保税仓库，所存储的保税货物仅限于供应本企业；寄售维修保税仓库是指专门存储为维修外国产品而进口的寄售零配件的保税仓库。

(3) 海关监管仓库。海关监管仓库是指在海关批准范围内，存储接受海关查验的进出口、过境、转运、通关货物，以及保税货物和其他尚未办结海关手续的进出境货物的仓库。该类型仓库主要用于存放已进境但所有人未提取的货物或行李物品，或者因无证到货、单证不齐、手续不完备或违反海关章程，海关不予放行而需要暂存等待处理的货物。这种仓库以往都由海关自行管理，但随着进出口业务的增大，海关作为行政管理机关，自行经营存在诸多不便，现在基本上都交由专营仓储的企业进行管理，海关仅行使行政监管职能。

2. 保税仓库设立的意义

设立保税仓库对我国的对外贸易有重要的意义，主要体现在以下五个方面：

(1) 有利于促进对外贸易。在国际贸易中，从询价、议价、签订合同到货物运输可能会经历一个较长的贸易周期。为了缩短贸易周期，降低国际市场价格波动的影响，先将货物运抵本国口岸，预先存入保税仓库，可以使货物尽快投入使用；企业也可以将进口的货物先存入保税仓库，待价格时机成熟再进入市场。

(2) 有利于提高进口原材料的使用效益。如果不同企业各自进口相同的原材料，在价格上难以具有优势，还可能造成有的企业库存积压，有的企业却库存不足的情况。借助保税仓库，可以统一进口原材料，相互调剂，提高整体经济效益。

(3) 有利于开展多种贸易方式。企业可以利用保税仓库的暂缓交纳关税等优惠条件，发展多种贸易方式。如在保税仓库内进行来料加工或来件装配，然后将制成品再行出口。

(4) 有利于加强海关监管。随着国与国之间贸易的发展，贸易方式也越发灵活，这就增加了海关的关税征收工作。有了保税仓库的存在，海关人员可以借助仓库管理人员对货物进行协同管理。比如由海关人员制定各种监管制度，对保税货物出入保税仓库的过程进行核销监督，防止内销行为的发生；而由仓库管理人员具体管理货物的进出库及保管业务。这样既加强了海关的监管力度，又简化了监管手续，还有利于对货物实施专业化的仓储管理。

(5) 有利于发展外向型经济。从事外贸的企业可以利用保税仓库开展一系列的业务，如装卸、运输、整理、分包、中转、商品养护等，使外贸仓储逐渐发展成为综合性、多功能的商品流通中心，促使我国经济与国际经济的融合，促进外向型经济的发展。

【知识拓展】与保税相关的几个概念

1. 保税区

保税区也称为保税仓库区，是由国家海关设置的或经海关批准注册的、受海关监督和管理、可以较长时间存储商品的区域，是我国目前开放度和自由度最大的经济区域。根据现行有关政策，海关对保税区实行封闭管理，境外货物进入保税区，实行保税管理；境内其他地区货物进入保税区，视同出境；同时外经贸、外汇管理等部门对保税区也实行较保税区外相对优惠的政策。

保税区的功能定位为"保税仓储、出口加工、转口贸易"。运入保税区的货物可以进行储存、改装、分类、混合、展览以及加工制造，但必须处于海关监管范围内；外国商品存入保税区，不必缴纳进口关税，可自由出口，但需交纳存储费和其他少量费用，如果要进入关境则需交纳关税。各国对保税区内保管的货物都有不同的时间规定，逾期货物未办理有关手续的，海关可以对其进行拍卖。

2. 保税物流中心

保税物流中心是指封闭的且具备口岸功能的海关监管区域，分为 A 型保税物流中心和 B 型保税物流中心：

(1) A 型保税物流中心是指经海关批准，由中国境内企业法人经营、专门从事保税仓储物流业务的海关监管场所。按照服务范围，可分为公用型物流中心和自用型物流中心。公用型物流中心是指由专门从事仓储物流业务的中国境内企业法人经营，向社会提供保税仓储物流综合服务的海关监管场所；自用型物流中心是指由中国境内企业法人经营，仅向本企业或者本企业集团内部成员提供保税仓储物流服务的海关监管场所。

(2) B 型保税物流中心是指经海关批准，由中国境内一家企业法人经营，多家企业进入并从事保税仓储物流业务的海关集中监管场所。

保税物流中心的功能如下：

(1) 保税仓储。根据"境内关外"的定位，保税物流中心内实行相当宽松优惠的保税政策，即货物从境外进入中心不视同进口，只有从中心再进口国内时才视同进口；货物从国内到中心则视同出口。形成以保税仓储为核心内容的保税物流运作形式。

(2) 口岸退税。境内货物进入保税物流中心视同出口，可享受出口退税政策，并在进入物流中心环节退税。

(3) 简单加工增值服务。保税物流中心内可提供流通性简单加工和增值服务，包括对货物进行分级分类、分拆分拣、分装、计量、加刷唛码、刷贴标志、改换包装、拼装等辅助性简单作业。

(4) 国际中转和转口贸易。保税物流中心可以对国内、国外集装箱货物(包括来自不同国家和地区的)进行快速拆拼、集运，并转运至境内外其他目的港，同时还可开展以转口贸易为核心的服务贸易活动，提升口岸功能。

(5) 国际物流配送。保税物流中心的货物可自由配送给境内外企业，也可与国内其他海关监管特定区域之间进行结转。

(6) 物流信息和咨询服务功能。保税物流中心可提供相关的物流信息及业务咨询服务。

3. 保税物流园区

保税物流园区(区港联动)是保税区在海港区划出的特定区域，是实行保税区政策，以发展仓储和物流产业为主，按照"境内关外"定位，由海关实行封闭管理的特殊监管区域。在保税物流园区内，海关可以通过区域化、网络化、电子化的通关模式，在全封闭的监管条件下最大限度地简化通关手续，并通过保税区与港口之间的"无缝对接"，实现货物在境内外的快速集拼和流动。

保税物流园区可以存储进出口货物及其他未办结海关手续的货物，并对所存货物开展流通性简单加工和增值服务、进出口贸易和转口贸易、国际采购、分销和配送、国际中转、检测、维修、商品展示以及经海关批准的其他国际物流业务。保税物流园区内不得开展商业零售、加工制造、翻新、拆解及其他与园区无关的业务。

4. 出口加工区

出口加工区是指由国家划定或开辟的专门用来生产、加工、装配出口商品的特殊工业区。我国出口加工区只能设在国家级经济技术开发区内，面积严格控制在 23 平方千米以内。出口加工区内实行"境内关外"政策和封闭式的区域管理模式，海关对进、出加工区的货物及区内相关场所实行 24 小时监管。出口加工区仅限于产品外销的加工贸易，区内可设置出口加工企业及其相关仓储、运输企业等。

出口加工区的主要优势是：加工企业从境外运入区内的生产所需原材料、机器等，海关实行"保税政策"，即入境时暂不征收关税，等制成品出境时再予以征税，减少了企业流动资金的占用；为企业提供宽松的经营环境和快捷的通关流程，实行"一次申报，一次审单，一次查验"的通关制度，简化了海关通关手续，满足了现代跨国型企业"零库存生产"的需要。

10.3.2　保税仓库的主要特点

保税仓库及所存储的货物受一国海关的监督管理，非经海关批准，货物不得入库和出库；保税仓库的经营者既要向货主负责，又要向海关负责。而一般仓库及其存储货物的管理则无需与海关发生关系。保税仓库与一般仓库相比，在存放物资的范围、海关对保税仓库管理的要求方面具有明显的特点。

1. 保税仓库存放物资的范围

国家对保税仓库内存放的物资范围有严格的限定，主要包括以下几种类型：

(1) 来料加工后复出口的货物。主要针对那些原材料和成品都在国外的公司，将加工程序放在保税仓库内进行，然后再行出口。

(2) 不内销而过境转口的货物。不适合内销而需转口，或在保税仓库暂存有利于转口，或无法直接销往第三国而需转口的货物。

(3) 供应国际航行船舶和航空器的油料、物料和维修用零部件及供维修外国产品所进口寄售的零配件。

(4) 外商进境暂存货物。因某些原因，进入国境需要暂存等待进一步处理的货物。

(5) 未办结海关手续的一般贸易进口货物。例如：因某些原因未办结海关手续，需储存在保税仓库内的货物；即需即提办理通关手续的货物；暂时不能决定去向的货物；因需要再行包装或做其他加工处理才能在进口国销售，而在等待处理结果的货物等。

(6) 经海关批准的其他未办结海关手续的进境货物。保税仓库不得存放的货物有：国家禁止进境的货物；不得存放未经批准的影响公共安全、公共卫生或健康、公共道德或秩序的国家限制进境货物；其他不得存入保税仓库的货物。

2. 海关对保税仓库管理的要求

国家海关对保税仓库的管理非常严格，除了规定仅能存放限定范围的物资之外，还对仓库管理提出了以下要求：

(1) 保税仓库不得转租、转借给他人经营，不得下设分库。

(2) 海关对保税仓库实施计算机联网管理，并可以随时派人进入保税仓库检查货物的收、发、存情况及有关账册；海关认为必要时，可以会同保税仓库经营企业双方共同对保税仓库加锁或者直接派人驻库监管；保税仓库经营企业应当为海关提供办公场所和必要的办公条件。

(3) 保税仓库经营企业应当如实填写有关单证、仓库账册，真实记录并全面反映其业务活动和财务状况，定期以计算机电子数据和书面形式报送主管海关。

(4) 保税仓库无正当理由连续 6 个月未经营保税仓储业务的，保税仓库经营企业应当向海关申请终止保税仓储业务；经营企业未申请的，海关注销其注册登记，并收回《保税仓库注册登记证书》。保税仓库不参加年审或者年审不合格的，海关注销其注册登记，并收回《保税仓库注册登记证书》。保税仓库因其他事由终止保税仓储业务的，由保税仓库经营企业提出书面申请，经海关审核后，交回《保税仓库注册登记证书》，并办理注销手续。

(5) 保税仓库内的货物存储期限为 1 年，确有正当理由的，经海关同意可以延期；除特殊情况外，延期不得超过 1 年。

(6) 保税仓储货物可以进行包装、分级分类、加刷唛码、分拆、拼装等简单加工，不得进行实质性加工。未经海关批准，保税仓储货物不得擅自出售、转让、抵押、质押、留置、移作他用或者进行其他处置。

(7) 货物在仓库储存期间发生短少或灭失,除不可抗力原因外,短少或灭失部分由保税仓库经营单位承担缴纳税款责任,并由海关按有关规定予以处理。

(8) 所存货物储存期满仍未转为进口或复运出境的,按《海关法》的有关规定,可将货物变卖处理。

【知识拓展】某保税仓库的作业流程

某保税仓库关于货物出入仓及仓库货物延期存储的规定如下:

(一) 保税仓库货物入仓和出仓管理

1. 入仓管理

(1) 对直接在口岸海关办理进口申报和货物放行手续的保税仓库货物,企业在口岸海关按"直接转关"的转关运输方式办理通关手续。

(2) 保税仓库入仓货物在仓库主管海关申报,在口岸海关验放的,按以下方式办理:

a. 海关按"提前报关"的转关运输方式办理入仓手续。仓库主管海关和口岸海关在同一直属海关内的,经直属海关批准,可不按转关运输方式、由企业在办理报关手续后自行提取货物入仓。

b. 经海关批准,按"属地申报、口岸验放"模式,由企业在办理报关手续后自行提取货物入仓。

2. 出仓管理

(1) 保税仓库出仓复运出境货物,企业按转关运输方式办理出库手续。主管海关和口岸海关在同一直属海关内的,经直属海关批准,可不按转关运输方式、由企业自行提取货物出仓办理报关手续。经海关批准,可按"属地申报、口岸验放"模式出仓报关。

(2) 保税仓库货物出仓运往境内其他地方转为正式进口的,企业在主管海关办结出仓报关手续。

(3) 保税仓库货物出仓转为正式进口的,由主管海关审核同意后方可报关。

(4) 保税仓库内的寄售维修零配件申请以保修期内免税方式出仓,提交以下单证:

a. 保税仓库寄售维修件保修期内维修免税申请表。

b. 原设备进口货物报关单。

c. 原设备《进口税款缴纳证明》《减免税证明》。

d. 商品检验机关出具的原进口货物品质不良的检验证明书或买卖双方签订的索赔协议。

e. 维修记录单。

f. 其他有关证明。

海关留存一套上述单证的复印件后,正本退企业报关。

(5) 保税仓库企业申请以集中报关方式出仓的,企业应提出集中报关的书面申请,申请中应写明集中报关的商品名称、发货流向、发货频率、合理理由等。

(二) 仓库货物延期

企业提出保税仓库货物延期申请，需提交以下单证：

a. 申请延期报告。

b. 申请延期货物清单。

c. 其他必要单证。

保税仓库货物存储期限为 1 年。确有正当理由的，经主管海关同意可予以延期；除特殊情况外，延期不得超过 1 年。

保税仓库货物入仓和出仓管理流程如图 10-7 所示，保税仓库货物延期审批流程如图 10-8 所示。

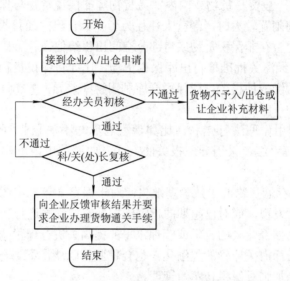

图 10-7　保税仓库货物入仓和出仓管理流程图

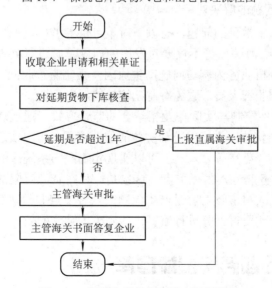

图 10-8　保税仓库货物延期审批流程图

10.3.3　保税仓库管理常见问题与对策

保税仓库设立的积极意义显而易见，但由于海关赋予了保税仓库一系列的特权和优惠政策，如保税仓库的货物可以免交关税或少交关税、可以不受许可证管理的约束等条件，同时对保税仓库实施的又大多是监管职能，就容易使得保税仓库经营人利用手中的特权从事一些非法的活动，产生相应的问题。

1. 保税仓库管理的常见问题

保税仓库管理中的常见问题如下：

(1) 保税仓库将一般贸易货物或国内贸易货物等非保税货物与保税货物混放在一起。比如当保税仓的空间闲置较大时，经营人往往为了扩大自己的经营收益，在未经海关批准的情况下，自行决定暂存非保税货物或将部分空间出租给他人。

(2) 保税仓库未经海关批准擅自出库保税货物。比如将保税货物出库转入国内销售却不向海关报核，以缓缴应纳税款；或保税仓库利用税率差异，先出库后申报，通过税额的差异达到偷逃税款的目的等。

(3) 保税仓库利用做假进行走私。比如保税仓库与不法企业勾结，在外地注册虚假公司，利用假单证等手续，采用异地报关的方式，向海关申请出库，从而达到提货变现的目的。

(4) 保税仓库对存储货物的时效管理缺失。对于保存一年期限的货物在时效管理上存在纰漏，且不能及时发现，或对已超期的货物未按规定的程序进行变卖。

总之，只依靠仓储经营人的自觉或管理水平的提高去进行保税仓库的管理，是难以达到规范化的目的的，而海关监管的欠细化，也会使监管职能得不到充分的发挥。因此，必须采取相应对策，以加强对保税仓库的管理。

2. 保税仓库常见问题的解决对策

针对保税仓库管理中常见的问题，有以下对策可供参考：

(1) 加强监管职能。海关监管不仅要对发现的问题及时进行处理，更要提前杜绝问题的产生，要通过系统分析业务内容与问题产生原因，强化监管职能。比如可以制定考核标准，直接将责任落实到监管人员，避免有监无管的情况发生。

(2) 采用计算机软件控制与实际作业相结合的监管方式。通过软件系统对整个保税仓库的作业进行控制，以软件运作流程带动实体的作业流程，可以实现对运作流程的优化；然后配合检验作业节点、盘点等方式，就可以实现实物账与系统账的实时统一。

(3) 海关人员应业务熟练，紧抓重点。这也是一种在资源有限的情况下尽量改善工作效果的工作方法。海关人员应该对容易产生问题的业务节点非常熟悉，能对重点环节、重点商品、重点单据等抓住要害部分进行监管，达到事半功倍的效果。

10.4　跨境电子商务与保税仓库

跨境电子商务(Cross Border E-Commerce)，简称跨境电商。跨境电商带动了新经济新业态的发展，围绕跨境电商，在支付、仓储、快递、信息网络等领域催生了新的庞大经济链，促进了创新驱动，带动了国内产业转型升级。而保税仓库作为跨境电子商务业务过程中的重要节点，对跨境电商的发展起着重要的作用。

10.4.1 认识跨境电子商务

广义的跨境电商，是指分属不同关境的交易主体，通过电子商务平台将传统进出口贸易中的展示、洽谈和成交环节电子化，并通过跨境物流及异地仓储送达商品、完成交易的一种国际商业活动。实现了传统国际贸易流程的电子化、数字化和网络化。

狭义的跨境电商指的是跨境零售模式，即分属不同关境的交易主体，通过线上交易平台达成交易、完成支付结算，并采用快件、小包等跨境物流方式，将商品送达消费者手中的交易过程。下面主要从跨境电子商务的主要模式与基本业务流程两个角度对相关内容进行介绍。

1. 跨境电子商务的主要模式

按交易主体划分，跨境电子商务可分为以下几种模式：

(1) B2B 模式。B2B(Business to Business)，指企业与企业之间通过互联网，进行数据信息的交换、传递、共享，并开展交易活动的跨境商业模式。

(2) B2C 模式。B2C(Business to Customer)，是企业直接面向消费者的一种跨境电子商务模式。该模式一般以网络零售业为主。

(3) M2C 模式。M2C(Manufacturers to Consumer)，是生产厂家直接为消费者提供产品或服务的一种跨境电子商务模式。在某些情况下，M2C 模式也是 B2C 模式的一种。

(4) C2C 模式。C2C(Customer to Customer)，即个人与个人之间的电子商务。C2C 模式指直接为客户间提供电子商务交易活动的互联网平台，是现代跨境电子商务的一种交易模式。

(5) O2O 模式。O2O(Online to Offline)，是线上支付，线下消费，将线下的商业机会与互联网相结合，使互联网成为线下交易平台支撑的一种跨境电子商务模式。

2. 跨境电子商务的基本流程

从贸易方面来看，跨境电子商务分为出口电商和进口电商，因此，跨境电子商务的流程分为出口流程和进口流程。

跨境电子商务的流程主要有六大模块参与其中：商品、跨境电子商务企业、支付企业、物流商、海关以及用户(消费者或企业)，如图 10-9 所示。

跨境电子商务的基本出口流程如下：商品被生产商或制造商上线并展示于跨境电子商务企业的平台上，一旦消费者选定、决定下单并完成购买支付后，跨境电子商务卖方便会将商品交付给相关物流企业进行投递，经过两次(出口国和进口国)海关通关商检后，最终商品被派送到消费者或企业手中。也有的跨境电子商务卖方会直接与第三方综合服务平台合作，让第三方综合服务平台代办支付之后的一系列环节，从而完成跨境电子商务整个交易的过程。

跨境电子商务的进口流程与出口流程的方向相反。

综上所述，跨境电子商务中主要涉及以下业务内容：

(1) 信息流。卖方能够在互联网上发布产品或服务信息，而买方则可以在互联网上浏览到所需的产品或服务信息。

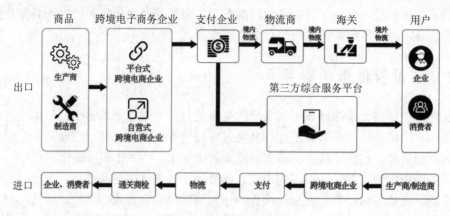

图 10-9　跨境电子商务流程

(2) 产品流。买方在互联网上下单，卖方委托跨境物流公司将产品输送到目的地。因此，产品流也可指物流。

(3) 资金流。买方通过第三方支付平台，可以快速、安全、准确地付款，卖方收汇结汇。

在跨境电子商务业务中，物流不可或缺，但商品不会一直处于流动中，而是还需要经过仓库进行存储、中转。这些仓库有的属于保税仓库，有的不属于保税仓库，但它们都保证了跨境交易的顺利完成。

10.4.2　跨境电子商务与保税仓库的关系

保税仓库是开展跨境电子商务的重要保障。下面通过跨境电子商务中的"网购保税"模式，理解跨境电子商务与保税仓库的关系。

所谓"网购保税"，是指跨境电子商务企业先集中进行海外采购，然后将采购的商品统一由海外发至国内保税仓库，当消费者网上下单时，由物流公司直接从保税仓库配送至客户。这种模式的优点在于：首先，消费者能快捷地收到订购商品，快速退换货的要求也能得到满足；另外，集中采购的模式可以大幅度降低商品进口环节的关税，大大降低了商品的采购成本和物流成本；同时，商品的进口、检验检疫及网上销售都经过全程阳光的监管通道，使商品的品质得到保障，消费者的权益得到保护，也解决了售后服务问题。

10.4.3　海外仓与边境仓

为了解决跨境电商的物流配送问题，海外仓与边境仓应运而生。国家商务部已明确表示：要采取有效措施，支持有实力的企业设立海外仓。在解决跨境物流配送问题上，海外仓在时效等方面优于边境仓，但后者也有其独特的优势。

1. 海外仓

海外仓是指在本国以外的国家或者地区租赁或建设的仓库。海外仓主要用于发展海外电子商务，为全球商家提供仓储、包装、分拣、配送等一站式综合服务。

海外仓一般承揽头程运输、仓储管理和本地配送三项业务。头程运输是指本国商家通过海运、空运、陆运或者联运等方式将商品运送至海外仓库；仓储管理是指本国商家通过物流信息系统，远程操作海外仓储商品，实时管理库存；本地配送是指海外仓储中心根据客户订单信息，进行物流作业，通过当地物流公司将商品配送给客户。

海外仓的主要运作模式是：首先通过一般贸易出口的方式把商品运送到海外仓库，由专人管理商品；然后通过互联网销售商品，当接到客户订单后，海外仓接收订单信息，进行分拣、包装、发货等作业；最终通过当地的物流公司将商品送达客户手中。

海外仓的费用主要包括头程运费、订单操作费、仓储费和本地配送费。头程运费主要指国际海运运费(含整柜与拼箱运费)、国际航空运输运费和国际快递运费；订单操作费主要是指处理海外订单时，该单商品出库的基本费用；仓储费是指租用仓库存储商品所产生的费用；本地配送费是指在海外当地配送商品时所产生的物流费用；如果海外仓提供退换货、更换包装等增值服务，还需要支付一定的增值服务费。

海外仓采用传统的贸易方式运货到目的国，降低了物流成本，有利于解决跨境电子商务的海关与商检问题。海外仓的模式相当于销售发生在目的国国内，能够为客户提供快捷的退换货服务，提升了客户的交易体验；同时能大大缩短发货周期，降低货损率。但运营海外仓也面临着一些棘手的问题，比如建设和管理海外仓需要专业人员和不菲的资金投入；海外仓的商品是否会造成积压是未知的；海外仓商品的品类与数量和当地市场的需求是否匹配面临着风险等。

2. 边境仓

边境仓是指在跨境电子商务目的国的邻国边境内租赁或建设的仓库。边境仓的运作依托边境口岸和跨境物流通道，是针对跨境电商建立的具有多种服务功能的仓储配送系统。边境仓的运作方式也是先将商品运送到仓库内，客户下单后在该仓库进行订单作业，发出商品。商品可以从边境出关，用邮政清关，既保证了清关效率，又保障了商品安全。

边境仓未设立在商品销售的目的国，在客户体验方面不如海外仓，但其有效规避了目的国的税收政策、政局不稳定、经济剧烈波动等不利因素的影响，能够降低企业从事跨境电子商务业务的风险。

【经典案例】海外仓：跨境电商新驿站

随着全球线上购物兴起，中国跨境电子商务也蓬勃发展，越来越多的传统零售商、海内外电商巨头、创业公司、物流服务商等加入了跨境电商队伍。目前，国内已注册的跨境电子商务平台近万家，企业超过了 20 万家。统计显示，自 2008 年至 2015 年，跨境电商交易额从 8000 亿元增加到了 5.2 万亿元。而据商务部公布的数据，2015 年全国货物贸易进出口总值同比下降 7%，而跨境电商交易额却上涨接近 30%。

随着跨境电商规模不断扩大，对物流速度和效率的要求也随之提高，海外仓建设热潮应运而生。建立海外仓后，企业可以直接面对海外消费者，减少了中间环节，降低了流通成本，增加了企业的收益。业内人士预计，未来海外仓将成为"中国制造"走出去的新驿站，帮助跨境电商企业实现海外本土化营销，为外贸发展和经济增长增添新动能。

为此，商务部 2015 年发布的《"互联网＋流通"行动计划》提出，将推动建设 100 个电子商务海外仓。表示下一步，商务部将从五个方面重点推进海外仓建设：第一，进一步提高通关效率；第二，降低物流成本；第三，缩短营销环节；第四，改善配送效率；第五，帮助企业更好地融入境外流通体系。2016 年政府工作报告进一步提出：要扩大跨境电子商务试点，支持企业建设一批出口产品海外仓。

商务部新闻发言人沈丹阳指出："海外仓模式是一种创新的商业模式，支持企业建设一批出口产品海外仓，既是推动跨境电子商务发展的外贸模式创新，也是实现外贸稳增长和优化升级的一项重要部署。"商务部表示，将会加快落实政府工作报告提出的要求，参照国际规则，采取有效措施支持有实力的企业设立海外仓，进一步打造外贸发展的新亮点和经济增长的新动能。

然而，海外建仓并非易事。当前存在的问题主要包括：海外自行建仓成本太高，一般中小跨境电商无力承受；海外的货物易失去控制，风险大，破损问题不易处理，退换货困难；海外建仓库存水平难以控制等。由于海外仓涉及的环节非常多，中小企业一般可与海外仓所在国的企业合资合作，或者采取服务外包方式建立海外仓，海外仓的业务主要交由境外合作方经营和管理。另外，企业要从事跨境业务仅有海外仓还不够，必须建立相应的配套体系，例如海外运营平台等。

商务部研究院电子商务研究部研究员张女士认为：若要促进海外仓的建设，从政府层面来说，一是可以积极商谈一些双边协定与条约，为企业建立海外仓提供法律保障；二是要为企业提供更多政策上的便利，如便捷通关、审批手续减免等；三是对于企业在国外建立海外仓所需要的各项材料、资格认证等，政府应该给予积极支持；四是可以鼓励金融机构对企业建立海外仓提供更多、更低利率的融资支持，甚至可以提供风险担保、设立风险基金等。

2017 年"两会"期间，有代表建议：有关部门要把海外仓建设纳入外贸转型升级支持范围，加强在国家与地区间贸易商洽活动中的磋商，出台针对性双边协定与条约，为企业建立海外仓提供法律保障；加强风险预警与信息互动，通过商务管理部门的资讯服务平台，帮助企业规避相关壁垒；研究出台海外仓建设工作推进方案，鼓励金融机构对企业建立海外仓提供更多低利率的融资支持；构建海外仓引才机制，发挥驻外机构和商协会的资源优势，培养跨境电子商务人才；鼓励海外仓模式创新，加强地区及国家间合作，为海外仓建立相应的配套体系，如搭建海外运营平台等。

思考题 跨境电商业务发展海外仓有哪些优势？存在哪些可能的困难？

【微视频】山东省出台跨境电商发展行动计划

本 章 小 结

✧ 集装箱最大的优势在于其自身的标准化以及由此建立的一整套完善高效的运输体系。

✧ 集装箱堆场是指办理集装箱重箱或空箱装卸、转运、保管和交接的场所。集装箱堆场在集装箱的运输中起着重要的作用。

✧ 集装箱租赁是指集装箱租赁公司(集装箱所有人)与承租人(一般为海运班轮公司,铁路、公路运输公司等)签订协议,以长期或短期的方式把集装箱租赁给承租人使用的一种租赁方式。

✧ 在集装箱堆场管理中,常见的问题包括翻箱;堆场作业时进提箱与装卸船的冲突;业务繁忙,但资源利用率低等。针对集装箱堆场管理中存在的常见问题,可以采取以下几种对策:场区规划与箱位整理;灵活运用缓冲区;提高管理水平、采用先进的系统与设备。

✧ 保税仓库指经海关批准设立的专门存放保税货物及其他未办结海关手续货物的仓库。

✧ 保税仓库及所存储的货物受一国海关的监督管理,非经海关批准,货物不得入库和出库;保税仓库的经营者既要向货主负责,又要向海关负责。而一般仓库及其存储货物的管理则无需与海关发生关系。

✧ 在保税仓库管理中,常见的问题主要包括以下几个方面:保税仓库将一般贸易货物或国内贸易货物等非保税货物与保税货物混放在一起;保税仓库未经海关批准擅自出库保税货物;保税仓库利用做假进行走私;保税仓库对存储货物的时效管理缺失。

✧ 针对保税仓库管理中常见的问题,有以下对策可供参考:加强监管职能;采用计算机软件控制与实际作业相结合的监管方式;海关人员应业务熟练,紧抓重点。

✧ 海外仓是指在本国以外的国家或者地区租赁或建设的仓库。海外仓主要用于发展海外电子商务,为全球商家提供仓储、包装、分拣、配送等一站式综合服务。

✧ 海外仓的主要运作模式是:首先通过一般贸易出口的方式把商品运送到海外仓库,由专人管理商品;然后通过互联网销售商品,当接到客户订单后,海外仓接收订单信息,进行分拣、包装、发货等作业;最终通过当地的物流公司将商品送达客户手中。

微应用

应用 1 跨境电商运营模式分析

按交易主体的不同,跨境电子商务分为 B2B、B2C、M2C、C2C、O2O 等多种运营模式。请扫描以下二维码观看视频资料,分析其中涉及到了跨境电商的哪几种运营模式?

应用2 FBA 服务与海外仓的异同

亚马逊的 FBA(Fulfillment by Amazon)服务是亚马逊对外提供的物流服务产品,即亚马逊将自身平台开放给第三方卖家,将其库存纳入亚马逊全球的物流网络,为其提供拣货、包装以及终端配送,并收取相应服务费用。

亚马逊物流可以提供海运、空运、快递直达 FBA 仓的服务;对于遍布在美国、欧洲、日本、加拿大等地的 FBA 仓库,可以提供几乎全覆盖的"仓到门"服务,并能根据客户自身需求,对服务项目进行个性化定制;对于专门客户专人跟进、专门处理,确保不会混箱,并保证清关速度;同时亚马逊还与指定的物流公司合作,提供高性价比的派送服务。

请读者查阅相关资料,结合教材中所学的内容,分析亚马逊 FBA 服务与第三方海外仓服务的区别与联系。

附录 微应用参考答案

第1章 电子商务与现代仓储管理概述

应用1 网购流程梳理

【参考解决方案】

即使在同一个网站购买同一款商品，不同消费者从下单到收货的流程也会有所差别。此处，应根据自己的购物经历尽量多地找到关键节点事件。对于接触不到的从商品发货到派送的仓储物流环节，可以通过搜集视频资料等方式了解。

流程图是一种高效的梳理思路、分析问题的工具。可以上网查询流程图的制作方法，样式建议参考本书中的图1-8。

电子商务是一种商业手段；仓储是实现商品流通的一种媒介；物流是实现物品流通的手段。本书中已经分析了电子商务与仓储的关系，可以通过查阅相关资料，根据自己的理解继续分析电子商务、仓储、物流三者间的关系，做到有理有据即可。

应用2 企业仓储调研

【参考解决方案】

进行调研前，应先制定出调研大纲，然后根据现场的调研情况，随时调整大纲。对题目中三类企业的仓储管理有所了解后，将调研情况进行对比分析，最终形成一份报告。网上有很多调研报告的范例，可以选择合适的作为参考。

本应用的目的在于形成一个对仓储管理的直观认识，方便后续知识的学习和理解，同时锻炼收集、整理、分析资料的能力。

第2章 仓库选址与布局

应用1 使用重心法进行仓库选址

【参考解决方案】

解 根据求平面中物体重心的方法，可以得到仓库的地理坐标数据(运输费率 A_i

相同)：

$$C_X = \frac{\sum D_{ix} V_i A_i}{\sum V_i A_i} - \frac{30 \times 1500 + 20 \times 800 + 40 \times 1200 + 60 \times 1800}{1500 + 800 + 1200 + 1800} = 40.9 \text{ (km)}$$

$$C_Y = \frac{\sum D_{iy} V_i A_i}{\sum V_i A_i} - \frac{50 \times 1500 + 80 \times 800 + 60 \times 1200 + 40 \times 1800}{1500 + 800 + 1200 + 1800} = 53.4 \text{ (km)}$$

各点坐标值如图 F2-1 所示。

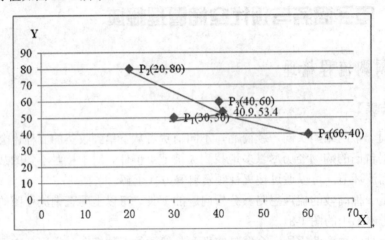

图 F2-1　重心法确定的坐标值

由计算结果可知，该仓库地址宜选在坐标为(40.9，53.4)的位置。

从坐标值的图示中可以看到，采用重心法得到的最佳仓库地址与工厂 P_3 的位置非常临近，因此如果条件允许，可以考虑把仓库建在工厂 P_3 内部。

应用2　某冷库规划案例分析

【参考解决方案】

根据案例资料，A 公司面向的客户主要是上班族，经营品类以蔬菜、水果、海鲜、肉类、南北干货等为主。另外，生鲜电商面临着物流配送、商品损耗、商品的标准化等问题。因此，建议 A 公司的冷库建在市区内靠中部位置，能够辐射整个市区为宜。

A 公司可以考虑以下几种方案：① 寻找市区内部已有的冷库。② 寻找市区内部的其他仓库，然后看有没有改造成简易冷库的可能。③ 寻找某些建筑物、园区、厂区等，看有没有设立简易冷库的可能。

A 公司在初期设置冷库的规模不宜过大、数量不宜过多，应根据订单情况和预期，选择合适规模的冷库，能够辐射一定的范围即可；到后期根据订单变化，可适量追加冷库的数量，但规模建议不要太大。在建设模式方面，可以采用"总库+分库"的模式，即选择距离市区稍远设立一个总库，然后集中向各分库配送，由各分库再向客户配送的模式。

A 公司也可以设立线下店，线下店既是销售门店，又是商品储存地、客户自提商品处等，相当于一个小型的冷库。

以上建议仅供参考，读者可以根据自己的理解，有理有据地说明观点即可。

应用3　某仓库内部布局分析

【参考解决方案】

题目中仅给出了一张布局图，并没有说明仓库内部存储商品的种类和商品进出情况。所以本答案仅供参考，需要结合仓库具体情况分析其合理性。

优点：根据布局图显示，商品在库内呈 U 形流动，进出两条线，比较合理；退货暂存区临近收货区，并且有门隔开，独立管理，有助于提高退货效率；收货完成后，进入到包装加工环节，完成后再上架，有利于提高商品存入效率。

可改善部分：第一，目前存储区仅提供存储功能，有专门的出库拣货区，存在需将存储区商品补充至拣货区的情况，如果商品能够实现在存储货位上分拣，则可以减少对商品的二次搬运，充分利用仓储空间，使布局更加合理；第二，根据布局图显示，办公区稍偏内侧，可能不利于安排仓库作业及办理供应商送货手续；最后，图中并未明确标示出库检验区。

以上建议仅供参考，读者可以根据自己的理解，有理有据地说明观点即可。

第3章　仓储设备

应用　仓储设备选购方案设计

【参考解决方案】

根据题目给出的 A 公司背景资料说明，结合本章内容，可从以下方面着手设计 A 公司的仓储设备选购方案：

(1) 装卸搬运设备。A 公司的业务主要分为网站销售日用食品、百货类商品和批发酒水饮料三部分。相应地，A 公司可以配置电动叉车三部，配合托盘进行日常大宗商品的出入库作业；配置手动液压叉车 10 部，配合托盘进行日常商品的批量搬运和装卸；配置手车、手推车(可定做)15 部，用于日常商品中的小批量商品的灵活搬运；配置物流台车 2 部，用于日常商品中的集装类商品的搬运与装卸。

(2) 分拣设备。A 公司需配置条形码手持终端 20 部，用于日常商品的收货、分拣作业。除此之外，前面配置的电动叉车、液压叉车、手车、手推车也可根据订单情况用于日常商品的分拣作业，配置的数量均已考虑这一需求。

(3) 商品保管养护设备。首先，A 公司需配置两种类型的货架：重型货架和中型货架。重型货架主要用于存放大宗整件商品，如酒水、饮料等；中型货架主要用于网站订单商品的储存和分拣。各种货架需安装的组数应根据现场情况与货架供应商共同确定，以利用率高、稍有宽裕为原则。另外，A 公司需配置木质托盘，前期按 1000 个计，后期可根据使用情况增加；配置周转箱 200 个，用于日常网站订单商品的验货与发货周转。

(4) 辅助设备。A 公司需配置条形码打印机 1 台，电子秤 2 台，登高车 2 台。

以上显然并不能构成完整的设备选购方案。读者可以在此基础上，结合在企业实地调研中了解到的情况，对此方案加以完善。

第 4 章　仓储作业管理

应 用 1　电商企业拣选方式实践

【参考解决方案】

(1) 该服装商家可采用摘果法：拣选人员可一次拿多张订单进行配货，配完一单后继续配下一单，每配完一笔订单，就将配好的订单单据和商品放在其配货完成时经过的最后一个货架通道的收纳筐中。配货人仅按订单配货即可，不负责将配好的订单送到复核区校验。复核区工作人员手里的订单复核完后，前往货区用推车收集收纳筐中的订单，收集完毕统一送到复核区校验。

(2) 该数码商家可采用播种+摘果法：配货时，将同一批次订单中的所有商品打印在一张配货汇总单上集中进行拣选。因为商品多是小件，所以适合用超市购物车辅助作业。

在汇总单上的所有商品拣选完毕后，统一运到分拣区进行分拣。分拣时，首先将购物车中的商品都倾倒在一块台面上(台面应设缓冲装置)；然后拿出某个订单，从地面的货堆中一件件取出该订单上所包含的商品放到小筐中，取完后，将此筐连带订单、快递单(若在此环节已打印快递单)一起交给复核人员进行出库校验作业。各订单可重复此作业程序。

(3) 该母婴用品及服饰商家可采用播种+播种法，也就是先汇总，再分拣。但分拣方式与上面数码商家不同，其并不通过摘果法而是通过播种法进行二次分拣。具体的操作方式为：分拣人员先对分拣车上的某件货品进行扫描，再判断该货品是属于哪个订单。不过，在没有信息化作业系统支持的情况下，这种方式仍然是比较费时的，因为当拣货人员拿到一件货品，必须逐一查看订单才能知道该货品应放入哪个订单筐中；但是，如果有软件系统的支持，当分拣员从分拣车拿出一件货品扫描时，系统就会自动分辨并显示出它应该属于哪个或哪几个订单筐，每个筐又各需放多少件，分拣效率因此会大大提高。

(4) 该化妆品商家可采用播种摘果一次完成法。因为仓库面积很小，采用播种法的意义不大，而且商品包装的多样和其本身易碎的特性也决定了不宜使用推车直接拣货。

建议为分拣人员设计专门的分拣小车。将小车上下两层共划分为 16 个区，在每个区的面板做上编号标记，并放一个筐。筐中放上与编号对应的订单单据序号(比如一批次拣 16 个订单，这 16 个订单各自的货品清单和快递单上会有从 1~16 排列的序号，那么序号为 1 的单据放在推车面板上标记为 1 号的筐中，以此类推)。拣选时，每一个货架对应这 16 个订单，仅需经过一次拣选就可完成拣货，而且可以直接在拣选的时候完成播种，如图 F4-1 所示。

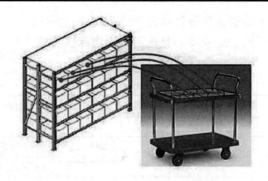

图 F4-1　播种摘果一次完成法简图

应用 2　仓储作业表单设计

【参考解决方案】

(1) 某仓库的成品入库单范例如表 F4-1 所示。

表 F4-1　某仓库成品入库单

序号	日期	车间号	车间送货单号	产品编号	品名	数量	批号	备注

送货人　　　　　　　　　　　　　　　　　　　　　　　　　　签收人

(2) 某仓库的原材料库存查询表范例如表 F4-2 所示。

表 F4-2　某仓库原材料库存查询表

按入库号查询		入库单号			出库单号		
按日期查询		开始日期			结束日期		
按产品号查询		入库品名			出库品名		
序号	日期	供应商	产品编号	品名	数量	批号	操作员

(3) 某电商的商品出库送货单范例如表 F4-3 所示。

表 F4-3　某电商商品出库送货单

订单号：　　　　　　　　　　　　　　　　　　　　　批次号：

送货单号：　　　　　　　　　分拣区：　　　　　　　分拣组：

行号	商品编码	商品条码	商品描述	单价	数量	金额小计

| 货款： | 运费： | 已付： | 应收： | 合计： | | |

公司地址：　　　　　　　　　　　　　　　　　　　　　第　页共　页

公司网址：

客服电话：

(4) 某公司的采购入库单范例如表 F4-4 所示。

表 F4-4　某公司采购入库单

供应商：　　　　　　编号：　　　　　收货仓库：　　　　　单据编号：

联系人：　　　　　　发票类型：　　　　　　　　　　　　制单日期：

电话：　　　　　　　采购订单号：　　　　　　　　　　　付款期限：

摘要：　　　　　　　　　　　　　　　　　　　　　　　　发票号码：

　　　　　　　　　　　　　　　　　　　　　　　　　　　已开票金额：

行号	商品编码	商品名称	规格型号	辅助属性	单位	订购数量	未入库数量	数量	单价	税率%	赠品	金额	税额	价税合计	备注

(5) 某公司的货位调整单范例如表 F4-5 所示。

表 F4-5　某公司货位调整单

行号	商品编码	商品名称	商品条形码	数量	单位	原货位号	新货位号	备注

应用 3　仓储作业管理情景分析

【参考解决方案】

(1) 该事件中至少存在以下管理不当之处:

① 送货司机应至少提前一天预约送货。

② 供应商应向采购部门准确说明送货时间与送货量,以及无法携带装卸工具及人员的情况。

③ 采购部门应提前将该紧急送货情况通知仓储部门,并说明货物的性质及紧急性,令其做好收货准备。

④ 如实在无法收货,收货人员应向司机解释清楚不能收货的原因,以免引起司机的误解。

建议采取的应对措施:

① 通过外雇设备或人员的方式,卸车完成商品入库。

② 外雇费用由采购经理和仓储经理向公司领导层说明情况,口头申请预支,事后由相关责任人承担。

③ 向本部门员工支付加班费,加班完成商品检验。

④ 采购方应注意改善供应商、采购及仓储三方的沟通效果。

⑤ 工作中,各部门要加强对各自工作流程的认知与了解,并进行及时有效的沟通。

(2) 该事件中至少存在以下管理不当之处:

① 仓储部门应提前规划与估计商品配货出库的进度,不能"坚持"到最后一天,才勉强加急完成业务量。

② 配货主管与外租司机在没有征得部门经理同意的情况下,自作主张商议后即决定加车派送的做法欠妥。

③ 配送费的支出必须严格监控,配货主管在配送费用的支出方式上的决定属于自作主张,初看起来挺合理,但实际上并不符合配送费支出的规定流程。

④ 在与司机朋友交接单货的过程中,配送主管存在工作失误,没有对配送过程实施监督,且没有说明可能出现的问题及后果。

建议采取的应对措施:

① 分析出现货物数量差异的可能原因,逐步排查,找到缺少的货物。

② 确认货物已无法找到的情况下,需要所有相关责任人承担连带赔偿责任。

③ 配货主管有工作失误,除赔偿货物损失外,还应承担工作不力及领导失误的责任。

④ 仓储管理中必须严格按照流程进行作业,一旦出现需要临时处理的情况,要考虑好相关的影响因素与后果,并向领导汇报。

应用 4　仓储作业 KPI 指标设计

【参考解决方案】

(1) 入库作业考核表范例如表 F4-6 所示。

表 F4-6　入库作业考核表

考核项目	指标说明	考核标准	得分(每项100)	考核占比	总得分	考核人	监督人
供应商投诉次数	收货人负主要责任或全部责任的引起供应商投诉的情形	1~2 次，每次扣 10 分；3~5 次每次扣 20 分；5 次以上得 0 分		10%		部门主管	部门经理
验收及时率	当天验收完毕	95%以上，每降低一个百分点扣 5 分；95%以下，每降低一个百分点扣 8 分		30%		部门主管	部门经理
验收数量错误数	对验收商品的数量清点错误	每个错误扣 5 分		30%		部门主管	财务主管
验收质量失误数	质量不合格商品入库数	每个错误扣 5 分		30%		部门主管	财务主管
合计							

(2) 货位管理考核表范例如表 F4-7 所示。

表 F4-7　货位管理考核表

考核项目	指标说明	考核标准	得分(每项100)	考核占比	总得分	考核人	监督人
货位准确率	按货位准确率公式计算	目标准确率100%，每降低一个百分点扣 15 分		40%		部门主管	分拣主管
货位补货缺货次数	以商品分拣货位上货品数量不够或无货次数计	每出现一次扣 10 分		30%		部门主管	分拣主管
货位空闲率	按货位空闲率公式计算	目标利用率为100%，每降低一个百分点扣 5 分		20%		部门主管	部门经理
货架商品残次未清理	按残次品件数计	每发现一件未及时处理的残次品，扣 10 分		10%		部门主管	分拣主管
合计							

应用 5 电商企业仓储作业方案设计

【参考解决方案】

(1) A 公司的入库作业流程可分为两部分进行设计：一部分针对大批量酒水饮料的入库，一部分针对网站食品等商品的入库。

以下流程可供参考：供应商预约送货；到货核查单据；取得收货资格；安排卸货；按采购单验货；合格品入库存账；商品待入库；与上架人员交接商品；商品完成上架。其中，在供应商预约送货与到货核查单据等环节，两类商品均按本书章节中建议的统一标准执行。但在验货环节两类商品要有所区别：酒水饮料品种少，单品量大，容易检验，重点在核对好数量，并对质量进行抽检，实现快速入库，利用好收货区和存储区的空间；网站所经营商品品种杂，单品量小，很多都有保质期，需重点检查数量和质量，应当加派人手。

(2) A 公司的酒水饮料与网站经营商品需采用不同的货位管理策略：酒水饮料宜采用临时货位，货位数量不宜太多，甚至无需设置货位；每种单品应集中放置，对数量不多的单品，可采用精确货位管理的方式；另外可以考虑采用"双仓法"的管理方式，确保商品先进先出。网站经营商品宜采用"一品一位"的中型货架管理方式，固定货位；货位数量要多，空间要适当；存储货位即为分拣货位；对于一些量比较大的商品，可以在平库区设定临时货位，用于存储和分拣。

(3) A 公司的网站销售主要面向同城的客户，订单量不大且分散，因此宜采用摘果法进行分拣；而对于销售量大的商品，例如酒水、饮料等可以采用播种法进行分拣。最后，将摘果法分拣的零散商品与播种法分拣的酒水饮料进行合单，再配送给客户。

(4) 配送少货问题比较难以处理，此处提供以下思路供读者参考：在商品出库时，配送员按单点货可以解决少货问题，但效率太低，实际是出库检验、包装作业环节的再重复。目前，有些企业的商品检验、出库、包装到贴封箱贴环节的作业已全部在电子监控下完成。如果封箱贴没有问题，监控录像记录商品已经装箱，那么就说明该商品已经出库；如果监控录像显示没有某件商品，与消费者交接时也没有该商品，就可以确定商品并未出库。

第5章 仓储现场管理

应用 1 5S 管理计划与实施细则制定

【参考解决方案】

(1) 仓库 A 的总整理计划表与巩固整理成果计划表应由仓储经理与 5S 专家共同制定 (仓储主管参与其中)，并报领导审批，范例如表 F5-1、F5-2 所示。

表 F5-1　5S 整理阶段(按功能区划分—×月计划)

日期＼内容	存储	残品	退货	交货	复核	出库	收货	暂存	办公	责任人
1—6 日	■									
7—12 日		■								主管 A
13—15 日			■							
16—17 日				■						
18—22 日					■					
23—25 日						■				主管 B
26—27 日							■			
28—29 日								■		
30—31 日									■	主管 C

表 F5-2　5S 整理巩固阶段(按功能区划分—×月计划)

日期＼内容	存储	残品	退货	交货	复核	出库	收货	暂存	办公	责任人
8—28 日	■									
13 日		■								主管 A
16 日			■							
18 日				■						
23 日					■					
26 日						■				主管 B
28 日							■			
30 日								■		
1—2 日									■	主管 C

存储区的整理计划分解表(整理执行计划表)与巩固整理成果计划表由仓储主管与组长共同制定，范例如表 F5-3、F5-4 所示。

表 F5-3　5S 整理阶段(存储区——×月计划)

日期＼内容	1 区	2 区	3 区	4 区	5 区	6 区	7 区	责任人
1 日	■							组长 A
2 日		■						
3 日			■					组长 B
4 日				■				
5 日					■	■	■	组长 C
6 日					■	■		

表 F5-4　5S 巩固阶段(存储区——×月计划)

内容 日期	1 区	2 区	3 区	4 区	5 区	6 区	7 区	责任人
8—13 日	▨	▨						组长 A
14—20 日			▨	▨				组长 B
21—26 日					▨	▨		组长 C
27—28 日					▨		▨	

(2) 某公司的仓库 5S 管理实施细项检查表如表 F5-5 所示。

表 F5-5　某公司仓库 5S 管理实施细项检查表

序号	检查项目	检 查 内 容
1	地面	地面灰尘未清理，每处扣 1 分
		地面通道标识不明确，每处扣 1 分
		地面通道有阻碍物，每处扣 3 分
		地面有损坏处，未上报修理的，每处扣 1 分
		地面有垃圾，每处扣 2 分
2	立体货架	货架有灰尘，明显未擦拭，每个货位扣 2 分
		货架有灰尘，虽已擦拭，但有明显脏污，每个货位扣 1 分
		货架商品摆放不整齐，有超高、超宽情况，每种商品扣 2 分
		货架货位贴标识不清，每个扣 2 分
		每排货架前的标识贴损坏或脏污，每个扣 2 分
		货架上存放有私人物品，每处扣 3 分
		货架上发现脏、残商品，每件扣 3 分
3	作业工具	作业工具未按规定位置摆放，每件扣 1 分
		作业工具在规定位置未按规则摆放，每件扣 1 分
		作业工具脏污，每处扣 1 分
		作业工具有损坏未报修，每件扣 3 分
		作业工具超负荷运转，每次扣 2 分
		未按操作规定正确使用作业工具，每次扣 2 分
		作业工具存在被占用等无效率使用情况，每次扣 2 分

续表

序号	检查项目	检 查 内 容
4	标识板	班组无标识板，每少1块扣1分
		标识板表面脏(如灰尘、污垢、擦拭不干净)，每处扣1分
		标识板损坏，每块扣2分
		标识板有栏目，但内容空白，每处扣2分
		标识板牌面过时或信息过时，每处扣3分
		标识板无责任人，每块扣3分
		标识板未定置或未放于规定位置，每块扣3分
		班组无标识板台账，扣3分
5	库房内空间	窗台、窗户玻璃脏(灰尘、蛛网等)，每处扣1分
		库房墙壁、立柱上有乱贴、乱画或陈旧标语痕迹，每处扣1分
		库房四壁有积灰，每处扣1分
6	现场区划	定置线内无定置物，每处扣2分
		没有设置不同状态商品存放区或区域无标识，每处扣2分
		现场存放的商品与区域标识不一致，每处扣3分
7	垃圾及清运	区域内垃圾没有放入指定的垃圾箱，每处扣1分
		垃圾箱(桶)内垃圾外溢，每处扣2分
		垃圾未按规定时间清理，每次扣3分
		垃圾处发现在库商品，每件照价赔偿，并扣3分
8	文件单据	有过期的或者不必要的文件单据，每件扣1分
		文件单据没有按规定的位置摆放，每件扣1分
		文件单据摆放混乱、不整齐的，每处扣1分
		文件单据撕裂和损坏的，每件扣1分
9	复核工作台	工作台不清洁，有积尘、油污的，每张扣1分
		工作台上物品摆放混乱，每张扣1分
		工作台上放有杂物，每张扣1分
10	水、电、气等各种线管	使用过程中，有污脏的，每处扣1分
		有跑、冒、滴、漏等损坏或连接松动的，每处扣3分

应用2　仓库目视化管理分析与实践

【参考解决方案】

(1) 可参考 5S 管理和目视化管理的以下有关知识点进行回答：整理、整顿、清扫、清洁工作到位；现场工作环境优良；物品存放标准化、现场标识标准化、色彩管理好；定位法、标示法、分区法、图形法使用到位。

(2) 某仓库的仓储管理文件分类表范例如图 F5-1 所示。

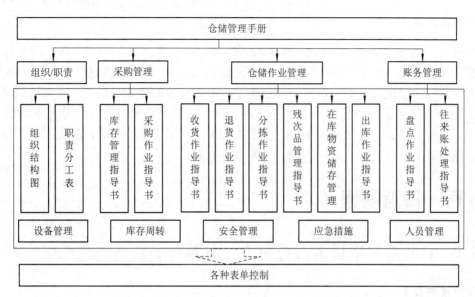

图 F5-1　某仓库的仓储管理文件分类表

(3) 某仓库作业区通道的标示方法范例如图 F5-2 所示。

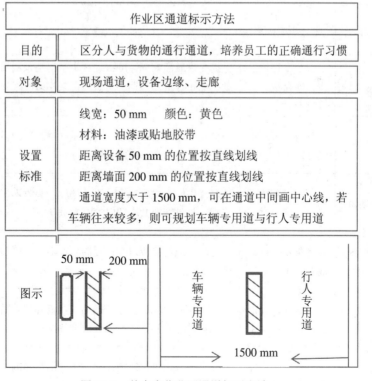

作业区通道标示方法	
目的	区分人与货物的通行通道，培养员工的正确通行习惯
对象	现场通道，设备边缘、走廊
设置标准	线宽：50 mm　　颜色：黄色 材料：油漆或贴地胶带 距离设备 50 mm 的位置按直线划线 距离墙面 200 mm 的位置按直线划线 通道宽度大于 1500 mm，可在通道中间画中心线，若车辆往来较多，则可规划车辆专用道与行人专用道

图 F5-2　某仓库作业区通道标示方法

应用3 目视化管理方案设计

【参考解决方案】

可从两方面入手制定 B 公司仓库的管理方案：一是做出仓库的平面图，并将各区标记清楚；二是做出库区内的各种标识，如货架标识、货位标识、各区标识、地面分隔线等。库区的标识建议由专业公司制作，仓库方则提供具体的要求和尺寸，做到标识的整体和谐与统一。如标识的颜色都用企业色；各区标识牌的尺寸要大于各排货架标识牌的尺寸；为标识牌确定合适的比例关系等。关于其他事宜，如货品的摆放、作业工具的存放、托盘的摆放等，可以根据个人理解制定具体的规则标准。

第6章 库存管理

应用1 订货量影响因素与控制方法分析

【参考解决方案】

订货量目标实现的主要影响因素及相应控制方法如表 F6-1 所示。

表 F6-1 影响订货量目标实现的因素与解决办法

目　的	主要影响因素	主要解决办法	关联部门
库存余量少	安全库存量少；库存量少；到货及时	提高供应商响应速度；提高生产消耗预测精度；缩短订货间隔期；与供应商共享即时库存数据等	销售采购
安全库存量少	到货及时；市场波动小	提高供应商响应速度；提高生产消耗预测精度；与供应商共享即时库存数据等	销售采购
订货提前期短	下单、到货及时；入库及时	提高供应商响应速度、下单速度及验收入库速度；与供应商共享即时库存数据等	采购仓储
订货提前期内需求稳定	到货及时；市场波动小	提高供应商响应速度；提高生产消耗预测精度等	销售采购
订单满足率高	供应商供货能力；市场波动小	提高供应商供货能力；提高生产消耗预测精度；与供应商共享即时库存数据等	销售采购
订货周期短	供应商供货能力；市场波动小	提高供应商供货能力；提高生产消耗预测精度；与供应商共享即时库存数据等	销售采购

应用2　应用加权移动平均法预测订货量

【参考解决方案】

某公司商品 A 的加权移动平均值预测计算表如表 F6-2 所示。

表 F6-2　加权移动平均值预测计算表

年　　月	实际订货值	每4个月赋予权值的预测
2016.1	120	
2016.2	80	
2016.3	140	
2016.4	130	
2016.5	100	122
2016.6	110	115
2016.7	90	114
2016.8	80	102
2016.9	120	91
2016.10	130	101
2016.11	110	113
2016.12	140	115
2017.1	125	127
2017.2	90	127
2017.3	135	112.5
2017.4	145	120
2017.5	待预测 M	129

应用3　不同分类依据下商品ABC分类品种的变化

【参考解决方案】

库存商品在不同分类依据下的 ABC 分析表如表 F6-3、F6-4、F6-5 所示。

表 F6-3　库存 ABC 单价分析表

(单价：元；数量：个)

商品名称	单价	年出库数量	出库金额	占总单价比率	累计比率	分类
7	1208	800	966 400	30.17%	30.17%	
10	800	15	12 000	19.98%	50.15%	A
12	550	7236	3 979 800	13.74%	63.89%	
5	350	500	175 000	8.74%	72.63%	
19	301	656	197 456	7.52%	80.15%	B
13	230	856	196 880	5.74%	85.90%	

续表

商品名称	单价	年出库数量	出库金额	占总单价比率	累计比率	分类
9	109	3562	388 258	2.72%	88.63%	
8	100	702	70 200	2.50%	91.13%	
15	80	12 378	990 240	2.00%	93.13%	
16	74	7210	533 540	1.85%	94.96%	
14	65	23 684	1 539 460	1.62%	96.59%	
20	57	52 896	3 015 072	1.42%	98.01%	
18	22	45 612	1 003 464	0.55%	98.56%	C
4	18	5263	94 734	0.45%	99.01%	
6	17	12 653	215 101	0.42%	99.43%	
3	10	7898	78 980	0.25%	99.68%	
17	8	36 521	292 168	0.20%	99.88%	
2	2.4	182 563	4 381 51.2	0.06%	99.94%	
1	1.5	250 895	3 763 42.5	0.04%	99.98%	
11	0.8	650 000	520 000	0.02%	100.00%	

表 F6-4　库存 ABC 数量分析表

(金额：元；数量：个)

商品名称	单价	年出库数量	出库金额	占总出库量比率	累计比率	分类
11	0.8	650 000	520 000	49.93%	49.93%	A
1	1.5	250 895	376 342.5	19.27%	69.20%	B
2	2.4	182 563	438 151.2	14.02%	83.22%	
20	57	52 896	3 015 072	4.06%	87.28%	
18	22	45 612	1 003 464	3.50%	90.79%	
17	8	36 521	292 168	2.81%	93.59%	
14	65	23 684	1 539 460	1.82%	95.41%	
6	17	12 653	215 101	0.97%	96.38%	
15	80	12 378	990 240	0.95%	97.33%	
3	10	7898	78 980	0.61%	97.94%	
12	550	7236	3 979 800	0.56%	98.50%	
16	74	7210	533 540	0.55%	99.05%	C
4	18	5263	94 734	0.40%	99.45%	
9	109	3562	388 258	0.27%	99.73%	
13	230	856	196 880	0.07%	99.80%	
7	1208	800	966 400	0.06%	99.86%	
8	100	702	70 200	0.05%	99.91%	
19	301	656	197 456	0.05%	99.96%	
5	350	500	175 000	0.04%	100.00%	
10	800	15	12 000	0.00%	100.00%	

表 F6-5 不同分类标准下的 ABC 分类品种对比表

排序条件	A 类商品	B 类商品	C 类商品
出库总金额	12、20、14、18	15、7、16、11、2	其他
出库总数量	11	1、2	其他
商品单价	7、10、12	5、19、13	其他

由上表可以看到，应用 ABC 分类法时，分类标准不同会导致比较大的商品品种差异，因此，采用合适的分类标准至关重要。通常情况下，选择"出库总金额"标准为宜。

应用 4 制作库存分析表

【参考解决方案】

库存分析表范例如表 F6-6 所示。

表 F6-6 库存分析表

分析项目	分析内容	采用方法	提出建议	改进成果
原材料周转天数	核算周转率			
成品周转天数	核算周转率			
半成品周转天数	核算周转率			
商品库龄	商品在库时长、不动销天数及占比			
库存金额	当期库存金额、品类金额等			
呆滞品	金额、品种、呆滞时间、库存占比等			
出入库分析	出入库商品金额、品种等			
人员作业分析	作业效率、岗位配置、人员规划等			
退货	退货金额、未退厂家的原因、退货的原因、单品退货与进货情况对比等			
残品	残品金额、处理方案、未处理原因、残品产生的原因等			
货位管理	货位的利用率、准确率、合理性等			
盘点分析	盘点结果、方法、流程、存在异常等			

第 7 章 仓储组织与员工管理

应用 1 仓储组织结构设计

【参考解决方案】

(1) 某连锁超市的仓储部门组织结构范例如图 F7-1 所示。

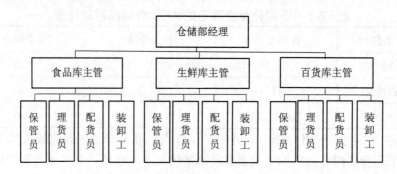

图 F7-1　某连锁超市仓储部门组织结构范例

(2) 某中型企业的仓储部门组织结构范例如图 F7-2 所示。

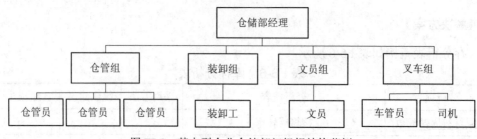

图 F7-2　某中型企业仓储部门组织结构范例

应用2　仓储员工招聘策略选择

【参考解决方案】

(1) 仓储普通作业人员：该岗位人员对专业技能的要求不高，建议主要通过外部招聘、内部工作轮换、员工推荐等方式。外部招聘宜采用互联网招聘、校园招聘、报纸招聘、人才交流会、在仓库附近张贴招聘告示等方式。

(2) 仓储组长人员：招聘该岗位人员建议通过内部招聘为主、外部招聘为辅的方式。内部招聘宜主要通过内部提升、工作调动(尽量安排其他部门同级别或具备仓储岗位所需工作技能的人员)、返聘(一般选择原工作表现较为优秀的员工)等方式；外部招聘应慎用。

(3) 仓储主管人员(有些公司组长级就是主管级，这里设定主管级以管理职能为主，组长级则既有作业职能又兼管理职能)：招聘该岗位人员建议通过外部招聘为主、内部招聘为辅的方式(若内部提升或内部轮换确不可行)。外部招聘可采用互联网、猎头公司、人才交流会，员工推荐等方式；内部招聘可采用内部提升(提升对象需经严格系统的培训并考核合格)、返聘(部门内较优秀员工后经过系统的专业知识培训或较大公司职业历练的可优先考虑)、员工推荐(业内专业人士)等方式。

(4) 仓储经理及总监级人员：一种方式是原有经理级人员通过学习、参观、培训等方式丰富相关专业知识，能适应公司的发展需要，这是最佳的方式；另一种方式则是通过外部招聘，对于外部招聘的人员，除了要考查其是否具备专业领域的知识外，还要考虑其能否适应企业文化的要求，是否具备较强的管理与协调能力等因素。

应用3　绩效考评指标设计

【参考解决方案】

设计绩效考核指标应以精简、考核要点为基本原则。对快递员进行考评，主要应考虑送件的数量与速度、收件的数量、服务态度、考勤情况等因素。

公司经过核算得出每送一个快件和每收一个快件分别提成的金额，就可以核算出快递员的提成；快递员的服务态度较难量化，可以接到客户投诉的次数作为衡量标准，将投诉次数与处罚联系起来；考勤方面，在规定扣除请假当天基本工资的同时，还可以设置满勤奖励，激励员工少请假。

根据上述分析，即可设计出初步的绩效考核方案。可以将设计出的方案与快递员讨论，然后再进行优化。

第8章　仓储安全管理

应用1　仓库租赁合同设计

【参考解决方案】

甲乙双方的仓库租赁合同参考范例如下：

仓储租赁合同

出租方(甲方)：　　　　　　　　　　承租方(乙方)：

地址：　　　　　　　　　　　　　　地址：

证件类型及编号：　　　　　　　　　证件类型及编号：

甲、乙双方在有关法律的基础上，经过友好协商达成以下仓库租赁合同范本，以供遵守：

一、租赁库房情况

甲方将位于_____的仓库(以下简称租赁物)租赁给乙方使用，面积为_____平方米；本租赁物的功能为_____，包租给乙方使用。如乙方需转变使用功能，须经甲方书面同意后方可执行，本租赁物采取包租方式，由承租方自行管理。

二、租赁期限

租赁期限为____年，即从____年__月__日起至____年__月__日止。租赁期满后如续约，乙方有优先权。甲乙双方将对有关租赁事项重新签订租赁合同，价格以本合同价每两年递增5%。

三、交付情况

在本出租合同生效之日起___日内，甲方将租赁物按现状交付乙方使用，且乙方同意按租赁物及设施的现状承租。交付时双方对基础设施的状况以交接单的形式签字确认，并可附照片；对分期交付的，分期交接确认。

四、租赁费用

1. 库房租金按每月每平方米人民币_____元，库房电费按每度电_____元。

2. 房租按月交付，乙方应于每月___号之前向甲方支付当月租金。

3. 乙方在租赁期间享有租赁物所属设施的专用权，并应负责租赁物的维护、保养，且保证在本合同终止时房屋主体的完整正常，甲方对此有检查监督权。乙方在租赁期间因使用不当造成租赁物损坏的应负责维修，费用由乙方承担。

4. 乙方在租赁期间应严格遵守《中华人民共和国消防条例》以及其他防火规定，积极配合出租方做好消防工作，否则，由此产生的一切责任及损失由承租方承担。

5. 乙方在使用租赁物时必须遵守中华人民共和国的法律、地方法规以及有关租赁物物业管理的有关规定，如有违反，应承担相应责任。若由于乙方违反上述规定而影响建筑物周围其他用户的正常工作，所造成的损失由承租方赔偿。

五、装修条款

在租赁期内，如乙方必须对租赁物进行装修、改建，要事先向甲方说明。改建设计方案经甲方同意后，方可进行合理改建。

六、转租

1. 经甲方同意后，乙方可将租赁物的部分面积转租，但转租部分的管理工作由乙方负责，包括向转租户收取租金、处理一切纠纷等。本合同规定的甲乙双方的责任和权利不因乙方转租而改变，转租内容必须在原有甲、乙双方租赁合同的基础上约定执行。

2. 乙方须要求转租户签署保证书，保证其同意履行原有合同中有关转租行为的规定，并承诺与乙方就本合同的履行对甲方承担连带责任。在乙方终止本合同时，转租租约同时终止，转租户无条件迁离租赁物。

七、仓库租赁合同的解除

1. 在租赁期内，若遇乙方欠交租金或其他费用超过_____天，甲方有权提前解除本合同，在甲方以书面方式通知乙方(包括受转租人)之日起，本合同自动终止。

2. 乙方确需提前解约，须提前 2 个月通知甲方，且向甲方交回租赁物、交清承租期的租金及其他因本合同而产生的费用。

八、免责条款

因发生严重自然灾害等不可抗力因素致使任何一方不能履行本合同时，遇有上述不可抗力的一方应立即书面通知对方，并在 30 日内提供不可抗力因素的详情以及合同不能履行，或不能部分履行，或需延期履行理由的证明文件，遭受不可抗力的一方由此而免责。

九、合同终止

本合同提前终止或有效期届满，且甲、乙双方未达成续租协议的，乙方应于终止之日迁离租赁物，并将其返还甲方。乙方逾期不迁离或不返还租赁物的，应向甲方原价支付租金，但甲方有权坚持收回租赁物。

出租方(公司盖章)：   承租方(公司盖章)：

时间：   时间：

法人代表签字：   法人代表签字：

时间：   时间：

应用2 仓库安全事故成因分析

【参考解决方案】

(1) 根据案例中的描述，事故发生的原因至少有以下几个方面：

① 仓库管理人员缺乏防盗意识。

② 仓库管理人员缺乏系统的仓库安全管理知识，没有从细节上考虑仓库安全问题。

③ 该仓库缺少防盗设施，如自动报警器。

④ 最后，需要注意的是，仓库人员在报案时间上存在严重的滞后情况。

(2) 根据案例中的描述，事故发生的原因至少有以下几个方面：

① 首次盗窃发生后，管理人员没有认真分析事故发生的原因，致使盗窃接连发生。

② 监控视频没有发挥作用，且仓库人员缺乏防盗意识。

③ 如果仓库人员没有在首次发生盗窃后及时发现货物丢失，则日常盘点管理欠缺。

④ 该仓库账物不符的情况可能比较常见。

⑤ 该仓库缺少必要的防盗装置。

(3) 根据案例中的描述，事故发生的原因至少有以下几个方面：

① 易燃易爆物资没有进行特殊的隔离管理。

② 缺乏关于安全标准作业的规定，没有明确特定的物资应该在什么条件下以怎样的方式装卸，导致安全隐患产生，显然是管理人员的失职。

③ 作业员工缺乏安全意识。

应用3 制定仓库灭火应急预案

【参考解决方案】

企业 A 的仓库灭火应急预案参考范例如下：

××公司仓库灭火应急预案

根据《中华人民共和国消防法》第十条第二款规定，消防安全重点单位应当履行制定灭火和应急疏散预案，定期组织消防演习的职责。为预防公司各仓库的意外火灾事故，保证火险隐患能够及时扑救，特制定本预案如下：

一、仓库火灾扑救组织机构

(1) 指挥部。

组长：公司总经理；组员：安保部经理。

主要职责：统筹指挥灭火工作及灭火结束后的善后工作。包括组织人员负责抢险扑救，调动一切急需物资、灭火设备等。并积极配合公安消防部门灭火扑救工作。

(2) 报警组。

组长：安全管理员甲；组员：仓储部副经理。

主要职责：发生火灾时及时报警，说明报警人单位、姓名、地点、火情等情况；协助现场协调组疏通消防通道并到路口迎接消防人员；根据现场人员受伤情况拨打医院急救电话，及时请求救援。

(3) 抢险组。

组长：安全管理员乙；组员：仓储部经理、财务部经理。

主要职责：发生火灾时及时切断电源；第一时间协助灭火组疏通库区内部抢险救灾的道路；抢运库区内部及周边易燃易爆物资；抢救人员及贵重物品并将其转移至安全地带；尽力控制火势的蔓延。

(4) 灭火组。

组长：起火库区主管；组员：起火库区全员。

主要职责：发生火灾后立即投入到灭火及疏通库内救灾道路中，针对起火的情况使用相应的灭火器材。

(5) 现场协调组。

组长：行政部经理；组员：行政部员工。

主要职责：发生火灾后保持起火库区外部的道路及消防通道畅通；并配合消防人员的工作，保护好火灾现场。

(6) 事故调查处理组。

组长：安保部经理；组员：仓储经理、仓储副经理、行政部经理、财务部经理、安全管理员。

主要职责：在灭火完成后处理善后事宜，包括调查火灾事故原因、落实责任并处理后续保险理赔、安抚受伤员工、完成事故调查报告等。

二、消防安全措施

(1) 建立健全防火组织机构。

(2) 加强对重点防火区的管理，实行专人负责，专门督查，并配备合适的灭火设施。

(3) 做好平时的备战工作，按照相关规定配备足量合格的灭火设备及器材。

(4) 定期对本企业的所有员工进行各种消防器材的使用训练，并举办现场灭火演习，提高全员的消防操作水平及团队作战能力。

(5) 经常对库房人员进行防火安全教育，提高库房人员的防火意识。

(6) 特别注意保持库区消防通道的畅通及库内道路的通畅。

(7) 将对消防设施的检查与管理日常化、例行化、制度化。

三、火灾现场逃生指南

(1) 立即离开危险区域。尽量不要慌乱，应看清火势，判断自己所处环境的危险程度，并采取简单的应对措施。同时可高声呼救，以引起救援人员的注意。

(2) 选择就近的、简单的安全通道和疏散设施。

(3) 当被困人员通过浓烟区时，可用半湿毛巾多叠几层捂住口鼻。穿行过程中应将身体尽量贴近地面行走或爬行，即使呼吸困难也不能把毛巾从口鼻移开，以防中毒。

应用4　制定仓库安全检查表

【参考解决方案】

某仓库安全检查表的范例如表F8-1所示。

表F8-1　仓库安全检查表

序号	检查项目	检查内容	检查方法	检查结果	备注
1	标志和标示	在仓库外醒目位置悬挂"禁止烟火"标志及其他消防安全警示标志			
		货架号、货位号清晰无污损			
		目视化管理板整洁、内容更新及时			
		各区标示牌、分割线清晰			
2	通道	各通道整洁，车行道、人行道宽度符合标准			
		消防通道无阻塞情况、各通道及紧急出口畅通			
		路面干净、平坦，无障碍物			
3	库房布置	库区与休息区、办公室、更衣室隔离			
		库区分区合理，不同状态、品类的商品分别属于不同的库区，不混放			
		库区内部不能出现与作业无关的事物			
		库内布置合乎标准，无特殊情况发生			
		库内各设备的位置规划合理，无混放情况发生			
		库房设有避雷装置并定期检查			
		通风、除湿、降温等设备系统运行正常			
4	用电与照明	照明灯具下方与货物垂直距离不小于50 cm			
		库房内禁止使用移动照明灯具、碘钨灯及超过60 W的白炽灯；应采用防爆灯			
		禁止在库房内私拉电线			
		下班前应断开总电源，并安排专人巡查			
		库内所有铺设的配电线路必须穿管保护			
		监控及安防设备独立接线，并保持24小时不断电			
		办公区域内电源插座、电脑等必须离地			
		库内禁止使用电热壶、微波炉、电气工具等			
		库内电器线路应安排专人定期检查和维护，并做记录，由相关人员予以督查			

序号	检查项目	检查内容	检查方法	检查结果	备注
5	储存管理	库内的商品按既定的规则存取，无超高、超重等情况发生			
		货与货位对应			
		堆垛上下垂直，左右成行，无倒置，垛层数量一致、分明，商品无混放情况			
		危险品、串味品、贵重品等单独存放，并做好防高温、防潮、防晒等工作			
		货架干净，货物摆放整齐			
		仓库不得隔夜存放废旧纸板箱等可燃物垃圾，必须日清日毕			
6	消防管理	库内设有消防报警装置			
		按照消防技术规范配置灭火器、消防栓等消防设施			
		定期检测与保养消防设施并做好记录，由专人进行督查			
		库内禁止出现火种和带明火作业			
		主消防通道保持 3 m 宽度(直接通往安全出口之通道)，次要消防通道保持 2 m 宽度			
		灭火器、消防栓和消防报警按钮前 2 m 内严禁堆放物品			
		必须设置安全管理岗位，由专人负责消防安全日常管理，组织各种培训、演习等			
7	人员素质	掌握基本的消防知识			
		会使用库内的各种消防设施与设备			
		定期接受消防培训			
		能够发现日常工作中的安全隐患并及时上报			
		熟悉仓库的平面图与各紧急出口的位置			

第9章　现代信息技术与仓储管理

应用1　RFID技术应用思路设计

【参考解决方案】

(1) 制定详细计划。RFID技术的应用会涉及到作业流程、作业设备、作业人员等多方面的改变，实施难度较大。另外，还要确保不能耽误该企业的日常业务。因此需要制定详细的实施计划，按照计划逐步推进。

(2) 做足准备工作。通常提供RFID技术的公司都拥有丰富的技术实施经验，因此，在前期应将本企业的实际情况与实施公司的相关经验相结合，按部就班地做好各项准备工作，如员工储备、员工培训、原有系统数据与新系统的兼容性调试、设备采购等。

(3) 逐步过渡系统。根据系统实施公司的建议，将仓库内的商品按品类或存放区域等标准划分开来，分步进行系统改造。改造开始时，应保持新旧两套系统同时运行，确保仓库日常业务正常有序运作；随着系统改造的推进，逐步过渡到以新系统为主。

各作业环节的基本流程可参考第四章的内容、相关视频资料及读者在企业调研时搜集的资料，对照进行设计。

应用2　WMS应用架构设计

【参考解决方案】

(1) 入库管理子系统。A公司入库管理子系统的主要模块及参考架构如图F9-1所示。

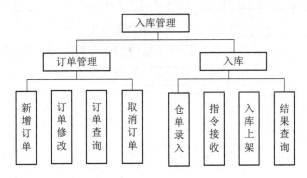

图 F9-1　入库管理子系统

(2) 出库管理子系统。A公司出库管理子系统的主要模块及参考架构如图F9-2所示。

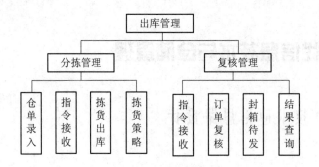

图 F9-2　出库管理子系统

(3) 在库管理子系统。A公司在库管理子系统的主要模块及参考架构如图 F9-3 所示。

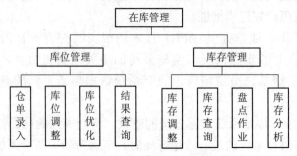

图 F9-3　在库管理子系统

(4) 数据管理子系统。A公司数据管理子系统的主要模块及参考架构如图 F9-4 所示。

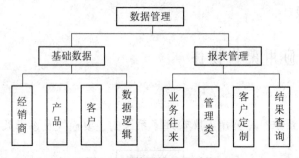

图 F9-4　数据管理子系统

(5) 系统管理子系统。A公司系统管理子系统的主要模块及参考架构如图 F9-5 所示。

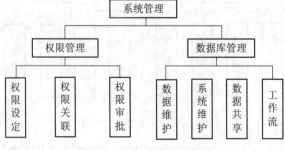

图 F9-5　系统管理子系统

第 10 章　集装箱堆场与保税仓库管理

应用 1　跨境电商运营模式分析

【参考解决方案】

视频中主要涉及到了以下几种跨境电商运营模式：

(1) B2C、C2C 模式：通过一个线上交易平台完成商品的买卖。

(2) 信息服务模式：线上平台提供信息，买卖双方在线下完成交易。

(3) 自营平台模式：自己采购商品，自己出售商品。

(4) 一平台对 N 平台模式：通过一个大的国内平台销售商品，同时该平台可对接国外的多个电商平台，实现全球同步售卖。

(5) 展会模式：预估热销品，通过展会的形式吸引客户下单。

应用 2　FBA 服务与海外仓的异同

【参考解决方案】

读者可以从运营主体、服务方式、专业性、风险性、成本支出、服务范围等方面，对两种仓储服务的异同进行分析。

参 考 文 献

[1] (美)苏尼尔·乔普拉，彼得·迈因德尔. 供应链管理[M]. 陈荣秋，等，译. 北京：中国人民大学出版社，2017.

[2] 田源. 仓储管理[M]. 3版. 北京：机械工业出版社，2015.

[3] 王皓. 仓储管理[M]. 2版. 北京：电子工业出版社，2017.

[4] (美)Ronald H.Ballou. 企业物流管理：供应链的规划、组织和控制[M]. 王晓东，胡瑞娟，译. 北京：机械工业出版社，2012.

[5] (英)马丁·克里斯托弗. 物流与供应链管理[M]. 何明珂，卢丽雪，译. 北京：电子工业出版社，2013.

[6] 马士华，林勇. 供应链管理[M]. 5版. 北京：机械工业出版社，2016.

[7] 易华，李伊松. 物流成本管理[M]. 北京：机械工业出版社，2017.

[8] 刘宝红. 采购与供应管理：一个实践者的角度[M]. 2版. 北京：机械工业出版社，2015.

[9] 周伟华，吴晓波. 物流与供应链管理[M]. 2版. 杭州：浙江大学出版社，2014.

[10] 耿富德. 仓储管理与库存控制[M]. 北京：中国财富出版社，2016.

[11] 程洪海，刘华群. 配送中心管理理论与实务[M]. 北京：清华大学出版社，2011.

[12] 高山隆司. 电商成功靠物流[M]. 郭琼宇，董雪，译. 北京：中信出版社，2016.

[13] 方佳伟. 电子商务运营管理[M]. 北京：人民邮电出版社，2016.

[14] 水藏玺，吴平新. 互联网+：电商采购、库存、物流管理实务[M]. 北京：中国纺织出版社，2017.

[15] 戴维·格兰特. 物流管理[M]. 霍艳芳，刘亮，译. 北京：中国人民大学出版社，2016.

[16] 李育蔚. 仓储精细化管理全案[M]. 北京：人民邮电出版社，2015.

[17] 王妙娟. 配送中心作业实务[M]. 北京：机械工业出版社，2017.

[18] 汝宜红，宋伯慧. 配送管理[M]. 3版. 北京：机械工业出版社，2016.